Chambres d'hôtes secrètes

Près de 450 chambres d'hôtes et hôtels de charme en France

Texte :
Marie-Dominique Perrin

Photographies :
Emmanuel Barbe, Éric Béracassat, Romain Boutillier, Agnès Boutteville, Marie-Hélène Carcanague, Alain Escudier, Patrice Hauser, Emma Luvisutti, Gérard Méloni, Yoann Stoeckel, Christophe Valentin

hachette

Édito

2 011 marque l'entrée dans une nouvelle décennie...
Nous avons choisi cette année de combiner les Guides « Secrètes » et « Prix Sympas » pour permettre à vous tous, chers hôtes, de multiplier les petites escapades enchantées l'espace d'un week-end et plus si affinités ou disponibilités...
À 100 € et moins, toujours aussi délicieux à La Grange de Saint-Hilaire, aux Cernailles, à Lou Repaou...
À découvrir dans les lieux nouveaux d'une Somme foisonnante en adresses, dans le rêve d' une Maison en Toscane à Carcassonne ou d'un cocon révolutionnaire dans celle « d'À Côté » à Pontarlier.
Et puis, revivre les années Guinguettes à L'Épicerie de Venat en Charente, relire Giono à la Ferme Fouent Crema en Haute-Provence, s'enchanter des couleurs du Nord à La Frênaie, musarder dans le vignoble bordelais, du côté de Quittignan-Brillette... Quel drôle de nom !
Si votre porte-monnaie est « à peine » plus garni, savourez les belles découvertes de l'année : Côte & Dune à Biscarosse, La Villa Rose à Bagnères-de-Bigorre.
S'il est plus étoffé, offrez-vous Le Val de Brangon en Morbihan, La Chapellenie ou Serge Vieira dans le Cantal, La Suite Cassis avec la Méditerranée à vos pieds...
Enfin, nouveauté de l'année : de Charleville-Mézières à Annecy, de Rouen à Nancy, cette kyrielle de petits hôtels, maisons d'hôtes et gîtes urbains à découvrir en exclusivité qui feront assurément la *success story* de demain...
Bonne lecture et bons week-ends...

Marie-Dominique Perrin

Chambres d'hôtes secrètes

Sommaire

CHAMBRES EN VILLE

18
Cartes p 10-17

AIX EN PROVENCE 20
L'Épicerie 20
AJACCIO 20
Hôtel Palazzu U Domu 20
ALBI 21
La Tour Sainte-Cécile 21
AMIENS 21
La Maison d'Euphrasie 21
ANGOULÊME 22
Le Duplex 22
ANNECY 22
Un Lieu Unique 22

• Sauf indication contraire, les tarifs annoncés s'entendent pour une nuit en chambre double, petit déjeuner inclus, et varient en fonction de la saison et du standing. Les tarifs des petits déjeuners et des repas au restaurant ou en table d'hôtes sont indiqués pour une personne.

• Le détail des prix est indiqué dans les informations pratiques de chaque adresse.

• Voir aussi toutes les adresses classées par prix p. 446-451.

ARLES 24
Le Barrême 24
My Tailor is Rich 24
AVIGNON 25
La Banasterie 25
Le Limas 26
BESANÇON 26
La Maison de Verre 26
BLOIS 27
Le Clos Pasquier 27
BORDEAUX 28
Hôtel l'Avant-Scène 28
CAEN 28
Le Clos Saint-Martin 28
CARCASSONNE 29
La Demeure Saint-Louis 29
Domaine de Marseillens 29
Une Maison en Toscane 30
Hôtel du Château 31
La Maison Vieille 32
CHARLEVILLE-MEZIÈRES 32
Le Dormeur du Val 32
CHARTRES 34
La Maison de la Cathédrale 34
Le Clos Chedeville 34
LILLE 34
Lille à Part 34
Hôtel Up 35
Atempo-Loft 36
LYON 36
Le Jardin d'Hiver 36

Les Hautes Bruyères 37
Les Toits de Lyon 38

MARSEILLE 38
Hôtel le Ryad 38
New Hôtel 39
Hôtel Vertigo Centre 39
Casa Honoré 40

MONTPELLIER 41
Les 4 Étoiles 41
Le New Hôtel du Midi 42
Hôtel Particulier Baudon de Mauny 42
Le Clos de l'Herminier 43

NANCY 43
La Maison d'hôte de Myon 43

NANTES 44
Le Santeuil 44

NÎMES 44
Jardins Secrets 44

PARIS 46
Les Jardins de la Villa 46
Le Relais Saint-Germain 47
La Maison Hippolyte 48
6, Mandel 48
The Five 49
Hôtel Design Sorbonne 49

PAU 50
Hôtel Parc Beaumont 50

QUIMPER 50
Le Logis du Stang 50

ROUEN 51
Le Clos Jouvenet 51
Un Jardin en Ville 51

SAINT-MALO 52
Hôtel Aubade 52

STRASBOURG 52
La Cour du Corbeau 52

TARBES 53
Le Rex Hôtel 53

TOULOUSE 53
Le Clos des Potiers 53
Les Loges de Saint-Sernin 54
Le Grand Balcon 54

VALENCE 56
La Maison de la Pra 56

Pour l'ensemble des adresses de ce guide, nous avons différencié les hôtels des chambres d'hôtes par le picto suivant :

VALENCIENNES 57
Le Grand Duc 57

VANNES 57
La Villa Kerasy 57

58 NORD-OUEST — Carte p 10-11

ÎLE-DE-FRANCE
Hôtel de la Chapelle 60

HAUTE-NORMANDIE
Hôtel La Licorne 61
La Demeure d'Harsancourt 62
Le Clos de Mondétour 63

BASSE-NORMANDIE
Hôtel Villa Joséphine 64
Le Cottage 65
À l'École Buissonnière 66
Le Clos Bourdet 67
La Petite Folie 68
Bambou Lodge 69
Auberge de la Source 70
La Closerie des Millets 71
La Maison du Bailli 72
Le Manoir de Thionville 73
Le Manoir de la Févrerie 74
Le Manoir de la Fieffe 75
Hôtel de l'Erguillère 76
Le Manoir de Savigny 77
Hôtel des Ormes 78
Hôtel des Isles 79

Hôtel de la Marine 80
Le Clos des Pommiers 81
Le Clos Postel 82
Hôtel Villa Fol Avril 83
Le Domaine de la Louveterie 84
Côté Parc 85
Hôtel des Tailles 86
Le Manoir de Lormarin 87
Le Presbytère 88

NORMANDIE
Les Maisons de Léa (Basse-Normandie) 89
L'Épicerie du Pape (Haute-Normandie) 89

BRETAGNE
Le Château du Pin 90
Le Château des Tesnières 91
LaTouche Aubrée 92
Le Mesnil des Bois 93
Le Château de Mont-Dol 94
Le Manoir de la Ville Gueury 95
La Demeure de la Vendemière 96
La Maison des Lamour par le Char à Bancs 97
La Demeure de la Ville Blanche 98
À l'Orée du Bois 99
Le Castel Beau Site 100
Les Costans 101
Hôtel L'Agapa 102
Le Manoir de l'Isle 103
Hôtel du Centre 104
Le Manoir de Kerlédan 105
Hôtel Ty-Mad 106
Hôtel du Bac 107
La Ferme Saint-Vennec 108
Les Sables Blancs 109
Les Chambres d'hôtes de Nivinen 110
La Mâtine 111
La Grange de Coatelan 112
Hôtel Ti Jan Ar C'Hafé 112
Le Domaine de Kerbarh 113
La Renaissance 114
Le Château de Bordeneo 115
La Villa Mane Lann 116
La Maison de Flore 117
Le Galet 118
Le Lodge Kerisper 119
Le Clos des Évocelles 120
Le Celtic Hotel 121
Le Val de Brangon 122
Le Clos du Gusquel 124
Le Marchand de Sable 125
La Grée des Landes 126
Les Glycines 127
Hôtel de la Plage 128
La Désirade 129
L'Arbre Voyageur 129

PAYS DE LA LOIRE
La Demeure de l'Île 130
La Maison Solveig 131
La Guérandière 132
Le Château de la Sébinière 132
La Maison de Marine 133
Le Bleu Pêchoir 134
Le Domaine de Brandois 135
Le Château de La Rabatelière 136
La Marienne 137
Les Gîtes de l'Étang des Noues 138
La Villa des Lys All Seasons 139
Le Domaine des Gauliers 140
Le Moulin Bregeon 141
Le Château de Boissimon 142
La Closerie de la Hérissière 143
La Villa des Arts 144
Le Château de Saint-Paterne 145

CENTRE
La Ferme de Feillay 146
Le Moulin de la Ronce 147
Le Moulin de Lonceux 148
La Ferme de Bouchemont 149
Le Clos Saint-Laurent 150
Le Domaine des Peupliers 151
Le Domaine de la Blonnerie 152
Le Mousseau 153
Le Château de la Verrerie 154
La Ferme Blanche 156
La Crapaudine 157

NORD-EST 158
Carte p 12-13

PICARDIE
Le Macassar 160
Les Chambres d'Aumont 161
Le Manoir Les Arums 162
Le Bruit de l'Eau 163
Le 21 164
Au Vélocipède 165
Hôtel des Corderies 166

Les Cottages de La Croix l'Abbé 167
Square Seven 168
Les Appartements d'hôtes 169
Le Loft 170
Le 33 171
Le Puits d'Angle 172
Le Manoir Saint-Charles 173
Hôtel L'Aunette Cottage 174
Le Vendangeoir d'Orgeval 175
Les Cernailles 176

NORD-PAS-DE-CALAIS
La Prairière 178
L'Auberge de la Grenouillère 179
Les Lofts des Froggy's 180
La Grande Baie 181
La Cour de Rémi 182
La Valandière 183
La Verdière 184
La Frênaie 185
La Grange de Saint-Hilaire 186

CHAMPAGNE-ARDENNE
Chez Odette 188
Le Domaine de la Creuse 189
Le Manoir des Charmes 190

LORRAINE
Hôtel K 191
Du Coq à l'Âne 192
Le Château de Manoncourt 193
Grand Hôtel 194
Les Jardins de Sophie 195
Le Château de Failloux 196
Les Fougères 197
Le Val Joli 198
Le Manoir 198
La Maison Forte 199

ALSACE
Hôtel Le Moulin 200
La Maison du Tonnelier 201
Hôtel La Belle Vue 202
La Forestière 203
Un Soir d'Été 204
La Clairière 205
Hôtel à la Ferme 205
B. Espace Suites 206

FRANCHE-COMTÉ
La Tour du Coq Doré 207
Le Pré Oudot 208
Le Crêt l'Agneau 210
Chez les Colin 211
La Maison d'À Côté 212
La Closerie Les Capucines 214
La Grange à Nicolas 215
Le Clos d'Estelle 216

BOURGOGNE
À l'Hostellerie de Levernois 217
Le Domaine de la Corgette 218
Charm'Attitude 219
Hôtel Villa Louise 220
Hôtel Via Môkis 221
Les Planchottes 222
Les Demoiselles 223
La Maison d'Olivier Leflaive 224
Frédéric Carrion Cuisine-Hôtel et Spa 225
La Ferme de Marie-Eugénie 226
L'Auberge du Paradis 227
Le Paradis de Marie 228
Le Charme Merry 229
La Cimentelle 230
Le Château de Villaine 231

232
SUD-OUEST Carte p 14-15

POITOU-CHARENTES
L'Épicerie de Venat 234
Le Logis de Puygaty 236
Le Grenier des Saveurs 238
Le Château de Maumont 239
Hôtel des Francs Garçons 240
Le Prieuré de la Fayolle 241
Hôtel Les Bois Flottais 242
Hôtel Le Sénéchal 243
Hôtel La Maison Douce 244
Les Jardins d'Aliénor 245
Hôtel Le Central 246
Hôtel Maison Flore 247

LIMOUSIN
Le Château de Lissac 248
Les Meyrandiers 250
Le Manoir de la Brunie 251
Le Domaine de Jarrige 252
La Maison Verte 253
La Croix du Bournissard 254
Le Manoir de Malagorse 255

MIDI-PYRÉNÉES

Le Domaine de la Piale 256
Le Vinois 257
Lou Repaou 258
Four 259
Le Château de Bessonies 260
La Caminade 260
Hostellerie Le Vert 261
La Vayssade 261
La Maison de Luna 262
La Ferme de Moulhac 263
La Ferme de Bourran 264
Les Planquettes 265
Le Domaine d'En Naudet 266
La Pradasse 267
La Masquière 268
Le Domaine de Terrac 269
La Villa Rose 270
Hôtel Villa Cahuzac 272
La Maison Ardure 273
Côté Remparts 274

AQUITAINE

Hôtel Le Chaufourg 275
Le Moulin de Leymonie du Maupas 276
Le Moulin de Peychenval 277
La Colline d'Orance 278
La Roche d'Esteil 279
La Gentilhommière 280
Le Château du Rayet 280
Le Relais de Roquefereau 281
Les Cinq Sens du Château Mayne Lalande 282
Le Domaine de Quittignan-Brillette 283
La Cabane de Pomme de Pin 284
Peyraguey Maison Rouge 285
Hôtel Ville d'Hiver 286
La Co(o)rniche 287
Hôtel Côté Sable 288
Le Comptoir des Sables 289
Côte & Dune 290
La Maison de Mézos 292
La Maison de la Prade 293
La Petite Couronne 294
Le Mas 295
Le Logis de la Ferme aux Grives 296
La Maison du Bos 297
Arima 298
Hôtel Villa Goxoa 299
Arguibel 300
Les Volets Bleus 301
Le Zazpi 302
L'Auberge Basque 303
Olhabidea 304
Hôtel Arraya 305
La Maison Lespoune 306
La Grange du Haou 307
Le Boila Laslie 308
La Villa Vauréal 309
Hôtel du Fronton 309

SUD-EST 310

Carte p 16-17

AUVERGNE

Le Jardin des Thévenets 312
Les Eydieux 313
Le Domaine de Montvianeix 314
Le Clos Goëlle 315
Le Château de Montaigu 316
Hôtel Saluces 317
Hôtel Le Baillage 318
Instants d'Absolu Écolodge et Spa au Lac du Pêcher 319
La Roussière 320
L'Auberge des Montagnes 321
La Chapellenie 322
Restaurant Serge Vieira et ses Trois Chambres 324
La Fontaine de Grégoire 325
Alta Terra 326
Hôtel Le Clos des Gentianes 326
Hôtel Le Pré Bossu 327

LANGUEDOC-ROUSSILLON

Lô d'Ici 328
Le Domaine de Carrière 329
Mas Nouveau 330
Le Mas de la Filoselle 331
Le Clos du Léthé 332
L'Albiousse 334
La Maison de la Bourgade 336
Les Sardines aux Yeux Bleus 337
La Maison Felisa 338
La Maison 339
Le Coing des Vignes 340
Un Cœur Très Nature 341
La Mazade 342
La Bergerie de Fontbonne 343
Le 5 344
My Home 345
Le Clos de Maussanne 346
La Péniche Mirage 347
Le Relais de Ventenac 348

La Rougeanne 349
Le Presbytère de la Pomarède 350
Le Château Valmy 352
Grand Hôtel du Golfe 353
Les Buis 354
La Tourette 354

RHÔNE-ALPES

Hôtel de la Tour 355
Le Clos de la Tour 355
La Noue 356
L'Ermitage 357
Hôtel Helvie 358
Le Château Clément 359
Le Mas de la Cigale 360
Le Mas de la Madeleine 361
Le Château d'Uzer 362
La Villa Saint-Patrice 364
Les Blanches de Payzac 365
Le Mas de la Blanche 366
Le Prieuré des Sources 367
Les Esplanes 368
Les Terrasses 369
La Maison du Moulin 370
K-za 371
Le Moulin de Champdurand 372
Le Clair de la Plume 373
La Treille Muscate 373
Hôtel Les Clarines 374
La Ferme aux Ours 375
Hôtel La Bergerie 376
La Ferme d'En Bas 377
Le Chalet des Troncs 378
Hôtel Le Morgane 379
Les Grands Montets 380
La Maison des Pins 381
Le Cœur de Marie 382
Les Chambres de Pauline 383
Tartine et Polochon 384
La Bouitte 385
Les Nouvelles Suites de la Bouitte 385

PROVENCE-ALPES-CÔTE D'AZUR

L'Écureuil 386
L'Alpage 387
Le Vieil Aiglun 388
Les Vieux Murs 389
La Ferme Fouent Crema 390
La Fare 1789 391
La Bastide Saint-Georges 392
Le Couvent des Minimes 394
Le Hameau de Pichovet 395
La Maison des Collines 396
Le Clos Saint-Saourde 397
L'Aube Safran 398
La Ferme des Sablons 399
Le Mas du Temps 400
La Banastière 401
La Maison sur la Sorgue 402
Le Moulin des Sources 403
Le Mas de la Régalade 404
La Bastide de Marie 405
Hostellerie du Château de Mazan 406
Le Château La Roque 407
Au Bord du Temps 407
L'Aulière 408
Justin de Provence 408
Hôtel Le Mas du Pastre 409
Le Mas Vidau 410
Le Mas Sainte-Cécile 411
L'Auberge Cavalière 412
Les Arnelles 413
La Suite Cassis 414
Le Cap Cassis 416
Les Ateliers de l'Image 417
Hôtel Gounod 417
La Bastide des Hautes-Moures 418
La Maison Rouge 419
La Buanderie 420
La Maison de Constance 421
Le Château de Sable 422
Hôtel Pastis 423
Hôtel B. Lodge 424
Les 3 Îles 424
Hôtel Bor 425
Les Rosées 426
Le Mas de Mougins 427
La Forge d'Hauterives 428
La Toile Blanche 429
La Maison du Frêne 430
Graine et Ficelle 431
Histoires de Bastide 432
La Suite du Village 433
Le Mas Samarcande 433

CORSE

Hôtel La Dimora 434
Case Latine 435
Hôtel U Palazzu 436
Les Chambres d'Hôtes de Magali 437
Les Maisons de Murtoli 438
Le Châtelet de Campo 439

• Index alphabétique 440
• Index par prix 446

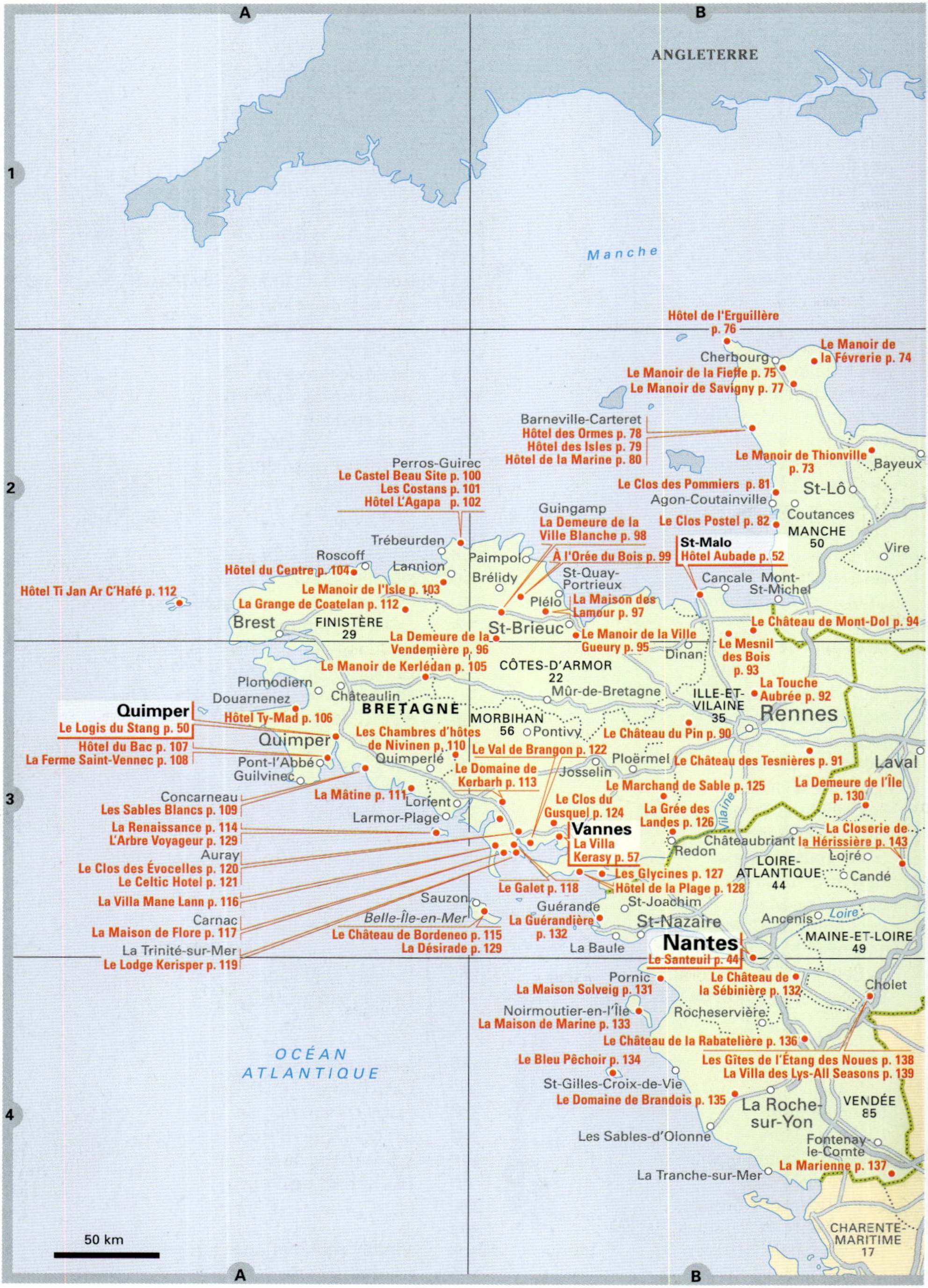

A
B
1
2
3
4
ANGLETERRE
Manche
Hôtel de l'Erguillère p. 76
Cherbourg
Le Manoir de la Févrerie p. 74
Le Manoir de la Fieffe p. 75
Le Manoir de Savigny p. 77
Barneville-Carteret
Hôtel des Ormes p. 78
Hôtel des Isles p. 79
Hôtel de la Marine p. 80
Le Manoir de Thionville p. 73
Bayeux
Le Clos des Pommiers p. 81
St-Lô
Agon-Coutainville
Coutances
Le Clos Postel p. 82
MANCHE 50
Vire
Perros-Guirec
Le Castel Beau Site p. 100
Les Costans p. 101
Hôtel L'Agapa p. 102
Guingamp
La Demeure de la Ville Blanche p. 98
St-Malo
Hôtel Aubade p. 52
Trébeurden
Roscoff
Paimpol
À l'Orée du Bois p. 99
Hôtel du Centre p. 104
Lannion
Brélidy
St-Quay-Portrieux
Cancale
Mont-St-Michel
Hôtel Ti Jan Ar C'Hafé p. 112
Le Manoir de l'Isle p. 103
La Grange de Coatelan p. 112
Plélo
La Maison des Lamour p. 97
Brest
FINISTÈRE 29
St-Brieuc
Le Château de Mont-Dol p. 94
La Demeure de la Vendemière p. 96
Le Manoir de la Ville Gueury p. 95
Dinan
Le Mesnil des Bois p. 93
Le Manoir de Kerlédan p. 105
CÔTES-D'ARMOR 22
Plomodiern
Châteaulin
Douarnenez
Mûr-de-Bretagne
ILLE-ET-VILAINE 35
La Touche Aubrée p. 92
Quimper
BRETAGNE
Rennes
Le Logis du Stang p. 50
Hôtel Ty-Mad p. 106
MORBIHAN 56
Pontivy
Le Château du Pin p. 90
Hôtel du Bac p. 107
La Ferme Saint-Vennec p. 108
Les Chambres d'hôtes de Nivinen p. 110
Le Val de Brangon p. 122
Quimperlé
Ploërmel
Le Château des Tesnières p. 91
Laval
Pont-l'Abbé
Guilvinec
Le Domaine de Kerbarh p. 113
Josselin
Le Marchand de Sable p. 125
La Demeure de l'Île p. 130
Concarneau
Les Sables Blancs p. 109
La Mâtine p. 111
Lorient
Le Clos du Gusquel p. 124
La Grée des Landes p. 126
Vilaine
Larmor-Plage
La Renaissance p. 114
L'Arbre Voyageur p. 129
Vannes
La Villa Kerasy p. 57
La Closerie de la Hérissière p. 143
Châteaubriant
Redon
Loiré
Auray
Le Clos des Évocelles p. 120
Le Celtic Hotel p. 121
LOIRE-ATLANTIQUE 44
Candé
Les Glycines p. 127
Hôtel de la Plage p. 128
Le Galet p. 118
La Villa Mane Lann p. 116
Sauzon
St-Joachim
Guérande
Carnac
La Maison de Flore p. 117
Belle-Île-en-Mer
La Guérandière p. 132
St-Nazaire
Ancenis
Loire
Le Château de Bordeneo p. 115
La Désirade p. 129
Nantes
MAINE-ET-LOIRE 49
La Trinité-sur-Mer
Le Lodge Kerisper p. 119
La Baule
Le Santeuil p. 44
Pornic
Le Château de la Sébinière p. 132
Cholet
La Maison Solveig p. 131
Noirmoutier-en-l'Île
Rocheservière
La Maison de Marine p. 133
Le Château de la Rabatelière p. 136
OCÉAN ATLANTIQUE
Le Bleu Pêchoir p. 134
Les Gîtes de l'Étang des Noues p. 138
La Villa des Lys-All Seasons p. 139
St-Gilles-Croix-de-Vie
Le Domaine de Brandois p. 135
La Roche-sur-Yon
VENDÉE 85
Les Sables-d'Olonne
Fontenay-le-Comte
La Marienne p. 137
La Tranche-sur-Mer
CHARENTE-MARITIME 17
50 km

C
D
BELGIQUE
1
2
3
4
PAS-DE-CALAIS
62
NORD-PAS-DE-CALAIS
NORD
59
SOMME
80
Somme
Honfleur
À l'École Buissonnière p. 66
Le Clos Bourdet p. 67
La Petite Folie p. 68
Bambou Lodge p. 69
Les Maisons de Léa p. 89
Dieppe
Saint-Valery-en-Caux
SEINE-MARITIME
76
Fécamp
Étretat
HAUTE-NORMANDIE
La Maison du Bailli p. 72
Rouen
Le Clos Jouvenet p. 51
Un Jardin en Ville p. 51
Nord-Est – p. 12-13
OISE
60
AISNE
02
ARDENNES
08
Oise
Auberge de la Source p. 70
Le Havre
L'Épicerie du Pape p. 89
PICARDIE
Aisne
Le Cottage p. 65
Hôtel La Licorne p. 61
Hôtel Villa Joséphine p. 64
La Closerie des Millets p. 71
Seine
CALVADOS
14
Lisieux
La Demeure d'Harsancourt p. 62
PARIS
Les Jardins de la Villa p. 46
Le Relais Saint-Germain p. 47
La Maison Hippolyte p. 48
6, Mandel p. 48
The Five p. 49
Hôtel Design Sorbonne p. 49
Vernon
Caen
Le Clos Saint-Martin p. 28
BASSE-NORMANDIE
EURE
27
Évreux
Le Clos de Mondétour p. 63
Enghien-les-Bains
Orne
Le Domaine des Peupliers p. 151
St-Germain-en-Laye
Silly-en-Gouffern
ORNE
61
Le Clos Saint-Laurent p. 150
MARNE
51
CHAMPAGNE-ARDENNE
Argentan
Versailles
Le Domaine de la Louveterie p. 84
Montfort-L'Amaury
Hôtel de la Chapelle p. 60
Bagnoles-de-l'Orne
Hôtel Villa Fol Avril p. 83
Provins
Mortagne-au-Perche
La Ferme de Bouchemont p. 149
Hôtel des Tailles p. 86
Alençon
Eure
SEINE-ET-MARNE
77
Noce
Chartres
Le Moulin de Lonceux p. 148
Le Château de Saint-Paterne p. 145
Le Manoir de Lormarin p. 87
Côté Parc p. 85
AUBE
10
Fontainebleau
MAYENNE
53
EURE-ET-LOIR
28
Nogent-le-Rotrou
Chartres
Le Clos Chedeville p. 34
La Maison de la Cathédrale p. 34
Le Presbytère p. 88
Sillé-le-Guillaume
Le Moulin de la Ronce p. 147
Pithiviers
La Villa des Arts p. 144
Châteaudun
LOIRET
45
Montargis
Le Mans
Yonne
PAYS DE LA LOIRE
SARTHE
72
La Ferme de Feillay p. 146
Orléans
La Flèche
Loir
La Ferté-St-Aubin
YONNE
89
Gien
Le Château de la Verrerie p. 154
Blois
Le Clos Pasquier p. 27
Le Mousseau p. 153
CÔTE-D'OR
21
Le Moulin Bregeon p. 141
Le Château de Boissimon p. 142
LOIR-ET-CHER
41
Angers
Tours
Loire
Le Domaine de la Blonnerie p. 152
Le Domaine des Gauliers p. 140
Amboise
CHER
18
Saumur
Loire
BOURGOGNE
Fontevraud-l'Abbaye
Chinon
INDRE-ET-LOIRE
37
Loches
CENTRE
Vierzon
Noyant-de-Touraine
NIÈVRE
58
La Ferme Blanche p. 156
Bourges
Indre
Issoudun
Cher
INDRE
36
Châteauroux
St-Amand-Montrond
Loire
DEUX-SÈVRES
79
VIENNE
86
SAÔNE-ET-LOIRE
71
La Crapaudine p. 157
La Châtre
Sud-Est – p. 16-17
ALLIER
03
Sud-Ouest – p. 14-15
Creuse
CREUSE
23
AUVERGNE
Vienne
POITOU-CHARENTES
HAUTE-VIENNE
87
LIMOUSIN
PUY-DE-DÔME 63

A
B
ANGLETERRE
BELGIQUE
Manche
Dunkerque
Calais
NORD-PAS-DE-CALAIS
Boulogne-sur-Mer
St-Omer
Hazebrouck
Hesdin-l'Abbé
Laventie
Lille
Lille à Part p. 34
Hôtel Up p. 35
Atempo-Loft p. 36
La Valandière p. 183
La Verdière p. 184
La Grande Baie p. 181
Le Touquet
Montreuil-sur-Mer
PAS-DE-CALAIS 62
Lens
NORD 59
L'Auberge de la Grenouillère p. 179
Les Lofts des Froggy's p. 180
La Prairière p. 178
Douai
Valenciennes
Le Grand Duc p. 57
La Frênaie p. 185
Saint-Valéry-sur-Somme
Le 21 p. 164
Le Vélocipède p. 165
Hôtel des Corderies p. 166
Les Cottages de La Croix l'Abbé p. 167
Square Seven p. 168
Les Appartements d'hôtes p. 169
Le Loft p. 170
Le Bruit de l'Eau p. 163
La Cour de Rémi p. 182
Arras
Cambrai
La Grange de Saint-Hilaire p. 186
Avesnes-sur-Helpe
SOMME 80
Somme
Péronne
Le Manoir Les Arums p. 162
Les Chambres d'Aumont p. 161
Le Macassar p. 160
St-Quentin
Vervins
Amiens
La Maison d'Euphrasie p. 21
Dury
PICARDIE
SEINE-MARITIME 76
HAUTE-NORMANDIE
OISE 60
Les Cernailles p. 176
AISNE 02
ARDENNES 08
Laon
Étouvelles
Le Manoir Saint-Charles p. 173
Le Vendangeoir d'Orgeval p. 175
Seine
Beauvais
Compiègne
Clermont
Rethel
Le 33 p. 171
Le Puits d'Angle p. 172
Oise
Aisne
St-Jean-aux-Bois
Hôtel L'Aunette Cottage p. 174
Reims
Chantilly
Le Manoir des Charmes p. 190
CALVADOS 14
BASSE-NORMANDIE
EURE 27
Épernay
Châlons-en-Champagne
PARIS
Vitry-le-François
MARNE 51
ORNE 61
CHAMPAGNE-ARDENNE
Eure
Nogent-sur-Seine
AUBE 10
Aube
EURE-ET-LOIR 28
Troyes
MAYENNE 53
SARTHE 72
Sens
Le Domaine de la Creuse p. 189
Villeneuve-sur-Yonne
LOIRET 45
Nord-Ouest – p. 10-11
Yonne
LOIR-ET-CHER 41
Chablis
Auxerre
Loir
YONNE 89
La Cimentelle p. 230
Montbard
PAYS DE LA LOIRE
Loire
Le Charme Merry p. 229
CENTRE
Le Château de Villaine p. 231
MAINE-ET-LOIRE 49
Cosne-sur-Loire
Pouilly-en-Auxois
Saulieu
INDRE-ET-LOIRE 37
Indre
CHER 18
BOURGOGNE
La Villa Louise p. 220
NIÈVRE 58
Château-Chinon
INDRE 36
Nevers
Hôtel Via Mókis p. 221
Les Planchottes p. 222
Autin
Cher
Le Domaine de la Corgette p. 218
La Maison d'Olivier Leflaive p. 224
DEUX-SÈVRES 79
SAÔNE-ET-LOIRE 71
VIENNE 86
ALLIER 03
POITOU-CHARENTES
Charolles
Creuse
AUVERGNE
Loire
Vienne
Sud-Ouest – p. 14-15
CREUSE 23
LIMOUSIN
PUY-DE-DÔME 63
Sud-Est – p. 16-17
1
2
3
4

50 km
ALLEMAGNE
LUXEMBOURG
SUISSE
ITALIE
Charleville-Mézières
Le Dormeur du Val p. 32
Chez Odette p. 188
Du Coq à l'Âne p. 192
Hôtel K p. 191
La Clairière p. 205
Hôtel Le Moulin p. 200
La Maison du Tonnelier p. 201
Le Château de Manoncourt p. 193
Nancy
La Maison d'Hôte de Myon p. 43
La Maison Forte p. 199
Strasbourg
La Cour du Corbeau p. 52
Un Soir d'Été p. 204
Le Château de Failloux p. 196
Hôtel La Belle Vue p. 202
Hôtel à la Ferme p. 205
La Forestière p. 203
B. Espace Suites p. 206
Les Fougères p. 197
Le Manoir p. 198
Le Val Joli p. 198
Grand Hôtel p. 194
Les Jardins de Sophie p. 195
Besançon
La Maison de Verre p. 26
Les Demoiselles p. 223
Charm'Attitude p. 219
Le Pré Oudot p. 208
Le Crêt l'Agneau p. 210
Chez les Colin p. 211
La Tour du Coq Doré p. 207
À l'Hostellerie de Levernois p. 217
La Closerie
Les Capucines p. 214
La Maison d'À Côté p. 212
La Grange à Nicolas p. 215
La Ferme de Marie-Eugénie p. 226
Le Clos d'Estelle p. 216
Frédéric Carrion Cuisine-Hôtel et Spa p. 225
L'Auberge du Paradis p. 227
Le Paradis de Marie p.228
LORRAINE
ALSACE
FRANCHE-COMTÉ
RHÔNE-ALPES
MEUSE 55
MOSELLE 57
MEURTHE-ET-MOSELLE 54
VOSGES 88
BAS-RHIN 67
HAUT-RHIN 68
HAUTE-MARNE 52
HAUTE-SAÔNE 70
TERR. DE BELFORT 90
CÔTE-D'OR 21
DOUBS 25
JURA 39
HAUTE-SAVOIE 74
AIN 01
Vouziers
Verdun
Thionville
Metz
Forbach
Sarreguemines
Oberstheinbach
Wissembourg
Lembach
Haguenau
Languimberg
Saverne
Turquestein-Blancrupt
Schiltigheim
Bar-le-Duc
St-Dizier
Obernai
Sélestat
Baldenheim
Neufchâteau
Vittel
Épinal
Remiremont
Le Valtin
Colmar
Kruth
Bar-sur-Aube
Chaumont
Langres
Lure
Mulhouse
Belfort
Altkirch
Vesoul
Montbéliard
Dijon
Nuits-St-Georges
Villers-le-Lac
Beaune
Dole
Port-Lesney
Arbois
Pontarlier
Chalon-sur-Saône
Malbuisson
Ste-Usuge
Courlans
Cluny
Mâcon
Meuse
Marne
Moselle
Seine
Saône
Doubs
Rhin
Rhône

MAINE-ET-LOIRE 49
LOIRE-ATLANTIQUE 44
VENDÉE 85
Bressuire
DEUX-SÈVRES 79
Parthenay
St-Martin-de-Ré
Hôtel La Maison Douce p. 244
Hôtel Le Sénéchal p. 243
Hôtel Les Bois Flottais p. 242
Ars-en-Ré
La Rochelle
Hôtel Maison Flore p. 247
Hôtel Le Central p. 246
Niort
Surgères
Le Prieuré de la Fayolle p. 241
Rochefort
St-Jean-d'Angély
Les Jardins d'Aliénor p. 245
Saintes
Cognac
Hôtel des Francs Garçons p. 240
Royan
Charente
Soulac-sur-Mer
CHARENTE-MARITIME 17
Jonzac
OCÉAN ATLANTIQUE
Le Grenier des Saveurs p. 238
Pauillac
Blaye
Les Cinq Sens du Château Mayne Lalande p. 282
Le Domaine de Quittignan-Brillette p. 283
Lacanau
Bordeaux
Hôtel L'Avant-Scène p. 28
Libourne
La Cabane de Pomme de Pin p. 284
St-Émilion
Arcachon
Hôtel Côté Sable p. 288
Hôtel Ville d'Hiver p. 286
Garonne
GIRONDE 33
Cap-Ferret
Martillac
La Co(o)rniche p. 287
Peyraguey
Maison Rouge p. 285
Langon
Le Comptoir des Sables p. 289
Côte & Dune p. 290
LANDES 40
AQUITAINE
Eugénie-les-Bains
Biarritz
Arima p. 298
La Villa Vauréal p. 309
La Maison de Mézos p. 292
Le Logis de la Ferme aux Grives p. 296
La Maison de la Prade p. 293
Mont-de-Marsan
Bidart
Hôtel du Fronton p. 309
Dax
Adour
Bayonne
La Petite Couronne p. 294
Le Mas p. 295
Guéthary
Arguibel p. 300
Pouillon
La Maison du Bos p. 297
Urt
La Grange du Haou p. 307
Saint-Jean-de-Luz
Le Zazpi p. 302
Les Volets Bleus p. 301
La Maison Lespoune p. 306
Hendaye
Hôtel Villa Goxoa p. 299
PYRÉNÉES ATLANTIQUE 64
Tarbes
Pau
Olhabidea p.304
Hôtel Arraya p. 305
Saint-Jean-Pied-de-Port
Le Boila Laslie p. 308
Lourdes
L'Auberge Basque p. 303
St-Savin
ESPAGNE
Pau
Hôtel Parc Beaumont p. 50
Gavarnie
Tarbes
Le Rex Hôtel p. 53
50 km

Nord-Ouest – p. 10-11
Nord-Est – p. 12-13
Sud-Est – p. 16-17
INDRE-ET-LOIRE 37
CENTRE
CHER 18
BOURGOGNE
CÔTE-D'OR 21
NIÈVRE 58
Châtellerault
Poitiers
INDRE 36
VIENNE 86
POITOU-CHARENTES
ALLIER 03
SAÔNE-ET-LOIRE 71
La Maison Verte p. 253
Le Domaine de Jarrige p. 252
Bellac
Guéret
CREUSE 23
Aubusson
AIN 01
RHÔNE 69
CHARENTE 16
Limoges
LIMOUSIN
HAUTE-VIENNE 87
PUY-DE-DÔME 63
LOIRE 42
L'Épicerie de Venat p. 234
Le Château de Maumont p. 239
Angoulême
Le Duplex p. 22
Le Moulin de Leymonie du Maupas p. 276
Le Logis de Puygaty p. 236
CORRÈZE 19
Ussel
AUVERGNE
ISÈRE 38
Brantôme
Bourdeilles
Hôtel Le Chaufourg p. 275
Périgueux
Brive-la-Gaillarde
Tulle
Le Château de Lissac p. 248
CANTAL 15
HAUTE-LOIRE 43
RHÔNE-ALPES
DORDOGNE 24
Les Meyrandiers p. 250
Le Manoir de la Brunie p. 251
La Croix du Bournissard p. 254
Le Manoir de Malagorse p. 255
La Colline d'Orance p. 278
Le Moulin de Peychenval p. 277
Sarlat-la-Canéda
Bergerac
Dordogne
La Roche d'Esteil p. 279
ARDÈCHE 07
La Gentilhommière p.280
Rocamadour
Le Château de Bessonies p.260
La Ferme de Moulhac p. 263
Pujols
La Caminade p. 260
LOT 46
Le Château du Rayet p. 280
Le Vinois p. 257
Le Domaine de la Piale p. 256
Figeac
Laguiole
DRÔME 26
Hostellerie Le Vert p. 261
Villeneuve-sur-Lot
Cahors
Lot
La Maison de Luna p. 262
LOZÈRE 48
Puy-l'Évêque
Lou Repaou p. 258
Le Relais de Roquefereau p. 281
Four p. 259
Lalbenque
La Vayssade p. 261
Aveyron
La Ferme de Bourran p. 264
Rodez
Agen
LOT-ET-GARONNE 47
TARN-ET-GARONNE 82
MIDI-PYRÉNÉES
VAUCLUSE 84
Les Planquettes p. 265
Tarn
Millau
GARD 30
Côté Remparts p. 274
Montauban
Albi
La Tour Sainte-Cécile p. 21
AVEYRON 12
Condom
La Maison Ardure p. 273
Lectoure
Auch
Hotel Villa Cahuzac p. 272
Toulouse
Le Domaine d'En Naudet p. 266
TARN 81
BOUCHES-DU-RHÔNE 13
GERS 32
Gimont
Castres
LANGUEDOC-ROUSSILLON
HÉRAULT 34
La Pradasse p. 267
La Masquière p. 268
HAUTE-GARONNE 31
Toulouse
Le Clos des Potiers p. 53
Les Loges de Saint-Sernin p. 54
Le Grand Balcon p. 54
St-Gaudens
Le Domaine de Terrac p. 269
Mirepoix
AUDE 11
HAUTES-PYRÉNÉES 65
St-Girons
ARIÈGE 09
Foix
Aude
MER MÉDITERRANÉE
Bagnères-de-Luchon
AND.
PYRÉNÉES-ORIENTALES 66
Bagnères-de-Bigorre
La Villa Rose p. 270

Nord-Ouest – p. 10-11
Nord-Est – p. 12-13
Sud-Ouest – p. 14-15
VIENNE 86
CENTRE
CHER 18
NIÈVRE 58
BOURGOGNE
SAÔNE-ET-LOIRE 71
INDRE 36
ALLIER 03
Moulins
POITOU-CHARENTES
Montluçon
Creuse
Cher
Loire
Allier
Saône
Hôtel de la Tour p. 355
Le Clos de la Tour p. 355
Bourg-en-Bresse
Le Jardin des Thévenets p. 312
Vichy
CREUSE 23
HAUTE-VIENNE 87
LIMOUSIN
PUY-DE-DÔME 63
Le Domaine de Montvianeix p. 314
Roanne
Villefranche-sur-Saône
AIN 01
Lyon
Le Jardin d'Hiver p. 36
Les Hautes Bruyères p. 37
Les Toits de Lyon p. 38
Les Eydieux p. 313
L'Ermitage p. 357
Clermont-Ferrand
Le Clos Goëlle p. 315
La Noue p. 256
Lyon
LOIRE 42
RHÔNE 69
Le Château de Montaigu p. 316
Vienne
CORRÈZE 19
AUVERGNE
St-Étienne
AQUITAINE
ISÈRE 38
Alta Terra p. 326
Mauriac
Brioude
CANTAL 15
Instants d'Absolu p. 319
Hôtel Le Baillage p. 318
Hôtel Saluces p. 317
HAUTE-LOIRE 43
Le Puy-en-Velay
Valence
La Maison de la Pra p. 56
Rhône
DORDOGNE 24
Aurillac
La Roussière p. 320
La Chapellenie p. 322
St-Flour
Hôtel Le Pré Bossu p. 327
DRÔME 26
ARDÈCHE 07
Restaurant Serge Vieira et ses Trois Chambres p. 324
Le Château Clément p. 359
Privas
La Treille Muscate p. 373
L'Auberge des Montagnes p. 321
Hôtel Le Clos des Gentianes p. 326
Montsalvy
La Fontaine de Grégoire p. 325
Hôtel Helvie p. 358
Drôme
Aubenas
Le Prieuré des Sources p. 367
Lô d'Ici p. 328
Le Mas de la Madeleine p. 361
Montélimar
LOT 46
LOT-ET-GARONNE 47
Lot
MIDI-PYRÉNÉES
Le Domaine de Carrière p. 329
Mende
LOZÈRE 48
Le Château d'Uzer p. 362
Le Mas de la Cigale p. 360
Nyons
Aveyron
AVEYRON 12
Florac
Mas Nouveau p. 330
Orange
VOIR ZOOM
Alès
Carpentras
Uzès
Avignon
VAUCLUSE 84
GARD 30
Montpellier
Les 4 Étoiles p. 41
Le New Hôtel du Midi p. 42
Hôtel Particulier Baudon de Mauny p. 42
Le Clos de l'Herminier p. 43
Un Cœur Très Nature p. 341
TARN-ET-GARONNE 82
Tarn
Nîmes
Cavaillon
La Bergerie de Fontbonne p. 343
TARN 81
HÉRAULT 34
Le Mas Vidau p. 410
GERS 32
Montpellier
BOUCHES-DU-RHÔNE 13
HAUTE-GARONNE 31
Le 5 p. 344
My Home p. 345
Saintes-Maries-de-la-Mer
Béziers
Sète
Le Presbytère de la Pomarède p. 350
Le Clos de Maussanne p. 346
L'Auberge Cavalière p. 412
Les Arnelles p. 413
Aix-en-Provence
L'Épicerie p. 20
La Rougeanne p. 349
Le Relais de Ventenac p. 348
Villeneuve-lès-Béziers
Carcassonne
ARIÈGE 09
Narbonne
Arles
My Tailor is Rich p. 24
Le Barrême p. 24
Le Mas Sainte-Cécile p. 411
Carcassonne
La Demeure Saint-Louis p. 29
Domaine de Marseillens p. 29
Une Maison en Toscane p. 30
Hôtel du Château p. 31
La Maison Vieille p. 32
La Péniche Mirage p. 347
AUDE 11
Aude
LANGUEDOC-ROUSSILLON
La Tourette p. 354
Marseille
Hotel Le Ryad p. 38
New Hôtel p. 39
Hôtel Vertigo Centre p. 39
Casa Honoré p. 40
PYRÉNÉES-ORIENTALES 66
Perpignan
Argelès
Le Château Valmy p. 352
Grand Hôtel du Golfe p. 353
AND.
Les Buis p. 354
Céret
Collioure
MER MÉDITERRANÉE
ESPAGNE
50 km
A
B
1
2
3
4

C
D
1
2
3
4
FRANCHE-COMTÉ
Ain
Annecy
Un Lieu Unique p. 22
Le Lodge p. 22
Le Dolce p. 23
Le Cocon p. 23
SUISSE
Le Chalet des Troncs p. 378
JURA 39
Thonon
La Ferme aux Ours p. 375
Genève
Rhône
Morzine
Hôtel La Bergerie p. 376
La Ferme d'en Bas p. 377
Les Grands Montets p. 380
HAUTE-SAVOIE 74
Chamonix- Mont-Blanc
Hôtel Le Morgane p. 379
Annecy
La Maison des Pins p. 381
Belley
Le Cœur de Marie p. 382
Aix-les-Bains
Les Chambres de Pauline p. 383
Chambéry
Tartine et Polochon p. 384
SAVOIE 73
La Bouitte et Les Nouvelles Suites de la Bouitte p. 385
RHÔNE-ALPES
Grenoble
ITALIE
Hôtel Les Clarines p. 374
Briançon
HAUTES-ALPES 05
L'Écureuil p. 386
L'Alpage p. 387
Gap
Forcalquier
La Bastide Saint-Georges p. 392
La Fare 1789 p. 391
La Ferme Fouent Crema p. 390
Barcelonnette
ALPES-DE-HAUTE-PROVENCE 04
Le Vieil Aiglun p. 388
Vence
Digne-les-Bains
La Maison du Frêne p. 430
ALPES-MARITIMES 06
Les Vieux Murs p. 389
Histoires de Bastide p. 432
Graine et Ficelle p. 431
La Toile Blanche p. 429
Le Couvent des Minimes p. 394
Moustiers-Ste-Marie
La Forge d'Hauterives p. 428
Menton
MONACO
Le Hameau de Pichovet p. 395
La Maison des Collines p. 396
Cagnes-s.-Mer
Grasse
Nice
La Suite du Village p. 433
Les Rosées p. 426
Le Mas de Mougins p. 427
PROVENCE-ALPES-CÔTE D'AZUR
Draguignan
Cannes
Antibes
Le Mas Samarcande p. 433
La Bastide des Hautes-Moures p. 418
St-Maximin-la-Ste-Baume
VAR 83
Saint-Raphaël
St-Tropez
Hôtel Pastis p. 423
Hôtel B. Lodge p. 424
La Maison Rouge p. 419
Hôtel Bor p. 425
Les 3 Îles p. 424
Cavalaire-sur-Mer
La Maison de Constance p. 421
Le Château de Sable p. 422
Toulon
Le Lavandou
Hyères
La Buanderie p. 420
Cassis
La Suite Cassis p. 414
Le Cap Cassis p. 416
Les Blanches de Payzac p. 365
La Villa Saint-Patrice p. 364
ARDÈCHE 07
Le Mas de la Blanche p. 366
Les Esplanes p. 368
La Maison du Moulin p. 370
Le Clair de la Plume p. 373
L'Aulière p. 408
Nyons
Les Terrasses p. 369
DRÔME 26
Le Moulin de Champdurand p. 372
K-Za p. 371
Le Mas de la Filoselle p. 331
Les Sardines aux Yeux Bleus p. 337
Orange
VAUCLUSE 84
Le Clos Saint-Saourde p. 397
Justin de Provence p. 408
L'Aube Safran p. 398
Alès
GARD 30
La Maison Felisa p. 338
La Ferme des Sablons p. 399
Hostellerie du Château de Mazan p. 406
Carpentras
Le Clos du Léthé p. 332
Le Mas du Temps p. 400
Le Château La Roque p. 407
Le Coing des Vignes p. 340
La Banastière p. 401
Uzès
Avignon
Le Moulin des Sources p. 403
La Maison p. 339
L'Albiousse p. 334
La Maison de la Bourgade p. 336
La Maison sur la Sorgue p. 402
Le Mas de la Régalade p. 404
La Mazade p. 342
Au Bord du Temps p. 407
Cavaillon
La Bastide de Marie p. 405
Avignon
La Banasterie p. 25
Le Limas p. 26
Hôtel Gounod p. 417
Les Ateliers de l'Image p. 417
Nîmes
Jardins Secrets p. 44
Hôtel Le Mas du Pastre p. 409
Bastia
Hôtel U Palazzu p. 436
Hôtel La Dimora p. 434
Calvi
Lumio
Case Latine p. 435
Les Chambres d'Hôtes de Magali p. 437
HAUTE-CORSE 2B
Corte
CORSE
Ajaccio
Hôtel Palazzu U Domu p. 20
Le Châtelet de Campo p. 439
CORSE DU SUD 2A
Propriano
Sartène
Porto-Vecchio
Les Maisons de Murtoli p. 438
Bonifacio
Cala Longa

Un Lieu Unique

Chambres en ville

Sommaire

AIX EN PROVENCE 20
L'Épicerie

AJACCIO 20
Hôtel Palazzu U Domu

ALBI 21
La Tour Sainte-Cécile

AMIENS 21
La Maison d'Euphrasie

ANGOULÊME 22
Le Duplex

ANNECY 22
Un Lieu Unique

ARLES 24
Le Barrême
My Tailor is Rich

AVIGNON 25
La Banasterie
Le Limas

BESANÇON 26
La Maison de Verre

BLOIS 27
Le Clos Pasquier

BORDEAUX 28
Hôtel l'Avant-Scène

CAEN 28
Le Clos Saint-Martin

CARCASSONNE 29
La Demeure Saint-Louis
Domaine de Marseillens
Une Maison en Toscane
Hôtel du Château
La Maison Vieille

CHARLEVILLE-MEZIÈRES 32
Le Dormeur du Val

CHARTRES 34
La Maison de la Cathédrale
Le Clos Chedeville

LILLE 34
Lille à Part
Hôtel Up
Atempo-Loft

LYON 36
Le Jardin d'Hiver
Les Hautes Bruyères
Les Toits de Lyon

MARSEILLE 38
Hôtel le Ryad
New Hôtel
Hôtel Vertigo Centre
Casa Honoré

MONTPELLIER 41
Les 4 Étoiles
Le New Hôtel du Midi
Hôtel Particulier
Baudon de Mauny
Le Clos de l'Herminier

NANCY 43
La Maison d'hôte de Myon

NANTES 44
Le Santeuil

NÎMES 44
Jardins Secrets

PARIS 46
Les Jardins de la Villa
Le Relais Saint-Germain
La Maison Hippolyte
6, Mandel
The Five
Hôtel Design Sorbonne

PAU 50
Hôtel Parc Beaumont

QUIMPER 50
Le Logis du Stang

ROUEN 51
Le Clos Jouvenet
Un Jardin en Ville

SAINT-MALO 52
Hôtel Aubade

STRASBOURG 52
La Cour du Corbeau

TARBES 53
Le Rex Hôtel

TOULOUSE 53
Le Clos des Potiers
Les Loges de Saint-Sernin
Le Grand Balcon

VALENCE 56
La Maison de la Pra

VALENCIENNES 57
Le Grand Duc

VANNES 57
La Villa Kerasy

... Et deux adresses trop éloignées de la ville à proprement parler pour figurer dans ce chapitre :

- La Péniche Mirage (Carcassonne), p. 347
- Le Mas Sainte-Cécile (Arles), p. 411.

AIX-EN-PROVENCE

L'Épicerie

Plan p. 16, B3

• Luc Laudignon
12, rue du Cancel
13100 Aix-en-Provence
Tél. 06 08 85 38 68
chambreenville@aol.com
www.unechambreenville.eu

• 2 chambres : 100 €.
2 suites : 120-130 €.
Lit suppl. : 20 €, enfant : 15 €.

–> Ouvert toute l'année.

Lorsque Luc découvre cet ancien garage du cœur d'Aix-en-Provence de plain-pied sur la rue et qu'il décide de l'acquérir pour y ouvrir des chambres d'hôtes, l'architecte des Monuments historiques n'y voit aucun inconvénient, à condition qu'il crée une devanture donnant l'illusion d'une boutique. Luc imagine alors une ancienne épicerie des années 50. Rien ne manque, de la vieille balance aux boîtes émaillées… jusqu'aux jouets des enfants de la génération du baby-boom ! La maison surplombe un jardin avec son potager et sa petite fontaine. Quatre chambres s'y sont installées. « Cannelle » aux tonalités taupe. « Calisson » avec son boutis aux couleurs de la gourmandise d'Aix. « Muscade » en habits rouges. « Vanille », ton sur ton. « Pain d'épices » en patchwork multicolore, au décor de kraft et de carton ondulé.

Coups de cœur :
La gentillesse de l'accueil et la salle des petits déjeuners.

Bonnes idées :
Le circuit des fontaines de la ville et les thermes.

AJACCIO

Hôtel Palazzu U Domu

Plan p. 17, D4

• 17, rue Bonaparte
20000 Ajaccio
Tél. 04 95 50 00 20
info@palazzu-domu.com
www.hotel-palazzudomu-ajaccio.com

• 45 chambres : 130-250 € en BS, 190-420 € en HS.
Petit déjeuner : 19 €.
Soirées jazz au bar le dim.
Happenings culturels.

–> Ouvert toute l'année.

Palme d'or impériale pour cet hôtel, ancienne demeure du duc Pozzo di Borgo, situé au cœur du centre historique de la ville et à deux pas de la maison qui vit naître Napoléon Bonaparte. Abandonné pendant vingt ans, vendu par les descendants à un trio d'Ajacciens, amoureux de leur île, le palais vient de ressusciter… Dès l'entrée, camaïeux de brun, de bleu et d'or. Les murs de l'escalier ont été tapissés de photos-gravures reproduisant des fragments des tableaux liés à la famille Bonaparte et exposés au musée Fesch. Dans chaque chambre, sous les verres gravés des sous-mains, l'écriture napoléonienne ramène à l'histoire, tandis que les armoires contemporaines au noir d'ébène de Murano, ponctuées de poignées en loupe d'optique, affichent crânement la passation des modes et des styles. J'ai aimé la douceur des rideaux velours couleur champagne, les « floralies » du Second Empire appliquées aux boiseries des têtes de lit, les tonalités cigare des boiseries des salons voûtés dont les perspectives s'envolaient vers le jardin intérieur, l'heure des petits déjeuners sous les palmes, cet îlot de calme au cœur de la vieille cité et à deux pas du port.

Coup de cœur :
La majesté d'un lieu dépourvu d'ostentation.

Bonne idée :
Le cœur d'Ajaccio sur les pas de Napoléon Bonaparte en compagnie d'historiens.

ALBI

La Tour Sainte-Cécile

Plan p. 15, C3

• Bertrand Amalric
14 bis, rue Sainte-Cécile
81000 Albi
Tél. 05 81 40 51 52 et 06 11 66 62 82
contact@toursaintececile.com
www.toursaintececile.com

• 3 chambres 180-230 € selon le standing ; 1 suite : 230 €
Entrée au musée comprise.

–> Ouvert toute l'année.

L'hôtel particulier appartient à la même famille depuis trois générations. La Tour Sainte-Cécile, baptisée ainsi en hommage à la cathédrale, est entièrement cuirassée de briques. Moulées à la main, elles ont conservé les traces des doigts des briquetiers. De quoi donner du tempérament à la maison qui, dans sa partie XVIe, abrite une première chambre au pavement rouge d'origine sur lequel trône une armoire XVIIIe en pointes de diamant. Vue cathédrale pour « Fleur de Lys » qui tient son nom de son plafond à la française. Un escalier à vis, quasiment secret, dessert le second étage. Attention, gros gabarit s'abstenir ! Toulouse-Lautrec y a sa chambre. Sous son plafond de grenier sablé, un peintre hongrois a tiré le portrait géant de l'artiste. La chambre « Lapérouse » s'est hissée au sommet de la Tour. Là, c'est vue panoramique à 360° ! La chambre rend hommage au grand navigateur natif d'Albi. Comme un phare... lui-même ébloui par les lumières de la ville !

Coups de cœur :
L'histoire et le caractère de la demeure. Les chambres « Lapérouse » et « Toulouse-Lautrec ».

Bonnes idées :
La cathédrale. Le musée Toulouse-Lautrec. Le cloître Saint-Salvy. Une promenade en gabarre sur le Tarn.

AMIENS

La Maison d'Euphrasie

Plan p. 12, B1

• Dominique Allart
91, rue Alexandre-Dumas
80090 Amiens
Tél. 03 22 95 84 13 et 06 70 71 85 55
domdel91@yahoo.fr
www.lamaisondeuphrasie.com

• 4 chambres : 90 €. 1 suite : 115 €/3 pers., 135 €/4 pers. Tarifs dégressifs dès la 2e nuit.
Prêt de vélos. Cuisine d'été.

–> Ouvert toute l'année.

« Euphrasie », c'est le nom d'une cloche, patrimoine de la belle-famille de Dominique depuis plusieurs générations, qui a pris sa retraite au jardin. Dans une atmosphère de maison de famille. Les chambres sont distribuées au long d'un couloir joliment composé d'objets de brocante, que la maîtresse de maison détourne allégrement pour les transformer en bibelots utiles et déco, comme ces lanternes reconverties en garde-livres, comme ces boîtes de dragées transformées en tableaux sur le fond parme de la chambre « Zoé ». La chambre « Jules » rend, elle, hommage à l'auteur du *Tour du monde en 80 jours* par l'intermédiaire de caricatures imprimées sur ses rideaux. « Kenzo » s'est mise au diapason du romantisme asiatique. Ambiance grise et rose cyclamen, tonalités gris-bleu pour la suite « Pauline », où pélerinent des figurines de théâtre.

Coups de cœur :
La cave pour les enfants du rock d'hier et d'aujourd'hui, très années 70 (billard, flipper et jeux vintage). Les macarons de Trogneux proposés avec délicatesse aux hôtes (place René-Goblet).

Bonnes idées :
Le marché, les Hortillonnages.

ANGOULÊME

Le Duplex

Plan p. 15, C2

• Société Entre les Murs
Nicole Masset et Élisabeth Dreyfus
10, place du Commandement-Raynal – 16000 Angoulême
Tél. 06 12 18 67 20
www.entre-les-murs.fr

• Duplex pour 2 pers. :
300 €/2 nuits, 1 000 €/sem.
Linge et ménage compris.
Cuisine intégrée. Grande terrasse.

–> Ouvert toute l'année.

À Angoulême, MR c'était déjà un lieu de référence de la création contemporaine. Nicole Masset et Élisabeth Dreyfus ont voulu aller plus loin, en créant au-dessus de la galerie d'art un prototype hôtelier qui exalte l'écriture design du show-room d'en bas. Avec cette grande terrasse bornée par un pan de mur rose pétard, cette douche extérieure et cette bouée navigant dans la verdure entre les toits de la vieille ville de Marguerite de Valois, les deux complices ont frisé l'exploit ! Celui de réunir par-delà les siècles les amoureux du beau. Blanc dominant et épure quasiment parfaite. Dans ce lieu inondé de clarté, la haute technologie participe au design et offre des services haut de gamme : home-cinéma, cheminée à l'éthanol sur lit de galets immaculés, baignoire d'Agapée montée sur estrade, cuisine intégrée. Des chaises à effet berlingot de Gaétano Pesce, un canapé violet, un tapis tricot parme, un pouf oursin corail de Paola Lenti ancrent le design italien à la place d'honneur. À côté : un bureau décalé style Louis-XV, un fauteuil en barres de bois signé Campana et puis une sculpture primitive en terre et fonte de fer, création de Jean-Michel Solves pour casser les codes. Tout est savamment composé dans ce duplex évolutif où tout est à vendre...

Coups de cœur :
Le design, l'espace, la clarté. Zen...

Bonnes idées :
Le Festival de la BD, le musée du Neuvième art, le circuit des murs peints.

ANNECY

Un Lieu Unique

Plan p. 17, C1

Émilie Wirotius
Tél. 06 15 32 12 22
contact@unlieuunique.com
www.unlieuunique.com

Le Lodge

• 19, rue Jean-Jacques-Rousseau
74000 Annecy

• Suite pour 1 à 4 pers. : 150 €
Petit déjeuner : 10 €.
Menu à la carte et sur commande.
Kitchenette à dispo.

–> Ouvert toute l'année.

C'est le dernier né du concept imaginé par Émilie au cœur de la vieille ville. Ce petit loft indépendant est un bijou pour des amants. On s'imagine y dîner aux chandelles... Monsieur a tout prévu, tout commandé et qui

sait ? Peut-être un « diamant sur canapé »... Un fauteuil suspendu pour la tendresse, une couette blanche surélevée pour la vue. Couleur chocolat-café, c'est tout douillet, feutré. On se pelotonne sur la banquette molletonnée. La salle de bains, elle, est plus *roots* entre ses planches usées et ses mangeoires à animaux en fer galvanisé, reconverties en douche et lavabo. Une petite fenêtre donne sur la jungle du jardin de l'Évêché. Promis, juré, on reviendra avec les enfants puisqu'une mezzanine les attend. Pratique, la petite cuisine installée sur son tapis de galets pour réchauffer les biberons ou se faire une dînette.

Le Dolce

• 19, rue Jean-Jacques-Rousseau 74000 Annecy

• Suite pour 1 à 2 pers. : 150 €. Petit déjeuner : 10 €. Kitchenette ou service traiteur.

–> Ouvert toute l'année.

Plein de couleurs, celui-ci twiste entre les années 50 et 70. Un papier-peint réédité, un plaid laineux orangé de Zara Home sur une couette blanche, une tête de lit fabriquée sur mesure en velours damassé éclairée par des luminaires édités par Kartell, un fauteuil imprimé Missoni, une terrasse sur le canal enjambé par un pont moussu. Ne manque que la vespa pour vous attendre en bas. Dolce Vita, va !

Le Cocon

• 2, place Saint-Maurice 74000 Annecy

• Suite pour 1 à 4 pers. : 125 €/1-2 pers., 140€/3-4 pers. Petit déjeuner : 10 €. Kitchenette ou service traiteur.

–> Ouvert toute l'année.

Mats ou brillants, mais toujours en déclinaison de blancs, depuis les murs chaulés jusqu'au rocking-chair de Charles Eames en passant par la pelisse. Bien caché derrière une façade discrète du vieil Annecy, douillet et aérien comme un flocon, c'est le premier des studios aménagé par Émilie, épaulée par la décoratrice Nathalie Levet-Rougier. Le Cocon est véritablement précurseur d'un nouveau style de logis urbain.

Coup de cœur :

Un concept qui commence à avoir des adeptes dans nombre de villes de France.

Bonnes idées :

Le viel Annecy avec le marché du dimanche matin rue Sainte-Claire, l'église Saint-Maurice, la rue à arcades de la Filaterie, la rue Jean-Jacques-Rousseau sur les pas du philosophe, et puis les jardins de l'Europe au bord du lac.

ARLES

Le Barrême

Plan p. 16, B3

• Agnès Cabin-Duivon
3, rue Barrême – 13200 Arles
Tél. 04 90 96 42 16 et
06 23 16 60 12
contact@lebarreme.fr
www.lebarreme.fr

• 4 chambres : 125-145 €, 1 suite : 165-195 € (tarifs selon la saison). Restaurant : menus 19,50-39,50 €. Vernissages et expositions permanentes.

–> Ouvert toute l'année.

Agnès, qui s'est installée entre les murs XVIIe rénovés par les précédents propriétaires, a à peine modifié le décor... Simplement par petites touches pour l'embellir, avec les tableaux d'une artiste qu'elle admire : Rosine Blachas. Simplement pour le confort, en y ajoutant des peignoirs, des produits d'accueil de qualité en adéquation avec le lieu, articulés autour d'un petit restaurant. On dîne sous la tonnelle, les soirs d'été, en salivant devant les plats du chef, Olivier Véricel, qui n'est autre que le fils d'Agnès qu'elle a envoyé faire ses classes chez les chefs étoilés. Pour le reste, Agnès a conservé le décor presque intact avec ces lustres et ces lampadaires qui m'avaient enchantée. Gouttes de cristal sur cylindre rouillé, fleurs de gel tombant d'une corolle orangée : tout y est. Agnès a juste ajouté des plaids et puis des oreillers en organza. Chaque chambre possède sa propre personnalité. Voiles de lin châtaigne sur fond de pierres décroûtées et tapis de canisses pour « Matière », dont la salle de bains affiche un petit côté riad contemporain. « Couleurs » s'épanche entre violine et fuchsia, tempérée par une salle de bains coquille d'œuf. « Épure » est parfaite en blanc sur gris béton et pavage d'ardoises. Tonalités prune et mobilier blanc dans la chambre « Lumière ». La suite, couleur béton, posée sur un sol en lattes plastifiées orné d'un tapis en caoutchouc, s'assoupit dans des évanescences de voilages blanc et zinc. Cylindres de tadelakt ivoire dans la salle de bains. Imaginez le tout à deux pas de la place du Forum mais... côté calme !

Coup de cœur :

L'atmosphère qui joue entre les ombres et les lumières de ce bel hôtel particulier du cœur de la ville.

Bonnes idées :

L'itinéraire Van-Gogh, la nécropole des Alyscamps, la cathédrale Saint-Trophime et son cloître.

My Tailor is Rich

Plan p. 16, B3

• Muriel Lagneau
25, rue Élie-Giraud – 13200 Arles
Tél. 09 52 10 20 65
muriel@mtir.eu
www.lagalerie-mytailorisrich.eu

• 2 suites : 250 €.
Petit déjeuner : 20 €.
Piscine.

–> Ouvert juin-sept.

Le Capitaine Nemo qui pêchait la sardine, ça vous rappelle quelque chose ? Le Domaine du Canalet... Gagné ! Après l'expérience de Lodève, Muriel Lagneau récidive en solo, en Arles, avec le Rhône pour confident d'un nouveau concept, encore plus pointu que le précédent. Designers, plasticiens, peintres, pros de la photo et de la vidéo sont dans les starting-blocks afin d'être sélectionnés par la nouvelle propriétaire de cet hôtel particulier pour habiter les espaces, figurer sur les cîmaises de ses salons et de ses deux suites de 50 m². Les visiteurs pourront cheminer d'un étage à l'autre comme dans une galerie d'art, participer à l'occasion aux rencontres avec les artistes qui exposeront autour de ses bains de soleil et même jusque sur le mur extérieur de l'église contigüe. Les résidents seront logés à la même enseigne que les visiteurs, sans pouvoir disposer de leur chambre avant 19h (le lit se rabat pour laisser libre accès aux œuvres d'art et aux projections sur le sol). Mais ils auront le privilège de la piscine en exclusivité et accès à leur salle de bains aux carreaux métro – noirs ou blancs – à toute heure du jour. « Excusez-moi, je vais prendre mon bain »... Manière de faire partie intégrante d'une œuvre ! Toute pudeur préservée...

Coups de cœur :

L'audace du concept. Les Rencontres internationales.

Bonnes idées :

Pour revenir à plus de « classicisme », l'itinéraire Van-Gogh en Arles.
Les Rencontres internationales de la Photographie début juillet.

• AVIGNON

La Banasterie

Plan p. 16, B3 (voir le zoom)

• Françoise Rivière et Jean-Michel Brochet
11, rue de la Banasterie
84000 Avignon
Tél. 06 87 72 96 36
labanasterie@labanasterie.com
www.labanasterie.com

• 2 chambres : 110 et 135 €,
3 suites : 150-170 € (tarifs selon le standing).
Lit suppl. : 30 €.
Toutes les chambres sont climatisées.

–> Ouvert toute l'année.

Articulée sur deux étages autour d'un patio central, cette petite maison de ville est nichée derrière le palais des Papes. Elle distribue des chambres qui, toutes, portent le nom d'un cru... de chocolat. Charme de ses coursives suspendues, des couleurs chocolat, ocre, pistache, aubergine et jaune de Naples dans un esprit de bohème provençale.

AVIGNON

Le Limas

Plan p. 16, B3 (voir le zoom)

• *Marion Wagner*
51, rue du Limas
84000 Avignon
Tél. 04 90 14 67 19
lelimasavignon@hotmail.com
www.le-limas-avignon.com

• *4 chambres (dont 1 suite) : 130-220 € selon la capacité et la saison.*

–> *Ouvert toute l'année.*

Style Betty Boop dans un morceau d'hôtel particulier des XVIe et XVIIe siècles du cœur de ville. Marion accueille ses hôtes au sein d'un salon lumineux où des sièges signés Le Corbusier ou Ron Arad contemplent les visages de Philippe Dutilleul. Entre luminaires plissés de Starck, luminaires en tôle métallisée d'Artémide, gouaches de Dutilleul. Le reste est à l'unisson au cœur de la cité des Papes.

BESANÇON

La Maison de Verre

Plan p. 13, C4

• *Katherine Bermond*
26, rue Bersot – 25000 Besançon
Tél. 03 81 81 82 27 et 06 12 38 12 57
katherine@lamaisondeverre.com
www.lamaisondeverre.com

• *Chambres « 1 » et « 3 » : 85 €.*
Chambre « 2 » : 80 €.
Parking.

–> *Ouvert toute l'année.*

Bisontine depuis l'âge de 8 ans, Catherine, déracinée de son Algérie natale, s'est fait de nouvelles racines à Besançon et n'en est plus repartie. Elle vit aujourd'hui, son pays de lumières réinventé au cœur de sa demeure, entièrement vitrée mais dissimulée au regard des écoliers d'en face, qui se dissipent, quand la cloche a sonné, sous la grande verrière commune aux ateliers, aux boutiques alternatives voisines installés dans l'ancien garage des années 70, transformé en cabinet d'architectes, que Katherine occupe aujourd'hui. Stéphane, son gendre, qui est aussi de la partie, a redistribué les immenses volumes de la carrosserie d'autrefois entre habitat et chambres d'hôtes, autour d'un open space commun au grand salon et à la salle à manger, qui a conservé les rayonnages d'architecte. Une longue table industrielle est encadrée de chaises en tôle chinées chez un designer brésilien. L'escalier contemporain dessert les trois chambres installées sur la coursive. Les couleurs pures participent à l'épure. Gris doux et parme pâle pour la première. Tonalité taupe au dos de pelisses argentées pour la seconde, où une glace démultiplie l'espace. Béton brut dans la salle de bains. La troisième est blanche et noire, très graphique, implantée sur un lino industriel. Tapis méché et chevets plissés...

Coups de cœur :
En plein centre ville. Le mix industriel sans trop et le mobilier design sans excès. La chambre « 3 » et la clarté.

Bonnes idées :
La citadelle, la grotte d'Oselle,

féerie de cristaux, de lumières et d'eau, où fut découvert en 1826 le premier squelette complet d'ours des cavernes.

● BLOIS

Le Clos Pasquier

Plan p. 11, C3

• Claire et Laurent Nicot
10/12, impasse de l'Orée-du-Bois
41000 Blois
Tél. 02 54 58 84 08
leclospasquier@orange.fr
www.leclospasquier.fr

• 2 chambres : 110€.
2 suites : 130€.
Massages sur demande.
Wifi. Parking. Vélos.

–> Ouvert toute l'année.

Les chroniques d'ici rapportent que cet élégant pavillon de chasse, installé en lisière de forêt domaniale, était à l'origine propriété de Catherine de Médicis. Aujourd'hui, il est celle de Claire et de Laurent, passionnés du Val de Loire et de son histoire, qui, après en avoir fait leur résidence secondaire, ont décidé d'y vivre et d'y accueillir des hôtes. La maison, aux façades multiples, aux pierres de silex et aux enduits couleur de tuffeau, a la douceur des roses et des glycines. En rez-de-cour, la suite du « Four à Pain » conserve ces tonalités de craie et de sable, rehaussées d'oreillers rouges. Une seconde suite expose au cœur du logis ses belles tommettes de récupération posées par un compagnon du Devoir sous une imposante poutre traversière. Elle dispose d'un accès direct au jardin festonné de boules de buis, qui fuit vers le parc embaumé par les troènes de juin. Clins d'œil au passé au travers d'une pierre à eau, d'un décrotte-bottes digne d'un minilavoir et d'un escalier qui a du vécu. Deux chambres baptisées « Porc-Épic » – emblème de Louis XII – et « Salamandre » – emblème de François Ier – rayonnent à l'étage sous leurs petits édredons turquoise à franges multicolores ou fleuris de boutons de roses. Claire et Laurent ont su composer avec talent un univers élégant, mariant petit mobilier de style et accessoires contemporains.

Coup de cœur :

Une demeure du Val de Loire où l'on se sent bien sans être étouffé par le poids de l'Histoire.

Bonnes idées :

Balade en vélo dans la forêt domaniale, visite au château de Blois, théâtre de l'histoire de France.

• BORDEAUX

Hôtel l'Avant-Scène

Plan p. 14, B2

• 36, rue Borie – 33300 Bordeaux
Tél. 05 57 29 25 39
contact@lavantscene.fr
www.lavantscene.fr

• 9 chambres : 99-140 €, 3 suites : 265-400 € (tarifs selon le standing). Petit déjeuner : 15 €. Parking.

–> Ouvert toute l'année.

Ici, les amateurs de grasse matinée vont être enchantés. Seulement trois petites tables dans le lobby glacé noir... À l'Avant-Scène, on privilégie le petit déjeuner en chambre. Un insert cheminée en fonte, un canapé flanelle cosy, une grande brassée de glaïeuls glamour... Amaury, dans l'hôtellerie depuis une quinzaine d'années, est ravi de vous présenter son bel outil de travail composé de neuf chambres réparties autour d'une petite cour centrale dans les étages d'un ancien hôtel particulier XVIIIe. De son prestigieux passé, on a conservé le magnifique escalier aux pierres usées, les vieilles portes à la peinture écaillée, les superbes cheminées en marbre, couleur de rouille, dans la chambre « 4 », dans leur jus de tuffeau blanc dans la « 6 » ou la « 9 ». Et puis, on a mixé le tout avec des tonalités de fumée, un bronze gracieux, un miroir piqué réalisé par des artistes d'aujourd'hui. Mélange d'ancien et de contemporain au 1er étage. Mobilier design et couleurs franches au second. Lit Starck, fauteuil corolle édité par Knoll, douche à l'italienne. Ambiance orange à vif, années 70 pour la « 7 ». Style Bahaus, vert pinède pour la « 8 ». Rideaux maïs pour la « 9 » et blancheur intégrale pour la petite « 6 ».

Coups de cœur :

L'accueil. Et puis, la « 4 », la « 8 », la « 6 ».

Bonne idée :

Une initiation au vin de Bordeaux proposée par l'académie du Vin de Bordeaux en partenariat avec le centre François-Mauriac à Malagar, ancienne propriété de l'écrivain, ouverte à la visite : www.academie.vins-bordeaux.fr

• CAEN

Le Clos Saint-Martin

Plan p. 11, C2

• Sylvie et Jean-Noël Vandevivère
18 bis, place Saint-Martin
14000 Caen
Tél. 02 31 50 08 71
et 06 80 87 39 05
closaintmartin@free.fr
chambre.hotes.caen@gmail.com
www.leclosaintmartin.com

• 3 chambres : 105-135 €. 1 suite : 115-155 €/4 pers., 135 €/3 pers.
Lit suppl. : 25 €.
Petit déjeuner aux chandelles, différent t. l. j., sur le thème des pommes.
Cartes de crédit refusées.

–> Ouvert toute l'année.

Atmosphère cosy au cœur du centre historique de Caen... Cette demeure d'hôtes installée dans un hôtel particulier du XVIIIe siècle séduira par son petit côté « bourgeoisie raffinée », à la fois intemporel et très à l'aise dans son époque. Pierres de Caen et cheminées d'époque, lambris aux couleurs douces et tissus chatoyants ou boutis crème de lait.

CARCASSONNE

La Demeure Saint-Louis

Plan p. 16, A3

*• Bernard et Françoise Mazet
2, rue Michel-Sabatier
11000 Carcassonne
Tél. 04 68 72 39 04
et 06 11 43 55 69
demeure.saintlouis@club-internet.fr
www.demeure-saint-louis.fr*

*• 4 chambres : 90-140 € en BS, 100-150 € en HS.
Suite « Michel Sabatier » 4 pers. : 270-300 €.*

–> Ouvert toute l'année.

La maison de maître, édifiée par une famille de brasseurs en 1850, avait de l'allure et du tempérament. Les nouveaux propriétaires se sont attachés à lui rendre son prestige d'antan tout en l'ancrant résolument dans un XXIe décomplexé. On a choisi de préserver le bel escalier, couleur de nougat, hérité des années 50, qui mène au salon bourgeois. « Le Petit Trianon » est à la fois intemporel et très déco avec son lit à colonnes torsadées et ses deux petits crapauds au velours vieux rose qui cassent les codes de la modernité. « Les Chaumes » dévoilent derrière leurs rideaux en vichy jaune poussin un pan de la cité. Au second étage, l'atmosphère se fait plus XIXe avec la « Saint Louis » aux toiles de Jouy rouge-orangé et ses deux fenêtres ouvertes sur la cité ; la suite « Michel Sabatier » au salon rouge pivoine et bleu de France. Triple vue sur la cité. « Côté jardin » ouvre sur le parc et le bassin aux nénuphars.

Coup de cœur :
Le souci du moindre détail.

Bonnes idées :
Saviez-vous que Michel Sabatier, fondateur d'une distillerie mythique, avait inventé « l'Orkina » et « la Micheline », un apéritif et un digestif, spécifiques à Carcassonne ?

Domaine de Marseillens

Plan p. 16, A3

*• Muryel et Serge Baude
260, route de la Cavayère
Hameau de Mont-Legun
11000 Carcassonne
Tél. 04 68 71 43 54 et 06 85 14 36 45
muryelbaudemarseillens@orange.fr
www.domaine-de-marseillens.com*

*• 3 chambres : 85 €. 1 suite : 130 €. Lit suppl. : 20 €.
Piscine.*

–> Ouvert toute l'année.

Sa grand-mère était née à Carcassonne. Muryel et son mari ont donc opéré un retour aux sources en investissant l'ancien caveau d'un domaine viticole aux portes de la cité. Fan de châteaux cathares, Serge a voulu une suite « Cathare » : 70 m². Chacun devrait pouvoir y vivre à l'aise ! Que petits et grands se rassurent, les deux griffons bien plantés sur leurs pattes aux chevets du lit des parents sont en fait là pour protéger le sommeil des hôtes. Dans la chambre « Savane », ça se complique, puisque c'est un lion aux aguêts qui est chargé de vous protéger. Sur fond de murs décroûtés, une corne de buffle, un chapeau de safari, un ciel d'orage peint par la maman de Muryel. Le décor est posé. On fait tourner la mappemonde avant de se replier sur la chambre « Safari », imaginée à partir d'un bureau colonial Art déco et d'un masque africain. Un lampadaire habillé de raphia éclaire une pelisse. Une glace piquée renvoie l'éclat d'une baignoire à l'ancienne surmontée d'un voilage léopard... Les âmes romantiques feront une pause dans la « Blanche » aux tulles aériens sur fond de tissu rose bonbon. Un boa, tout de même ! Mais en plumes...

Coup de cœur :
Les œufs brouillés aux œufs d'autruche et herbes du jardin, que l'on déguste certains matins d'été.

Bonnes idées :
Le Parc australien pour voir les autruches et la nursery des bébés kangourous. Le château de Montségur, le préféré de Serge.

CARCASSONNE

Une Maison en Toscane

Plan p. 16, A3

• *Béatrice Pelouze*
44, rue de la Gaffe
11000 Carcassonne
Tél. 06 15 22 89 42
maison.toscane@gmail.com
http://maison.toscane.free.fr

• *1 chambre : 85 €. 1 suite : 95 €. Garage.*

–> Ouvert toute l'année.

Et pourquoi « en Toscane » ?... « Parce que c'est un rêve et une référence ». C'est ainsi que Béatrice qui, autrefois, y avait installé une petite boutique de déco a baptisé sa maison d'hôtes. Ce matin-là, la table du petit déjeuner était dressée dans une pièce au décor soigné, blanc cérusé. Cake maison, galette occitane, premières fraises du printemps, croissants et jus de fruits frais pressés. Terres cuites vernissées et linge brodé : on aurait dit une nature morte. Très vite réanimée par les gourmets ! Et en matière d'élégance, puisqu'Hermès – dieu du voyage – lui est apparu comme une référence, c'est ainsi qu'elle a nommé sa première chambre au jeté de lit rouge, assorti au chiffre monogrammé du cache-sommier. Le portrait d'une aïeule exécuté par une sœur peintre animalier veillera sur votre sommeil. La suite « Buis » est magnifique. Couleur lin et blanc, imaginée à partir d'une toile peinte surmontée d'un cerf en branches, de couronnes de roses et de branchée d'ajoncs, elle peut convenir à quatre personnes. Son lit Renaissance en fer, déniché chez un antiquaire toulousain, était vraisemblablement un lit de jeune fille attendant son cavalier, lui a-t-on précisé. Et puisque sa maison est au pied de la cité, il n'en faut pas plus pour rêver.

Coups de cœur :

Une maison très soignée et paisible. Ce petit bouquet de violettes discrètement offert dans la suite « Buis ».

Bonnes idées :

La cité, les gorges de Galamus près de Peyrepertuse.
Dîner dans la cité au restaurant Comte Roger (tél. 04 68 11 93 40), qui contrairement à son nom, est très actuel et délicieux.

Hôtel du Château

Plan p. 16, A3

• Cécile et Stéphane Rives
Cité médiévale
2, rue Camille-Saint-Saëns
11000 Carcassonne
Tél. 04 68 11 38 38
contact@hotels-carcassonne.net
www.hotels-carcassonne.net

• 18 chambres et suites : 140-220 € en BS, 160-300 € en HS.
Petit déjeuner : 12 €.
Lit suppl. : 20 €.
Piscine chauffée et Jacuzzi.
Parking privé (10 €/nuit).
Salon ouvert et grande terrasse contemporaine.

–> Ouvert toute l'année.

Stéphane et Cécile, enfants de Carcassonne, après quelques saisons dans l'hôtellerie à Saint-Tropez, caressaient le rêve de posséder leur propre affaire au pays. C'est chose faite désormais avec le rachat de ce petit hôtel de 18 chambres et suites qu'ils ont entièrement rénovées. Très cosy, il vous invite au mariage de l'Histoire et de la modernité. Pas de design ostentatoire, simplement des matériaux – verres dépolis, travertin dans les salles de bains –, des tissus contemporains, vert anis et violine, beige et chocolat, rouge intense, déclinés dans les trois chambres aux jardinets noyés sous les feuillages. Lits hauts et oreillers chiffrés. Un simple dais stylisé pour évoquer la médiévalité de la cité. Ici, comme dans le corps de logis principal, flotte un esprit Napoléon-III revisité qui tourne autour des boiseries taupe ou grisées, du mobilier chiné, repeint en noir mat, des tentures murales jaspées et des gravures anciennes recolorisées, des blocs lavabos aux pierres marbrées des Corbières. Ici et là se glissent des pans de mur à vif ripolinés de tons pistache, lilas ou coquille d'œuf. Des touches de couleur vert anis ou vert pré, bleu roi ou bleu Tiffany, turquoise ou marron glacé, caramel ou ardoise, réglisse et rouge sang dynamisent les alcôves.

Coups de cœur :

La n° 3 pour ses tons de vert. Les chambres près de la piscine avec leurs jardinets. La n° 12 pour sa vue sur la cité depuis la baignoire. L'accueil.

Bonne idée :

Puisque la cité est à votre porte... les châteaux cathares à proximité.

CARCASSONNE

La Maison Vieille

Plan p. 16, A3

• Catherine Bardou
8, rue Trivalle
11000 Carcassonne
Tél. 04 68 25 77 24
et 06 23 40 65 34
info@la-maison-vieille.com
www.la-maison-vieille.com

• 5 chambres : 85 €.
Lit suppl. : 20 €, enfants : 15 €.

–> Ouvert toute l'année.

Les enfants de Catherine avaient baptisé la demeure derrière le mur : « la maison vieille »... Graines d'artistes qui enchantent les murs du couloir avec leurs œuvres inspirées de *L'Arlequin* de Picasso. Le grand-père, qui n'est pas en reste, excelle, lui, dans les sculptures et les collages de matières naturelles. En témoigne la tête de lit de la chambre du « Prince Noir », réalisée à partir de pages du *Midi Libre* associées à du sable de Leucate et à des sarments de vigne. « Prince Noir » est entièrement... blanche ! Béton lissé, murs à vif, sols en jonc de mer. Variante en jaune maïs pour « Trivalle », bleu outremer pour sa voisine. « Cité » en ocre orangé s'admire dans une glace dorée. Honneur à « Dame Carcas », l'héroïne de la cité, qui parade sous son dais grisé et prend son bain sous un arc de lin. Quant à « Viollet-le-Duc », il s'endort sous un boutis couleur brugnon et accueille volontiers les enfants en haut d'un escalier en alu monté sur de grandes traverses de bois. La pièce à vivre en pigments rose fumé est de toute beauté. La table aux pieds en poutres de charpente enlevées du toit et recyclées accueille les buffets sucrés-salés des petits déjeuners.

Coup de cœur :
La fantaisie des lieux qui s'exprime aussi entre pièce à vivre et salon.

Bonne idée :
La visite de la cité est incontournable.

CHARLEVILLE-MEZIÈRES

Le Dormeur du Val

Plan p. 13, C2

• 32 bis, rue de la Gravière
08000 Charleville-Mézières
Tél. 03 24 42 04 30
contact@dormeur.fr
www.dormeur.fr

• 17 chambres : 118-141 € selon le standing.
Lit suppl. : 50 €.
Petit déjeuner : 8-14 €.
Espace de détente (salle de musculation, hammam, sauna, hydromassage).

–> Ouvert toute l'année.

Bien dans l'esprit rimbaldien ! Le magazine *Usine Nouvelle* est né ici, dans cet ancien entrepôt de chargement et de déchargement de la gare de Charleville-Mézières. Carlos l'a acheté, laissé un peu décanter avant de lui redonner, à sa façon, l'esprit industriel qui l'a vu naître. Nourri de déco et de design, cet enfant de la pub qui a fricoté avec l'immobilier a du pif en matière de concept. Même les antisèches sont dans « sa » bibliothèque... Il a tout pensé, tout décoré, tout mixé entre

« hôpital », peut-être ? Que les « Rimes » se déclinent en rouge baiser ou verveine acidulée, que les « Strophes » leur répondent en tonalités d'agrumes ou de verts acides. Que les « Poèmes » s'emballent et nous emballent, comme cette chambre couleur argent aux capitons métallisés, parfaitement insonorisée, pleine vue sur les quais. Est-ce parce que Charleville est en zone franche que Carlos s'est affranchi de tous les codes traditionnels de l'hôtellerie ? En tout cas, moi, vous m'en voyez ravie !

plancher industriel et banquettes fleuries stylisées ou pied-de-coq de Calligari, entre béton et plexiglas lumineux, rose shocking ou rouge ketchup. L'effet sensation commence dès la porte franchie avec cette vespa ripolinée qui a pris ses aises sous le zinc, avec ce salon de réception où, sur fond de poutres métalliques, un fauteuil safari, signé Moon, à plumes, en résine, un peu trash, fait la conversation avec un chesterfield nacré. Ça se poursuit avec ces murs en tôle perforée, ce patio en tôle galvanisée, planté de bambous qui montent à l'assaut des étages. Déco-métal à effet bullé, les portes s'ouvrent sur des univers qui explosent en couleurs, sur les patchworks savamment composés de papiers peints, la transparence du verre et la brillance des chromes. Les cloisons glissent, la domotique s'immisce. Un escadron de bras armés supportant des tablettes en medium fait office de serviteurs au chevet des lits. Un peu

Coups de cœur :

Un pied de nez aux codes de l'hôtellerie traditionnelle, un souffle de fantaisie. Des couleurs et un vrai concept poussé jusqu'au jardin, où un show-room de baignoires Oxame fait son défilé.

Bonnes idées :

Relire les poèmes de Rimbaud et visiter la maison natale de l'enfant du pays. Le festival des Marionnettes.

CHARTRES

La Maison de la Cathédrale

Plan p. 11, C3

• Guillaume Chadorge
13, place de la Cathédrale
28000 Chartres
Tél. 06 08 69 81 75 – contact@lamaisondelacathedrale.fr
www.lamaisondelacathedrale.com

• 5 suites (2 à 4 pers.) : 120-195 € selon le standing.
Restaurant (11 h-22 h) : env. 25 € (boissons comprises).

–> Fermé en janv.

Quand l'une des plus belles cathédrales de France veille sur notre sommeil. L'effet est inouï ! On a l'impression de dormir entre ses bras, au regard du portail royal... Il faut dire que la demeure faisait partie du domaine des Chanoines. Guillaume Chadorge,

dont les parents ont longtemps tenu un restaurant gourmand au cœur de la Beauce, vient d'investir les lieux en ouvrant un salon de thé sucré-salé au pied de la cathédrale. Et dans les étages – grâce à sa maman qui s'est occupée de la déco – ont vu le jour cinq suites d'hôtes. Les pavés de récupération grattés à l'huile de coude sont superbes. Boiseries beige rosé à liseré rouge pour la première des suites. La seconde, baptisée « Henri IV », se raccroche à l'histoire de Chartres, entre parquet d'origine et boiseries XVIIe. Une bibliothèque en trompe-l'œil s'immisce jusque dans la salle de bains. Changement de registre au second étage avec « Pénélope » qui porte le nom d'une boutique emblématique de la cité. « Pénélope » se fait frivole autour de son lit rond en parure noire, blanche et argent, carrément dans l'air du temps. Sous sa charpente blanchie, murs coquille d'œuf et stucco pour la « Suite des Anges »... La consécration sur fond de tapisserie bleu nuit !

Coups de cœur :

La vue sur la cathédrale et les vues transversales dans toute la maison. La bibliothèque en trompe-l'œil dans la salle de bains et le lounge-bar dans une « crypte » !

Bonnes idées :

Être aux premières loges pour visiter la cathédrale et observer les touristes qui en font autant, ou encore le centre du Vitrail.

Le Clos Chedeville

Plan p. 11, C3

• Françoise Chedeville
18 bis, rue Victor-Gilbert
28000 Chartres
Tél. 02 37 30 88 07
et 06 21 27 70 73
chedeville@wanadoo.fr
www.closchedeville.fr

• 1 chambre : 70 €. Wifi.

–> Ouvert toute l'année.

L'art et la manière... pour cette unique chambre d'hôtes installée dans l'ancien hangar d'une entreprise de maçonnerie.
Une chambre en rez-de-jardin habitée par un mobilier de famille posé sur un sol en pierre de Bourgogne pour la tradition, tentures bayadères pour la gaieté, une grande fenêtre et une porte vitrée pour la clarté. Et puis, un petit côté rétro avec la table de toilette de la salle d'eau. Rien ne manque pour que les époques cohabitent sans se heurter.

LILLE

Lille à Part

Plan p. 12, B1

• Corinne Roose
9, rue du Pont-Neuf – 59000 Lille

Tél. 06 85 67 86 85
contact@lilleapart.fr
www.lilleapart.fr

• Studio : 120 € (720 €/sem.)
Petit déjeuner : 10 €.

–> Ouvert toute l'année.

« À part », comme appartement... Rien que pour soi, au cœur de la ville, de son shopping et de ses petits restos à croquer. Et, parce que, pour Corinne, « Lille est une ville qu'on adopte, toujours en effervescence ». Séduite par le concept du loft en ville – une chambre d'hôtes mais autonome – qu'elle avait expérimenté à Annecy, la jeune femme a donné ses lignes directrices à la décoratrice Sophie Desquiens qui l'a aidée dans son projet : luminosité, légèreté, féminité et puis, design, mais chaleureux. Une palette de couleurs à respecter : gris craie, mauve, parme, aubergine. Et, le tour était presque joué, qu'on a magnifié avec un lustre nuage de Tranverso qui nous fait rêver sur le lit douillet, réchauffé par un plaid tricoté.
Le petit déjeuner est livré avec les spécialités locales. Le tout concocté entre les murs d'une ancienne filature de lin tenue autrefois par Philibert Vrau, à la vocation religieuse contrariée, qui a du reprendre les rênes de l'entreprise familiale. Ce qui explique le saint dans la niche sur la façade d'un des bâtiments XVIIIe répartis autour de jardins intérieurs.

Coups de cœur :
La majesté des bâtiments, le lustre.

Bonne idée :
Le marché du dimanche matin, place du Concert.

Hôtel Up

Plan p. 12, B1

• 17, place des Reignaux
59000 Lille
Tél. 03 20 06 06 93
reception@hotelup
www.hotelup.fr

• 27 chambres. Chambres doubles : 115-185 €. Chambres « supérieures » pour 4 pers. : 150-290 € (tarifs selon la saison). Petit déjeuner : 13 ou 18 €. Room service (petit déj. et bar).

–> Ouvert toute l'année.

Boutic-hotel à deux pas des gares TGV. Hyper pratique. L'ancien Hôtel Atlantic vient de rouvrir dans un nouveau décor. Marc Lelieur et Emmanuel Thebaux, restaurateur et ancien de l'hôtellerie lilloise, ont réuni leurs compétences pour imaginer ce nouveau concept hôtelier qui manquait à Lille. Deux gigantesques lustres de Murano, à la blancheur diaphane, illuminent au lobby les vieux carreaux de ciment gris, qui rappellent le décor des beaux hôtels particuliers du Nord. Seule concession au passé. Tout le reste a été revisité dans un style ultra-contemporain. De 40 chambres, on est passé à 27, avec pour vecteur commun des têtes de lit en cuir blanc ou chromé, des couettes immaculées, des pelisses en fausse fourrure, des tapisseries imitation croco, rouge piment, ou des papiers peints striés de fils aériens. Jeux de couleurs parme et violet, luminaires en sequins argentés, plafonniers en résine fluo. Avec ses pastilles violettes sur ses sièges et ses pastilles roses sur son bar, la salle des petits déjeuners, ouverte en vitrine sur la rue, n'engendre pas la mélancolie.

Coups de cœur :
Peignoirs et produits d'accueil bio, écran plat, théière, etc. dans chaque chambre. L'idée est d'offrir aux clients un accueil personnalisé et plein de petites attentions...

Bonne idée :
Le musée des Beaux-Arts.

LILLE

Atempo-Loft

Plan p. 12, B1

*• Marie Gailliard
25, rue de Sainghin
59650 Villeneuve-d'Ascq
Tél. 06 87 96 35 89
contact@atempo-loft.fr
www.atempo-loft.fr*

• 4 lofts : 420 €/w.-e., 750 €/sem. 2h de ménage inclus, linge à la location. Courses, pressing, garde d'enfants sur demande.

–> Ouvert toute l'année.

Quatre lofts montés sur pilotis en périphérie... Marie, elle est comme ça. Elle adore le très très ancien – d'avant le XVIIIe – ou le très très contemporain, d'après demain ! Alors, c'est exprès, afin de mieux s'exprimer, qu'elle a acquis ce beau terrain boisé, adossé à une ancienne brasserie de la périphérie de Lille. Posés sur des terrasses galvanisées, les lofts entièrement vitrés préservent leur intimité par la grâce de kilomètres de voilages aériens et de rideaux gris perle. Chaque loft décline une blancheur quasi absolue, tout juste rehaussée de polaires et de coussins tour à tour violet, pivoine, coquelicot ou vert pomme. Zen et design sur leur moquette grise, ils déroulent leurs espaces sans portes, habités de grands cuirs noirs ou blancs, de meubles aux transparences et piétement inox brillant, d'écrans plats, de luminaires à bras. Des parois coulissantes dévoilent des salles de bains aux émaux blancs et baignoires en résine. De grandes toiles où se mélangent lin, sac à patates et dessins de Michel Degand, spécialiste des tapisseries qu'affectionne Marie, humanisent les lieux. Marie lui avait demandé de décliner les quatre saisons qui baptiseraient chacun de ses lofts. L'artiste lui a répondu avec quatre toiles représentant quatre apôtres : Jean, Luc, Marc et Mathieu. Après tout, puisqu'il s'agissait de « baptême », autant avoir de vrais parrains !

Coups de cœur :

L'espace, l'audace du concept, les toiles de Michel Degand.

Bonnes idées :

Le musée d'Art contemporain de Villeneuve-d'Ascq, le musée de Plein Air qui présente le patrimoine rural de la région. Le golf de Ronchin.

LYON

Le Jardin d'Hiver

Plan p. 16, B1

*• Annick Bournonville
10, rue des Marronniers
69002 Lyon
Tél. 04 78 28 69 34
et 06 64 50 58 89
annick@chambrehote-lyon.fr
www.chambrehote-lyon.fr*

*• 2 chambres : 130 €, 120 € dès la 3e nuit.
Lit suppl. : 20 €.*

–> Téléphoner pour connaître les périodes de fermeture.

Au cœur vivant de Lyon, un « Jardin » secret en haut d'un vieil immeuble à deux pas de la place Bellecour... On se met à l'écart de l'effervescence de la ville dans l'espace flashy de deux chambres. Tout y a été concocté par Annick, Bretonne d'origine, arrivée à Lyon par amour, qui a quitté son métier d'enseignante avec la volonté d'ouvrir des chambres d'hôtes. Un emplacement idéal, un vaste appartement en L, propice à son projet... Annick a saisi l'opportunité et nous, on est ravi d'investir la chambre « Orange ». La salle d'eau joue sur le même registre des couleurs et de la vitalité. Mais ne vous y trompez pas, même audacieuses dans les couleurs, les chambres jouent sur le registre du design et de l'harmonie, du confort et des petits détails qui font la différence : café de marque à volonté et surtout, superbe jardin d'hiver qui épouse toute la longueur d'un vaste corridor reconverti en salle du petit déjeuner. D'accord, cette adresse se mérite – trois étages lyonnais à raison de 4,20 mètres de plafond ! On parle d'installer un ascenseur, ouf... En revanche, pour aller dîner, il suffit de dégringoler l'escalier.

Coup de cœur :

Superbe et insolite, mais se mérite.

Bonne idée :

À deux pas de la place Bellecour, Lyon est à vous.

Les Hautes Bruyères

Plan p. 16, B1

• Karine Laurent-Rault
5, chemin des Hautes-Bruyères
69130 Lyon-Écully
Tél. 04 78 35 52 38
et 06 08 48 69 50
contact@lhb-hote.fr
www.lhb-hote.fr

• 3 chambres : 150-170 €. 2 suites : 200 € (tarifs selon le standing).
Lit suppl. : 35 €.
Petit déjeuner bio.
Piscine extérieure chauffée.
Parc. Jardin.

–> Ouvert toute l'année.

À l'orée de la banlieue chic de Lyon, il est une demeure du XIXe siècle qui apparaît comme une alternative à la grande

ville. Les mots d'ordre qui ont présidé à sa renaissance : calme et sérénité. Ils s'accordent avec les couleurs douces et les menus objets qui habitent cette propriété postée en vigie au-dessus d'une rivière et merveilleusement métamorphosée par Karine. Dans un style très *Campagne Déco*, entre ses zincs à tous les niveaux et ses cages à oiseaux, ses paniers d'artisans et ses boutis blancs, tout n'est que poésie. Dans l'« Orangerie », un salon de jardin en rotin chiné aux Puces de Lyon imprime sa fantaisie autour d'une malle reconstituée en table basse. Au « Pigeonnier », des portes de grange décapées ont été reconverties en portes de placards. Des nids d'oiseaux portent bonheur. Des pigeons en fonte roucoulent sur les poutres. Atmosphère Empire, velours gris et tapis prune à « La Coloniale ». Un lustre à pampilles se balance au-dessus des toiles à beurre de la « Romantique ». Au « Jardin » qui ouvre de plain-pied sur la végétation, de vieux outils en corrélation et un escabeau de bibliothèque en guise de table de chevet. Deux anges perchés sur un mur perle pour veiller sur mes songes. Il n'en fallait pas plus pour que je rêve d'investir, l'espace d'une nuit, cette chambre aux douces tonalités, me glissant sous ses capitons de velours taupe. Puis, au petit matin, me laissant aller aux plaisirs de l'eau pure coulant au long du lavabo en béton, imaginant la volupté d'un instant volé au temps...

Coup de cœur :

Tout... le charme des lieux, le style orangerie, zinc et patines.

Bonne idée :

Une escapade dans le Beaujolais.

LYON

Les Toits de Lyon

Plan p. 16, B1

• Julie Claret et Mickaël Margot
24 rue Lanterne – 69001 Lyon
Tél. 04 72 07 71 39
et 06 20 45 48 92
contact@lestoitsdelyon.com
www.lestoitsdelyon.com

• Loft : 95 € la nuit (2 nuits min.). Forfait 2 nuits en w.-e. : 170 €. Petit déjeuner : 9 €.

–> Ouvert toute l'année.

Ce studio plein d'astuces et de charme, à mi-chemin entre le gîte et la suite d'hôtes, on le doit à la perspicacité et à la ténacité de Julie, native de la Croix-Rousse, et de son compagnon Mickaël, qui se sont dit qu'il y avait du plaisir à tirer partie de ce lieu haut perché. Situé au 5e étage d'un immeuble du XVIIe siècle, classé au Patrimoine mondial de l'Unesco, aussi petit soit-il, il délivre au travers de sept fenêtres, une vue imprenable, à 360° sur la ville. À l'intérieur, des tonalités artichaut, un canapé et des carrés noirs en guise de table basse, et puis des touches de rouge qui haussent le ton. Un drapé de fils, couleur châtaigne, sépare la partie jour de la partie nuit. Couette blanche, tissu chocolat pour la chambre qui donne sur le musée des Beaux-Arts. Une penderie à glace démultiplie l'espace. Un petit coin lavabo, une douche, un lave-linge, une kitchenette : rien ne manque dans ce loft pour « moineaux amoureux » qui imprime un style novateur à l'habitat lyonnais !

Coup de cœur :
Un loft design réfléchi et parfaitement conçu, qui dégage une impression d'espace et une vue à... tomber !

Bonnes idées :
Flâner dans la presqu'île, dans les anciens quartiers de soyeux. Le marché du dimanche matin sur les quais de Saône. Le centre d'Art contemporain.

MARSEILLE

Hôtel le Ryad

Plan p. 16, B3

• Madame Ouichou
16, rue Sénac-de-Meilhan
13001 Marseille
Tél. 04 91 47 74 54
contact@leryad.fr
www.leryad.fr

• 9 chambres : 95-140 € selon la taille et le standing. Lit suppl. : 30 €. Petit déjeuner : 12 €. Table d'hôtes : 40 €. Patio.

–> Ouvert toute l'année.

Madame Ouichou, Marocaine du Rif, qui vit en France depuis longtemps, a trouvé que l'effet de mode des riads qui pullulent dans son pays pouvait aussi prendre tout son sens dans ce quartier populaire de la cité phocéenne, proche de la Canebière. Articulées sur quatre étages autour d'un salon d'accueil, les chambres auxquelles on accède par un escalier aux tommettes rouge tomate cultivent sans vergogne le style oriental. « Noor » (lumière) est rouge brique, « Kenz » (qui signifie « trésor »), rouge pivoine, « Quisma » (beauté), rouge coquelicot. On rêve d'Orient sous le baldaquin d'« Ahlem » (rêves) aux tonalités châtaigne. On rêve en bleu et blanc chez « Mogador » qui s'ouvre en terrasse avec la bénédiction de Notre-Dame-de-la-Garde par-dessus les toits. Mobilier en cuir ou banquette en plâtre pour les unes ; mobilier en métal argenté pour les autres, comme « Arz » (cèdre), imprégnée de clarté. La plupart sont accompagnées de salles d'eau couleur béton, agrémentées d'artisanat marocain. Aux beaux jours, on profite de l'ombre de la pergola dans le patio ponctué d'une fontaine au bleu de Majorelle.

Coup de cœur :
La chambre « Arz », comme si vous y étiez !

Bonnes idées :
La Canebière et le quartier du Panier, véritable théâtre de polar.

New Hôtel

Plan p. 16, B3

• 71, boulevard Charles-Livon
13007 Marseille
Tél. 04 91 31 53 15
info@newhotelofmarseille.com
www.new-hotelofmarseille.com

• 84 chambres standard : 215 €. 16 suites et chambres supérieures : 270-320 €.
Petit déjeuner : 16 €.
Menus : 25-45 €.
Piscine extérieure.

–> Ouvert toute l'année.

Sous la verrière, dans ses salons, on est dans la fièvre des expositions. C'est le paradoxe des bouquets de glaïeuls rose shocking voisinant avec des bottes de foin, des Lolitas et des cols blancs qui surfent sur la vague du show-biz. C'est chic et mode, accueillant et décontracté. Dans un tourbillon de lumières et de couleurs acidulées, on se découvre soudain destressé et ultra-branché ! On picore une image d'Andy Warhol ou de Twiggy. On se jette à l'eau dans une piscine suspendue au-dessus du quartier du Pharo.
Enfin, épuisé, on jette l'ancre dans l'une des cent chambres qui occupent l'espace des étages. Avec une préférence pour le quatrième et pour les chambres qui ont vue sur le Pharo, Marseille et/ou la mer. Elles ouvrent sur des cadres au décor plus épuré, où le mariage du bois exotique, de la soie, de la laine et du lin invite à une élégance moins ludique mais plus reposante.

Coup de cœur :

Étonnant, ludique et déluré.

Bonnes idées :

Jogging dans les jardins du Pharo : d'un côté le Vieux-Port, de l'autre la Méditerranée... Louer un bateau pour les îles du Frioul et le château d'If ou emprunter les navettes.

Hôtel Vertigo Centre

Plan p. 16, B3

• 42, rue des Petites-Maries
13001 Marseille
Tél. 04 91 91 07 11
contact@hotelvertigo.fr
www.hotelvertigo.fr

• 8 chambres : 65-75 € selon la saison. 10 chambres communautaires (2 à 6 pers.) : 25-27 € le lit (selon la saison).
Taxe de séjour : 0,40 €/j./pers.
Petit déjeuner : 5 €.
Laverie automatique. Cuisine équipée. Wifi.

–> Ouvert toute l'année.

Deux associés : Oren et Hervé se sont lancés dans ce pari un peu fou de réunir deux hôtels pourris du quartier de la gare Saint-Charles pour les transformer en une sorte d'auberge espagnole où ni les origines ni les classes sociales ne serviraient de ticket d'entrée. D'entrée, les hall-bar-salon-salle des petits déjeuners

entremêlés donnent le ton... Années Skaï et Formica jaune citron, aubergine et orange mécanique sur fond de carreaux de ciment. Le patio qui relie les cours entre elles n'est pas en reste avec ses tables bistrot de toutes les couleurs, son bric à broc années 50/60. Ils ont laissé la modestie des lieux dans son jus, respecté la typicité marseillaise et son style, en préservant deux cabanons. Là encore, sol en ciment moucheté, murs bleu-gris et dessus-de-lit rouge. Rien que des couleurs primaires, qui ne font pas cliché, mais incitent à la bonne humeur. Avec la bénédiction de Notre-Dame-de-la-Garde qui pointe sa silhouette sur les terrasses...

Coup de cœur :

La meilleure chambre : la « B32 » en angle avec terrasse.
Mais toutes, en fonction des budgets, sont très bien.

Bonnes idées :

Les puces aux Arnavaux (fermées lun. et mar.). La dernière savonnerie artisanale de Marseille.

MARSEILLE

Casa Honoré

Plan p. 16, B3

*• Annick Lestrohan
et Bernard Colombani
123, rue Sainte
13007 Marseille
Tél. 04 96 11 01 62
et 06 09 50 38 52
casahonore@hotmail.fr
www.casahonore.com*

*• 4 chambres : 150-200 €.
Piscine-patio (10 h-18 h).*

–> Fermé Noël et Jour de l'an.

Annick aime les gens, mais pas la convivialité forcée. Alors, chez elle, c'est un peu chacun chez soi et, si sympathie il y a, elle sera spontanée mais pas provoquée. J'aime cette manière directe d'aborder les rencontres, dénuée d'hypocrisie. Créatrice d'une marque de déco et de vêtements pour enfants, Annick exprime son talent dans sa boutique d'à côté, en retrait du Vieux-Port. Dans la maison, les années 80 donnent le ton. Béton ciré et têtes de taureaux en osier. Couloir noir sous une pluie de voilages blancs qui tombent en cascade. Les chambres

portent des numéros sans queue ni tête, tout simplement parce que ce sont des chiffres qu'Annick a dénichés dans un vide-grenier. La « 207 » affiche un petit air Cocteau derrière ses croisillons de plâtre ; la « 438 » aux murs de bois clairs et logo noir sur les draps, se réchauffe d'orange à vif. La « 693 » aux émaux blancs, se pique de jaune paille et de jaune soleil. La « 806 », cuir blanc et logo vert gazon, s'éclaire avec des suspensions en tôle industrielle vert cèdre et s'ébroue entre des pâtes de verre. Reste le portrait d'un garde rouge sur le palier. Ça, ce doit être le petit côté provoc – incurable – d'Annick ! Et, ça, c'est un petit défaut que je comprends...

Coups de cœur :

L'audace du décor savamment composé et totalement cohérent, les têtes de taureaux en osier, la chambre « 806 ».

Bonnes idées :

Les Arcenaulx, le Vieux-Port, le musée de la Mode.

MONTPELLIER

Les 4 Étoiles

Plan p. 16, B3

• Pierre Migayrou
3, rue Delmas
34000 Montpellier
Tél. 04 67 02 47 69
et 06 12 80 19 87
pierre.migayrou@les4etoiles.com
www.les4etoiles.com

• 3 chambres : 94-125 € selon la saison.
Chambre « Na Os » : 105-135 €.
TV dans chaque chambre.
Terrasse ombragée.

–> Ouvert toute l'année.

Pierre a vécu dix ans ici, dans la maison de sa grand-mère qui louait ses étages aux étudiants... Après avoir fait une partie de sa vie dans l'Environnement, il est revenu, comme prévu, habiter cette demeure du centre de Montpellier, reprenant le flambeau d'une grand-mère adorée. Désormais les hôtes ont remplacé les étudiants. Pour les recevoir, il a conçu quatre chambres au design affirmé qui ont emprunté leurs noms à la constellation de Pégase. Si « En If », la plus brillante, a conservé l'esprit années 30 de ses carreaux de ciment, elle a posé dessus un grand lit à la couette blanche, encadré de tables de nuit de Patricia Urquiola, face à une console boogie-woogie éditée par Magis. Dans chaque chambre, un siège de designer. Ici, c'est un fauteuil de Mackinstosh. Dans « Iz Ar », il est laqué noir, signé Ron Arad, posé devant un grand miroir, face à un mur lie-de-vin. La couleur des carreaux du sol est un clin d'œil à l'étoile du vigneron placé sous la protection de Bacchus. Ailleurs les murs sont mastic, les rideaux découpés au laser, achetés chez Elytis. Les sols des salles de bains sont en résine à effet béton ciré, imaginés par Rochas. « Mi Ra » s'épanouit dans un univers gris habité d'éclairages et accessoires orange. Siège « orange slice » de Pierre Paulin et champignons dorés de Béatrice Collin chez « Na Os », la « Toison d'Or » qui scintille sous le Chesterfield en trompe-l'œil de Christophe Koziel et la lampe dorée de Ferrugio Laviani, dont le reflet caresse le grand miroir posé sur des lingots... d'or !

Coups de cœur :

Et encore... les pommes en céramique couleur bambou de Bull & Stein, les lampadaires d'Ingo Maurer. Le concept parfaitement maîtrisé et l'accueil.

Bonnes idées :

L'aqueduc des jardins du Peyrou, le quartier moderne d'Antigone sur le Lez, créé par Ricardo Boffil.

MONTPELLIER

Le New Hôtel du Midi

Plan p. 16, B3

• 22 boulevard Victor Hugo
34000 Montpellier
Tél. 04 67 92 69 61
montpelliermidi@new-hotel.com
www.new-hotel.com

• 44 chambres : 135-180 € (selon le standing). Petit déjeuner : 10 €.

–> Ouvert toute l'année.

Il accueillit entre ses murs Louis Bonaparte et son épouse, la reine Hortense, enceinte de celui qui allait devenir Napoléon III. Derrière sa belle façade Art déco, où le Midi rayonne à la façon d'un ostensoir, l'hôtel, emblématique de la place de la Comédie, a revu son décor, façon movida. On y pénètre par un sas bleu canard avant d'accéder au comptoir d'accueil rouge carmin, festonné de roses en plastique et plastiqué de formes de jeux de construction multicolores !... Bien évidemment, les vitraux d'époque, les carreaux de ciment exubérants ont été conservés dans le jus de leur âge. Un gigantesque tableau représente des gants de peau. Des fauteuils noirs aux écritures de Ben renversent les codes. Les chambres sont plus sages avec leur mobilier années 20 réédité, leur tête de lit façon galuchat au troisième. Rideaux en taffetas violet et marron glacé et salles de bains en Salernes brillantissimes. Murs effet peau de pêche et salles d'eau élégantissimes au second. Têtes de lit en bois contemporain au premier et salles de bains caramel et chocolat blanc.

Coups de cœur :
Le second étage et la chambre « 101 », avec son balcon en terrasse sur la place de la Comédie.

Bonnes idées :
Une soirée à l'Opéra, l'académie de Médecine, les hôtels particuliers du vieux Montpellier.

Hôtel Particulier Baudon de Mauny

Plan p. 16, B3

• Nathalie et Alain de Bordas
1, rue de la Carbonnerie
34000 Montpellier
Tél. 04 67 02 21 77
contact@baudondemauny.com
www.baudondemauny.com

• 3 chambres et 2 suites : 160-250 € (selon le standing). Petit déjeuner : 15 €. Climatisation.

–> Ouvert toute l'année.

La façade de cet hôtel particulier du cœur de Montpellier est classée à l'inventaire des Monuments historiques. Les boiseries des murs, les sols aux spectaculaires barres de Montpellier, inscrustées de coquillages fossilisés, ont été traités avec respect. Pas question de toucher, ni aux imposts, ni aux trophées, ni aux bois dorés. Dans cet univers réactualisé, où rien n'est statufié, les grands standards contemporains cohabitent avec des gypseries XVIIIe, les sièges de Bertoia, les rocking-chairs d'Eames, avec des canapés Napoléon-III. De grandes glaces argentées de Starck s'admirent dans le reflet de miroirs piqués, du mobilier Louis-XIII a été recostumisé en PVC irisé. Le boudoir, façon cabinet de curiosités, expose la collection d'un grand-père chasseur de papillons.

Coups de cœur :
Le design dans un hôtel XVIIIe.

Bonne idée :
Le musée Fabre et ses collections d'exception.

Le Clos de l'Herminier

Plan p. 16, B3

• Véronique et Maurice Brodard
201, rue du Mas-de-Nègre
34070 Montpellier
Tél. 04 67 07 98 88
et 06 84 91 26 17
closdelherminier@orange.fr
www.closdelherminier.com

• 4 chambres : 90-130 € (selon la saison). Parc classé de 5 000 m². Piscine. Pour les amateurs de rugby, stade à proximité.

–> Ouvert toute l'année.

Un mas noyé sous les micocouliers et les pins d'Alep. Avec son épouse, Maurice, retiré du tourisme institutionnel d'une région qu'il connaît comme sa poche, s'est pris de passion pour cet héritage familial. Les quatre chambres restituent toutes les facettes d'un pays qui est devenu le leur. Ainsi, la chambre « Grain de Muscat », dédiée à la vigne, son pan de mur lie-de-vin, ses ceps noueux et sa salle de bains qui épouse les contours d'une cuve. Ainsi « Brin de Thym », avec sa porte de chais remembrée en tête de lit. « Grain de Sable » est allongée dans une atmosphère turquoise, avec sa tête de lit en ganivelles, qui retiennent les dunes. « Grain de Sel » se fond dans les tonalités des marais salants au couchant, quand les flamants orchestrent le ballet du soir dans les teintes de tous les mauves et les roses de la nature. Une chambre qui pousse le souci du détail jusqu'à l'effet croûte de sel sur ses murs granités auréolés d'une fleur de sel qui brille comme un diamant brut...

Coups de cœur :
Accueil délicieux et chambres pleines de fantaisie.

Bonnes idées :
Les « Folies ». Le réaménagement du Lido par le conservatoire du littoral.

• NANCY

La Maison d'hôte de Myon

Plan p. 13, C2

• Madame Quenot
7, rue Mably – 54000 Nancy
Tél. 03 83 46 56 56
contact@maisondemyon.com
www.maisondemyon.com

• 5 chambres : 130 €. Forfait repas : 30-35 €. Possibilité cocktails, réceptions jusqu'à 100 pers., cours d'œnologie, ateliers de cuisine.

–> Fermé de mi-fév. à fin fév.

Alors, quand elle tomba sous le charme de cette maison de ville et de caractère, dont les actes encadrés prouvent depuis 1722 que son premier habitant était marchand de vins, comme elle, Martine sut que c'était là. Séduite par ses portes cochères et ses deux corps de bâtiments reliés par une cour pavée, elle vit tout ce qu'elle pouvait tirer d'un tel aménagement aux espaces démultipliés. Et surtout, installer la fabuleuse collection d'œuvres d'art réunie par son père qui revisite l'essence du xxe siècle autour d'œuvres remarquables : un Picasso, un bronze de Bugatti, du mobilier Art nouveau...

Bonne idée :
Le musée d'Art nouveau.

NANTES

Le Santeuil

Plan p. 10, B3

• Location auprès de « Un Coin Chez Soi » (Yann Falquerho)
Tél. 06 64 20 31 09
contact@uncoinchezsoi.fr
www.uncoinchezsoi.net

• 6, rue Santeuil – 44000 Nantes

• 2 chambres : 180 €.
Cuisine équipée.

–> Ouvert toute l'année.

C'est en dirigeant, un mois par an, l'orchestre des Pays de Loire, qu'Hervé Niquet, chef de renommée internationale, s'est pris de passion pour la ville. Et, c'est sur un vieil immeuble du centre, tout proche de l'Opéra, qu'il a naturellement jeté son dévolu. Nantes y tutoie la Grande-Bretagne sur fond de vert anglais côté cuisine, et d'adorables chesterfields en conversation côté chambre. Une fantaisie distillée avec parcimonie pour ne pas effaroucher le caractère de bourgeoisie bien élevée, inhérente à la cité... Parquet d'origine et murs tendus de rééditions de tissus années 20 qui s'accordent à merveille à la collection de calligraphies et de céramiques chinoises, souvenirs de voyage du propriétaire. Veillé par deux lanternes asiatiques, un fronton ciselé a été déposé en tête d'un lit aux reflets moirés, couleur quetsche, et velours prune et orangé. Parfum de violette, esprit boudoir *In the Mood for Love*... Mais si la passion de l'Asie semble être un penchant naturel pour Hervé Niquet, il se souvient aussi que Nantes fut tête de pont d'un commerce parallèle pas très glorieux, celui du bois d'ébène. C'est ainsi que des trophées africains et un mobilier colonial ont trouvé leur place dans une chambre amoureusement mise en scène, précédant un vaste salon dans lequel deux grands canapés vert tilleul ont pris leurs aises devant la cheminée. Un abat-jour tamise une lumière intemporelle, une énorme cafetière de couvent a été déposée sur un long meuble de chapelier. Le salon fait la liaison avec une seconde chambre au ton de rose fuschia, de chocolat, de vert olive et de vert cyprès. En tête de lit, une stalle d'église donne la réplique à un tableau inachevé de l'École des beaux-arts.

Coup de cœur :
L'atmosphère intemporelle d'un appartement qui colle à l'esprit nantais.

Bonne idée :
Le musée Jules-Verne.

NÎMES

Jardins Secrets

Plan p. 17, B3 (voir le zoom)

• Annabelle et Christophe Valentin
3, rue Gaston-Maruejols
30000 Nîmes
Tél. 04 66 84 82 64
contact@jardinssecrets.net
www.jardinssecrets.net

• 14 chambres : 195-450 € selon la saison.
Petit déjeuner : 25 €.
Piscine. Spa.

–> Ouvert toute l'année.

Parce que Christophe et Annabelle aiment passionnément ces grandes maisons de famille qui respirent le temps qui passe, parce que Christophe en a tant et tant photographié, ils caressaient le rêve qu'un jour, ce serait leur tour... Derrière l'abri de hauts murs, dans

un fouillis savamment discipliné d'essences méditerranéennes, à cinq minutes à pied des Arènes, cet ancien relais de diligence possédait du caractère. Ils lui ont inventé un art de vivre en y créant un petit hôtel de charme à l'atmosphère luxueuse. Désormais flotte dans l'air un parfum d'Andalousie. Sont-ce les orangers, les citronniers, les jeunes mandariniers, les bougainvilliers, les effluves entêtants des jasmins, ce laurier-sauce monumental qui tutoie le palmier, ou bien ces colonnes de marbre – certaines démontées d'un cloître des Indes – qui font illusion ? Toujours est-il qu'en créant une extension à leur maison, Annabelle et Christophe sont passés dans une autre dimension ! Annabelle, qui n'a pas son pareil pour composer des alliances audacieuses, s'est lâchée... Bois brut et patines XVIIIe, panoramiques de Zuber et capitons Napoléon-III, baldaquins de bain et lavabos bénitiers, cabriolets et bergères dorées, marbres de Montpellier ou du Brésil, lourds damassés et amples soieries, objets pieux et girandoles. Aux Jardins Secrets, les tombés de lin lèchent les pierres cuites, les trophées s'amourachent de chemins de roses, les lustres de Baccarat renvoient à l'infini leur reflet dans des glaces qui démultiplient les espaces, les cagettes de pommes s'acoquinent avec les cageots de fleurs. La demeure raconte une cuisine de contes de fée où rutilent les batteries de casseroles et de moules en cuivre, où le vert bronze s'associe au bleu lagon, le vert absinthe au rouge Hermès qui s'accorde aux bleus des églises... Avec la bénédiction d'une Vierge en bois doré et papier mâché, de toute beauté...

Coups de cœur :

Les salons de réception, la coursive et ses chambres d'apparat, le spa en cave, les jardins comme autant de pièces à vivre, dehors-dedans.

Bonnes idées :

Nîmes, les festivals et les marchés d'Uzès, la collégiale Saint-Gilles et la vallée de la Cèze.

PARIS

Les Jardins de la Villa

Plan p. 11, D2

• 5, rue Bélidor
75017 Paris
Tél. 01 53 81 01 10
hotel@jardinsdelavilla.com
www.jardinsdelavilla.com

• 28 chambres : 290-380 €. 5 suites : 480 €. Petit déj. : 27 €. Café et thé offerts après-midi et soir. Salle de fitness. Hammam. Sauna. Salle de réunion (jusqu'à 10 pers.). Wifi. Internet corner avec ordinateur et imprimante.

–> Ouvert toute l'année.

Anne-Marie Morrondiello a ouvert dans le secret d'une petite rue discrète, à deux pas du Palais des Congrès, cet hôtel qui révolutionne les codes du chic parisien tout en le réinscrivant dans son histoire. Imaginé par le duo de scénaristes d'intérieur formé par Marc Hertricht et Nicolas Adnet, l'hôtel ouvre sur deux salons d'accueil symbolisant les courants rivaux des deux grandes dames de la Couture : Chanel et Chiaparelli. Avec deux tons de rose emblématiques : poudré pour la première, shocking pour la seconde avec cet escarpin haut perché, à la façon du soulier de Dalí, transformé en méridienne. Le desk en cuir brodé de boutons de jais et jeux de miroirs à facettes évoque les boudoirs de la rue Cambon. Et puis, ce n'est que succession de salons enguirlandés de feuilles de lierre dorées qui conduisent au patio habité de mannequins, habillés de verdure, dans le halo de dizaine de bougies vibrant au tempo d'une fontaine musicale, dédiée à Narcisse, dieu de la beauté ! On voyage dans cet univers haute couture, entre des sièges en forme de cape, au velours ras doublé de turquoise et de broderies florales, dans les méandres oniriques d'une végétation sculpturale que n'aurait pas renié Cocteau, poète du Tout-Paris. On salue au passage un vase en taille de guêpe vêtu d'une robe fourreau, offerte comme un écrin à une gerbe de roses rouge carmin. On s'émeut devant une gouache de Raoul Dufy, esquisse d'un foulard, auquel répond une robe signée Christian Lacroix. On croque des yeux les *Scènes de la vie parisienne,* illustrées par Hippolyte Romain. On traverse le sas du bar pour se diriger vers l'orgue à alcools imaginé comme un orgue à parfums. Moquette pied de coq ou points zigzags à effet bas couture, on explore les couloirs et les 33 chambres qui s'égaient au fil des étages. Avec, de-ci, de-là, des effets chromatiques, un siège bleu pétrole nacré, une armoire malle de voyage gainée de cuir, un petit bonheur du jour, un plaid alcantara et, toujours, un envol de floralies en tête de lit...

Coups de cœur :
Une bouffée d'élégance et de légèreté au cœur du quartier des affaires. Mon hôtel préféré à Paris avec une salle de séminaire très « féminine ».

Le Relais Saint-Germain

Plan p. 11, D2

*• 9, carrefour de l'Odéon
75006 Paris
Tél. 01 44 27 07 97
hotelrsg@wanadoo.fr
www.hotelrsg.com*

*• 18 chambres : 285 €.
4 suites : 395 €.
Wifi.*

–> Ouvert toute l'année.

Monsieur est aux fourneaux au « Comptoir » mitoyen. Madame est à l'hôtel qui perpétue, à sa façon et à la manière de son époux, cette tradition littéraire et gourmande indissociable du Quartier latin. À Yves, la faconde et la générosité, à Claudine, la discrétion et la volupté de chambres inscrites dans une modernité intemporelle qui séduira par son luxe sans ostentation et le savoir-faire d'un service hôtelier professionnel. Yves sait d'où il vient : Pau. Où il a grandi : le Crillon et son ancien bistrot de la rue Jean-Moulin. Cette nouvelle aventure menée à deux donne un cocktail décor et déco en parfaite osmose avec leur sensibilité et le quartier. Ainsi, les chambres sont dédiées aux écrivains qui ont fait la légende de Paris : Balzac autant que Blondin, Proust comme Françoise Sagan, Hemingway autant que Casanova. Ma préférée se nomme « Marguerite de Navarre ». Elle aurait pu tout aussi bien s'appeler « Marguerite Duras » avec sa grande terrasse sur les toits du carrefour de l'Odéon, ses tons de paille de riz et d'encre de Chine, son mobilier asiatique et son plaid éventail. D'une « Marguerite » à l'autre, j'ai effeuillé, effleuré toutes ces alcôves pour retenir, dans le labyrinthe des escaliers, la chambre « Marcel Aymé » aux tonalités fauves, « Honoré de Balzac » et ses grands miroirs qui accentuent les espaces sur fond de colombages, la baroque « Curnonsky » qui met en valeur ses glaces dorées et ses beaux tableaux, « Francis James », plus cosy et « Charles Perrault », plus glamour, en Jouy corail et impression velours...

Coup de cœur :

Le lobby boudoir.

Bonne idée :

Même le samedi, il n'est plus besoin de faire la queue sur le trottoir pour espérer une table au « Comptoir ». En réservant votre chambre, réservez votre assiette. Et, pour l'adresse, le soufflé n'est pas prêt de retomber !

PARIS

La Maison Hippolyte

Plan p. 11, D2

• Marie-Martine Gras et Michel Espagnon
27, rue Hippolyte-Maindron
75014 Paris
Tél. 01 45 43 69 26
et 06 14 32 42 91
lamaisonhipp@free.fr
www.chambre-hote-paris.net

• 1 junior suite : 90 €.

–> Ouvert toute l'année.

Marie-Martine, journaliste spécialisée dans le tourisme, savait, lorsqu'elle décida de créer une chambre d'hôtes dans son appartement parisien, ce que l'on attend quand on est loin de chez soi. Au cœur d'un loft composé sur deux étages dans une rue calme du XIVe arrondissement, la capitale se dévoile par les fenêtres. On prend son bain avec pleine vue sur la tour Eiffel ! De discrets souvenirs de voyage ont trouvé leur place. Le maître de maison, artiste peintre, exprime son talent avec discrétion sur les murs. Les détails qui font la différence : une armoire capitonnée, un nécessaire à thé ou café à disposition, un dessus-de-lit au crochet en été, à carreaux douillet en hiver… Comme des vêtements de chambre qui changent en fonction des saisons ! Et puis, des bonbons distribués sur l'oreiller. Autant d'attentions dont Marie-Martine est elle-même friande lors de ses voyages au long cours…

Coups de cœur :
Le côté cocooning, les petites attentions et la vue depuis la salle de bains.

Bonnes idées :
La rue Daguerre, les Catacombes, les théâtres de la rue de la Gaîté.

6, Mandel

Plan p. 11, D2

• Jean-Christophe Stöerkel
1, rue Greuze – 75016 Paris
Tél. 01 42 27 27 93
contact@naturelei.com ou
contact@6mandel.com
www.6mandel.com ou
www.naturelei.com

• 2 chambres (au 2e étage) : 180 €/2 pers. en sem., 230 € le w.-e. Petit déjeuner-brunch : 20 €. Jardin à disposition. Service conciergerie.

–> Fermé en août, à Noël et le Jour de l'an.

Jean-Christophe est un esthète pour qui l'art se conjugue sur tous les modes, à tous les temps, et surtout au temps présent ! Et pour s'adonner à son passe-temps favori, sans lequel la vie n'aurait pas de sel, il a acquis un hôtel particulier de 1883 au style néogothique qui fut, en son temps, propriété d'une artiste du cinéma muet, Pearl White, comédienne et mondaine. Une carcasse délabrée, un immeuble démantelé par un marchand de biens mais… un jardin à aménager. Jean-Christophe a craqué. Et a tout refait dans l'esprit d'un lieu consacré à l'art de vivre. Jean-Christophe a structuré son beau jardin dont les branches se fondent avec celles des arbres de l'avenue Mandel dans l'esprit d'un kiosque asiatique. Il s'est attaché à redonner à la demeure l'âme de ses belles années, autour de l'art floral et de l'art du vin, de l'art des senteurs et des saveurs. Tous les sens en émoi… Une pièce par étage. Six niveaux, dont le premier consacré aux expositions d'art. Au second, c'est nid d'amour, tissus velours dans le souvenir des « cocottes » qui auraient migré d'un siècle à l'autre. Gravure XIXe en tête de lit, et puis Vasarely. Salle d'eau avec vue sur la tour Eiffel… Peignoirs moelleux et savons… pétales de fleurs !

Coups de cœur :
Se prendre pour une star l'espace d'une soirée. Petit déjeuner privé dans un jardin particulier.

Bonnes idées :
Paris à vos pieds… Et puis les musées autour de l'esplanade du Trocadéro, le musée national des Arts asiatiques (Guimet), le musée des Arts premiers (quai Branly) de l'autre côté de la Seine.

The Five

Plan p. 11, D2

• 3, rue Flatters – 75005 Paris
Tél. 01 43 31 52 31
contact@thefivehotel.com
www.thefivehotel.com

• 24 chambres : 170-290 € (en BS), 202-342 € (en HS). 1 suite (Jacuzzi) : 360-392 € selon la saison. Petit déjeuner : 12-15 €.

–> Ouvert toute l'année.

Le Five est plein de charme et de tempérament, dans l'air du temps. D'entrée de jeu, c'est chaleureux. Cheminée à l'éthanol, petit canapé couture, fauteuil design, portes d'argent... Surprise ! Une suite en rez-de-chaussée au papier peint grisé et voilage aérien, escortée d'une salle de bains en fibre optique, grise elle aussi, et carreaux argentés. Un Jacuzzi en extérieur sous les canisses. Vivement qu'on s'y glisse ! La fibre optique, le flou argent, l'effet Mondrian, le noir et le blanc, c'est le leitmotiv de ce petit hôtel aux lignes géométriques qui déroule d'un étage à l'autre une moquette crosscolor. Jeux de lumières et de transparences, ciels étoilés. Papiers velours, plaids turquoise, anis ou chocolat. Ca brille et ça scintille. Dans l'ascenseur, on peut même regarder la télé en couleur...

Coups de cœur :

Les chambres standard, telle la « 609 », embellie par la sculpture d'Isabelle Émeric. Les chambres du sixième avec balcon. La « Super de Luxe » au lit suspendu.

Bonnes idées :

L'institut du Monde arabe, la ménagerie du jardin des Plantes.

Hôtel Design Sorbonne

Plan p. 11, D2

• 6, rue Cousin – 75006 Paris
Tél. 01 43 54 58 08
reservation@hotelsorbonne.com
www.hotelsorbonne.com

• Chambre « design classique » : 100-240 €. Chambre « design supérieure » : 120-280 €. Chambre « design deluxe » : 140-320 €. Chambre design deluxe « Top Floor » : 150-350 €. Petit déjeuner : 8-13 €.

–> Ouvert toute l'année.

Revivre l'insouciance de nos années étudiantes à deux pas de la faculté mythique, dans l'hôtel qui porte son nom... L'Hôtel Design Sorbonne ouvre ses 38 chambres aux couleurs résolument toniques. Salon d'accueil anis/turquoise, salle des petits déjeuners très feutrée au sol argenté qui dynamise le réveil des hôtes dans un tourbillon de papiers peints damassés, pastis et fuschia. Hisse et haut les couleurs ! L'escalier tendu d'une bâche imprimée aux toits de Paris, photographiés dans la nuit bleutée, dessert cinq étages. Avec, dans les couloirs de chacun, une thématique photographique qui rend hommage à La Sorbonne, ses salles de classe et ses contestations... Qui nous entraîne au second dans l'historique de la photographie avant la photographie, tandis qu'au troisième, c'est la photographie d'art qui est à l'honneur. Au quatrième, un travail sur le sommeil : « Proust à la Recherche du Temps Perdu », retrouvé au cinquième dans une farandole de photos joyeuses et inattendues des familles de l'équipe de direction et du personnel de l'hôtel. Sur la moquette des paliers sont imprimés des textes de Rabelais. Les chambres sont étoffées par les tonalités pêchues de Designers Guild, les couleurs bambou de Casamance.

Coup de cœur :

La suite « 62 », noire et argent, sous les combles.

Bonne idée :

Revivre le Quartier latin.

PAU

Hôtel Parc Beaumont

Plan p. 14, B4

*• 1, avenue Edouard-VII
64000 Pau
Tél. 05 59 11 84 00
info@hotel-parc-beaumont.com
www.hotel-parc-beaumont.com*

• 80 chambres. Chambre « ville » : 220 €. Chambre « parc » : 310 €. Petit déjeuner : 21 €. Restaurant en terrasse type brasserie ou gastronomique (sur place dès 38 €). Piscine. Sauna. Hammam. Garage : 14 €.

–> Ouvert toute l'année.

Des Pyrénées, il en a la majesté, posé au cœur de la cité paloise, dans le parc qui lui a donné son nom. Aux Pyrénées, il a emprunté l'allure altière et puis le marbre des vasques de ses salles de bains en parfaite harmonie avec ses chambres spacieuses où la nature s'expose sur des rideaux en ramures, couleur d'or et de bleu glacier. Modulable à volonté grâce aux cloisons translucides qui coulissent entre chambre et bains, chambre et terrasse, ce concept résolument contemporain est inondé de lumière. Les lits blancs sont ancrés sur des parquets blonds. Le mobilier en cuir, les boiseries aux essences nobles et aux lignes pures confirment l'élégance des lieux. En rez-de-jardin, le restaurant du Jeu de Paume marie avec brio les saveurs d'ici et d'ailleurs. Le Spa Bambou et sa piscine au large hublot aquarium retiennent les visiteurs en cave. Un cours d'eau qui trace son sillon sous les grands arbres épouse à distance les contours futuristes de cet hôtel, presque entièrement vitré, qui laisse s'immiscer dans son lobby la silhouette majestueuse du couvent des Réparatrices lui faisant face. Par-delà les siècles, deux architectures opposées, intimement réunies...

Coups de cœur :
L'architecture futuriste et la lumière. Une fois n'est pas coutume, un hôtel d'affaires qui peut être aussi une escale art de vivre à la porte des Pyrénées.

Bonnes idées :
Le Pau Golf Club, le plus ancien terrain du continent. Découverte du patrimoine anglais du XIXe.

QUIMPER

Le Logis du Stang

Plan p. 10, A3

*• Annie Hervé
Allée de Stang-Youenn
29000 Quimper
Tél. 02 98 52 00 55
et 06 81 55 73 83
logis-du-stang@wanadoo.fr
www.logis-du-stang.com*

• 3 chambres : 70-80 €. Lit suppl. : 15-20 €.

–> Ouvert toute l'année.

Annie lui a insufflé un avenir... radieux, au jardin, qui déplie ses fruitiers palissés le long de ses murs, et ses carrés de plantes médicinales au pied de ses troncs noueux ; chaleureux aussi, dans l'intimité de ses chambres d'hôtes. La première, installée dans le corps de logis principal, cultive un environnement exotique et des tonalités de miel. Dans les dépendances, le plafond de l'ancienne étable a été relevé pour faire place à des mezzanines qui chapeautent deux chambres. Dans l'une, un boutis aux couleurs pastel des ciels de Bretagne apprivoise la patine bleutée d'une commode. Dans l'autre, un semis de fleurs réveille un esprit plus régional, marqué par des gravures de Mathurin Méheut. Accueil et sérénité.

Coup de cœur :
Les boutis fleuris.

Bonnes idées :
Quimper, ses maisons à encorbellement, son musée de la Faïence.

● ROUEN

Le Clos Jouvenet

Plan p. 11, C2

• *Catherine et Baudoin De Witte*
42, rue Hyacinthe-Langlois
76000 Rouen
Tél. 02 35 89 80 66
et 06 62 73 80 66
catherinedewitte@sfr.fr
www.leclosjouvenet.com

• *4 chambres : 90-115 €.*
Parking fermé.

–> Fermé 15 déc.-15 janv.

Fugue en ville et au jardin secret de cette belle maison établie dans un quartier résidentiel de la ville. Arrivée de Belgique à Rouen, il y a une trentaine d'années, pour suivre son mari dans la reprise d'une affaire de textile, Catherine, ancienne du Club Med, rêvait de diriger un petit hôtel... Un ami de passage lui suggère l'idée d'une maison d'hôtes. Il avait réalisé que le Clos Jouvenet, calme et spacieux, se prêtait à l'accueil avec son jardin d'hiver délicieux qu'il suffisait d'aménager en salle des petits déjeuners, ses chambres ouvertes sur les flèches de l'abbatiale Saint-Ouen, et sur les églises Saint-Maclou et Saint-Joseph. Ce qui fut dit fut fait. Couleur jonquille et tissus madras pour la première des chambres, coquille d'œuf pour la seconde. Tons de framboise pour celle, plus romantique, qui donne sur le verger, escortée d'une ravissante salle d'eau aux tonalités artichaut, voilée de toile à matelas. « Fleur de Lys », ma préférée, ouvre, elle, ses volets sur l'arrière de la demeure. Sobriété assurée avec un savant mélange en noir et blanc, de rayures en toile de Jouy, en passant par les céramiques. Un bel exercice de style !

Coups de cœur :
« Fleur de Lys » et les petits déjeuners gourmands : gâteau maison, pommes au four et sourire exquis de la maîtresse de maison. Pour un réveil radieux !

Bonnes idées :
Le circuit des maisons à colombages, les églises et la cathédrale de Rouen. Le musée Flaubert... Étonnant !

Un Jardin en Ville

Plan p. 11, C2

• *Agnès et Didier Cerbelle*
4, rue Malatiré – 76000 Rouen
Tél. 02 35 89 99 52
et 06 28 20 46 54
chambres@unjardinenville.fr
www.unjardinenville.fr

•*4 chambres : 70-90 € lun.-jeu., 80-100 € ven.-dim. et jours fériés (tarifs selon le standing et la saison). Tarifs dégressifs à partir de 2 nuits.*

–> Ouvert toute l'année.

Petit à petit, les quatre enfants sont devenus grands, la maison se vidait... Alors, Agnès et son mari, publicitaire à Paris et passionné de masques ethniques – ils ont une très belle collection qui vous accueille dans la maison –, ont décidé d'aménager leur demeure pour un nouvel avenir... radieux, où les arbres à fleurs s'épanouissent derrière les hauts murs d'une petite rue de la ville. Deux des quatre chambres proposent aux hôtes de passage une élégance très actuelle. Fond de turquoise et de chocolat, étoffé de linge bleu ardoise pour la première, qui ouvre sur une belle terrasse dominant le jardin. Sobre et raffinée, elle héberge un mobilier en wengé. Elle est accompagnée d'une salle de bains très zen. Les « Galets » décline toutes les couleurs du blanc. Galet, c'est aussi le ton de la moquette, des draps et de la salle d'eau. Mobilier contemporain en bois blond pour cette seconde chambre au beau luminaire froissé. La fenêtre ouvre sur les brassées de feuillages du jardin.

Coup de Cœur :
L'âme citadine au jardin.

Bonnes idées :
La cathédrale et le musée Flaubert.

SAINT-MALO

Hôtel Aubade

Plan p. 10, B2

• Patrice Pean
8, place Duguesclin
35400 Saint-Malo
Tél. 02 99 40 47 11
contact@aubade-hotel.com
www.aubade-hotel.com

• 17 chambres : 89-128 € selon la vue et la saison. 2 suites :119-148 €/3 pers., 149-195 €/4 pers. Taxe de séjour : 1 €/j./pers. Petit déjeuner : 11 € (moins de 12 ans 6 €).

–> Fermé 20-27 déc. et 2-30 janv.

Ce sont les p'tits gars qui attaquèrent la route du Rhum en 2006 qui ont baptisé l'hôtel. Et même si les quatorze chambres ont vue mer, n'en déduisez pas pour autant qu'il s'agit d'un hôtel à matelots ! Ici, c'est convivial et contemporain. Chaque étage a sa couleur. Au quatrième, c'est zinc et lin, en harmonie avec du mobilier café crème. Les salles de bains plongent dans des bleu marine et indigo. Au troisième, c'est anis sur fond de moquette chocolat. Au second, place au bleu turquoise. On sent l'air des Caraïbes flatter les équipages avant qu'ils n'atteignent le but... Touches rouge-orangé au premier.

Coups de cœur :
L'esprit de la maison où ne manquent ni la bibliothèque, ni la convivialité, ni les gâteaux maison à l'heure du petit déjeuner, ni les couleurs qui participent au bonheur !

Bonnes idées :
Les rochers sculptés de Rothéneuf et le Grand Aquarium de Saint-Malo à visiter en famille.

STRASBOURG

La Cour du Corbeau

Plan p. 13, D2

• 6/8, rue des Couples
67000 Strasbourg
Tél. 03 90 00 26 26
info@cour-corbeau.com
www.cour-corbeau.com

• 57 chambres (dont 19 suites et junior suites) : 265-465 € selon le standing et la saison. Petit déjeuner : 22 €. Bar. Terrasse.

–> Ouvert toute l'année.

Situé au bord de l'Ill, cette extraordinaire maison à colombages hébergea – excusez du peu – un maréchal de France, un roi de Pologne, une empereur d'Allemagne, un tsar de Russie, Franz Liszt et, vraisemblablement, Mozart lors de son retour de Paris... En somme, tous les people des siècles passés. Gageons que ceux d'aujourd'hui n'auront qu'une envie : prendre du repos à l'instar de ceux des générations qui les ont précédés dans cet ancien relais de poste construit en 1531 qui, après des décennies d'abandon, a été rendu à sa vocation initiale. Avec son ossature qui défie les siècles, ce trésor du patrimoine strasbourgeois veut se réinscrire dans le nôtre avec magnificence. Jacques Briswalter, un expert, a redécouvert les pigments rouges et les peintures anciennes qui ont été refaites à l'identique. Grès rose des Vosges à la réception, ardoises couleur d'or et de rouille, pierres coupées à effet de galets veloutés dans plusieurs salles de bains, mobilier au reflet cuivré projeté dans la salle des petits déjeuners. Les lits sont habillés par Pierre Frey de tonalités parme ou framboise. Et, touche délicate qui m'a fait craquer : ce petit corbeau posé sur les luminaires, créé tout exprès pour l'hôtel qui lui doit son nom, et qui sait, sa longévité...

Coups de cœur :
Des petits détails qui témoignent du passé, comme ces trouées retrouvées dans les coursives, qui permettaient d'alimenter les poêles depuis l'extérieur sans déranger les hôtes de l'auberge.

Bonne idée :
Une promenade en bateau sur l'Ill, pour apprécier toutes les architectures de la ville.

TARBES

Le Rex Hôtel

Plan p. 14, B4

• 10, cours Gambetta
65000 Tarbes
Tél. 05 62 54 44 44
reception@lerexhotel.com
www.lerexhotel.com

• 76 chambres : 150-220 €.
10 suites : 320-380 €.
12 chambres résidence : 110 €/ sem. Tarifs w.-e. : - 10 %.
Restaurant sur place : suggestions 16-25 € ; menus 25-48 €.
Salons. Lounge bar. Room service.
Salle de fitness.
Parking (15 €/nuit).

–> Ouvert toute l'année.

Métaphore d'un écran géant, le Rex, métamorphosé par Joris Ducastaing, assoit l'insolence de ses lumières fluorescentes sur sa façade cristalline et son vécu de ciné popu du cœur de Tarbes. Écran XXL, partition glamour et design. Bling-bling et affriolante, l'affiche pourrait séduire autant Almodovar que Tom Ford. Au casting, Monica Belluci y croiserait Rossy de Palma. Roberto Benigni y danserait avec Éva Mendès. À la fois minimaliste et chaleureux, le Rex joue sur tous les tableaux avec, pour directeurs photo, Patton et Starck en duo, improbable mais réussi, pour vous retenir au cœur de ses sièges en corolle rouge baiser, en habits de clowns ou en spaghettis. Chaussez vos talons aiguilles et glissez sur des tapis de roses andalouses. Au rouge glamour des couloirs et des accessoires, répond la blancheur immaculée de couettes cocon posées sur des *king-size* surdimensionnés. Des roses blanches sérigraphiées sont offertes en bouquet de lumières. Laissez-vous griser par les transparences de verre qui séparent les alcôves des salles de bains, par les glaçons du lobby, la barrière de corail du bar-lounge, les haies de roseaux, les plissés de la salle des petits déjeuners. Le Rex est léger comme une bulle de malice déposée sur la ville. Avec, dès le quatrième étage, les Pyrénées qui s'invitent en *guest star*...

Coup de cœur :
À la fois minimaliste, fluorescent et glamour : pas évident !

Bonnes idées :
La cathédrale, la maison natale du maréchal Foch, typique des intérieurs bourgeois bigourdans. Le Haras national.

TOULOUSE

Le Clos des Potiers

Plan p. 15, C3

• Corinne et Pierre Faux
12, rue des Potiers – 31000 Toulouse
Tél. 05 61 47 15 15
contact@le-clos-des-potiers.com
www.le-clos-des-potiers.com

• 9 chambres : 100-220 €.
Lit suppl. : 25 €.
Petit déjeuner : 13 €.
Parking : 10 €. Climatisation.

–> Ouvert toute l'année.

Cette belle maison datée de 1880 abrite neuf chambres dans un esprit « maison de famille ». Gustavienne pour la plus récente, couleur de lin et de bleu dragée. Blanche en total look immaculé pour sa jumelle. J'ai également apprécié l'élégance de la suite, couleur mastic et chocolat, réchauffée de plaids en laine perlée et de coussins en fausse fourrure. Dans la n °3, le couvre-lit en laine bouclée orangée s'accorde au joli tableau accroché au mur. La n° 6 fait un clin d'œil aux Pyrénées. D'autres sont plus classiques. Mais, ce qui prédomine au Clos des Potiers, c'est cette harmonie entre tapis anciens, mobilier de style, cheminées en marbre, tissus et accessoires contemporains.

Coups de cœur :
Les ombres portées sur le magnifique herbier XIXe de l'escalier et la collection de tableaux de coquillages incrustés de camées.

Bonnes idées :
Les jardins de Toulouse au bout de la rue. Le Museum d'histoire naturelle. La rue des Antiquaires à 3 min. à pied et la brocante autour de la cathédrale Saint-Étienne, le 1er w.-e. de chaque mois.

• TOULOUSE

Les Loges de Saint-Sernin

Plan p. 15, C3

• Sylviane Tatin
12, rue Saint-Bernard
31000 Toulouse
Tél. 05 61 24 44 44
et 06 60 35 80 43
logesaintsernin@live.fr
www.dormiratoulouse.net

• 4 chambres (2e étage avec ascenseur) : 110-125 € selon la saison. Lit suppl. : 15-35 € selon la saison. À noter : la maîtresse de maison, l'arrière-petite-cousine des sœurs Tatin qui inventèrent la tarte du même nom, en sert souvent au petit déjeuner...

–> Ouvert toute l'année.

Une façade en brique rose rythmée de balcons. C'est ici, dans l'ombre de Saint-Sernin, qui veille au bout de la rue, que Sylviane a hissé sa demeure d'hôtes au deuxième étage (avec ascenseur) d'un bel immeuble XIXe. Des tapis de sols qui feutrent les pas jettent leurs ronds multicolores au long de couloirs éclairés par une vingtaine de petits lustres à pampilles biseautées. Les quatre chambres estampillées « sudistes » se dévoilent derrière de larges portes. Honneur à la chambre « Toulouse » qui cultive sa couleur emblématique en dégradés de rose fuchsia et de rose rouge, virant au pivoine sur le velours du canapé. Même la salle de bains a mis ses émaux au diapason ! « Saint-Sernin » ouvre côté rue dans ce quartier calme de la ville, tout comme sa voisine qui a opté pour une vision plus orangée des briques de la cité. Côté cour, la délicieuse « Garonne » s'ébroue dans des tonalités toniques d'anis, d'émeraude et de turquoise. Cette frivolité gagne le « Canal du Midi » qui, sans retenue, vous entraîne dans un tourbillon de vert pastis et de vert acide. Une envolée de vitalité que ne dément pas la salle du petit déjeuner. Elle s'égaie aux beaux jours en coursive au-dessus d'un putting de golf dû au maître de maison, dont c'est la passion.

Coups de cœur :
Les chambres « Garonne » et « Canal du Midi » ; l'originalité de cette maison au cœur de la cité.

Bonne idée :
La collection de la fondation Bemberg : cinq siècles de peinture en l'Hôtel d'Assézat.

Le Grand Balcon

Plan p. 15, C3

• Rue Romiguières
31000 Toulouse
Tél. 05 34 25 44 09
info@grandbalconhotel.com
www.grandbalconhotel.com

• Chambres « cosy » : 155-185 €, chambres « privilège » : 215-250 € selon la saison.
Petit déjeuner : 20 €.

–> Ouvert toute l'année.

Dans les années 20, le Grand Balcon était tenu par trois sœurs. Lucie, Henriette et Risette Marquez veillaient à la bonne

moralité de l'établissement. Ce qui n'empêchait pas les as de Latécoère de transformer régulièrement la salle à manger en dancing et de transporter leurs conquêtes féminines sur leur dos dans l'escalier pour ne pas réveiller les prudes sœurs Marquez ! Parmi eux : Guillomet et puis Mermoz, qui se reposait de ses pas de tango dans la chambre 20, tandis que Saint-Exupéry avait coutume de s'endormir dans la baignoire de la 32. Métamorphosé dans l'esprit des pionniers de l'aviation par l'architecte Jean-Philippe Nuel, le Grand Balcon a repris son envol dans le mythe et le rêve... Franchir le sas d'entrée est déjà une invitation au voyage avec ces moulures et ces carreaux de ciment pieusement conservés, cet ascenseur d'époque, protégé comme une relique. Au salon trônent les portraits des stars de Latécoère, plus grands que nature. Sièges blancs, murs noirs au lounge-bar en forme de cockpit. Nuage en photo-voilage et rétro éclairage devant les desks en inox poli comme des cylindres, clin d'œil aux comptoirs d'enregistrement des aéroports. Dans les couloirs, des leds lumineux rappellent les pistes d'atterrissage. Les portes évoquent les carlingues d'avion. Urne-lavabo en céramique blanche dans les chambres, pour ne pas trahir l'esprit « pension de famille », et effet de transparence givrée pour séparer les chambres des salles de bain où ont été installées les baignoires. On dort la tête dans les nuages... Les suspensions se prennent pour des astres. Chevets en skaï mastic, banquette en cuir multi-usages, écrans plats, nec plus ultra. Sur les couettes blanches, des couvre-pieds matelassés et des coussins gris nuageux en mouton de Mongolie. « Dessine-moi un mouton »... Saint-Ex toujours présent ! Qui disait aussi : « Fais de ta vie un rêve et d'un rêve, une réalité ». Essayez, ne serait-ce que l'espace d'un « Vol de Nuit » au Grand Balcon...

Coups de cœur :

Tout le concept des chambres très actuelles et aussi la chambre de Saint-Exupéry, classée « lieu de mémoire ».

Bonnes idées :

Revoir Le Grand Balcon, *film de Henri Ducoin, de 1949, avec pour scénariste Joseph Kessel, déjà projeté à l'hôtel. Visiter l'usine d'assemblage des Airbus. Le parc de la Cité de l'Espace.*

● VALENCE

La Maison de la Pra

Plan p. 16, B2

• Diane et Henri-Jean Bayart
8, rue de l'Equerre
26000 Valence
Tél. 04 75 43 69 73
et 06 74 67 44 86
contact@maisondelapra.com
www.maisondelapra.com

• 2 chambres : 90-140 €. 2 suites 160-180 €. Lit suppl. : 20 €. Petit déjeuner : 15 €. Piscine extérieure.

–> Ouvert toute l'année.

Une porte massive qui s'ouvre sur un hôtel particulier, une main tendue, franche et d'emblée amicale, et puis cette maison moyenâgeuse offerte dans toute la splendeur de sa noblesse. Implantée au cœur de la vieille ville, elle fut, au XVIe, propriété d'un avocat au parlement de Grenoble. Elle est aujourd'hui celle d'un couple passionné et de leur tribu d'enfants qui collent à ses murs comme le miroir à votre regard. Henri-Jean, Diane et leur neveu, Bruno, sont partis d'une ruine pour redonner aux lieux le lustre de son passé. Les Bayart ont tout fait de leurs blanches mains, du gros œuvre aux rideaux du lustre en ferronnerie jusqu'aux stucs de l'escalier à vis, de l'ébénisterie aux lampes de chevet réalisées à partir de formes de cordonnier. Henri-Jean se plaît à dire qu'il est, non pas un tailleur, mais un « tricheur » de pierres. C'est lui qui a réalisé les moulures des façades, à la chaux et au sable. Les chambres se nomment « Laurens de la Pra », à la salle de bains chocolat ; « Claude Frère », du nom d'un professeur à la Faculté de Valence, fin XVIe. « Amélie de Laurencin », c'est la « belle blonde » des Mémoires de Napoléon, qui habitait la maison.

Atmosphère blanche et ivoire pour l'immense « Suite Lesdiguières »...

Coups de cœur :
L'atmosphère, les caves transformées en salon d'art, les tableaux de l'artiste Jean-Robert.

Bonne idée :
Un tour de ville sur les conseils d'Henri-Jean pour mieux découvrir les beautés cachées de Valence.

VALENCIENNES

Le Grand Duc

Plan p. 12, B1

• Philippe Collet
104, avenue de Condé
59300 Valenciennes
Tél. 03 27 46 40 30
contact@legrandduc.fr
www.legrandduc.fr

• Chambres : 96 €. Lit suppl. : 15 €.
Petit déjeuner : 9 €.
Table d'hôtes : 32 €, 39 € le w.-e. (hors boissons).
Parc de 3 000 m². Parking.
Soirées contes, « Murder party » genre Cluedo, « Alerte à Malibu », œnologie, théâtre, jazz...

–> Ouvert toute l'année sauf août.

Miss « Heula c'Travail », haut perchée sur ses cannes, qui a laissé des plumes sur les sièges de la salle à manger, fait mine de s'éclipser tout en tendant l'oreille aux confidences des convives... Sur le palier traînent, exprès, une cravate à pois, les lunettes et les escarpins de Wonder Woman... Non, vous n'êtes pas dans un huit clos, mais vous pourriez être dans un Cluedo... Philippe a le sens de la mise en scène, déborde d'imagination et de fantaisie, adore le mélange des genres et la poésie. L'ancienne demeure du directeur des Ateliers généraux des mines d'Anzin, créés par le duc de Cröy, se prêtait à tous les fantasmes. Le nouveau maître de maison, qui raffole des contrastes – le mat et le brillant, le précieux et le brut, le noir et le blanc –, excelle dans les télescopages de styles : gothique et Empire, glamour et *seventies*. On se découvre aux « Instants Fragiles » assis sur des fauteuils Breuer, entre des rideaux en taffetas chocolat et en velours alpaga. On poursuit par « Les Petits Bonheurs » aux murs rouge pompéien. « Les Matins Tranquilles » nous ramène à l'atmosphère des années 70, tandis que la chambre « Des Toujours » a viré au parme et au violine...

Coups de cœur :
Le décor baroque, l'imagination débordante de Philippe, sa maison à la fois chaleureuse, exubérante et sereine.

Bonne idée :
Le musée Matisse au Cateau-Cambrésis.

VANNES

La Villa Kerasy

Plan p. 10, B3

• Jean-Jacques Violo
20, avenue Favrel-et-Lincy
56000 Vannes
Tél. 02 97 68 36 83
info@villakerasy.com
www.villakerasy.com

• 14 chambres : 105-205 € selon la saison et le standing. 1 suite : 320-380 € selon la saison.
Lit suppl. : 40 € (gratuit moins de 12 ans).
Petit déjeuner : 14 €.
Spa ayurvédique.

–> Fermé de mi-nov. à mi-déc. et janv.

À Vannes, cette ancienne manufacture de bonneterie invite le voyageur à embarquer pour l'Asie des grands navigateurs bretons, en tissant les fils d'une histoire commune. De Lorient à l'Orient, les vents gonflaient les voiles... Sur leur chemin défilaient archipels et escales épicées. Pour le compte de la Compagnie des Indes, ces audacieux explorateurs fondèrent Cochin, Madras, Pondichéry, Batavia, Canton, Moka, etc. Autant de comptoirs dont Jean-Jacques et Serge ont recréé l'atmosphère, au cœur de leurs chambres, escales où les bois nobles – teck, gombé, bankiraï – et les étoffes délicates – percales, cotonnades, soies indiennes ou chinoises –, les objets artisanaux chinés pour la plupart à Bali, leur escale préférée, composent un décor harmonieux. L'hôtel s'est enrichi, en 2009, de cinq nouveaux ports d'attache, dont « Edo », l'ancien nom de Tokyo, ouverte sur un jardin zen, où les carpes muettes qui explorent le bassin, frangé de roseaux, ne dévoileront pas – promis – vos secrets d'alcôve.

Coup de cœur :
Un héritage culturel mis en avant dans un décor élégant.

Bonne idée :
Le spa ayurvédique.

Le Cottage

Région Nord-Ouest

Île-de-France
Haute-Normandie
Basse-Normandie
Bretagne
Pays de la Loire
Centre

Plan p. 11, C2
Yvelines

• 2, route de Chevreuse – 78470 Milon-la-Chapelle
Tél. 01 30 23 49 40 – contact@hotelchapelle.com
www.hotelchapelle.com

• 14 chambres : 85-105 € selon le standing. 2 chambres pour 1 pers. « Magny » et « Claire-Fontaine » : 60 €. Petit déjeuner : 10,50 €. Plateau-repas, boissons comprises : 20€. Écrans plats. Wifi. Jardin. Auberge de la Chapelle à 100 m de l'hôtel. Équitation. Vélos électriques. Jacuzzi.

–> Ouvert toute l'année.

Hôtel de la Chapelle

Les métamorphoses d'un ancien relais de poste blotti dans un nid de verdure de la Vallée de Chevreuse...

Ce petit « hôtel au naturel » est exactement le genre d'adresse que les Parisiens se refilent en catimini, lorsqu'ils décident, le vendredi après-midi, d'aller passer le week-end au vert ! Récemment rénové par ses nouveaux propriétaires, ce Logis de France, a tout beau, tout bon... Tant dans l'accueil que dans les tendances qui font le charme de ses chambres. Toutes ont emprunté leurs noms aux villages de la Vallée. Mobilier en pin et atmosphère romantique pour « Auffargis » et « Choiseul » qui s'est glissé dans un décor romantique orchestré par un boutis fleuri. Surplis indien, lustre marocain à « Milon » qui, à l'instar de « Bullion », s'est choisi une thématique ethnique. Derrière sa porte à vitraux, « Breteuil » a un goût prononcé pour la mûre et le lilas. Variations printanières pour « Senlisse ». Le second étage du relais de poste, dont l'origine remonte à 1860, est encore plus actuel dans ses tons de gris, ses surplis de satin rouge-orangé, ses persiennes en guise de tête de lit, ses rayures bayadères, ses moquettes caramel. La plus petite des alcôves, prénommée « Clairefontaine », rayonne en vert absinthe et bleu lagon. La plus spacieuse ouvre directement en terrasse au jardin. Deux cuirs chocolat se prélassent dans cette grande suite couleur mastic et turquoise qui, sous sa moustiquaire soulignée d'une guirlande de fausse fourrure, n'attend plus que les amoureux du week-end. Chut ! Ne le dites à personne...

Coup de Cœur :

La fraîcheur du style et des couleurs dans un nid de verdure, à prix doux.

Bonnes idées :

Aller explorer tous les petits villages de la Vallée de Chevreuse qui ont donné leurs noms aux chambres. Versailles à 15 km.

Plan p. 11, C2
Eure

• *27, place Isaac-Bensérade – 27480 Lyons-la-Forêt*
Tél. 02 32 48 24 24
contact@hotel-licorne.com
www.hotel-licorne.com

• *14 chambres : 125-225 €. 5 suites : 210-270 €. 2 appartements : 270-320 €. Tarifs selon le standing et la saison. Suppl. de 30 € les w.-e. et j. fériés pour les chambres « Privilège », 35 € pour les « Prestige », 50 € pour les suites et appartements.*
Petit déjeuner : 15 € (18 € en chambre).
Restaurant : menus 32 € et 39 €.
Spa « Nuxe ». Hammam. Sauna. Jacuzzi. Piscines intérieure et extérieure. Fitness. Grand jardin.

–> Ouvert toute l'année.

Hôtel La Licorne

Au cœur de la plus belle hêtraie de France…

En l'année 2008, les habitués de Lyons-la-Forêt saluaient la renaissance de la Licorne, un hôtel qui, depuis longtemps, fait corps avec la cité du fils cadet de Guillaume le Conquérant. Il a été rénové de pied en cap avec le concours de la maison Flamant dans des tonalités de taupe, de gris tourterelle, de daim et même de vison. Normal donc que les chambres, qui empruntent leurs noms aux clairières et autres topographies de la forêt, associent leurs couleurs aux animaux qui la peuplent – vison excepté au cas où vous seriez tenté… – ainsi qu'aux bleu-vert et vert-de-gris de sa futaie cathédrale. Bien évidemment, les meubles viennent également de chez Flamant. Élégance et charme intemporel de la nouvelle déco venue de Belgique, d'un mobilier aux lignes droites, au bois sablé, aux capitons anglais qui se marient aux pièces antiques conservées dans leur jus comme cette vénérable cage d'escalier, ces portes XVIIe, certains sols au carrelage d'origine. Posté face à la halle médiévale, le petit hôtel emblématique de la cité s'est fièrement redressé, prêt à affronter le XXIe siècle. Passionnément…

Coup de cœur :
Le charme intemporel des lieux associé à une déco très actuelle.

Bonne idée :
Un grand bol d'air dans la forêt, où le silence est de rigueur pour observer, dans les brumes de l'aube, tous les animaux qui la peuplent. À pied, à cheval, en VTT…

La Demeure d'Harsancourt

Plan p. 11, C2
Eure

• Valérie et Jérôme Morin
342, rue d'Harsancourt – 27800 Berthouville
Tél. 02 32 44 02 49 et 06 15 67 71 99
contact@harsancourt.fr
www.harsancourt.fr

• 2 chambres : 62 € pour 2 pers., 75 € pour 3 pers.
Lit suppl. : 15 € (moins de 10 ans gratuit).
Assiette gourmande : 14 €, boissons comprises.
Apéritif offert.

–> Ouvert toute l'année.

Un escalier monumental conduit aux chambres...

... de cet ancien manoir, jadis entouré de douves, aujourd'hui comblées, qui dépendait de l'abbaye du Bec-Hellouin. C'est la troisième génération de Morin, producteurs de lin, qui préside aux destinées de cette demeure seigneuriale. Elle est fière de prouver – tuile, datée de 1695, à l'appui – que, déjà, à cette époque, des Morin habitaient la maison. Au début de leur projet d'accueil, ils partaient sur un camping à la ferme, qui évolua en gîte d'étapes pour aboutir à ces chambres d'hôtes très sympas, logées dans les anciens greniers et dans l'appartement de « Dame Marthe », ancienne dame de compagnie du logis. Poutres, pans de bois et lin sont les fils conducteurs de ces chambres au mobilier chiné chez Comptoir de Famille et ponctué de boutis couleur lin, d'oreillers superposés au ton de sauge ou de ficelle, de cœurs en tissu. En été, des bouquets de lin essaiment dans toute la maison. Le domaine est composé de huit corps de bâtiments. Tour et colombier dominent les champs pour le plus grand bonheur des familles qui disposent d'un formidable terrain de liberté.

Coups de cœur :
L'accueil, la simplicité des lieux, mine de rien très fignolée.

Bonne idée :
Le circuit autour du lin proposé par les propriétaires. La Maison du lin à Routot.

Plan p. 11, C2

Eure

• Aude et Grégoire Jeanson
17, rue de la Poste – 27120 Fontaine-sous-Jouy
Tél. 02 32 36 68 79 et 06 71 13 11 57
aude.jeanson@closdemondetour.com
www.closdemondetour.com

• 2 chambres : 120 €, 100 € dès la 2e nuit.
1 suite familiale : 80 €/2 pers., 140 €/4 pers.
2 ha de parc clos de murs.

–> Ouvert toute l'année.

Le Clos de Mondétour

Ils lui ont redonné vie. Désormais, la maison leur sourit...

Résidant à Paris, Aude et Grégoire ont pris un beau jour la clé des champs. La vallée de l'Eure les a séduits. Une belle maison bourgeoise dont l'origine remonte au XVIe siècle était en souffrance... Aude et Grégoire ont décidé de l'adopter. Deux ans et demi de travaux ont été nécessaires pour débarrasser sa façade XVIIIe des enduits qui occultaient sa beauté, pour faire respirer sa peau blanche et retrouver l'éclat de ses traits. Ils ont pu récupérer, sans trop de rides, les parquets anciens, les beaux sols en ciment, créant dans la foulée deux belles chambres d'hôtes. La première est vêtue de Jouy rouge en hommage au village. Dans la seconde, les oiseaux prennent leur envol sur fond de papier peint anglais qui accorde ses tonalités de jaune et de vert pâle à celles du printemps. Têtes de lit contemporaines de chez Bagatelle – une boutique de déco d'Évreux – et draps de lin chinés dans les « foire-à-tout » de la région inscrivent leur poésie au milieu d'un mobilier de style et de famille. À travers la fenêtre de la salle de bains, où les émaux déclinent toute la palette des verts acides de la Normandie, Hermine et sa petite pouliche vous salueront au petit matin. Au bout du pré, on aperçoit la rivière qui se faufile sous les saules.

Coups de cœur :
La renaissance d'une architecture pleine de noblesse, l'atmosphère douce et l'accueil des propriétaires.

Bonnes idées :
Un joli lavoir au village, la roseraie du château de Miserey à 3 km... et Giverny.

Plan p. 11, C2

Calvados

• Joséphine Petit
23, rue des Villas – 14800 Deauville
Tél. 02 31 14 18 00 – villajosephine@wanadoo.fr
www.villajosephine.fr

• 9 chambres : 138 € en BS, 288 € en HS.
Chambres « Impériale » et « Duc de Morny » :
268-348 € selon la saison.
Chambre thalasso. Petit parc.

–> Ouvert toute l'année, sf 2 sem. début janv.

Hôtel Villa Joséphine

Glamourissime !

Mais pour la découvrir, il faut actionner la machine à remonter le temps... Classée Villa remarquable, la Villa Joséphine, construite à la fin du XIXe siècle, a appartenu au Dr Oliffe, maire de Deauville et médecin personnel du duc de Morny, grande figure du Second Empire qui aimait rappeler : « Je suis duc, je dis Comte à mon père, Sire à mon frère, Princesse à ma fille, Monseigneur à mon grand-père et Votre Majesté à ma grand-mère : l'impératrice Joséphine. » Et, devinez quoi ? Sa nouvelle propriétaire s'appelle Joséphine aussi ! Alors, lorsqu'elle décida d'acquérir sur un coup de foudre et de transformer cette belle demeure normande en brique et colombages, Joséphine a pris le parti de jouer la carte historique des lieux, loin de l'esprit des grandes chaînes hôtelières. Rien de suranné ni d'ostentatoire ici, mais du glamour à tous les niveaux... Des couleurs gouleyantes : violine et turquoise, rubis ou cassis, framboise écrasée et cerise, vert bronze et vert tilleul, rouge et or, répondent à des tonalités plus douces de rose églantine ou de lilas, de pervenche et de crème de lait. Par fidélité au duc de Morny, créateur de la station balnéaire, elle a autorisé toutes les audaces à Muriel Dana, décoratrice à Deauville, pour aménager cet univers original où passementeries, capitonnages, damassés et lampes plissées, rideaux lourds, velours ou soyeux, transfigurent au XXIe siècle le style Napoléon-III.

Coup de cœur :

La chambre « Louis-Napoléon », la plus originale avec ses grisailles et ses bouquets de plumes noires et anthracite.

Bonnes idées :

Ne rien faire, paresser au jardin, les pieds dans les fleurs en remontant le cours de l'histoire. Et s'inspirer de tous les dandys qui hantent les lieux avant de se faire belle, puis de se laisser courtiser par l'un d'entre eux... ne serait-ce qu'en rêve !

Plan p. 11, C2

Calvados

• *Sophie Bensoussan*
11, rue Abbé-Duchemin
Place du Lavoir – 14113 Villerville
Tél. 02 31 14 96 95
lecottagevillerville@orange.fr
www.lecottagevillerville.com

• *3 chambres : 150-200 €. 1 suite (4 pers.) : 250-350 € (selon la saison). Tarifs dégressifs dès la 2e nuit. Restauration sur place : 32 € le soir (hors boissons), brunch 28 € le dim. Salon de thé. Cours de cuisine (sam. matin et en sem. pendant les vacances scolaires : 40 €/1h30).*

–> Ouvert toute l'année.

Le Cottage

Casual chic...

Après un stage de plusieurs mois dans un grand palace parisien, Sophie a appris le négatif de la profession... *A contrario* de ses idées reçues, la jeune femme a été dégoûtée de leur déco et de leurs certitudes... Alors, Sophie qui lorgnait depuis 20 ans deux maisons abandonnées et idéalement situées sur la côte normande, entre Trouville et Honfleur, a composé le lieu qu'elle aurait aimé trouver. Sa passion pour le Massachusetts l'a fait naviguer d'un décor « Nantucket » aux couleurs et aux rayures bayadères, sur fond de régates, éclairé de luminaires industriels. Atmosphère et tissus Ralph Lauren pour « Rhode Island » avec ses oreillers quadrillés vert pomme ou jacquard, sa couette de lit assortie, façon Liberty, assortie aux Bensimon que Sophie portait lorsqu'elle m'a fait visiter ! Style tartan, coussin rouge coquelicot, tricot marin et couette à fines rayures chemise pour « Newport », habitée par un secrétaire laqué et une chaise de l'America's Cup. À « Martha's Vineyard », Sophie aurait rêvé d'habiter si sa nostalgie d'enfance ne l'avait ramenée aux plages de Villerville. Alors, elle a donné son nom à l'immense suite établie sur un plancher à vif, habitée de chesterfield et de porcelaines au bleu de Chine. Un secrétaire au miroir noir et des chevets en malles d'aluminium ont trouvé leur place dans ce bel espace aux couleurs des ciels de Normandie.

Coup de cœur :

Le restaurant à l'atmosphère bohème. La cuisine est assurée par Sophie, ancienne avocate à la vocation contrariée pendant 25 ans. Elle s'est autorisée désormais à s'adonner à sa passion : la cuisine.

Bonnes idées :

Les plages de la Côte fleurie. La Trouvillaise entre filles, une course en mer chaque année en septembre (www.latrouvillaise.com).

Plan p. 11, C2
Calvados

• Sylvia Martinez
4, rue de la Foulerie – 14600 Honfleur
Tél. 06 16 18 43 62
contact@a-lecole-buissonniere.com
www.a-lecole-buissonniere.com

• 3 chambres : à partir de 100-120 € en BS, à partir de 130-150 € en HS. 2 suites : à partir de 180 €. Lit suppl. : 30 €.

–> Ouvert toute l'année.

À l'École Buissonnière

La nostalgie d'une ancienne école de filles du XIXe siècle...

Elle est typique de l'architecture du cœur de Honfleur avec sa cour centrale pavée de brique, ses auvents et ses pans de bois noyés sous les roses et les chèvrefeuilles. Grande ouverte par toutes ses portes, fenêtres, escaliers sur cet îlot de verdure, la maison déploie ses perspectives au fil de ses tommettes d'origine. Dans l'ancienne cantine au plancher à vif, on mange sur une table en bois à la belle patine ou sur des toiles cirées à pois. Petits tableaux de broc et de vide-greniers, étagères en claies et plein de bricoles à vendre accentuent l'atmosphère de nostalgie qui règne en ces lieux et se dissipe jusque sous l'ancien préau garni d'hortensias. Et, puisqu'on est à l'heure de la récré, visitons la suite du même nom avec ses bols lavabos installés sur un établi. « L'Étude » se fera sous les toits, entre des planches de bois. Le « Dortoir », avec son salon rose bonbon et ses tons de violette, est réservé aux familles. Partout, du bois brûlé resté dans le jus de son âge, des murs décroûtés, le charme des années. Au « Piquet », on veut bien y être et même prolonger la punition jusqu'à se prélasser dans la baignoire en résine, installée sous la charpente aux côtés d'un lit au plaid vichy, couleur chocolat. Et, pour l'étude, deux livres d'arithmétique usés feront l'affaire. Mais si vous préférez regarder la Star Ac' à la télé, c'est possible aussi...

Coups de cœur :
Le charme intemporel, la fantaisie.

Bonne idée :
Le musée Boudin, absolument.

Plan p. 11, C2

Calvados

• Fan et Jean-Claude Osmont
50, rue Bourdet – 14600 Honfleur
Tél. 02 31 89 49 11
leclosbourdet@orange.fr
www.leclosbourdet.com

• 4 chambres : 145 et 180 € selon le standing.
1 suite : 190 €. Lit suppl. : 35 €.
Boutique, exposition des photos d'art de Jean-Claude.
Accès direct à la ville en bas du jardin.

–> Fermé en janv.

Le Clos Bourdet

Si Boudin ressuscitait, il se sentirait bien ici !

La maison et ses jardins clos dominent toute la ville et bien au-delà, l'estuaire et le port du Havre par-dessus les toits ! Jean-Claude, ancien pâtissier chez Lenôtre (inutile de vous raconter l'heure du petit déjeuner !) et Fan, qui tenaient le salon de thé La Petite Chine, n'en reviennent pas d'avoir déniché cette propriété qui, pendant 15 ans, servit de garde-meuble. À La Petite Chine, ils faisaient aussi boutique de déco, de broc, de mode. Alors, forcément, au Clos, ça se ressent dans les chambres aux ambiances griffées Provence ou bord de mer, cabinet de curiosités ou maison forestière, dans l'enfilade des salons aux murs parme ou caramel rosé, soulignés de chromos de toute beauté. Plafond turquoise et tonalités gustaviennes s'accordent à merveille. L'œil exercé de Fan a tout supervisé, depuis les guirlandes de lierre et de lumières jusqu'à la place des glaces dorées. Et quand le clocher de Saint-Léonard s'illumine, dans les clairs-obscurs de cette belle demeure de famille réinventée, on se prendrait bien à attendre d'autres convives à la table d'hôtes… Boudin et les impressionnistes qui ne bouderaient certainement pas leur plaisir. C'est à Honfleur et nulle part ailleurs !

Coups de cœur :

Chiffons et boules de mousse, toiles à beurre et gerbes de fleurs, lustre en bois de cerf et fourrure polaire, bougies corail et poisson-lune : tous ces petits détails qui font le charme des maisons composées avec le cœur !

Bonne idée :

Le musée Boudin, incontournable.

Plan p. 11, C2

Calvados

• Penny et Thierry Vincent
44, rue Haute – 14600 Honfleur
Tél. 06 74 39 46 46
info@lapetitefolie-honfleur.com
www.lapetitefolie-honfleur.com

• Chambres : 145-160 € selon le standing.
Tarifs pour 2 nuits min.
Jardin. Wifi.
Idéale pour une escapade romantique, La Petite Folie n'est pas adaptée pour l'accueil des enfants.

–> Fermé en janv.

La Petite Folie

Une Américaine à Honfleur...

Penny aime Thierry, Honfleur et la Normandie. Lorsque Penny a rencontré son mari à Paris, comme toute Américaine qui se respecte, elle rêvait d'Aix-en-Provence. Lui de Bordeaux et de son vignoble... Quelques week-ends sur la Côte fleurie en ont décidé autrement. Un samedi sous la pluie, le nez collé à la vitrine d'une agence immobilière, ils décidèrent pour s'occuper de visiter quelques maisons. La première fut la bonne. À 19h30, ils signent la promesse d'achat ! Et c'est ensuite que les choses sérieuses ont commencé : abattre les cloisons, débarrasser le jardin de ses broussailles, remettre en beauté la « petite folie » fin XIXe qui a donné son nom à leur maison. Pour le reste, la demeure, frappée au sceau du charme *made in Normandie* et de la bohème de San Francisco – où Penny résidait dans une autre vie –, rayonne désormais entre le velouté des peintures Farrow&Ball, les boiseries et les faïences du vieil Honfleur, les drapés de lin, les objets chinés chez les brocanteurs du quartier. Mais ce qui frappe ici, c'est le chic qu'ont les Américaines au tempérament affirmé et à l'élégance innée pour marier ces nuances de vert improbables entre amande et céladon, vert acide, kaki et turquoise, qu'elles accordent aussi bien à leurs vêtements qu'à leurs salles de bains !

Coups de cœur :

La chambre « Mauve » aux mélanges de vert acide et de mauves, avec sa salle de bains (exception aux verts) entre chocolat gouleyant et blanc banquise. La délicatesse de l'accueil des propriétaires et la complicité de Charline.

Bonnes idées :

Le parcours et la maison d'Erik Satie.

Plan p. 11, C2
Calvados

• Isabelle Duverger
Campagne Gravée
14600 Genneville
Tél. 02 31 98 14 01 et 06 78 58 25 29
info@chambredhoteshonfleur.com
http://chambredhoteshonfleur.com/

• 5 chambres : 97 € (tarifs dégressifs à partir de la 2e nuit), 455 €/sem.

–> Ouvert toute l'année.

Bambou Lodge

Look acadien pour cette maison du monde établie sur un ancien pré à vaches…

Isabelle voulait être indépendante et vivre à la campagne, mais pas trop loin de Paris. Cette voyageuse au long cours a mixé ses envies et son goût de l'ailleurs avec des chambres qui empruntent leurs ambiances et leurs tonalités à ses destinations préférées. Il y a l'« Orientale », couleur de terre de Sienne, avec son mobilier colonial, l'« Indienne » aux tonalités parme et violine, habitée par un meuble en acier gravé, argenté. La chambre « Asiatique » s'est installée sur un parquet en bambou, à l'identique de son mobilier. Un jeté de lit gaufré, rouge, et un triptyque de tableaux chinois parachève son décor. La « Scandinave » est très épurée, couleur de neige, posée sur un parquet en pin brut. Superbes affiches de Serengeti et de South Africa pour l'« Africaine ». L'une est le pendant de l'autre. Blanc intégral pour la première et émaux noirs dans sa salle de bains. Franchement noire pour la seconde et émaux blancs. Avec, dans chaque chambre, la possibilité de visionner un film du pays concerné, des brochures de voyage adaptées.

Coup de cœur :
Pour ceux et celles qui ont le goût du voyage et de l'épure.

Bonne idée :
La maison d'Erik Satie à Honfleur.

Plan p. 11, C2
Calvados

• Christine et Jean-Marie Boelen
Hôtel Auberge de la Source
Chemin du Moulin – 14600 Barneville-la-Bertran
Tél. 02 31 89 25 02
contact@auberge-de-la-source.fr
www.auberge-de-la-source.fr

• 14 chambres : à partir de 135 €.
Petit déjeuner : 11 €.
Le menu unique de l'Auberge change quotidiennement : 38 €.
Pique-nique sur demande : 12 €.
Écran plat.

–> Ouvert toute l'année.

Auberge de la Source

Les Impressionnistes l'investiraient…

Certes, la Mère Toutain les avait bien régalés avec ses plats généreux et son cidre sous les pommiers de la Ferme Saint-Siméon, devenue une luxueuse hôtellerie. Mais si Boudin, Monet, Corot et leurs copains revenaient aujourd'hui, je pense que c'est à l'Auberge de la Source qu'ils se replieraient… Cette ancienne scierie – d'où la source –, dans sa modestie apparente, aurait tout pour leur plaire. De bon cœur, ils noueraient autour de leur cou la serviette à carreaux torchon, puis savoureraient la cuisine délicieuse et sans chichi, rien que des bons produits dans une vaisselle rétro, sans trop. Perrette, avec ses pots à lait, a recomposé le décor qui s'émancipe aux beaux jours en terrasse jusque dans le romantique jardin au saule pleureur emblématique. Au milieu, coule un petit ruisseau qui nourrit truites et esturgeons. Les chambres qui s'égaient dans les différents corps de la propriété cultivent le style normand. Murs gris pâle, rideaux à carreaux fermière et pans de bois ouverts pour séparer la chambre de la salle de bains où les lavabos, en forme de bols, sont dressés sur de longues planches. À l'Auberge de la Source, on retrouve l'atmosphère inhérente à l'histoire et, comme les vélos sont à dispo, on file sur les sentiers bucoliques qui dévalent vers la Côte de Grâce…

Coups de cœur :
L'atmosphère, l'accueil et la cuisine.

Bonne idée :
Revivre les cadres conformes aux tableaux des grands maîtres de l'impressionnisme.

Plan p. 11, C2

Calvados

• Patrick Kuchly
14130 Blangy-le-Château
Tél. 02 31 64 13 09 et 06 60 56 33 06
info@lacloseriedesmillets.com
www.lacloseriedesmillets.com

• 2 chambres : 130 €.
3 suites : 160-170 € selon le standing.
Lit suppl. : 15 €.

–> Ouvert toute l'année.

La Closerie des Millets

Deux passionnés d'opéra sont tombés amoureux des grandes forêts du Brévedent…

Ce coin méconnu du cœur du pays d'Auge a séduit Patrick et Alain-Dominique, habitués de la côte Normande. C'est donc à l'intérieur des terres qu'ils ont choisi d'établir ce beau projet dans une ancienne gentilhommière paysanne caparaçonnée de briques. Dès l'entrée, on tombe sous le charme de cette succession de salons et de salles à manger aux couleurs sourdes et aux atmosphères baroques. Très inspirés par les lumières du Nord et la décoration flamande, nos hôtes possèdent l'art et la manière de détourner les objets pour mieux se les réapproprier dans une mise en scène où les mélanges de styles s'en donnent à cœur joie. Chez eux, tout est « trafiqué » ! Un morceau de bois doré remonté en lampe, un petit canapé XIXe à la séduisante originalité, d'anciennes fenêtres de la même époque aménagées en bibliothèque avec crémones intégrées, des portes de buffet en insert déco noir charbon, une tête de lit transformée en glace, un vitrail en paravent de salle de bains. Dominante de gris dans tous les étages pour préserver l'harmonie. Mais, touche de parme pour la chambre « Bohème » et la suite « Tosca » quand « Lakmé » se vêt de blanc-beige et de châtaigne sous sa vertigineuse charpente. Secrétaire garni de livres brochés, ton sur ton, pour la « Traviata » où un dessous de piano s'est acoquiné avec un couvercle de tonneau. Et puis la double vue depuis la suite « Roméo et Juliette » qui plonge vers leur chère forêt…

Coups de cœur :

L'atmosphère et un vrai coup de cœur pour le décor du petit salon, couleur de champignon.

Bonnes idées :

Saint-Ymer, Le Mesnil-sur Blangy, la route des manoirs du pays d'Auge.

Plan p. 11, C2
Calvados

• *Geneviève Coquet*
2, rue de Courseulles – 14480 Villiers-le-Sec
Tél. 02 31 37 61 70
lamaisondubailli@yahoo.fr
www.maison-du-bailli.com

• *2 chambres : 90 € les 2 premières nuits, 80 € les suivantes. Lit suppl. : 25 € enfant moins de 10 ans.*
1 suite : 140 €/4 pers.
Grand jardin.

–> Ouvert toute l'année.

La Maison du Bailli

Le Bailli n'en reviendrait pas...

... si, tel un « Visiteur », il passait du XVIe au XXIe siècle et redécouvrait son logis métamorphosé par les nouveaux propriétaires. Car c'est sur un air d'humour et d'opéra qu'ils ont revisité la demeure, typique des fermes du Bessin. La fantaisie s'inscrit dès l'entrée sous forme de jarres rose fluo garnies de branches noires givrées. Ça se poursuit au salon en velours violet profond, foisonnant de bouquets de roses, dans la salle à manger au mobilier de style revu en rouge carmin sur fond de pampilles, bougeoirs et drapés soyeux. Coquillages, tableaux, osier, galets et mots tendres, fleurs et branches, tout ce qui tombe sous la main de Geneviève, alias Biscotte, trouve immédiatement sa place dans son univers singulier d'accumulations maîtrisées. Quant à Francis – dit Célestin –, il a inscrit sa poésie personnelle dans la dénomination des chambres : « Petite Chérie », « Vol de Nuit », « Ce Soir ou Jamais »... Non, ce n'est pas coquin, seulement des noms de parfums ! N'empêche : tirez vite les draps de lin brodé et les généreux rideaux en panne de velours froissé, doublés par un sari vert pomme... car je vois, sur le mur, photographiée par Peter Lindbergh, une joyeuse « partie de jambes en l'air » très... suggestive !

Coups de cœur :
La fantaisie, le brio d'une noble demeure déshabillée du carcan d'une bourgeoisie ostentatoire. Et puis, détail émouvant : en guise de tables de nuit, des caisses du débarquement retrouvées dans une dépendance.

Bonnes idées :
La cathédrale de Bayeux, l'histoire de la tapisserie au centre Guillaume-le-Conquérant, ou le mémorial de la bataille de Normandie.

Le Manoir de Thionville

Plan p. 10, B2

Calvados

• Nicole et Michel Fernando
14710 Colombières
Tél. 02 31 21 35 11 et 06 89 82 23 94
michel.fernando@wanadoo.fr
www.manoir-thionville.com

• 2 chambres : 90 et 110 €. 1 suite : 130 €.
Lit suppl. : 30 €.
Table d'hôtes sur résa. : 40 €, boissons comprises.
Billard. Jardin paysager. Potager.

–> Fermé 15 nov.-15 mars.

L'art maîtrisé des torchis et des jardins...

Les jardins, c'est la passion du couple. Ils occupent tous les espaces entre les prés et les murs du manoir, dont les origines se perdent aux alentours de 1782. L'autre talent, plus caché, des propriétaires, ce sont les torchis... Torchis à la terre, la chaux, le lin et le limon de rivière qui donne cet aspect incomparable à l'escalier, torchis du palier, concocté avec du bois de châtaignier, torchis des murs de la chambre du « Poirier », assorti aux belles boiseries bleutées, torchis de la suite « du Colombier » où une cage ancienne se souvient des colombes qui, un jour, se sont envolées du logis par les deux petites ouvertures creusées dans l'épaisseur du mur, torchis magnifique d'un escalier aux contremarches métalliques rouillées qui évoque un temps où les gens d'ici portaient des sabots. Jusqu'au linge qui a la couleur des torchis... Nicole et Michel ont tout réalisé eux-mêmes après s'être battus avec des entreprises de la région qui ne voulaient faire ni enduits extérieurs, ni torchis à l'ancienne, ni démonter les pierres pour avoir à les reposer. Ils ont bien fait de résister !

Coups de cœur :

Les torchis, vous m'avez compris...
Et les jardins aussi !

Bonne idée :

Le circuit des jardins de Normandie
sur les conseils de Nicole.

Plan p. 10, B2

Manche

• Marie-France Caillet
50760 Sainte-Geneviève
Tél. 02 33 54 33 53 et 06 80 85 89 01
lafevrerie@orange.fr
www.lafevrerie.fr

• 3 chambres : 70-78 € selon le standing.
Lit suppl. : 20 €.

–> Ouvert toute l'année.

Le Manoir de la Févrerie

À trois kilomètres de la mer, au pays des longères de granit, des chevaux piaffent dans l'enclos d'un manoir dont les origines se perdent au détour du XVIe siècle…

Marie-France vous invite à pénétrer dans sa demeure au plafond bas, typique de ce coin de Normandie. À l'étage, des chambres douillettes, tapissées de papier peint anglais, sont habitées par de petites bergères de campagne. On marche pieds nus sur des moquettes moelleuses, couleur coquille d'œuf. On se glisse dans la chaleur enfantine d'édredons gaufrés pastillés de roses, dans la fraîcheur de draps en lin d'une blancheur éclatante. Partout, suivant les saisons, des bouquets de fleurs des champs, de roses, de pois de senteur, de capucines enchantent la maison. À l'heure du petit déjeuner, la salle à manger est vouée à la gourmandise. Sur la table, des fruits frais, des œufs au lait, une brioche de Vaast, un gâteau maison. Le Manoir de la Févrerie, c'est un peu comme une maison de famille où l'on prend plaisir à revenir, comme un parfum de vacances qui se prolonge dans le cri d'une mouette planeuse et rieuse. Et ce n'est pas Rosette, la chienne coquine au regard bicolore, qui me démentira. Fatiguée de courir les chemins, elle s'est endormie pendant que j'écrivais ces lignes, copinant dans ses rêves avec un nounours mâchouillé.

Coup de cœur :

Un pain inoubliable : le pain plié, croustillant à souhait.

Bonnes idées :

Barfleur, Saint-Vaast-la-Hougue, son fort et l'épicerie Gosselin, qui se visite comme un musée et où l'on peut aussi faire son marché (épicerie fine, victuailles introuvables, épices, vins et jouets d'autrefois), mais aussi l'île de Tatihou et son Musée maritime.

Plan p. 10, B2
Manche

• Thierry Chaffenet
Rue Lefèvre-et-Toulorge – 50470 La Glacerie
Tél. 02 33 43 59 44
manoirdelafieffe@yahoo.fr
www.manoirdelafieffe.com

• 1 chambre et 2 suites : 120 €.
Prêt de vélos. Sauna. Appareils de fitness.

–> Ouvert 1er avr.-24 oct. et le reste de l'année sur demande.

Le Manoir de la Fieffe

Le Cotentin en majesté...

Thierry, un Auvergnat tombé amoureux du Cotentin s'est attelé à redonner à un vieux manoir du XVIe sa prestance seigneuriale. La visite commence par le vestibule où un grand canapé en velours turquoise vous incite à poser vos bagages devant une vénérable cheminée. Un sol en pierre de Valognes court dans toute la demeure. La salle à manger réactualise l'atmosphère « George Sand » autour d'une crédence Henri-II. Velours pourpre et vaisselle précieuse. L'escalier en pierres de Caen débouche sur un palier où s'est installé un espace gym et sauna, délimité par des rondins de bois. On salue au passage les exploits, couleur sépia, de sportifs d'avant la Grande Guerre ! Sous un lustre en papier de riz, un valet silencieux propose pommes, oranges et bouteilles d'eau... Fantaisie, patrimoine et littérature s'interpellent et se répondent entre ces murs chargés d'Histoire et de petites histoires. À vous d'écrire la vôtre sous le regard d'Ambroise Dumond, directeur du journal *L'Avenir* entre 1896 et 1919, dont l'imposant buste de marbre règne sur une première chambre... Escale asiatique dans la salle de bains aux vasques posées sur une console chinoise. Moquette bouclette et linge orange Hermès, en harmonie avec les coupes d'agrumes offertes aux résidents. Une suite a été dressée sous une capote carrée aux rideaux framboise. Ses rideaux de soleil sont éclairés par une rampe couleur d'ambre, on n'a pas fini de rêver...

Coups de cœur :

La cidrerie, la chapelle restaurée avec ses chaises paillées et son bénitier coquillage, la salle de vénerie installée dans l'ancienne laiterie, les cuivres de la boulangerie. Comme autant de petits musées à domicile.

Bonnes idées :

Visite du château des Ravalet, contemporain de la Fieffe. Le parc et le château de Martinvast.

Plan p. 10, B2
Manche

• Amélie et Nicolas Chanu
Port-Racine
50440 Saint-Germain-des-Vaux
Tél. 02 33 52 75 31
www.hotel-lerguillere.com

• 10 chambres : 75-95 € en BS, 95-140 € en HS.
Petit déjeuner : 12 € (enfant : 7 €).
Forfait demi-pension : à partir de 165 €/nuit pour 2 pers.
Animaux : 6 €.

–> Ouvert toute l'année.

Hôtel de l'Erguillère

Coup de cœur :
La vue et encore la vue... sur le petit port de Port-Racine.

Bonnes idées :
Savourer la mer depuis la terrasse, le jardin inspiré de Prévert, un dîner au Moulin à Vent, où un jeune couple de la même génération que Nicolas et Amélie régale ses convives avec talent.

Destin, quand tu nous tiens...

Nicolas a loupé pharma... Bien lui en a pris. Son rêve à lui, c'était l'hôtellerie ! Alors, l'enfant sage de Barneville-Carteret, qui aimait la mer et les bateaux, a pris son envol vers d'autres rivages, ceux de Kobé au Japon, de Versailles au Trianon... Une vie de palace, l'apprenti a fait ses classes. Devenu chef de rang, il s'en est allé retrouver ses parents et ses rêves d'enfant. Un beau jour, la mer – qui avait plus d'un tour dans sa « Manche » pour le retenir – lui a rappelé le vieil hôtel de l'Erguillère surplombant le plus petit port de France. Il était à vendre... Trois candidats en lice, et c'est Nicolas qui l'emporta parce qu'il n'avait pas les moyens financiers pour tout casser ! La restauration et la décoration sont le résultat d'un projet mené de front par Nicolas, Amélie, sa compagne, et leurs parents respectifs. La douceur des chambres rose dragée, si féminines, on la doit à Amélie, le baldaquin colonial et les gravures « retour des Indes », aux voyages de Nicolas. Les autres chambres qui accordent leurs tonalités au rouge cassis, châtaigne et gris du mobilier en loom sont plus intergénérationnelles. Le bar est branché, mais la salle des petits déjeuners est très classique. C'est une volonté de Nicolas. Un léger différend m'a opposée à lui... J'aime le salé au petit déjeuner. Lui, le sucré : une nostalgie d'enfance, comme un cocon douillet. C'est donc exclusivement sucré ! Bah, après tout, s'il aime ça...

Plan p. 10, B2
Manche

• Corinne et Éric Bonnifet
Manoir de Savigny – 50700 Valognes
Tél. 02 33 08 37 75 et 06 72 40 88 04
reservation@manoir-de-savigny.com
www.manoir-de-savigny.com

• 4 chambres : 80-100 € selon le standing.
1 suite : 120 € pour 2 pers., 145 € pour 5 pers.
Lit suppl. : 20 €.

–> Ouvert toute l'année sur résa.

Le Manoir de Savigny

Au bout d'une allée d'arbres à gui...

Un manoir s'est établi depuis des lustres au bord d'un bief. Une magnifique charreterie à triple arcades, remaniée au XVIe siècle, témoigne de l'opulence des siècles passés. Éric et Corinne lui ont conservé une authentique cheminée et son magnifique escalier à vis qui dessert les chambres. Envolées florales et couleurs de rosée pour la « Romantique » aux pivoines épanouies, où s'est égarée une malle de cocher. Prélude à d'autres voyages... Comme celui où nous entraîne la « Baroque », habitée par une superbe commode ventrue fabriquée en Égypte. Elle a donné le ton de la chambre avec ses chevets à l'identique et la direction à prendre avec ses reproductions d'affiches au fil du Nil et de ses felouques. Prêts pour d'autres voyages ? Tonalités brique et tableau rapporté d'Essaouira pour la « Mauresque » à la salle de bains émeraude, tapissée de carreaux chinés lors d'un séjour au Portugal. La « Coloniale » sous son dais chocolat, entre ses sièges coloniaux, est garnie de coussins fauves. Elle précède une salle de bains... volcanique ! Auréolée de colliers massaï, elle tempère ses ardeurs au soir couchant...

Coups de cœur
La « Baroque » et la « Mauresque ».

Bonnes idées :
Valognes, « petit Versailles normand », avec ses hôtels particuliers des XVIIe et XVIIIe s.
Le musée du Cidre.

Plan p. 10, B2
Manche

• Flavia et José de Mello
Promenade Barbey-d'Aurevilly
50270 Barneville-Carteret (face au port)
Tél. 02 33 52 23 50
hoteldesormes@wanadoo.fr
www.hoteldesormes.fr

• 12 chambres : 125-175 € selon le standing et la saison. Petit déjeuner : 14 €. Menus : 35 et 49 €, carte à partir de 12 €. Plage à 250 m.

–> Fermé en janv.

Hôtel des Ormes

C'est un mille-feuilles d'ardoises en guise de tapis rouge...

...qui vous accueillera dans cette demeure XVIIIe transformée en petit hôtel de charme par un couple portugo-brésilien, familier de l'hôtellerie régionale depuis près de 25 ans. En face, un val marin où dodelinent les voiliers. À l'arrière, un jardin de roses pompons, de roses pivoines, de roses thé, de roses anciennes, qui se courtisent et se dissipent sous les charmilles et la volière de parasols, où les tables de l'été se prolongent dans le halo des photophores. Le jardin, c'est la dernière marotte de Flavia qui voit la vie en vert, depuis le salon jusqu'à la salle à manger recomposée à la façon de la serre d'un jardin botanique. Vert thé ou vert absinthe, vert tilleul ou verveine, des verres aux bougies en passant par les lambris. Et, à l'intérieur, un petit bijou d'hôtel raffiné, concocté avec l'aide des grands noms de la déco actuelle, depuis les tonalités des murs jusqu'au mobilier. Les chambres aux couettes blanches se réchauffent de jetés de lit couleur violine ou châtaigne, ponctuées de meubles au ton d'orge et de perle. Trois nouvelles chambres, plus spacieuses, ont été créées dans l'annexe... « Rivage » qui s'embourgeoise autour d'une commode ventrue dans des tonalités ginger et jean sur fond de gris tourterelle. Au second étage, vue sur le port pour une chambre aux murs bleu baleine et gris banquise. Au 3e, couleurs tabac et anthracite pour une chambre mansardée, toujours avec vue...

Coup de cœur :
La déco.

Bonnes idées :
Sports nautiques en tout genre, comme l'aviron de mer (stages d'initiation et de perfectionnement), les villages pittoresques du cap de La Hague et le jardin de Prévert à Saint-Germain-des-Vaux.

Hôtel des Isles

Plan p. 10, B2
Manche

• Flavia et José de Mello
9, boulevard Maritime
50270 Barneville-Carteret
Tél. 02 33 04 90 76
hotel-des-isles@wanadoo.fr
www.hoteldesisles.com

• 30 chambres : 98-128 € selon la saison.
Lit suppl. : 15 €.
Petit déjeuner : 13 €.
Demi-pension : 84-99 €/j./pers.
Piscine extérieure chauffée face à la mer. Jacuzzi.

–> Fermé début fév.-début mars.

Tous les six mois, Flavia change la couleur des murs du restaurant...

La dernière fois que j'y suis passée, c'était « panama » ! En accord, sans doute, avec le tableau d'espadrilles qui s'exposait sur le mur. Moi, j'ai gagné une nouvelle tonalité sur ma palette des couleurs... Toujours ça de pris ! Il paraît que l'hiver dernier, c'était aubergine. Le bar était alors rouge Castille. Aujourd'hui, il serait... cacahuète ! Après l'Hôtel des Ormes, la belle Brésilienne n'en finit pas de faire des siennes. Elle arrive encore à surprendre son mari, José. Il paraît que c'est ça le secret des couples qui durent... Avec Flavia, José n'est pas prêt de s'ennuyer ! Ni les clients, qui raffolent de ce petit hôtel de bord de mer chargé des nostalgies de l'enfance... Des clients qui s'y sentent toujours en vacances même lorsqu'ils y viennent pour affaires en séminaire. De temps en temps, Flavia se calme, laisse un mur blanc. Et dans les chambres, elle est encore plus raisonnable. C'est mer tranquille : murs blancs, linge blanc, mobilier blanc de Flamant Home. La marine reprend ses droits sur les oreillers, les plaids aux drapeaux étoilés et les trépieds des lampes de chevet. Osier, coquillages et crustacés sous l'atrium en été, féerie sous le grand sapin de l'hiver. L'Hôtel des Isles capte les bonheurs de toutes les saisons de la Manche...

Coups de cœur :

La terrasse face à la plage. La vitalité de Flavia et de son équipe.

Bonnes idées :

Le sentier des Douaniers du cap Carteret.
Aviron de mer à Carteret.

Plan p. 10, B2
Manche

• Bernadette et Laurent Cesne
11, rue de Paris – 50270 Barneville-Carteret
Tél. 02 33 53 83 31
infos@hotelmarine.com
www.hotelmarine.com

• 26 chambres : 90 € en BS, 260 € en HS.
Petit déjeuner : 15 €.
Restaurant gastronomique : menus 35,50 €, 48,50 €, 90 €.
École de voile. Location de vélos.

–> Fermé 23 déc.-20 fév. Restaurant fermé 11 nov.-15 mars env.

Hôtel de la Marine

Coups de cœur :

La « 201 » pour ses deux balcons, sa vue panoramique à la fois sur le port de plaisance et le grand large, depuis la chambre et la salle de bains. La « 302 » pour son jeu de lumières très bord de mer. La « 206 » pour ses reflets couleur de turquoise et de sardine.

Bonne idée :

Profitez des joies simples des vacances à la mer. Balade en mer à bord d'une goélette.

Laurent a arrêté médecine après avoir réussi les examens les plus difficiles…

…Revenu de lui-même au pays natal opérer les tourteaux à sa façon, à défaut des humains, c'est Maman qui était contente… Bernadette, toujours aux commandes de La Marine : toute sa vie ! Cinquième génération désormais dans la maison, Laurent a décroché sa première étoile, deux ans à peine après son retour. Il fallait désormais un hôtel à la mesure de sa cuisine. Alors, mère et fils ont revu d'un commun accord chambres et lobby, juste équilibre entre design au salon et classicisme autour des boiseries du comptoir. Une méridienne en skaï blanc converse avec des fauteuils couleur de galets. Des fleurs de corail s'embrassent. Des embrasses de coraux noirs s'enlacent. Et les chambres rivalisent de charme et de clarté sous leurs écharpes de lit aux fleurs stylisées, turquoise ou émeraude, rose dragée ou fuschia, éclairées par des lampes éditées par Kartell ou des luminaires d'Ingo Maurer. Têtes de lit en skaï argenté ou marron glacé pour les deux plus belles. Une heure magique ? Quand, depuis les balcons ou les terrasses, on assiste, au soleil couchant, au ballet des bateaux de plaisance qui croisent les bateaux de pêche sur le chenal. Et vue sur le grand large…

Le Clos des Pommiers

Plan p. 10, B2

Manche

• Vanessa et Jean-Marc Heude
5, rue de Bas – 50560 Blainville-sur-Mer
Tél. 02 33 45 03 30 et 06 09 01 10 20
leclosdespommiers@wanadoo.fr
www.leclosdespommiers.com

• 1 chambre et 1 suite : 130 €.
Vélos à disposition.

–> Ouvert toute l'année.

Vanessa était venue voir une copine d'enfance en résidence sur la côte... Jean-Marc, un copain habitant à Blainville.

En passant par hasard devant la grille du Clos des Pommiers, Vanessa a eu le coup de foudre pour cette belle villa 1900 plantée au milieu d'un parc fleuri. Sans savoir si elle était à vendre, le couple remue ciel et terre pour trouver le propriétaire. Et Jean-Marc l'offre à Vanessa, perpétuant ainsi la tradition entamée avec le premier propriétaire des lieux, un éditeur parisien qui la fit construire en 1920 pour les beaux yeux de son épouse. À l'intérieur, la beauté des sols en mosaïque de ciment coloré et marqueterie aux trois essences de bois précieux rivalise avec celle des vitraux flamboyant de mille lumières. Pour partager son bonheur, Vanessa y a ouvert deux chambres d'hôtes : une suite d'esprit romantique, auréolée de roses et de papillons, ourlée de rideaux en soie sauvage aux tonalités de parme et d'ivoire, et puis une chambre au lit rond, dont le clou est la salle de bains, gagnée sur l'espace d'un ancien balcon. Imaginez prendre votre bain avec des lunettes de soleil, le regard tourné sur la Manche qui se dévoile par l'échancrure d'un rideau d'arbres... !

Coup de cœur :

La baignoire entièrement vitrée, prise dans l'espace de l'ancien balcon.

Bonnes idées :

Un déjeuner les pieds dans les dunes au resto-broc complètement déjanté La Cale. Le nouveau scriptorial d'Avranches, qui exposera au printemps les manuscrits du Mont-Saint-Michel.

Plan p. 10, B2

Manche

• *Lydie et Robert Friaux*
5/7, route d'Urville – 50590 Regnéville-sur-Mer
Tél. 02 33 07 12 38
clospostel@hotmail.com
www.clospostel.com

• *2 chambres : 85 €.*
2 suites pour 2-3 pers. : 100-120 €.

–> Fermé 15 nov.-15 mars.

Le Clos Postel

Des flammes qui pétillent dans la cheminée, un piano qui distille quelques notes de musique...

C'est au partage d'une atmosphère de bourgeoisie recomposée avec beaucoup de délicatesse que nous convient cet ancien directeur de palace parisien et son épouse, originaire du pays. La visite de cet ancien presbytère commence par le colombier qui ouvre ses volets sur le romantique décor d'un jardin de curé. Les chambres ont pris leurs aises dans un décor de boutis et de sur-boutis couleur d'avoine ou d'anis, fleuris de tulipes ou de petites roses de printemps. Linge brodé aux carreaux, petits tableaux, glaces cérusées et séduisants meubles de famille ou bien résultat de nombreux mois de chine. Une balance servant jadis à peser les bagages des clients d'un hôtel pour « Mâtine », un joli trumeau rescapé d'un autre établissement pour « Angélus ». « Prélude », aux tons de pivoine et de crème de lait, s'est installée en duplex au jardin. Kitchenette à disposition et salle de douche derrière un pan de persiennes. Et l'on se glisse en « Nocturne » dans le confort douillet d'une petite suite couleur coquille d'œuf, avant de tirer les rideaux brodés sur des rêves de nature très bucolique.

Coups de cœur :
Le raffinement du logis et ses jardins.

Bonnes idées :
Pique-nique sur les dunes de la pointe d'Agon et visite du château de Gratot.

Hôtel Villa Fol Avril

Plan p. 11, C3
Orne

• Sandrine et Philippe Sicre
2, rue des Fers-Chauds – 61110 Moutiers-au-Perche
Tél. 02 33 83 22 67 – contact@villafolavril.fr
www.villafolavril.fr

• 9 chambres : 70-90 € en BS, 80-130 € en HS selon le standing. Lit suppl. : 20 € (+ de 5 ans). Forfaits 2 nuits, 2 nuits w.-e., demi-pension : se renseigner.
Petit déjeuner : 10 €. Restaurant : menu 20 et 33 €. Jardins. Piscine chauffée.

–> Ouvert toute l'année.

C'est le nom d'un bel étalon...

... qui collait à merveille à ce petit hôtel à croquer, né avec le mois d'avril 2006, sur les vestiges d'un troquet de village hors d'âge. Et ce fut une reconversion totale pour ce jeune couple – ancien de l'informatique pour Philippe, du Club Med pour Sandrine – qui avait fait le choix d'une vie à la campagne. Le Perche les attirait, l'hôtellerie aussi... Banco donc pour sept chambres appelées à faire des petites... Des couleurs toniques dès la façade jaune maïs, des notes de déco comme seul le Perche sait en cultiver : pans de murs de brique à vif, colombages lessivés et charpente apparente dans les chambres du haut, édredons en lin rêche aux tonalités bleu ardoise, parme ou jus de mûre de Mme Fassier à Rémalard, râteliers en têtes de lits, boulier déniché dans une brocante de L'Aigle en guise de tableau. Savant mariage de neuf et de vieux, de matériaux du passé et de tonalités fanées réactualisées, de douceur et de tempérament, ce petit hôtel de village et de campagne est un petit bijou qui, d'emblée, attire l'œil autant que les affinités. Et au verger en espaliers, par-dessus les toits couleur de pain brûlé, la vue sur la forêt est un appel à pousser plus loin l'exploration de « la vieille province » et de ses manoirs...

Coups de cœur :

Les édredons de Mme Fassier et le triptyque de panneaux en bois, frappés de bassines en zinc écrasées, une création de Brigitte Cordier.

Bonnes idées :

L'église romane de Moutiers, le circuit des manoirs du Perche.

Plan p. 11, C3
Orne

• *Carol et Pietro Cossu-Descordes*
61110 Moutiers-au-Perche
Tél. 02 33 73 11 63
domainedelalouveterie@wanadoo.fr
www.domainedelalouveterie.com

• *3 chambres : 95-115 € selon le standing. 2 suites : 135-160 € selon le standing.*
Table d'hôtes : menu de saison 38 €, dîner fin 68 €, boissons comprises.
Piscine en été. Accès direct à la forêt.
Séjours bien-être, massage californien (sur résa).
–> Ouvert toute l'année.

Le Domaine de la Louveterie

Ils cherchaient une maison sans travaux…

C'est dans la grange ouverte aux quatre vents qu'ils ont choisi de créer une activité de chambres d'hôtes. Pour lui conserver sa porte massive, Carol et Pietro lui ont installé un pan coupé afin d'établir un sas de lumière. Il a fallu créer le plafond en lattes de châtaignier fendues à l'ancienne et le poser sur une chape de chanvre et de chaux pour aménager un étage où se sont glissées les chambres. Il y a les suites « XVIIIe » et « Mauresque » en duplex, la chambre « Chinoise » à l'écritoire laqué et objets Napoléon-III, la « Voyageuse » qui s'organise autour d'une malle de voyage, de masques ethniques et d'une vieille porte Dogon, tous ramenés dans les années 30. La Louveterie, c'est aussi le charme de la rusticité alliée à des objets décalés années 50, dont Carol est une fervente collectionneuse. On les retrouve dans la plus insolite des chambres qui organise son espace entre ventilo et transistor rétros, tableaux sous verre, publicités émaillées, valise débordant de vieux numéros de *Match* et de *Nous Deux*, lustre en bakélite et mobilier bombé en bois plaqué et poignées en laiton. Le potager du jardin nourrit la table d'hôtes. On peut la savourer face à la cheminée surmontée d'un tableau de pierres de récupération provenant d'un colombier vendéen du XVIIIe siècle.

Coups de cœur :
La chambre années 60 et la table d'hôtes raffinée concoctée par Carol qui s'est prise de passion pour les épices.

Bonnes idées :
Entre les forêts de Réno-Valdieu et de Longny, les villages du Mage et ses artisans, de Monceaux-au-Perche, Moutiers-au-Perche et Rémalard.

Plan p. 11, C3
Orne

• 11/13, place du Général-de-Gaulle – 61110 Rémalard
Tél. 02 33 83 02 51
contact@cote-parc.fr
www.cote-parc.fr

• 8 chambres doubles (dont 1 suite et 1 appartement) + duplex de 5 pers. (160 m²) : 150-260 €.
Restaurant : 9-15 € à la carte, menu 14 €.
Billard et home-cinéma sous cave voûtée. Spa avec le concours de la marque Clarins. Salon de thé.

–> Ouvert toute l'année.

Côté Parc

À 17 ans, pour Adra, passer des week-ends dans le Perche, c'était une punition...

À 20 ans, déjà beaucoup moins... « On venait dans la maison de campagne des parents faire la fête avec les copains. Maintenant, j'adore... » La vue s'envole par-dessus les toits sur les vallons du Perche. Sur la place du village, devant les fenêtres de son « boutique-hôtel-salon de thé-brunchs du dimanche matin », se tient un petit marché de produits régionaux. Associée à son frère et à sa sœur, l'épouse du producteur de télévision Pascal Bataille a mis la dernière main à son nouveau projet. Après le succès de Côté Sable au Cap-Ferret, c'est au tour de Côté Parc d'avoir fait l'unanimité avec ses beaux appartements à disposition des hôtes : cuisine incorporée, salle de bains intégrée, où l'espace n'est pas compté. Des tons très actuels dynamisent les lieux. Dans les chambres : violine et grenadine, vert tendre ou turquoise, associés à l'éclat d'un cuir ou d'un béton orange, d'une écharpe en cachemire négligemment posée sur un fauteuil en tweed. Le mobilier en chêne est signé Philippe Hurel. Un parti pris contemporain bien qu'on ait pris soin de conserver du passé tout ce qui a pu l'être : colombages, superbe charpente et plancher en bois impeccablement poncé par un oncle dont c'est devenu la passion. Côté Parc, c'est avant tout une belle histoire de famille !

Coup de cœur :
Une boutique-hôtel à la campagne.
Aussi révolutionnaire qu'accueillant.

Bonnes idées :
Le marché du dimanche, les vide-greniers.

Plan p. 11, C3
Orne

• Armelle et Pierre Santarelli
9, rue des Tailles – 61400 Mortagne-au-Perche
Tél. 02 33 73 69 09, 06 09 50 29 08
et 06 14 46 22 29

• 4 chambres : 80-130 € selon le standing.
1 suite : 150 €.
Pavillon au-dessus du bistrot (2 chambres et 1 sdb) : 80 €/2 pers, 160 €/4 pers.
Bistrot ouvert le sam. midi. Boutique vintage.
Grand jardin.

–> Ouvert toute l'année.

Hôtel des Tailles

Le charme intemporel des beaux hôtels particuliers d'une petite bourgade du Perche...

Construit après 1750 par le marquis de Montfermeil, cette ancienne demeure du receveur des « tailles » avait perdu sa fonction à la suite de la chute de l'Ancien Régime. Armelle, originaire du pays, et son mari lui ont rendu son honneur. Car derrière son portail monumental, derrière sa façade foisonnant de sculptures, se cache une véritable demeure d'atmosphère. Succession de salons aux boiseries d'époque. L'un a été réhabilité dans sa fonction de bibliothèque et pimenté d'art africain, très « retour des colonies ». Pour les autres, boiseries blanchies ou décapées, en concordance avec les toiles de jute, façon sac à patates, suspendues aux grandes fenêtres, au lustre en raphia qui éclaire la longue table de la salle à manger. On grimpe dans les étages, au long d'un superbe escalier d'époque. La chambre « de l'Evêque », à la blancheur de neige, est la plus belle. Sous les combles, la suite « Napoléon », la plus spacieuse, est dotée d'une salle de bains à l'impressionnante charpente. La « Provençale » cultive l'art des collections qu'affectionne la maîtresse de maison : boîtes et chapeaux en osier, miroirs, poupées en coquillages. Joliment désuet, comme l'est ce petit bistrot au jardin, où hôtes et copains se retrouvent après le marché le samedi matin.

Coup de cœur :
Le charme désuet de la bourgeoisie campagnarde.

Bonne idée :
Le circuit des manoirs du Perche.

Le Manoir de Lormarin

Plan p. 11, C3

Orne

• Laurence et Alban Cristin
61340 Nocé
Tél. 02 33 25 41 89
laurence.klein@hotmail.fr
www.manoirdelormarin.fr

• 1 suite : 130 €.
Boutique antiquités-brocante.

–> Fermé en fév.

Avec ses manoirs cachés sous la feuillée, le Perche se plaît à cultiver la nostalgie des « vieilles provinces »...

Celui-ci est né au XVIe siècle, puis il a perdu de sa superbe... Transformé en grenier à blé depuis une centaine d'années, avec un modeste logis au rez-de-jardin, il a été restauré par Laurence et Alban (qui est antiquaire). Dans la Maison du fournil, typiquement percheronne, où les arbres poussaient à ciel ouvert, ils ont installé une chambre d'hôtes aussi spacieuse qu'un grand gîte. Sa salle à vivre occupe l'emplacement de l'ancien four à pain redécouvert sous un amas de gravats. Le logis dispose également d'une entrée, d'une salle de bains, d'un salon et d'une chambre à l'étage. Les jalets de l'ancien four remis un à un, des tommettes de récupération, des portes qui partaient au feu, des enduits à la chaux, une auge, du mobilier régional chiné par Alban ont réinstallé le logis dans sa rusticité. Des épis de faîtage confectionnés par Laurence, qui travaille la pierre, l'émail et la laque lui ont redonné du prestige. Et la fantaisie, on la trouve à tous les paliers... Depuis la salle de bains, avec son œil ouvert sur le jardin, jusqu'à la chambre avec sa ravissante table ronde, sa collection de zincs, ses rideaux de lin épais doublés de taffetas, sa tête de lit en feutre.

Coup de cœur :

Un banc basque, qui faisait office de poulailler et où l'on rentrait les poules pour les protéger du renard !

Bonnes idées :

Nogent-le-Rotrou, le château Saint-Jean et le tombeau de Sully...

Plan p. 11, C3

Orne

• Ysabel et Jean-Pierre Mavit
Place du Plenitre – 61340 Préaux-du-Perche
Tél. 02 33 73 58 91 et 06 81 95 43 35
jpmavit@wanadoo.fr
www.entre-voir.com

• 1 suite : 120 €, 110 € à partir de 2 nuits.
Un jardin de paradis, expositions temporaires, ateliers d'artistes.

–> Ouvert toute l'année.

Le Presbytère

Coups de cœur :
Le jardin et ses espaces entre ombre et lumière, l'intemporalité d'un décor minutieusement recomposé, les grandes toiles d'Ysabel, les luminaires de Jean-Pierre composés à partir d'outils agricoles ou industriels.

Bonnes idées :
Le village avec son petit restau nouvellement installé sur la place. L'abbaye de Ste Gauburge, le Jardin François.

Certains lieux, certains coins de France sont touchés par la grâce...

Préaux du Perche est de ceux-là et lorsqu'il s'agit de bien d'église, elle est forcément...divine ! Lorsqu'ils visitèrent, un jour pluvieux, ce presbytère du XVIIe siècle, inhabité depuis plus de 30 ans, qui faisait fuir tous les candidats au rachat, Jean-Pierre et Ysabel n'ont pas mis une heure pour se décider. Pour lui et pour le Perche, cette peintre et ce designer ont tout quitté. Ensuite, ils ont planché, et abattu la cloison qui séparait le « coin caté » de la salle à manger. Les tommettes d'origine, les placards intérieurs, les vieilles portes à la peinture écaillée, couleur de rouille, de foin et de ciel saint-sulpicien ont été pieusement conservés, après avoir été copieusement lessivés. Cette « vieille dame » qu'il ne fallait ni braquer, ni brusquer, fait aujourd'hui le bonheur d'hôtes privilégiés au sein d'une unique suite, établie à l'aise entre des murs aux pigments naturels, qui se font tour à tour couleur de labour, de rose ancienne et de gris perle. L'escalier en bois se déhanche autour d'un tronc à vis en orme et chêne. Il dessert la chambre où l'alcôve démontée de celle du curé fait office de séparation avec la salle de bains. Avec vue sur l'église depuis la baignoire. Et si vous voyiez le jardin !... Ils ont recomposé les allées en forme de croix, les carrés de buis. Le gros poirier noueux règne en dieu sur les charmilles, les allées brodées de graminées et de fleurs de curé...

Les Maisons de Léa

Plan p. 11, C2 – Calvados

• Didier Lassarat – Hôtel Les Maisons de Léa
Place Sainte-Catherine – 14600 Honfleur
Tél. 02 31 14 49 49
contact@lesmaisonsdelea.com
www.lesmaisonsdelea.com

• 23 chambres : 120-205 € selon la saison et le standing. 4 suites : 200-260 € selon la saison et le standing. 1 petite maison et 2 suites-balnéo. : 220-325 €. Lit suppl. : 20 €.
Petit déjeuner : 15 €.

–> Ouvert toute l'année.

Quatre maisons, dont trois datent du XVIe siècle. Dans la « Maison du Capitaine » qui rend hommage à Samuel Champlain, un enfant du pays, vous naviguerez dans une atmosphère coloniale aux couleurs bleu ardoise et blanc. Tons de bois plus sombres, de vanille et de chocolat pour la « Maison Baltimore », inspirée du style shaker. La « Maison de Campagne », avec ses tonalités paille et jaune d'œuf, évoque le pays d'Auge. « Romance » cultive le charme inhérent aux jardins normands.

L'Épicerie du Pape

Plan p. 11, C2 – Eure

• Karine et François Sédard
5, rue de la Ferme – 27910 Vascœuil
Tél. 02 35 23 64 37 et 06 81 29 02 41
lepiceriedupape@club-internet.fr
http://perso.club-internet.fr/sedard

• 2 chambres : 75 €/2 pers., 95 €/3 pers.
Tarifs dégressifs dès la 2e nuit. Lit suppl. : 20 €.
1 chambre-cabane (esprit suédois) : 85 € pour 2 pers.
Vélos. Tennis à proximité.

–> Ouvert toute l'année.

« C'était l'ancienne épicerie-café du village. Il y avait de la monnaie du pape au jardin et puis, on avait coutume de dire : heureux comme un pape ! » Des bougeoirs, des miroirs, des tons doux de parme et de lilas, un vieux banc de jardin, une Vierge chinée dans une brocante, des petits meubles dans leur jus : la salle à manger et le salon composent un morceau de campagne et de poésie.

Plan p. 10, B3
Ille-et-Vilaine

• Catherine et Luc Ruan
35750 Iffendic
Tél. 02 99 09 34 05
luc.ruan@wanadoo.fr
www.chateaudupin-bretagne.com

• 2 chambres : 85-95 €. 2 chambres : 110-130 €.
1 chambre : 130-160 €.
Lit suppl. : 22 €. Petit déjeuner : 12 €.
Table d'hôtes : 25-30 €, hors boissons.
Vélos à disposition.

–> Ouvert toute l'année.

Le Château du Pin

Catherine peint des mots bleus sur des toiles d'azur.

Rien de mieux pour exposer ses tableaux que ce petit château de campagne qui contemple les prés et les grands chênes. Du mobilier de brocante, un trait de gris tourterelle par-ci, de grands rideaux façon toile à matelas par-là, une tenue d'été, une tenue d'hiver pour la maison comme pour ses gens. Un peu d'imagination, beaucoup de poésie et chaque chambre suivant une variation littéraire... Celle de « Marcel Proust » dévoile ses romantiques atours sous deux dais de voilage couronnés de roses blanches. Couleur pivoine, violette et bleu profond pour une chambre plus théâtrale qui convient aux amours clandestines de « Victor et Juliette », sous un portrait de Hugo en famille. Des nounours sous les poutres invitent à découvrir la chambre d'enfant vêtue de jean et de carreaux rouges. Quant aux « Enfants du Siècle », ils associent George Sand, Musset et Chopin dans un joyeux mélange de Jouy paille et de taffetas orangé. Et en guise de tête de lit, une tige de lierre nouée de fleurs de fruits de la Passion... évidemment !

Coup de cœur :
Les tableaux de Catherine, les dominantes de bleus.

Bonnes idées :
Rennes, la vieille cité, la cathédrale, les maisons à pans de bois, le parlement de Bretagne et les jardins de Brocéliande (itinéraire fléché à partir de Rennes).

Le Château des Tesnières

Plan p. 10, B3
Ille-et-Vilaine

• Siebren et John Demandt-Boon
35370 Torcé
Tél. 02 99 49 65 02
info@chateaudestesnieres.com
www.chateaudestesnieres.com

• 1 chambre : 120 €. 4 suites : 160 €.

–> Fermé déc.-janv.

Ils descendaient d'Amsterdam à la recherche d'une maison secondaire en Normandie. On leur proposa un château en Bretagne : 750 m² habitables…

John et Siebren se sont sentis un peu au large. Alors, ils ont décidé de partager leur espace avec des hôtes de passage. Construit au XIXe siècle par les comtes de Langle, le château mélange les styles néogothique, Renaissance et Art déco. On y découvre des suites classiques et d'autres plus contemporaines, comme celle de la « Comtesse » au papier peint gris souris pastillé d'or, où une Vénus au bain émerge de la grisaille de la tête de lit. Noire et blanche est la suite « du Sud » au jupon de lit à rayures style « chemise » et lampes de chevet assorties. Au salon, un canapé immaculé contemple le grand parc et la vaste plaine sous le regard de photos de fleurs noires et blanches, d'un tableau représentant le roi Léopold et la reine Astrid et d'une litho numérotée de Picasso. Plus épurée est la chambre « de l'Est » qui vibre aux accords japonisants de son décor. Très amstellodamoise est la suite « du Nord » avec sa baignoire à pieds de lion vert granny et son damier de carreaux métro. Les propriétaires organisent deux fois par an des expos d'art contemporain.

Coups de cœur :

La suite « du Sud » et les superbes sculptures de Nicolas Petit, dont ce cheval sculpté à partir de grenades éclatées retrouvées sur les champs de bataille du nord de la France. Aussi émouvant que spectaculaire !

Bonne idée :

Vitré, Ville d'art et d'histoire.

Plan p. 10, B3
Ille-et-Vilaine

• Lydie et Didier Fablet-Roussel
35830 Betton
Tél. 02 99 55 78 56 et 06 10 03 45 06
http://latoucheaubree.free.fr

• 2 chambres : 70 €. Lit suppl. : 20 €. Piscine. Wifi.

–> Fermé pendant les vacances de fév.

La Touche Aubrée

Ici, les fleurs mangent les fenêtres et les portes...

... Et derrière la charmante façade ocre jaune festonnée de bosquets, la porte s'efface pour vous laisser découvrir un spacieux séjour où cuisine, petit salon, grand salon, salle à manger sont séparés par des colombages ouverts qui amplifient l'impression d'espace et de nature. Nid de fleurs sur fond de murs couleur coquille d'œuf pour une première chambre – presque une suite – escortée d'une salle de bains tout aussi agréable. C'est frais et printanier avec cette association réussie de tissus fleuris et de carreaux rouges, de couronnes de branches et de bouquets de fleurs fraîches. Posée sur un plancher en chêne, une seconde chambre a investi les anciens greniers aux pans de bois du XVIIe siècle. Blancheur immaculée et éclat du « Turquoise » pour ce grand volume dans lequel la chambre est séparée de la salle de bains par un pan de mur coupé à mi-hauteur du plus bel effet ! La piscine, protégée par une astucieuse clôture de bois vieilli en harmonie avec son environnement, invite à se prélasser dans un nid de fleurs. Un vrai bonheur !

Coup de cœur :
Dans la chambre « Turquoise », la petite table peinte représentant une ravissante marine, dénichée dans une brocante.

Bonnes idées :
Rennes et sa vieille ville à 10 min., ou encore les jardins de Brocéliande.

Plan p. 10, B2

Ille-et-Vilaine

• Martine Villette
Le Mesnil-aux-Bois – 35540 Le Tronchet
Tél. 02 99 58 97 12 et 06 82 10 96 11
villette@le-mesnil-des-bois.com
www.le-mesnil-des-bois.com

• 5 chambres : 95-140 € selon le standing et la saison. Lit suppl. : 25 €.
Dîner sur résa. pour les longs séjours.

–> Fermé de mi-nov. à fin fév.

Le Mesnil des Bois

Dans une propriété qui a appartenu à la famille du corsaire Surcouf...

Monsieur aimait la voile. Alors, il a choisi la Bretagne pour être proche de la mer. Deux ans de restauration furent nécessaires pour revenir à la pierre et à la chaux de l'élégant manoir où se sont établies cinq chambres. Sur son parquet en châtaignier, l'univers cosy de « Chêne » s'épanouit autour d'un mobilier de famille entre des murs de granit et des lambris blanchis. « Hêtre » possède deux têtes de lit Louis-XVI. Mes préférées : « Frêne », qui joue sur le registre de la blancheur et de l'épure. J'avoue un faible pour sa charmante table d'appentis, ses petites chaises d'église, son adorable baignoire close, prisonnière de voliges taillées à vif, encadrant un lit clos rajeuni de gris perle. Et puis « Orme », installée sous une charpente magnifique aux chevilles bien en évidence, qui tempère sa puissance avec un tableau romantique, années 40. Partout des fleurs fraîches à foison, des livres à disposition... Un salon pour faire connaissance autour d'un grand canapé couleur coquelicot et une salle à manger Renaissance italienne et hollandaise où de gigantesques cierges d'église, dorés à la feuille, rehaussent la magnificence d'un lieu immergé au cœur de la forêt.

Coup de cœur :

L'immersion en pleine forêt d'une vénérable demeure au décor actuel.

Bonnes idées :

Le chemin balisé de la promenade des Fées, la mer à 20 km, et puisque les golfs sont à votre portée...

Le Château de Mont-Dol

Plan p. 10, B2
Ille-et-Vilaine

• *Jacqueline et Yannick Goulvestre*
1, rue de la Mairie – 35120 Mont-Dol
Tél. 02 99 80 74 24 et 06 24 31 87 49
yannick.goulvestre@wanadoo.fr
www.chateaumontdol.com

• *4 chambres : 85-95 € selon la saison.*
1 suite : 85-135 € selon la saison.
Table d'hôtes gastronomique (sauf mer. et dim.) : 35 €, enfant 15 €.

–> Ouvert toute l'année.

Coups de cœur :
Une belle demeure de pierres et une table gourmande... irrésistible !

Bonnes idées :
Le site mégalithique du Mont-Dol et sa forêt légendaire. La baie du Mont-Saint-Michel, classée Patrimoine mondial de l'Unesco.
Le jardin panoramique sur la baie et le quadrillage des polders et des herbus.

Au pied du Mont-Dol qui, selon la légende, serait tombé de la hotte de Gargantua...

Lieu de culte qui remonterait à la préhistoire, le Mont-Dol offre au visiteur un panorama inouï sur les marais. C'est à son pied que s'est blottie cette bâtisse bourgeoise qu'au pays on nomme pompeusement « château ». Yannick, Breton de Saint-Brieuc, et son épouse, Bretonne de Saint-Méen-le-Grand, ont effectué un retour aux sources en acquérant cette belle demeure où l'on prend plaisir à séjourner autant pour la gentillesse de l'accueil que pour la table. Dans une autre vie, Yannick fut le cuisinier attitré de personnalités de renommée internationale. Inutile de vous dire qu'ici, vous n'aurez qu'une envie : rester... après avoir dégusté une délicieuse meringue encore tiède ou ces tuiles aussi légères que des plumes, déposées sur votre table de chevet. Les chambres, auxquelles on accède par un superbe escalier en châtaignier, ouvrent sur les clartés des ciels lavés de Normandie. Elles sont habitées par un mobilier de famille posé sur un tapis en sisal. Coussins en lin, cheminées en marbre rouge ou caramel rose, salles d'eau couleur jonquille ou coquelicot, la demeure possède un petit côté rétro qui se marie à merveille avec les bouquets de fleurs fraîches et la précieuse vaisselle disposée sur la table. Et déjà salivent les papilles !

Plan p. 10, B2

Côtes-d'Armor

• Corinne Nicol
78, rue de la Fontaine – 22950 Trégueux
Tél. 02 96 75 06 62 et 06 22 86 86 20
info@manoirdelavillegueury.com
www.manoirdelavillegueury.com

• 3 chambres : 60 € en BS, 80 € en HS.

–> Ouvert toute l'année.

Le Manoir de la Ville Gueury

La campagne à la ville...

Situé en périphérie de Saint-Brieuc, ce manoir dont les origines remontent au XVIe siècle a été acheté en ruines par Corinne et son mari. La noble demeure s'est redressée depuis et Corinne, qui rêvait de chambres d'hôtes, a concrétisé ses pensées dans les communs de la propriété. Trois chambres aux noms de fleurs emblématiques de Bretagne occupent les anciens greniers. « Magnolia » se décline en blanc et noir tandis que « Camélia » parade en rouge et rose. Corinne voit les hortensias en belle brassée ensoleillée d'orange, de fuschia, de coquelicot, de turquoise, de tilleul, de châtaigne, qui tapisse en rayures velours le joli siège d'angle, tandis que la baignoire de la salle de bains s'est parée de tonalités marron glacé. La propriétaire a organisé son décor autour d'un mobilier de famille récupéré et relooké. Les miroirs dorés ont été repeints aux couleurs de ses chambres dotées d'écran plat. Il y a même un home-cinéma au salon d'accueil, où la convivialité peut s'installer autour du bar ouvert, du canapé et des fauteuils en cuir râpé. Tapis écossais pour la salle des petits déjeuners.

Coups de cœur :

L'accueil et les couleurs d'aujourd'hui qui donnent du peps à un manoir d'autrefois.

Bonnes idées :

Les plages des Rozaires et d'Erquy, le Val-André et son golf, l'embarcadère pour Bréhat à 1/2 heure.

La Demeure de la Vendemière

Plan p. 10, B2
Côtes-d'Armor

• *Viviane et Bruno Maître*
7, Kerambuan – 22390 Pont-Melvez
Tél. 02 96 21 88 91 et 06 45 46 74 39
contact@demeure-la-vendemiere.com
www.demeure-la-vendemiere.com

• *2 suites : 80-90 €. Lit suppl. enfant : 10 €.*
Table d'hôtes : 24 €, boissons comprises.
Wifi. Parking. Billard. Bibliothèque. Jardin paysagé.

–> Ouvert toute l'année.

Coups de cœur :
L'accueil, et l'adorable petite cheminée Louis-XIII encadrée de tissus anciens dans l'unique suite.

Bonne idée :
Les forfaits « De la chlorophylle à l'éolien » à expérimenter en randonnée pédestre ou en VTT.

Des passionnés de l'épopée napoléonienne. Ceci explique cela…

Ils sont arrivés ici un jour de novembre pour acquérir une toute petite maison nichée dans un nid de verdure et ont aménagé autour leur cadre de vie. De murs de pierre en serre, il est devenu art de vivre au milieu d'objets de brocante chinés en Bretagne et en Bourgogne, leur précédente terre d'attache. Le petit déjeuner en amoureux est servi dans de la porcelaine. Argenterie et cristaux rutilent autour des compotiers. Une collection de soupières soupire d'aise sur le buffet, une flambée ranime la cheminée. D'emblée, on se sent bien dans cette suite au romantisme débridé et au charme du passé. Elle est habillée de linge d'autrefois, ornée de gravures en grisaille de dames au bain. Elle ouvre en terrasse sur le jardin et les bois qui couvrent les vallons. Autour des plans d'eau batifolent des canards d'ornement qui se cachent dans les fleurs.

Plan p. 10, B2
Côtes-d'Armor

• Famille Lamour Céline et Marc
La Ville Guerfault – 22170 Plélo
Tél. 02 96 79 51 25 et 06 89 11 19 16
contact@lamaisondeslamour.com
www.lamaisondeslamour.com

• 5 chambres : 69-100 € selon le standing et la saison. Ferme-auberge Le Char à Bancs sur la propriété (tél. 02 96 74 13 63, www.aucharabanc.com). Rivière. Animaux de la ferme. Jeux d'enfants avec château-fort. Loisirs nautiques et poneys en été.

–> Ouvert toute l'année sur résa.

La Maison des Lamour par le Char à Bancs

L'extraordinaire saga d'une famille qui croit depuis trois générations au tourisme vert…

Installée autour d'un vieux moulin, la ferme-auberge, généreuse et chaleureuse comme pas deux, embellit saison après saison. J'ai vu grandir Jeanne-Noëlle qui désormais règne sur le restaurant, secondée par Louise, la benjamine qui s'occupe de l'environnement tandis que, depuis sa ferme, Corentin approvisionne en légumes la potée inscrite de façon immuable au menu. Céline, la cadette, vient de revisiter ses chambres d'hôtes qui rivalisent de fantaisie pour installer leur bohème chic dans l'ancienne Maison des Aïeux. Bric à broc, où la nostalgie met son grain de sel dans le contemporain dès la salle des petits déjeuners, où couronnes en plumes, luminaires boules de neige, chaises Bertoia encadrent des tables en bois, recouvertes de zinc ou de toile cirée à pois, couleur de labour, sur fond de murs noir charbon. Les chambres sont à l'unisson… Siège vintage argent sur fond de broc alu et de murs gris souris pour la « Grise ». La « Blanche », l'est du sol à la charpente. Parquet laqué rouge cerise, lit et coussins assortis pour la « Rouge », où le lit est adossé à un meuble de postier. Et puis il y a Rose qui trottine dans les jupons de Maman, sur les pas de Papa, haute comme trois pommes, mutine et coquine, qui offre des bonbons roses aux « invités »…

Coup de cœur :

Jean-Paul et Jeanne, les parents si fiers du chemin parcouru depuis leur modeste ferme d'antan jusqu'au beau domaine actuel, où ils ont su fixer leurs enfants.

Bonnes idées :

La brocante de Jeanne à « trois francs six sous », à ne manquer sous aucun prétexte. La côte du Goëlo par le chemin des douaniers, une excursion sur l'île de Bréhat.

La Demeure de la Ville Blanche

Plan p. 10, B2
Côtes-d'Armor

• Carine Solo
5, rue du Général-de-Gaulle – 22200 Guingamp
Tél. 02 96 44 28 53
contact-demeure@wanadoo.fr
www.demeure-vb.com

• 10 chambres : 66-145 €. Lit suppl. : 15 €. Kitchenettes intégrées dans 5 chambres. Hammam. Massages. Salon de thé.

–> Fermé 1er-15 janv.

Dans l'ancien hôtel particulier d'un négociant en lin et voilures de bateaux…

Ses biens furent confisqués à la Révolution sans que planchers, boiseries et cheminées soient détruits. Une chance pour Carine, la propriétaire de l'hôtel, qui, pour les faire revivre, accueille des hôtes au cœur de la petite cité emblématique de l'Argoat et du… foot ! Passant rapidement sur le salon et les chambres les plus embourgeoisées, j'ai craqué pour les nouvelles créations aux tons de beige et de brun et pour la petite « Fée Mélusine » dotée d'une très grande terrasse privative. Carine a actualisé celle-ci avec une urne en zinc garnie de buis et une table en pierre et fibres de verre mélangées. L'alcôve se décline sur un registre plus romantique avec son cuir planté devant la cheminée, éclairé par un lustre à pampilles et ses harmonies de Zan et d'ivoire.

Coups de cœur :

La grande terrasse privative de « Fée Mélusine » et, dans l'escalier, la savante composition de feuilles sur fond de zinc.

Bonnes idées :

Les pistons de Carine en matière de réservation pour assister à un match de foot. Et pour les allergiques à la discipline : la route des lieux de culte, dont Loc-Envel, au magnifique jubé.

Plan p. 10, B2
Côtes-d'Armor

Jessica et Jean-Cristophe Loyer
4, Kerbaudry – 22200 Pommerit-le-Vicomte
Tél. 02 96 21 79 20
jeanchristophe.jessica.loyer@orange.fr
www.chambres-hotes-a-l-oree-du-bois.fr

2 chambres : 80 € la 1re nuit, 70 € les suivantes.
1 suite : 100 € la 1re nuit, 90 € les suivantes.
Kitchenette. Spa. Jacuzzi.

–> Ouvert toute l'année.

À l'Orée du Bois

C'est la rencontre du Trégor et de l'Armor qui sella leur union…

Alors, Jessica, originaire du village voisin, et Jean-Christophe, de Plougrescant, qui rêvaient d'une grande bâtisse pour y créer des chambres d'hôtes et élever leurs enfants au pays breton, ont jeté leur dévolu sur cette ancienne ferme âgée de plus de 300 ans où jadis vivaient une cinquantaine de personnes dans des bâtiments réunis à la façon d'un hameau. N'en restent plus que les murs, coiffés de façon contemporaine, à l'intérieur desquels se sont logés trois chambres d'hôtes. Deux d'entre elles ont investi les anciennes écuries, où s'est établi le corps de logis principal. Tonalités crème de lait pour la « Champêtre » au paysage peint en trompe-l'œil. La « Boisée » est ma préférée dans ses dégradés de bambou et de verts, son bouquet de branches, son fauteuil tournant taillé dans le tronc d'un chêne vernissé et son lustre « chapeau de rizières »… La dernière, installée dans l'ancien four à pain, ouvre sur un petit salon. Une planche suspendue devant l'âtre fait office de table pour le petit déjeuner, que Jessica dépose dans un panier sur le pas de la porte. Un escalier déroule sa spirale pour atteindre la chambre où l'idée de la planche en suspension a été reprise pour le lavabo. Très cocooning, cette suite est souvent réservée pour les nuits de noces…

Coups de cœur :

Pour les nuits de noces, Jessica propose le grand jeu : pétales de roses sur le boutis blanc, champagne dans le seau à glaces et macarons maison ! La salle du petit déjeuner, très « Famille Ricoré » !

Bonnes idées :

Pontrieux, cité de caractère. Son circuit des lavoirs en barque, éclairés de nuit entre juin et septembre.

Plan p. 10, A2
Côtes-d'Armor

• *Morgane Le Meur et Julien Daunat*
Plage de Saint-Guirec
Ploumanac'h – 22700 Perros-Guirec
Tél. 02 96 91 40 87 – info@castelbeausite.com
www.castelbeausite.com

• *24 chambres « Premium » : 120-160 € selon la saison. 7 chambres « Deluxe » : 160-210 € selon la saison. 2 suites : 220-270 €. Lit suppl. : 40 €. Petit déjeuner : 15 € adulte, 10 € enfant (moins de 12 ans). Menus au restaurant gastronomique 32-65 €. À la brasserie d'été, au déjeuner, en terrasse : menus 20-25 €.*

–> *Ouvert toute l'année.*

Le Castel Beau Site

Ici, chaque vague cache un caillou, chaque marée balaie le paysage. À chaque heure, c'est un nouveau spectacle…

C'est la *Guerre des Étoiles* surgie des entrailles de la terre. À l'origine un magma visqueux qui a mis 300 millions d'années à refroidir avant d'éructer autant de millions de rochers de granit roses aux formes fascinantes. Sur la plage se dressait une bâtisse à l'architecture austère. C'était une ancienne maison de repos pour les militaires. Morgane et son frère, Julien, qui avaient leurs habitudes sur les grèves depuis qu'ils étaient enfants, ne sont pas restés indifférents. Ils ont métamorphosé le bâtiment avec un cocktail de couleurs vitaminées – rouge tomate, orange à vif et violet incandescent – qui commence dès le bar-lounge et se propage dans les couloirs des étages et le décor des chambres. Désormais, le chaos de rochers roses s'invite par les fenêtres des 33 chambres qui, toutes, donnent sur la crique. De catégories différentes mais de belle ampleur, on retrouve dans chacune les mêmes détails d'aménagement, les espaces séparés par des voilages. Poufs en moleskine, moquette, plaid, coussins aux couleurs de l'étage. Ne vous privez pas d'un apéritif en terrasse ou d'un dîner gourmet, concocté par un jeune chef atypique qui a fait ses classes chez Ducasse.

Coups de cœur :
La vue et l'aspect très actuel de ce concept hôtelier.

Bonnes idées :
Ploumanac'h, en breton, ça signifie « le marais du moine » où, venu de l'autre côté de la Manche pour évangéliser l'Armorique, débarqua au VIe s. l'un d'entre eux que l'église canonisera sous le nom de Saint-Guirec.

Plan p. 10, A2
Côtes-d'Armor

• Philippe Merdy et Thibault de Crépy
14, rue Rouzic – 22700 Perros-Guirec
Tél. 02 96 23 20 27
contact@hotel-les-costans.fr
www.hotel-les-costans.fr

• 27 chambres : 89-235 € selon le standing et la saison.
Petit-déjeuner : 13 ou 15 €.
Au restaurant : menus 29-45 € ; menu enfant 10,50 € ; carte.

–> Fermé de mi-nov. à mi-fév.

Les Costans

Plein cadre sur les Sept-Îles...

Depuis les terrasses, par la grande baie vitrée, elles paraissent, à certaines heures du jour, tellement proches qu'on pourrait les toucher ! En attendant de les approcher, savourez l'assiette du pêcheur qui vous sera proposée et puis, le privilège d'être aux premières loges de ce petit hôtel discret pour jouir du spectacle de l'océan. L'ambiance est donnée par la succession de salons ouverts, par la salle de restaurant au sol couleur de plage, au mobilier couleur de sable. Construit en 1913 sous le nom de « Grand Hôtel de France et des Plages », l'un des tous premiers de la station balnéaire naissante, l'établissement ne put prendre son envol qu'en 1919, transformé qu'il fut pendant quatre ans en hôpital de campagne pour les aviateurs anglais. Rebelote en 1940 quand, compte tenu de son point de vue stratégique (qui n'eut pas que des avantages !), il fut réquisitionné par les Allemands. Après, ça s'est calmé. Mais, l'établissement s'était assoupi sous les traits d'une pension de famille. Il revit aujourd'hui grâce à Philippe et Thibault, qui l'ont métamorphosé en hôtel douillet, apaisant et reposant. Les chambres empruntent leurs tonalités aux vagues de l'océan, aux bleus des ciels lavés, aux rochers mouillés, au lichen des grèves, aux bruyères de la lande, aux hortensias du jardin. Avec, dans chacune, une moquette douce comme le sable de la plage, un pan de mur en voliges ou en granit rose, du mobilier Loom associé à une table chinée chez un antiquaire.

Coups de cœur :
Le salon de réception et sa grande glace Régence lessivée, les plaids façon cheich aux couleurs de l'océan.

Bonnes idées :
La plage de Trestriguel et l'excursion aux Sept-Îles, dont les Costans, qui a donné son nom à l'hôtel.

Hôtel L'Agapa

Plan p. 10, A2
Côtes-d'Armor

• 12, rue des Bons-Enfants – 22700 Perros-Guirec
Tél. 02 96 49 01 10
hotel@lagapa.com ou reservation@lagapa.com
www.lagapa.com

• 47 chambres : 160-450 €. 1 suite : 570-690 €. Lit suppl. : 45 € (lit bébé 15 €). Petit déjeuner continental : 18 € (enfant 10 €). Demi-pension : pour les chambres, 288-578 € ; pour la suite, 698-818 € ; moins de 12 ans 75 €. Menus gastronomiques : 25-78 €. Soins au spa. Salle de fitness.

–> Ouvert toute l'année.

Face à la plage et à l'archipel des Sept-Îles...

En cette belle journée d'été, le couchant irradiait. La mer semblait figée, comme gelée. Un instant suspendu... La grâce absolue ! Cuirassé de granit et de verre assemblé à grands traits de poutres métalliques, l'Agapa étage ses pelouses à la végétation exotique en aplomb de la baie. Il doit son look, plus que parfait, à un architecte discret, d'ordinaire spécialisé dans... les églises ! La lumière, c'est la magie de l'Agapa. Elle inonde à flots les vastes espaces épurés du restaurant, des chambres où le blanc domine, où le beige repose. Le noir ponctue ces grands tableaux mouvants où de petites lumières éclairent l'omniprésence des grandes baies vitrées et les caprices du temps. Des clichés des bains de mer années 30 habillent les murs du spa tandis que dans la salle de gym, une banque de données de plus de 3 000 photos réveille l'ardeur des sportifs ! Un ascenseur dessert les étages en déroulant un film de Charlie Chaplin. Dans les chambres immaculées, les lits sont habillés de couettes blanches, couturées façon sellier, et rideaux à l'identique. Le top de la haute technologie y fait son petit effet. Effleurez une lampe « *touch-me* » et que la lumière soit... Quand tombe la nuit, lever de rideau, chambre « 71 », sur un grand écran qui soudain masque la baie au profit d'un home cinéma que l'on apprécie, sous la bénédiction de deux spectaculaires proues de navire blanches et dorées.

Coups de cœur :
Tout. La vue, la déco, le spa au décor exceptionnel, les agrandissements sépia des Bains de Mer, le service et, par-dessus tout, la lumière qui apaise !

Bonnes idées :
L'archipel des Sept-Îles, la réserve ornithologique qui abrite l'unique colonie française de fous de Bassan, sur l'îlot Rouzic. Visite de l'église Saint-Jacques de Perros-Guirec, merveille d'art roman primitif.

Plan p. 10, A2
Côtes-d'Armor

• Caroline Fondeux et Christian Flohic
22300 Ploumilliau
Tél. 02 96 35 39 90 et 06 76 96 52 70
manoir.de.lisle@wanadoo.fr
www.manoirdelisle.com

• 5 chambres : 108 €. Lit suppl. : 20 €.
Apéritif offert le 1er soir.
Gîte ouvert à la location (2 pers.) : 630-750 €/sem.
(ménage et linge inclus).

–> Ouvert toute l'année.

Le Manoir de l'Isle

Un vrai manoir, on en rêvait...
Caroline et Christian aussi.
Ils ont concrétisé leur rêve.
Et nous invitent à le partager...

Et moi j'ai craqué pour ce superbe ensemble de granit, entouré de sources, buriné par le temps et remonté pierre par pierre par Christian, guide et passionné de pêche, et par sa compagne Caroline. Dans les corps de bâtiments XVIIe et XIXe, déployés autour d'une cour intérieure, judicieusement conservée dans ses friches et ses pavés, ils n'ont utilisé que des matériaux anciens, des poutres en chêne et des enduits à la chaux. Les toitures ont été refaites dans la tradition des ardoisiers d'autrefois. Les superbes charpentes sont chevillées à l'ancienne. Les murs et les bois à vif accentuent le caractère et la majesté des lieux. Le mobilier des chambres participe à cette harmonie avec des fauteuils en corde, des tables en bois flotté. Habillées de boutis Blanc d'Ivoire, de tons rouge, prune, bleu ou brun, elles sont escortées de salles de bains aux baignoires posées sur un plancher marin, aux douches en galets ou en pierres brossées. Des morceaux de charpente surgissent d'un mur, une sérigraphie de Téo Jasmin enchante un autre.

Coup de cœur :
L'authenticité réinterprétée de cet ensemble hors du commun en parfaite adéquation avec une décoration dans l'air du temps.

Bonne idée :
Profitez de la présence de Christian pour vous initier à la pêche en rivière.

Plan p. 10, A2
Finistère

• Jean-Marie Chapelain
Le Port – 29680 Roscoff
Tél. 02 98 61 24 25 – contact@chezjanie.com
www.chezjanie.com

• 16 chambres (dont 4 communicantes) : 59-124 € selon la saison et le standing.
Lit suppl. : 30 €. Petit déjeuner : 9,50 €.
Restaurant : à partir de 13 €.
Tennis. Thalassothérapie à proximité.

–> Fermé de mi-nov. à mi-fév.

Hôtel du Centre

Quand les gamins qui piégeaient les crabes sur les rochers de Roscoff, après avoir couru d'autres sirènes, reviennent au pays redonner vie à une institution locale, ce sont les anciens qui sont contents.

Descendant d'une famille d'hôteliers, Jean-Marie apprend par hasard que le vieil Hôtel du Centre est à vendre. C'est ici qu'autrefois les Johnnies, les fameux vendeurs d'oignons, venaient signer leurs contrats avant de s'embarquer pour l'Angleterre et vendre la production du pays breton. Du temps jadis, Jean-Marie a gardé la carcasse, les collections de croquis de costumes bretons, les antiques portes de placards cloutées, qu'il a relaquées de rouge intense. C'est là que s'est installée la salle de restaurant, éclairée par les couleurs bayadères de Toiles du Soleil que l'on retrouve dans les 16 chambres. On se glisse sous des couettes blanches, réchauffées de plaids polaires, et l'on rêve en lisant les mots des poètes bretons inscrits sur la nudité des murs. Ils content la voile et la flibuste, les ports et les marées. Et l'on s'endort tranquille en sachant comme eux que si « la mer est partie, elle reviendra demain »...

Coup de cœur :
Le bar à sardines, réinventé façon bar à tapas.

Bonne idée :
L'île de Batz à quelques encablures de bateau.

Plan p. 10, A3
Finistère

• Penny et Peter Dinwiddie
29270 Carhaix-Plouger
Tél. 02 98 99 44 63
kerledan@gmail.com
www.kerledan.com

• 3 chambres : 90-95 € selon le standing.
Lit suppl. : 20 €.
Table d'hôtes : 27 €, hors vin (apéritif et café compris) ; dîner léger : 22 €.

–> Ouvert toute l'année (l'hiver sur résa.)

Le Manoir de Kerlédan

Un amour de manoir...

Peter et Penny sont tombés sous le charme de ce vieux manoir dont les origines remontent au XVIe siècle. Ils l'ont découvert sous une jungle de ronces. Peter, ancien militaire, s'était reconverti en couvreur de chaume. Aujourd'hui, les friches ont disparu, les ruines disciplinées ont réapparu, les parterres de buis ont été redessinés, et c'est un logis de toute beauté qu'ils ont plaisir à proposer à leurs hôtes à « prix d'amis ». Derrière les portes à encorbellement, c'est dans un salon aux boiseries de chœur d'église qu'on fait connaissance, autour d'une tasse de thé. Dans la salle à manger, des bûches volumineuses attendent leur heure dans une grande malle de poste anglaise avant d'être englouties par la cheminée de granit. Gris tourterelle et miel nougat sont les couleurs de prédilection de la maîtresse de maison, qui collectionne aussi les faïences bleutées. Dans les anciens greniers, trois chambres se sont installées. Ma préférée rend hommage à Françoise de Mûr, propriétaire du domaine en... 1540. Penny et Peter l'ont imaginée sous les traits du plus célèbre tableau d'Ingres. Pour elle, fondu de rose et de pivoine souligné par l'éclat de sièges dorés. Même raffinement à l'anglaise entre les murs de la chambre d'« Amaury ». Mêmes gravures, grisailles, glaces dorées et mobilier patiné dans la grande chambre familiale au boutis moiré couleur champagne, dans laquelle paradent deux fauteuils au plissé Art déco de toute beauté !

Coups de cœur :
L'élégance du logis comme des jardins, la gentillesse de l'accueil, les tarifs extrêmement doux pour un tel ensemble. Ce mélange harmonieux entre brocante anglaise et française.

Bonne idée :
Assister au festival des Vieilles Charrues à la mi-juillet. Un drôle de contraste avec l'atmosphère du manoir !

Plan p. 10, A3

Finistère

• *Armelle et Arnaud Raillard*
Plage Saint-Jean – 29100 Douarnenez
Tél. 02 98 74 00 53 – info@hoteltymad.com
www.hoteltymad.com

• *14 chambres : 70 € en BS, 189 € en HS.*
1 suite : 140 € en BS, 196 € en HS.
Petit déjeuner : 12,50 €. Dîner : 28 €.
Demi-pension: 40,50 € de plus par pers. sur le prix de la chambre.
Sauna. Hammam. Piscine intérieure.

–> Fermé de mi-nov. à mars.

Coup de cœur :

Les luminaires en fleurs de platane ou en nuage de plumes.

Bonne idée :

Après le port de Douarnenez, la crique Saint-Jean invite à la baignade.

Hôtel Ty-Mad

Depuis la salle à manger toute blanche, le coucher de soleil sur la baie inscrit son moment de grâce sur la mer, se reflète sur la chapelle et l'adorable « penty » qui s'allonge au bout du jardin.

C'est le plus vieil hôtel de Douarnenez qui se souvient du temps où les peintres de Montparnasse en avaient fait leur base bretonne, attirés ici par Max Jacob. Picasso y a dormi, Cocteau sans doute aussi. Un nouveau propriétaire est venu qui a remis l'hôtel en état avant de céder la place à un jeune couple. Sans changer son âme, celui-ci a apporté sa touche déco, pleine de poésie. Les moquettes ont été enlevées au profit des planchers bruts, les murs passés aux pigments couleurs Zan ou framboise. Partout des tons de sable, de blanc, de pastel, de caramel. Impressions chevrons, tissus bayadères et rideaux en laine bouillie. En tête de lit, des persiennes bleutées, des papiers collés argentés. Ici la déco évolue sans cesse, s'allège au fil des transformations. En rez-de-jardin, une galerie d'art contemporain expose les coups de cœur des hôtes. Mais la touche la plus fantaisiste, ce sont les luminaires d'une amie artiste. En branches, en bois flotté, en nids d'oiseaux, en fleurs de platane, en nuage de plumes, ou transparents comme un voile de mariée. Il ne reste plus qu'à rêver.

Plan p. 10, A3
Finistère

• *Thierry Acquitter*
19, rue du Bac
29120 Combrit-Sainte-Marine
Tél. 02 98 56 34 79
contact@hoteldubac.fr
www.hoteldubac.fr

• *11 chambres : 85-135 € selon la saison.*
Menus : 22-32 €.

–> Ouvert toute l'année.

Hôtel du Bac

Des barques qui se dandinent,
des voiliers qui filent...

Il y a une poignée d'années, je vous écrivais d'un petit hôtel amarré à babord de l'été, à Sainte-Marine, dans un port de carte postale. Les saisons ont passé. Guy, qui l'avait imaginé, s'en est allé aux Sables Blancs, à Concarneau, créer l'hôtel de ses rêves... Passation de pouvoir avec les gens de la Villa Tri Men qui sont descendus du coteau pour recomposer à leur façon ce petit hôtel de vacances les pieds dans l'Odet. Adieu poissons et crustacés, bonjour esprit marin. En dehors de l'atmosphère et de la vue, tout est nouveau... Décliné en blanc où déferlent tous les bleus de l'océan. D'entrée de jeu, une grande fresque de l'ancien bac qui reliait Sainte-Marine à Bénodet identifie les lieux. Les chambres jouent la simplicité des vacances au bord de la mer. Lampes de chevet d'Artemide, simple tablette en guise de bureau, fauteuil metteur en scène et chaise de jardin : c'est clair et net. Sans superflu, mais avec vue. Et puis, chaleureux comme pas deux... Pour preuve, la terrasse prise d'assaut les soirs d'été, le petit bistrot de mer où défilent les fruits de l'océan, le bar de ligne et la sole meunière. Et puis, dès potron-minet, les gens du port qui rappliquent à l'heure du café. C'est bon signe !

Coups de cœur :
L'atmosphère et la vue.

Bonne idée :
Les plages de sable fin de Combrit-Sainte-Marine.

Plan p. 10, A3

Finistère

• Julie et Jean-Marie Perrin
Rue de la Clarté – 29120 Combrit-Sainte-Marine
Tél. 02 98 56 74 53 ou 06 84 33 17 17
contact@lafermesaintvennec.com
www.lafermesaintvennec.com

• 2 chambres : 85-145 € selon la saison.
2 suites : 115-175 €. Lit suppl. : 25 €.
Location : 3 cottages : 740-1650 €/4 pers., 1020-1930 €/6 pers., 1900-3720 €/12 pers.
Petit déjeuner : 12 €.
Menu du soir (sur résa.) : 50 €. Menu enfant : 15 €.
Piscine chauffée. Balançoires. Ping-pong.

–> Fermé en janv.

La Ferme Saint-Vennec

Spacieux, clair et cosy… Ils voulaient vivre au sud…

Raté ! La Bretagne qui leur faisait de l'œil a su finalement les retenir bien au-delà de leurs vacances au bord de la mer... Et c'est ainsi qu'ils se sont retrouvés, un beau jour, propriétaires de ce bel ensemble, établi au pied de Notre-Dame-de-la-Clarté où saint Vennec, un ancien guerrier breton, est devenu moine. Une source miraculeuse sur la propriété, évidemment liée à la légende, fit que l'ensemble se présentait sous les meilleurs augures pour Julie et Jean-Marie, déjà rompus aux plaisirs de l'hôtellerie en Savoie. Ils ont ouvert 2 chambres, 2 suites et 3 cottages dans cette ancienne ferme du XVIIIe. Ton de beige et plaid camel, assorti à la moquette, mobilier de Maisons du Monde, toujours associé à un meuble ancien, rideaux en lin à surplis en dentelles et brise-bise aux fenêtres pour le clin d'œil local dans la « 4 ». Des coussins roses donnent la pêche à la « 5 » au boutis couleur nougat. Moquette chocolat et jeté de lit crème de lait pour la suite « 6 » ponctuée de tableaux floraux d'Interior's. Variante au ton de framboise pour sa voisine. Dans chacune des salles de bains, des bols-lavabos prennent la pose sur des patères en wengé. L'ancienne longère qui tenait lieu de presbytère a été reconvertie en 3 cottages aux enclos fleuris qui conjuguent leurs espaces, à louer à l'unité ou modulables en totalité. En Bretagne aussi, le bonheur est dans le pré...

Coups de cœur :

L'espace et les grands espaces, la clarté.

Bonnes idées :

Dîner à L'Alhambra avec sa terrasse pleine vue sur l'estuaire au couchant. Visiter le vieux Quimper.

Les Sables Blancs

Plan p. 10, A3
Finistère

• Guy Diquélou
45, rue des Sables-Blancs – 29900 Concarneau
Tél. 02 98 50 10 12
contact@hotel-les-sables-blancs.com
www.hotel-les-sables-blancs.com

• 16 chambres : 95-260 €, 4 suites : 200-370 €
selon le standing et la saison. Petit déjeuner : 14,50 €.
Demi-pension : 115-248 €/j./pers.
Restaurant : menus 30, 47, 62 et 85 € ; carte.
Hôtel sur la plage.

–> Hôtel et restaurant ouverts toute l'année.

Et puis, le jour s'est levé sur l'océan, face à l'archipel des Glénan qui louvoyait sur l'horizon…

Un voilier dansait au ras de mon nez. J'observais son ballet solitaire depuis mon lit par-delà la baie vitrée. Le grand vaisseau blanc amarré sur la longue plage de Concarneau s'était redressé grâce à la ténacité de Guy. Je suis descendue humer l'air de la marée et celui du patron… comme à l'accoutumée, aussi détaché qu'anxieux des réactions. Avec la complicité de Marie-Noëlle Kergoat, décoratrice, il a réussi un hôtel zen, tendance, chaleureux. Ça tient au choix du rouge de Guérande et des beaux tableaux de Vix dans la salle du resto, au triskel du bar. Ça tient au parti pris du blanc, depuis la façade jusqu'aux murs des chambres, juste frangées d'un bandeau couleur chocolat, galet ou bleu dragée accroché aux rideaux. Toutes avec balcon ou terrasse sur la plage. Ça tient à la cuisine savoureuse du jeune chef, Stéphane David, qui – sûrement – deviendra grand, à l'atmosphère « désampoulée » qui règne en salle. Ça tient aussi à Ludovic, en même temps au four, au moulin et à l'accueil, aussi pro que décontracté qui, en parfait disciple de Guy, a des yeux en gyrophare autour de la tête, tellement heureux de manager en alternance avec lui ce nouveau projet.

Coups de cœur :
Les transparences du décor, les chambres bleues, la suite « Glénan » veillée par le visage d'un tableau de Planson, ses tabourets en écorce et sa grande terrasse sur l'océan.

Bonnes idées :
La ville close, le musée de la Pêche, une excursion aux Glénan.

Plan p. 10, A3
Finistère

• Catherine et André Seznec
29300 Arzano
Tél. 02 98 71 77 09 et 06 08 88 14 55
contact@nivinen.com
www.nivinen.com

• 5 chambres : 80 €/2 pers., 100 €/3 pers.
Lit suppl. : 20 €.
Piscine.

–> Ouvert toute l'année.

Les Chambres d'hôtes de Nivinen

L'ancienne longère du XIXe siècle a pris des couleurs...

« Nivinen » signifie « le quartier des ifs », dont il ne reste qu'un unique spécimen au jardin. Parce que Catherine aime les espaces qui mettent de la bonne humeur sur les jours, elle ne s'est rien refusé ! Et les vieux murs de pierre n'en reviennent pas de la cure de jouvence qu'elle leur a offerte. De l'orange, du rouge carmin, du tilleul, du turquoise, de l'aubergine : c'est la valse des couleurs sur fond de parquet en chêne brossé ou de plancher en bois grisé, de couettes pastillées de fleurs des champs ou bien à fines rayures chocolatées ou vert cyprès. Les meubles contemporains, montés sur roulettes, créés par André, son mari menuisier, s'adaptent aux espaces. Les familles sont enchantées par ces volumes aussi ludiques que confortables, pimentés de détails rigolos comme ces luminaires tasses à café ou bouteilles de lait. Dans la grande suite familiale, une cheminée en pierre d'origine et ses poutres sculptées réancrent la demeure dans son passé, tandis qu'une piscine allongée au jardin retient les hôtes au plus fort de l'été.

Coups de cœur :
L'accueil, les couleurs et le tapis de Emoi et Toit, une boutique déco de Concarneau.

Bonnes idées :
La ville médiévale de Quimperlé, ou encore une excursion romantique et fantastique aux roches du Diable sur la rivière de l'Ellé.

Plan p. 10, A3
Finistère

• Colette Robin
Kergolaër – 29350 Moëlan-sur-Mer
Tél. 02 98 71 18 78 – la-matine@orange.fr
www.la-matine.com

• 2 chambres : 80 €.
Petit déjeuner bio. Wifi.
Crique à 200 m au milieu des rias et des abers.
–> Fermé fin sept.-début avril.

La Mâtine

Je suis tombée sous le charme d'une façade couleur banane, courtisée par une glycine, un jasmin et un rosier grimpant…

Au jeu de la séduction, la glycine avait une longueur d'avance ! Si jolie entre ses friches et son mur d'hortensias, la maison m'a ouvert sa porte sur un univers qui lui ressemblait. Une grande salle de petit déjeuner aux sets fleuris abrite une armoire vitrée aménagée en kitchenette, permettant aux hôtes de s'offrir un thé à toute heure ou d'ouvrir une bourriche d'huîtres. C'est accueillant et ravissant, à l'image des chambres habitées par un petit mobilier de brocante. Les lits aux boutis fleuris d'Elsa C., les rideaux en lin, les paravents bricolés par Colette assurent le confort d'un séjour au charme intemporel. Astucieusement, ils dissimulent les penderies bien mieux qu'une armoire qui aurait mangé l'espace. Chaque salle de bains bénéficie de céramiques originales, créations de la maîtresse de maison. On lui doit ces jardinières aux morceaux de poésie, ces épis de faîtage détournés en lampes. Il arrive même qu'à l'heure de l'histoire du soir, Dominique, son compagnon marionnettiste, enchante les enfants. Lors de mon passage, Nina, Lou et Joséphine étaient bouche bée !

Coup de cœur :
La maison sous les feuilles et le charme bohème d'une demeure bien plantée dans ses friches et sur ses tommettes anciennes.

Bonnes idées :
La route des huîtres et des petits ports de pêche, dont celui de Port-Merrien. Les musées de Pont-Aven et du Pouldu.

La Grange de Coatelan

Plan p. 10, A2
Finistère

• *Yolande et Charlick de Ternay*
29640 Plougonven
Tél. 02 98 72 60 16
la-grange-de-coatelan@wanadoo.fr
www.lagrangedecoatelan.com

• *5 chambres : 60-70 € selon le standing.*
Lit suppl. : 25 €.
Table (sur résa.) : 22 €.

–> *Ouvert toute l'année sur résa.*

C'est une grange raffinée, reconvertie en auberge de charme avec son feu allumé dans la cheminée. Les convives se rassemblent autour de tables parées de bougies pour déguster grillades et spécialités bretonnes.

Hôtel Ti Jan Ar C'Hafé

Plan p. 10, A2 – **Finistère**

• *Odile Thomas*
Kernigou – 29242 Ouessant
Tél. 02 98 48 82 64 – hoteltijan@wanadoo.fr
www.tijan.fr

• *8 chambres : 68-118 €.*
Lit suppl. : 20 €.
Petit déjeuner : 10 €.

–> *Ouvert 15 fév.-nov. et pendant les vacances de Noël.*

Littéralement : « Chez Jeanne qui buvait beaucoup de café » ! Odile a baptisé son petit hôtel de charme du nom de sa grand-mère qui, en parfaite Bretonne, laissait toujours une cafetière tiédir sur le coin de son fourneau. Avec son mari, tous deux fous d'Ouessant, ils ont misé sur la tonicité des couleurs et la fantaisie des formes pour répondre à la rugosité d'une vie îlienne.

Plan p. 10, B3
Morbihan

• Manuel Pinol et Jérôme Lebreton
Route de Sainte-Anne – 56330 Pluvigner
Tél. 02 97 59 40 15
accueil@domaine-dekerbarh.com
www.domaine-dekerbarh.com

• 2 chambres : 100-170 € selon le standing et l'accès au spa. 2 suites : 150-230 € selon le standing et l'accès au spa. Grande suite : 280 €.
Petit déjeuner : 15 €.
Table d'hôtes individuelle ou en chambre : 28 € (hors boissons).
Grande terrasse et piscine semi-enterrée. Jardin.
Espace détente, sauna, hammam, Jacuzzi et massages sur demande (1/2 h : 35 € ; 1 h : 70 €).

–> Ouvert toute l'année.

Le Domaine de Kerbarh

Glamour et volupté sur la route des Indes...

Pour eux, la route des Indes s'est arrêtée un beau matin à Pluvigner, lorsque Manuel aperçut à la vitrine d'une agence immobilière la fenêtre de cet ancien couvent des XII-XIIIe siècles, rebâti en 1856. Décidant de commencer par un voyage intérieur à Kerbarh, il a été rejoint par Jérôme, Morbihannais pur jus, ancien responsable de brasserie. Conjuguant leurs talents, l'un à la déco, l'autre aux fourneaux, nos compères ont fait, tel un phénix, renaître de ses cendres le vieux couvent. Pas pointilleux pour deux sous, le saint patron breton qui lui a donné son nom s'accommode fort bien de la métamorphose de ses pièces d'habitation, désormais placées sous l'esprit de Krishna, Brahma, Ganesh, Vishnou et autres bouddhas admirablement pastillés de feuilles d'or ! D'emblée, le salon donne le ton entre ses portes balinaises, sa tenture chinoise, son miroir birman, ses fauteuils en laque de Chine, dénichés chez un antiquaire de Carnac, et son beau luminaire breton signé Erwan Gahinet. Soieries coquelicot ou amarante, orange ou fuchsia, violine ou paprika, fausse fourrure et coussins à plumes, lustre gipsy, glaces dorées, mobilier argenté, baldaquin ou lit à colonnes importés d'Indonésie : l'ensemble est flamboyant et inattendu sous le ciel de Bretagne...

Coup de cœur :
La chambre Ganesh aux moirés turquoise-chocolat.

Bonne idée :
Le musée de la Compagnie des Indes à Lorient.

Plan p. 10, A3
Morbihan

• Gwénola Pouzoulic
Place du Lheuré – Le Bourg
56590 Île de Groix
Tél. 02 97 86 54 57 et 06 75 25 69 15
gwenolapouzoulic@wanadoo.fr
www.larenaissance-groix.fr

• 3 chambres : 62-72 € (92 €/3 pers.).
1 suite pour 4 pers. : 112 €.
Lit suppl. : 20 €.

–> Ouvert toute l'année.

La Renaissance

Un petit côté décalé, couleur de dragées...

... le rose et le bleu de l'enfance pour l'ancien café du village qui a gardé ses carreaux de ciment, ses tables de bistrot, son jardin clos, son enseigne Art déco. Il a repeint sa façade en gris-blanc, déposé une « formule 1 » au salon. Une horloge café-crème aux carreaux Lustucru rythme les heures douces passées entre ses murs, dans le secret de ses chambres à l'atmosphère intemporelle. Gwenola, qui préside aux destinées de Bleu Thé (un salon de thé-boutique) sur la place d'à côté, a su dénicher le petit mobilier d'autrefois, laissé dans son jus ou juste grisé, qui habite ses alcôves voilées de draps en lin, de toiles peintes, de toile à beurre ou de brise-bise. Dans un style joliment rétro, elle les a parées de tissus en dégradés beige à fleurs chocolat, de camaïeux de bleus à dominante dragée. Des tons qui s'accordent à merveille à ceux du bois de sapin qui recouvre les murs et les fausses cheminées. Saluons le travail de Monsieur qui a tout rénové en neuf mois ! À propos, d'où vient cette extraordinaire table d'accouchée qui fait son petit effet au salon ?

Coups de cœur :
La façade Art déco, cette modestie raffinée composée avec soin dans toute la maison.

Bonnes idées :
Une visite à l'écomusée de Groix installé dans une ancienne conserverie de thon.

Plan p. 10, B3
Morbihan

• *Monsieur et Madame Duplessy*
56360 Le Palais – Belle-Île-en-Mer
Tél. 02 97 31 80 77 et 06 12 78 24 49
chateaudebordeneo@wanadoo.fr
www.chateau-bordeneo.fr

• *5 chambres : 154-214 €.*
Piscine intérieure.

–> Ouvert toute l'année.

Le Château de Bordeneo

Belle-Île, côté prés et vallons...

La belle propriété fin XIXe siècle, aujourd'hui réactualisée, a conservé sa prestance et ses boiseries d'origine. L'accueil, très chaleureux, se fait dans le petit salon cosy. Présentations faites, voici venir le tour de la maison avec, successivement, une salle des petits déjeuners sous verrière, ouverte sur le parc, une salle à manger posée sur un parquet lessivé, belle et très épurée, pastillée d'étoiles de lumière. La piscine a trouvé sa place à l'intérieur du logis, à la façon d'une véranda orientale. Tous les styles se mélangent sans se heurter. À l'étage, les chambres déroulent un cocon de bien-être entre draps de lin et taffetas soyeux, lambris grisés et tapis de galets noirs. Mais au-delà des alcôves, c'est la fantaisie et les couleurs audacieuses, lilas, rose indien, violette des salles de bains qui m'ont enchantée. Une baignoire centrale ponctuée de coquillages pour la chambre « Blanc Pourpre » un tantinet hollywoodienne. Sol en paillettes de marbre pour la chambre « Eucalyptus Bleu » très années 60. Et au milieu de cette joyeuse extravagance coule un ruisseau qui se faufile sous les saules pleureurs et les essences exotiques, en nous invitant à butiner les clartés de l'aube...

Coup de cœur :
L'architecture début de siècle associée à une déco d'aujourd'hui.

Bonne idée :
La maison de Sarah Bernhardt et son musée à la pointe des Poulains.

Plan p. 10, B3
Morbihan

• Katia Le Nédic
Chemin de Mané-Lann – 56340 Plouharnel
Tél. 02 97 58 31 99 et 06 27 88 93 70
contact@villamanelann.com
www.villamanelann.com

• 5 chambres : 72-75 € en BS, 82-85 € en MS, 99-110 € en HS.
Location : 1 duplex pour 2 j. min. : 110 €/j. en BS, 130 €/j. en MS, 990 €/sem. en HS. Draps fournis, ménage compris.
Petit déjeuner : 9 €, moins de 7 ans : 4,50 €.
Plateau de fruits de mer : 26 €.
Piscine chauffée. Jacuzzi.

–> Fermé entre déc. et janv.

La Villa Mane Lann

« La lande sur la butte »…

… se désolait sans doute d'être abandonnée jusqu'à ce que Katia, originaire de Vannes, s'intéresse à ce bout de terrain surplombant l'anse du Pô et la virgule de Quiberon. Son projet : bâtir du contemporain. Le site était idéal pour cette jeune femme habituée des vacances à Plouharnel depuis l'âge de 16 ans et dont le nom de famille, devinez quoi ? est « Carnac » : le bourg d'à côté ! Une Bretonne pur sang donc, qui se régale depuis, autant que ses hôtes, de cette vue superbe sur la presqu'île et l'océan. Des hôtes pour lesquels elle a aménagé cinq chambres, toutes avec terrasse, et un duplex dans un environnement de red-cedar et d'inox brossé, de mobilier en bois ou en tonalités rouillées. Des boules de buis dans des urnes noires ponctuent le deck en cumaru avant que les glissières de l'escalier ne vous hissent en étage dans des chambres épurées, baignées de clarté. Couettes aux couleurs de prune et d'écume, fleurs fraîches, teck et jonc de mer. Vasques bols dans les salles de bains au béton lissé, fenêtres en forme de hublots côté cour et grandes baies vitrées en étage comme en rez-de-jardin, côté anse. Une piscine chauffée, joliment sécurisée par des rectangles de verre épais, se prélasse dans le pré, contemplant l'océan par-delà les pins.

Coups de cœur :
L'architecture, l'épure et la vue.

Bonnes idées :
Surf à la Grande Plage, à Sainte-Barbe ou aux Crevettes. Et puis Notre-Dame-des-Fleurs.

Plan p. 10, B3
Morbihan

• Flore Benoît
Village de Cloucarnac – 56340 Carnac
Tél. 06 74 53 70 37
benoitf@lamaisondeflore.com
www.lamaisondeflore.com

• 5 chambres : 89-120 € selon le standing et la saison. Lit suppl. : 20 €. Wifi. Service de baby-sitting.

–> Fermé en janv.

La Maison de Flore

Des volets aussi bleus que sa nouvelle vie...

Après un long détour par la vie parisienne, Flore a décidé en l'an 2000 d'opérer un retour aux sources de sa Bretagne natale. Et c'est face à la forêt de Carnac qu'elle a décidé de réancrer son avenir dans une ancienne maison de douaniers. Elle y a adjoint plusieurs maisonnettes qu'elle a fait construire à la façon des longères du pays en réutilisant les pierres de granit du terrain. C'est donc un véritable petit hameau enrubanné de fleurs que découvrent les visiteurs. Flore les accueille dans une spacieuse pièce à vivre où une ribambelle de petits meubles bretons décapés et repeints en gris donnent le ton... Flore affectionne les gris : les bleu-gris, les gris ardoise, les gris rosés, les tonalités de bouleau, de bronze, de rose bonbon et même de corail dans l'une des salles de bains. Les toiles peintes d'Aurélius invitent à célébrer le printemps en toutes saisons et la cuisine aux ravissants paniers suspendus s'amuse avec les sorcières de la lande qu'elle chasse à grands coups de balai d'écurie... Des nounours en pyjamas à rayures se dissipent sur le bureau de la chambre « Bruyères » tandis que deux lits en duplex accueillent les enfants sages dans la chambre « Genêts ». En forme de canots pour jouer à *Bateau sur l'eau*...

Coup de cœur :
Un esprit d'enfance allié à une déco très actuelle.

Bonnes idées :
Les alignements de Carnac à 500 m et l'étonnante chapelle Saint-Michel surplombant le tumulus voisin, qui abrite des fresques hyperréalistes racontant la vie des gens de Carnac.

Le Galet

Plan p. 10, B3

Morbihan

• Géraldine et Gaétan Arnaud
Route de la Trinité-sur-Mer – 56470 Saint-Philibert
Tél. 02 97 55 00 56 – contact@legalet.fr
www.legalet.fr

• 19 chambres : 90-130 € selon le standing et la saison.
2 suites : 160-190 € selon le standing et la saison.
Lit suppl. : 24 €. Petit déjeuner buffet : 12 €.
Piscine extérieure chauffée en été. Tennis. Spa (14 €/pers.) Soins esthétiques et modelages.
À 1,5 km de la mer.

–> Ouvert toute l'année.

Couleur galet...

Du revêtement des sols aux tonalités des murs, du mobilier de jardin aux stores, en passant par le fond du bar en zinc et les toiles éditées par Flamant, tout est couleur galet... Jusqu'aux porte-clés en forme de galets qui délivrent l'accès aux chambres. Lorsque Gaétan, originaire de Vannes, et Géraldine, venue du Loiret, ont repris cet ancien Logis de France posté à l'orée de la presqu'île de Quiberon, ils ont voulu revoir sa décoration des sols aux plafonds. Résultat : un petit hôtel charmant, personnalisé, en adéquation avec son nom. Aussi pimpant que chaleureux, il offre le confort douillet des chambres aux couettes blanches rehaussées d'édredons soyeux, parme ou brique. Sols en jonc de mer, tentures bayadères, murs prune ou... galet et salles d'eau à l'italienne tapissées de fausses lauzes d'ardoises. Les corniches de lumière à effet rose et mauve enchantent les lieux. Au salon, une cheminée aux flammes panoramiques sur fond de cailloux blancs réchauffe les fauteuils club éclairés par des luminaires Starck. Et les soirs d'été, terrasse plein ouest pour prolonger la félicité...

Coups de cœur :

L'identité du décor et la convivialité.

Bonnes idées :

Humer l'air du large à contre-courant en remontant le Crac'h pour jouir de la vue, voir les plus grands skippeurs réunis sur le port pour les régates.

Le Lodge Kerisper

Plan p. 10, B3
Morbihan

• *Monsieur et Madame Favre*
4, rue du Latz – 56470 La Trinité-sur-Mer
Tél. 02 97 52 88 56
contact@lodge-kerisper.com
www.lodge-kerisper.com

• *17 chambres : 90-270 € selon la saison.*
3 suites : 160-310 € selon la saison.
Lit suppl. : 35 €.
Petit déjeuner : 15 €.
Piscine. Vélos à louer. Massages professionnels.
Baby-sitting.

–> *Ouvert toute l'année sauf 3 sem. en janv.*

Un parterre d'étoiles et des mots bleus sur des murs blancs…

On entre sans effraction dans le vaste séjour inondé de lumière avec son bar en zinc, éclairé par les bouteilles de la Campari Light. Le Lodge Kerisper, c'est bonheur et fantaisie… Des couleurs pastel et du petit mobilier industriel, une piscine en terrasse sur une plage de bois, les pommiers aux troncs noueux conservés dans un jardin de curé, et un système de coursives et de passerelles comme un jeu de piste pour découvrir l'intimité des 20 chambres. Toutes plus séduisantes avec leurs planches blanchies et leurs touches turquoise, lin, ivoire, amande, corail. Philippe et son épouse ont décidé d'imaginer leur vie différemment avec la naissance de leurs enfants. Après des années d'Afrique, où ils avaient pris l'habitude de voyager de lodge en lodge, ils ont réfléchi à la manière d'adapter le concept en France. Pour ça, ils ont navigué d'adresses en déceptions sur toute la Côte atlantique jusqu'à ce qu'un notaire de La Trinité (où ils venaient depuis 35 ans) leur propose l'affaire… Philippe a regardé le soleil, la forêt de mâts qui se balançaient par-dessus les toits. Tout était bien orienté. Restait à convaincre des fermiers de leur vendre leur propriété. Et ce sont les frimousses des enfants qui les ont fait craquer…

Coup de cœur :
L'aspect « cabanes de plage » de ce petit hôtel ultra-contemporain où raffinement, simplicité et chaleur de l'accueil vont de pair.

Bonne idée :
Le sentier côtier de la pointe de Kerbihan, à parcourir à pied jusqu'à la plage de Kervillen.

Plan p. 10, B3

Morbihan

• Erellig et Hervé Le Calvez
26, rue du Pont-Neuf – 56400 Auray
Tél. 02 97 56 42 03, 06 08 86 73 29 et 06 20 52 25 94
contact@evocelles.com
www.evocelles.com

• 3 chambres vue sur piscine : 100-120€ selon la saison. 2 chambres sur jardin à l'arrière de la maison : 90-110 €. Lit suppl. : 15 €. Animal : 6 €/j. Chambre façon cabine pour 2 enfants. Piscine. Jacuzzi. Sauna. Hammam. Massages sur résa.

–> Ouvert Pâques-fin oct.

Le Clos des Évocelles

Design, technic et cross colors...

Hervé, dont on connaissait le professionnalisme dans son restaurant et ses chambres de l'Azimut à La Trinité, vient d'acquérir avec son épouse Erellig – « petite Irlande » en gaélique – cette demeure d'Auray, qu'ils ont métamorphosée de l'habitat au jardin. Hervé adore vous expliquer tous les détails techniques qu'il a adaptés à sa nouvelle demeure, intarissable sur les lumières, les carrelages à géométrie variable, le gain de place, les astuces phoniques. Erellig, elle, vous entraîne sur un chemin de couleurs qui va du vert bambou au rose malabar. L'enchantement commence avec cette pièce à vivre où cohabitent cuisine, salle des petits déjeuners et salon, ouverts sur une piscine établie dans un patio inspiré des jardins japonais. Sets vermicelle sur les tables encadrées de sièges Bertoïa noir et anis, fauteuils aux tamaris de la galerie Alréenne déposés sur un tapis bouclette couleur d'herbe grasse, posé sur un sol en bolon rayé gris-chocolat-verveine. On avance, on avance... Un led de lumière s'allume sur les cailloux sable et les galets qui conduisent au spa. Dans les chambres, les jeux de lumières continuent avec les dentelles de l'« Andalouse », à la salle d'eau rouge tomate et aux émaux en ligne rouge orangé. La « Coquine », aux arabesques turquoise, s'acoquine avec une douche tout en transparence. L'« Aubergine » possède une malle de voyage en guise de placard, assortie au carrelage à effet cuir de sa salle de bains. « Cacao » a opté pour la couleur café dans sa salle d'eau. Quant à « Malabar »... *so girly !*

Coups de cœur :

La salle des petits déjeuners, l'effet zen du patio, les jeux de lumières.

Bonnes idées :

Le port de Saint-Goustan et ses ruelles pittoresques, les menhirs de Carnac, la rivière du Bono avec son pont suspendu construit par Eiffel.

Plan p. 10, B3
Morbihan

• Monsieur et Madame Woestelandt
38, rue Georges-Clemenceau – 56400 Auray
Tél. 02 97 24 05 37
info@celtic-hotel.fr
www.celtic-hotel.fr

• 18 chambres : 59-80 €.
Petit déjeuner : 8,50 €.

–> Ouvert toute l'année.

Le Celtic Hotel

Logis de France, nouvelle génération !

Le Celtic, créé par les beaux-parents de Laurence, est de ceux-là. Il vient d'être rénové de pied en cape avec beaucoup d'élégance. Laurence, à l'accueil aussi sympa que professionnel, m'a fait les honneurs de son nouveau décor aux prémices du printemps 2010 : véritable show-room de couleurs dynamisantes, qui effleurent de ses rayures bayadères rose/framboise, bleu/chocolat, marron/pistache les deux étages de l'hôtel. La chambre « Île d'Arz » se dévoile en taupe, prune et bleu gris, « Creïzig » s'aperçoit en prune et parme, tandis que « Gavrinis » se distingue sur fond de murs taupe en tonalités anis et vert cèdre pour sa salle de bains. On pourrait aller beaucoup plus loin, explorer ainsi tous les îlots et îles du golfe du Morbihan qui ont donné leurs noms aux chambres. Sols en parquet grisé ou sols en béton, peintures aux nuances délicates de terre d'argile, papiers peints imprimés de Casa Déco, et pour pimenter de tonalités acidulées ce décor raffiné, des coussins de la Galerie Alréenne à Auray. Il en est ainsi, des chambres à la salle des petits déjeuners, où chacune des tables se pare de fleurs de saison. Ce matin-là, c'était des camélias, en parfaite harmonie avec les sièges contemporains au velours ras. La maman, toujours présente, est fière du bel outil de travail qu'elle a créé et qui revit dans le sourire d'une jeunesse retrouvée.

Coups de cœur :
L'élégance et le chic discret de l'établissement. Son accueil délicieux.

Bonne idée :
Le petit port fortifié de Saint-Goustan.

Plan p. 10, B3
Morbihan

• Nathalie Hubier
Brangon – 56870 Baden
Tél. 02 97 57 06 05 et 06 09 79 90 94
vb@levaldebrangon.com
www.levaldebrangon.com

• 5 chambres : 160-180 € selon le standing. Piscine extérieure couverte, chauffée. Hammam.

–> Fermé 4 janv.-2 fév.

Le Val de Brangon

Longère racée…

C'était la ferme de l'une des seigneuries de Baden. Nathalie et Patrick ont fait de cette longère de 1824 un lieu à la fois noble et décalé. Ça commence, dès l'entrée, sur une idée de Patrick, avec cette longue tôle ondulée et rouillée, récupérée de l'ancienne cidrerie, qui épouse tout un pan de mur de l'espace où Nathalie a installé sa brocante chic et bohème. Ça se poursuit avec cet immense séjour où trône une cheminée en granit, typique du sud Morbihan, qui ouvre sur une cuisine de rêve au pavage d'ardoises cuivrées et aux tables en zinc rouillé, stabilisées sur des bois de hangar à bateaux. Ce tempo décalé se propage jusque dans les chambres qui ont emprunté leurs noms aux anciennes seigneuries du pays. Des tissus de Becara au rouge camélia revêtent lits et sièges XVIe au « Rohello » paré de petits tableaux de Maison Caumont, coordonnés aux portraits de princes imprimés sur les édredons en jute brune et rouge seigneurial. L'escalier, très alluré, a été dessiné par le maître de maison en cheville avec un artisan local qui l'a boulonné et réalisé dans les règles de l'art. Il accorde sa facture aux hublots de paquebot et au tableau de voileux qui précède la longue coursive industrielle desservant les chambres de l'étage… « Toulvern » : noire, blanche et or avec la

fenêtre d'un ancien manoir d'Arradon qui permet de jeter un œil de l'alcôve au bain. On retrouve à « Bois-Bas » ce ton de camélia qui signe l'appartenance à la Bretagne et va se fondre dans les émaux, couleur de grève et de rouille, qui parent toutes les salles d'eau. Tonalités parme, rose, violine et pourpre aux rideaux de « Cardélan » quand « Kergonano », très retour des Indes, rend hommage à l'ancien propriétaire des lieux qui était lieutenant de vaisseau. Malles-cabines d'officiers de marine et jouets de bassin. Quand l'histoire rejoint l'art de vivre...

Coups de cœur :

Ces objets du passé minutieusement chinés, qui rehaussent un décor magistralement maîtrisé : nécessaire de toilette rouge début XXe dans la chambre « Bois-Bas », malle à romans de gare sur la coursive, malle de voyage couleur corail à « Kergonano ».

Bonne idée :

À 4 min. de l'embarcadère de l'île aux Moines, les parcours de golfe de Baden.

Plan p. 10, B3
Morbihan

• Sylvie et Xavier Fraud
56890 Plescop
Tél. 02 97 58 58 00
contact@clos-du-gusquel.com
www.clos-du-gusquel.com

• 3 chambres : 90-105 € selon la saison.
1 chambre familiale : 130-140 €/3 pers., 150-160 €/4 pers. selon la saison. 1 studio (2 pers.) : 1 nuit 110 €, 2 nuits (min. en HS) 240 €.
2 gîtes 4 à 5 pers. : 520-1 020 € selon la saison et l'occupation.
Piscine. Sauna.

–> Ouvert toute l'année.

Le Clos du Gusquel

Une ferme du XXIe siècle qui ne cultive pas la nostalgie !

Xavier et Sylvie travaillaient de concert, voyageaient beaucoup en pratiquant les chambres d'hôtes… qui les faisaient rêver ! En 2003, ils vendent leur maison de Vannes pour acquérir cette ferme qui possédait encore une vingtaine de vaches laitières. Sylvie était inquiète… Xavier regarda le domaine avec l'œil de l'architecte. Alors commença la valse des bulldozers qui remodelèrent les versants de la colline, ouvrirent l'étable jusqu'alors aveugle, déposèrent la laiterie, conservant les murs de pierre apparente. Les cheminées étaient au ras des sols. Un maçon apporta tout le savoir ancestral de l'artisan à la création d'un escalier, d'un pignon, d'une porte. Désormais, les pièces sont rythmées par des poteaux, des poutres grisées. La maison habillée de bardages de bois noir est chauffée en géothermie grâce à un réseau qui circule sous les pelouses, captant les calories généreusement offertes par la nature. Quand on la regarde de près, on a l'impression de vivre dans une ferme du XXIe siècle qui vous inviterait à prendre possession de l'une de ses trois chambres résolument contemporaines. Béton lissé au sol, mobilier en teck très design de Zago, lustres en papillotes et fils de fer inspirés d'Ingo Maurer et luminaires achetés à la Boutique d'Art. Dans chacune des chambres : un tableau et un très beau livre, comme cette *Femme en Afrique* de Mirella Ricciardi dans la chambre « Prune », où l'on s'endort face à l'émouvante *Esquisse d'un Amour* signée Jane Planson. Plus violent est le regard afro de Cauquil dans la « Grise » aux reflets parme. Plus zen est la « Verte ». Par la fenêtre, on aperçoit la piscine noire allongée sur un deck couleur d'ébène qui contemple les collines de l'Argoat. Un bouddha veille dans l'échancrure d'une ruine. Sérénité…

Coups de cœur :
L'architecture, les lustres à pampilles et, dans chaque chambre, un porte-document avec tout ce qu'il faut pour une découverte de la région (magnifiquement contée par la maîtresse de maison).

Bonnes idées :
La chapelle de Saint-Barthélemy sur la propriété, la chapelle de Saint-Hamon, son cloître et sa fontaine, Bono et son petit port, Auray, ville d'art et d'histoire (avec le Pardon de Saint-Anne les 25 et 26 juillet).

Plan p. 10, B3
Morbihan

• Emmanuelle Ropers
16, rue du Général-de-Gaule – 56910 Carentoir
Tél. 02 99 93 21 70
e.ropers@orange.fr
www.le-marchand-de-sable.fr

• 1 chambre : 60 €, 110 € le w.-e. sept.-juin.
1 suite pour 4 pers. : 100 € la nuit, 170 € le w.-e. sept-juin.

–> Ouverture : renseignements sur demande.

Le Marchand de Sable

Douces nuits...

Qu'elle porte bien son nom cette maison du cœur d'un petit bourg du Morbihan. Aperçue de l'extérieur, on a déjà envie de pousser la porte avant même d'avoir sonné, tant ses jolis rideaux et ses jardinières gorgées de fleurs attirent l'œil. Dès le seuil franchi, on sait que ce sera cosy. Bougies, cadres de famille, fauteuils de cinéma : broc et style savamment orchestré par la maîtresse de maison nous invite à pousser plus loin l'exploration. Dans la cuisine, une ancienne table a été remise au goût du jour avec une patine blanche très appropriée. Ambiance esprit de famille où l'on découvre que les beaux rideaux sont, en fait, des bandes de draps taillés en lanières que butine un essaim de papillons découpés dans des livres. Le salon est à l'identique avec, toujours, cet esprit récup et détourné qui collectionne les caisses en bois ou les globes de mariées. La fantaisie et le « fait maison », c'est le credo d'Emmanuelle. Dans la chambre, le lit d'autrefois, noir fumé, est éclairé par des suspensions bouillonnées sur fond de paravent ancien et de papiers peints aux camées très actualisés. Des rideaux à bandeaux, des jupons dans la salle d'eau. Dans la suite, un trio très élégant d'oreillers blancs, gris argent et rose poudré aux floralies stylisés pare le lit de la chambre des parents. La chambre des enfants aux boutis blanc rosé-rose framboise est à croquer. Avec la plus belle des phrases d'amour inscrite sur le mur : « D'où suis-je venu ? Tu étais caché dans mon cœur ». Bonne nuit les petits...

Coup de cœur :
L'atmosphère et la douceur du style.

Bonnes idées :
Des excursions familiales : La Ferme du monde, où sont rassemblés des animaux d'élevage venus des cinq continents. Le site de l'île aux Pies dans la vallée de l'Oust. Aventure parc au Bois-Pierre.

Plan p. 10, B3
Morbihan

• 56200 La Gacilly-Cournon
Tél. 02 99 08 50 50 – resa.hotel@yrnet.com
www.lagreedeslandes.com

• 28 chambres : 130 €. Suite : 165 € (195 €/3 pers.)
Petit-déjeuner : 12 €.
Menu midi : 24,90 €. Soir : 35,90 €.
Menu gastronomique : 70 €.
Spa (plusieurs formules).

–> Ouvert toute l'année.

La Grée des Landes

Dans un berceau de mousse, parfums d'humus et d'herbes coupées...

L'Écho-Spa Yves Rocher est né avec le printemps sur une lande de La Gacilly. C'est de ce village breton qu'est partie, il y a une cinquantaine d'années, l'épopée de l'enfant du pays, inventeur avant l'heure de produits de beauté au naturel. Il manquait à la marque éponyme un hôtel et un spa à la hauteur des attentes des clients, toutes générations confondues. C'est fait ! À peine si on le discerne sous ses toits végétaux. Et pourtant, il abrite 29 chambres dont une suite, disposées en quinconce face à la vallée de l'Aff. Camaïeux différents aux tonalités d'ocre et de terre. Minérales et végétales. Avec des salles de bains façon cabanes, en bois de chêne. Mais où est le vert, la couleur préférée d'Yves Rocher ? Ouvrez un œil, puis l'autre, tirez les rideaux en toiles de lin. La nature vous est offerte. Depuis votre terrasse privée, 10 hectares de parc paysager à contempler... Blotti au creux de vos oreillers en coton bio, laissez pénétrer la lumière et cette rosée des petits matins, délicieuse et relaxante. Le confort ici est intimement lié aux énergies maîtrisées. Schiste gris-bleu, jeux de lumières chromatiques et musique subaquatique pour les cabines, le hammam et la tisanerie, 100 % bio. À l'extérieur, un jardin planté de roseaux filtre la totalité des eaux usées. Le potager alimente le restaurant des Jardins Sauvages où officie Gille Le Gallès, un Vannetais étoilé, qui s'est, d'emblée, emballé pour le projet ! Comme lui, goûtez, savourez, plongez dans la sérénité ! Et, au milieu, coule une rivière...

Coups de cœur :
En osmose avec la lande. Écho, bio et beau.

Bonnes idées :
En été : festival photo Peuples et Nature dans les ruelles de La Gacilly. Un petit détour par le village pour Les Enfants Gat'thés, un restaurant-salon de thé-épicerie fine, produits bio (24, rue Lafayette ; Tél. 02 99 08 23 01).

Plan p. 10, B3
Morbihan

• Véronique Grimaud
17, place de l'Église – 56190 Billiers
Tél. 02 97 45 69 68 et 06 11 86 07 52
grimaud.veronique56@wanadoo.fr
www.les-glycines-billiers.com

• 2 chambres : 92 € en BS, 112 € en HS.
3 suites : 112 € BS, 132 € en HS.
Lit suppl. : 18 €.
Labellisé Clévacances.
Sauna. Fitness : rameur, vélo. Wifi.

–> Ouvert toute l'année.

Les Glycines

Véronique ou la vie en technicolor !

Véronique a autant d'imagination que de passion pour la couleur. Et chez elle, ça décoiffe ! Du rouge, du rose, du jaune, du menthe à l'eau, un sol pistache, un lustre pivoine, orange, fuchsia dans la chambre « Penlan », par exemple. C'est gipsy et fantaisie ! Elle est comme ça, Véro. Elle adore marier les meubles de métier et les bibelots de brocante aux couleurs acidulées, les jouets d'autrefois et les papiers peints osés. Visez le tissu « Honolulu » de Pierre Frey dans la chambre familiale des « Barges ». Carrément barge ! Cette suite collectionne les serviettes de plage *too much*... Et lorsque Véronique badigeonne ses espaces d'émeraude, de turquoise, de bleu océan, de mauve boréal, c'est pour mieux exprimer son goût pour la mer et ses grèves. Ses amies disent d'elle qu'elle « marche les yeux sur les pieds »... C'est pour mieux ramasser les bois flottés qu'elle métamorphose en tableaux. Aux Glycines, où les chambres empruntent leurs noms aux rochers de la côte, on trouve encore un flipper (avec des heures d'utilisation strictes), une salle de fitness, une cabine de sauna. Véronique, qui s'amuse comme une gamine, avoue habiter une « maison de poupée ». Mais ce qui la rend malheureuse, c'est de ne plus hanter les vide-greniers faute de pouvoir pousser les murs. À moins de meubler le jardin. Pas encore tout à fait saturé, lui !

Coups de cœur :

L'ambiance, les couleurs. Les « Barges » pour la fantaisie, la chambre « Milguen » pour son élégance années 50, la terrasse avec vue sur mer.

Bonne idée :

La pointe de Penlan et son petit port séparé des plages par un étier.

Plan p. 10, B3

Morbihan

• 38, boulevard de l'Océan – 56750 Damgan
Tél. 02 97 41 10 07
contact@hotel-morbihan.com
www.hotel-morbihan.com

• 17 chambres : 78-140 € selon le standing et la saison. Petit déjeuner : 12,50 €.
Restaurant à midi : 9,50-15 € à l'ardoise.
Sauna. Espace détente. Massages et soins du visage sur demande.

–> Fermé de mi-nov. à mi-fév.

Hôtel de la Plage

Il est né dans les années 50...

C'est le petit hôtel des vacances qui évoque tous les bonheurs de l'enfance, les premiers émois de l'adolescence. Pour un peu, on y fredonnerait une chanson oubliée de Mort Schuman... Lorsque René et Armelle, émigrés du Finistère, issus d'une famille hôtelière, ont cherché une affaire bien à eux, ils avaient des critères précis : un établissement bien situé, pas trop cher, pas trop vieux, sans trop de travaux à entreprendre. Quand ils ont visité l'Hôtel de la Plage, ce fut la belle rencontre, au bon endroit. Dix-sept chambres dont six ont déjà été rénovées à leur goût. Ce sont bien évidemment celles que je vous conseille en attendant que les autres suivent la même voie de tonalités naturelles, reposantes, avec des têtes de lit couleur de sable, qui font des vagues, des plaids au ton de bois flotté, des oreillers aux teintes de sardines argentées. Un petit mobilier en placage de bambou et des salles d'eau ouvertes complètent le décor et le confort. On voit la mer, on flotte en apesanteur. Le salon est couleur verveine. Le bar à vins se prolonge en terrasse. On y grignote des rillettes de poisson, des tapas de mer, de la tomme de Rhuis.

Coups de cœur :

Les six chambres douces comme les vacances. L'accueil, sympa et décontracté. La plage à nos pieds. Relax...

Bonne idée :

Le petit port huîtrier de Penerf, la presqu'île de Rhuis.

La Désirade

Plan p. 10, B3 – Morbihan

• Bénédicte et Pierre Rebour
Le Petit Cosquet – 56360 Belle-Île-en-Mer
Tél. 02 97 31 70 70 – hotel-la-desirade@wanadoo.fr
www.hotel-la-desirade.com

• 28 chambres : 140-168 € selon la saison.
4 suites familiales : 270-350 €. Lit suppl. : 17 €.
Animal : 12 €. Taxe de séjour : 1 €/j./pers.
Petit déjeuner : 16 €. Possibilité de demi-pension.
Menus : 30-82 €. Pique-nique : 16 €.
Piscine (16 €/j./pers.) Location de vélos (11 €/j.)
Espace bien-être.

–> Fermé de la Toussaint à Pâques sauf sem. du Jour de l'an.

Un village-hôtel planté au cœur de l'île. Noyé de pastel, il déploie ses ailes roses et ses volets bleus au fil de ses longères. Spa avec hammam, Jacuzzi extérieur chauffé, douche multi-jet, salle de musculation et sauna vitré avec vue sur la lande et les pins qui se déhanchent sous le vent marin.

L'Arbre Voyageur

Plan p. 10, A3 – Morbihan

• Thierry Lecuyer
Ty Er Chir – 56550 Locoal-Mendon
Tél. 02 97 55 32 71 – contact@larbrevoyageur.com
www.larbrevoyageur.com

• 5 chambres : 91-114 €. Lit suppl. : 23 €.
Table d'hôtes : 30 €, tout compris.
Piscine couverte (selon la saison) et chauffée.
Parc de 7 000 m².

–> Ouvert toute l'année.

On y pénètre par un salon de thé aux grandes baies vitrées. Les chambres tapissées de bois exotique ont emprunté leurs étoffes et leur mobilier aux voyages du maître de maison et au passé de ses ancêtres qui vécurent longtemps au Vietnam. Tissus damassés, duvets soyeux et molletons brodés. Un antidote au stress accumulé dans les grandes cités.

Plan p. 10, B3
Mayenne

• Chantal Bretaudeau
16, rue du Vieux-Pont – 53400 Craon
Tél. 02 43 06 37 07 et 06 74 64 72 72
bretaudeau@wanadoo.fr
www.demeuredelile.com

• 2 chambres au logis, 3 chambres au lavoir : 95-120 € selon le standing. Lit suppl. : 25 €. En juil.-août, 2 nuits min.
Table d'hôtes : à partir de 30 €.
Piscine.

–> Ouvert toute l'année.

La Demeure de l'Île

Ancré sur les berges de l'Oudon, enjambé par un vieux pont moussu...

Il était un lavoir au fond d'un parc aux arbres centenaires qui se languissait de ne plus vibrer au rythme du battoir. Et puis voilà, son heure de gloire est arrivée... Chantal, qui a toujours vécu dans le milieu du cheval, à Craon, capitale des trotteurs, aime recevoir et apprécie les rencontres. Après avoir ouvert deux chambres d'hôtes dans le vaste espace de son bel hôtel particulier, elle a restauré avec passion cet ancien lavoir du quartier des tanneurs, couvé de son ombre hiératique par un grand cèdre en majesté. Il ouvre sur un salon aux lambris patinés et abrite trois chambres raffinées. Sous sa superbe charpente, entre ses murs parme, le « Nid d'Amour » a ma préférence, habité par des petits crapauds violine rhabillés de tissus Canovas, une potiche aux boutons de nacre, escorté d'une salle de bains rose pâle. Glaces et timbales argentées, couleur de dragée... Le charme se poursuit dans la chambre « Tilleul-Menthe », où des cages à oiseaux animent le décor. Pompons à pampilles et bain rouge boudoir... Chez « Café-Crème » aux tonalités vanille-café, le sourire craquant d'une commode turquoise. Dans la salle à manger, couleur de fumée, des bouquets parfumés, la cire des bougies qui dégouline et puis, Françoise Hardy qui vous susurre à l'oreille « le premier bonheur du jour »...

Coups de cœur :
L'îlot de verdure enlacé par l'Oudon, la chambre « Nid d'Amour », la commode turquoise, la salle à manger, l'accueil.

Bonnes idées :
Le plan d'eau du Mûrier, le château de Craon et les courses de chevaux en septembre.
Le musée Robert-Tatin, temple de l'art brut à Cossé-le-Vivien.

Plan p. 10, B4

Loire-Atlantique

• EURL Solveig
Quartier Gourmalon
4, rue Charles-Babin – 44210 Pornic
Tél. 02 40 82 53 62 et 06 81 44 18 07
difred900@orange.fr
www.solveig-pornic.com

• 4 chambres : 88-98 € selon le standing.
Table d'hôtes (sur résa.) : 25-50 €.
Piscine et pool-house. Sauna. Spa.

–> Ouvert toute l'année (sauf en oct.).

La Maison Solveig

Ils adorent voyager. Alors forcément, leur maison leur ressemble...

Un petit air des îles sous la varangue, une terrasse au jardin... La salle à manger haute en couleurs, habitée par un mobilier colonial, est grande ouverte. Chez Frédérique, la nantaise, et Didier, originaire de Pornic, il y a un goût prononcé pour les tonalités du Sud et les influences aussi hétéroclites que métissées. Même si, parfois, leur boussole peut déraper... Ainsi, « Cap Skirring » adopte sans vergogne les verts des rizières de l'Asie sous son baldaquin en toile à beurre, tandis qu'un arbre aux feuilles d'or fait miroiter d'autres escales épicées à une armoire... chinoise ! Des girafes et des paons imprimés sur une toile de Jouy ont fait escale aux « Maldives » où les poissons qui courent sur des voliges blanchis font de la figuration. Une portière en cordes des îles précède une salle d'eau aux émaux gris-bleu. On est rassuré ! À l'étage, on change de registre pour habiter la chambre « Victorine » en rouge grenat, davantage style château que villa de bord de mer. Posée sur son damier noir et blanc, la belle s'est parée d'un papier peint chiquissime à effet damassé. La mer se dévoile par-delà la voilure des pins, tandis qu'au jardin, on peut investir le « Chalet », façon cabanon rétro, tout en bois, équipé d'une douche-sauna.

Coups de cœur :
L'ambiance des soirs d'été. Didier est le roi du rhum arrangé. La chambre « Cap Skirring ».

Bonnes idées :
À deux pas de la thalasso, de la plage de La Source et de l'anse aux Lapins. Un dîner au Beau Rivage (tél. 02 40 82 03 08), plage de la Birochère.

La Guérandière

Plan p. 10, B3 – Loire-Atlantique
• Valérie Lauvray
5, rue Vannetaise – 44350 Guérande
Tél. 02 40 62 17 15 – contact@guerandiere.com
www.guerandiere.com

• 3 chambres : 61-91 € selon la saison et le standing. 1 suite (4 pers.) : 116-136 €. Lit suppl. : 15 €. Petit déjeuner : 10 €, enfants : 5 €.

–> Ouvert toute l'année.

Valérie pourrait reprendre à son compte cet adage. Sa demeure possède la saveur de ces grandes maisons de famille au charme réactualisé. Sa maman, c'est Arlette Bardouil, qui créa l'Hôtel Sud Bretagne et qui a sûrement mis un peu de son grain de sel entre les murs de la Guérandière. On y trouve des portraits à tous les étages, des tendresses qui passent de mère en fille dans l'ordonnance des choses. Parfois précieuses, parfois futiles...

Le Château de la Sébinière

Plan p. 10, B4 – Loire-Atlantique
• Anne Cannaferina
44330 Le Pallet
Tél. 02 40 80 49 25 – info@chateausebiniere.com
www.chateausebiniere.com

• 3 chambres : 95-120 €. Lit suppl. : 25 €.
Gîte (6 pers.) : 985 €/sem.
Table d'hôtes (sur demande) : 30 €, boissons comprises.
Piscine. Parc dans le vignoble, VTT à disposition.

–> Ouvert toute l'année.

Les espaces de ce petit château de campagne sont grands ouverts sur la vie, l'art de vivre, la nature, les plaisirs simples de la table et du bon vin. Pour fil conducteur, la chaleur ocre rouge de pigments au lait de chaux. En fond sonore, une musique douce qui accompagne chacun de vos pas sur les terres cuites de récupération, les parquets cirés. Les chambres se sont épanouies entre des boutis cassis, des Jouy groseille, des vichys cerise, des velours pivoine.

Plan p. 10, B4
Vendée

• Renée et Patrice Vetelé
3, rue Parmentier – 85330 Noirmoutier-en-l'Île
Tél. 02 28 10 27 21 et 06 80 03 93 97
lamaisondemarine@hotmail.fr
www.lamaisondemarine.com

• 4 chambres : 115 €. 1 suite : 190 €/4 pers.
Table d'hôtes : 35 €, apéritif et vin compris.
Salle de sport. Cours de cuisine 2 fois par mois selon la période de l'année. Espace bien-être. Piscine.

–> Fermé déc.-janv.

La Maison de Marine

Immersion dans la clarté…

Renée et Patrice qui tiennent depuis 15 ans le restaurant du Grand Four n'en reviennent pas eux-mêmes d'avoir découvert ce lieu où se garait le petit train touristique de l'île. La porte s'est ouverte et j'ai eu la sensation d'entrer dans la clarté, de pénétrer dans des pièces à effet de bocal, où les baies vitrées laissent jouer les bleus du matin comme l'incandescence des ciels couchants. La maison, articulée autour d'un patio central, emprisonne une piscine, vibre au rythme de l'indécision des lumières. Elles se font tour à tour orientales dans les chambres « Anna » ou « Bertille », toujours soyeuses mais plus zen, rêveuses et romantiques dans la chambre « Marine », balnéaire dans la suite « Maxime » avec sa chambre d'enfants aux charmantes toiles peintes : « bateaux » pour les garçons, « poupées » pour les filles. Le salon qui semble avoir été composé par une styliste de Campagne Déco est à l'image de toute la maison avec ses fleurs du jardin assorties aux floralies de Sia, son mobilier et ses plaids Flamant ou Blanc d'Ivoire, ses pointes d'humour et ses lampes-chapeaux. Ajoutez à ce bel ensemble un accueil délicieux et les petits déjeuners du chef… forcément gourmands !

Coups de cœur :
La clarté des lieux, une situation exceptionnelle et la gentillesse de l'accueil.

Bonne idée :
En été, les régates du Bois de la Chaise pour les amateurs de beaux voiliers.

Le Bleu Pêchoir

Plan p. 10, B4

Vendée

• Marie-Josée Rohard
2, rue du Camp, Port-Joinville – 85350 Île d'Yeu
Tél. 06 33 07 74 14
lebleupechoir@gmail.com

• 2 chambres : à partir de 155 €. 2 suites : 195 €/2 pers., 230 €/3 pers.
La maison n'est pas adaptée aux jeunes enfants.
Piscine.

–> Fermé de la Toussaint à Pâques.

Il lui avait parlé d'une île...

Celle de son enfance dans les années 60... de la peur d'y retourner qui le taraudait... Finalement, Patrice se décide à embarquer Marie-Josée dans ses souvenirs. Au début des années 90, Marie-Josée découvre Yeu. Depuis, ils n'ont plus jamais cessé d'y revenir. La décision est prise d'y passer une retraite active en découvrant la maison de leurs rêves... Le Chalet Drin – une institution à Yeu – était à vendre. Il s'agit d'une folie XIXe siècle construite par un armateur avec sa tourelle crénelée qui domine l'île par-dessus les toits et dévoile à 360° un océan de verdure insoupçonné. Et comme une île peut en cacher bien d'autres, c'est aux îles qu'ils ont dédié leurs chambres. Marie-Josée a un goût prononcé pour les tonalités gustaviennes autant que pour les couleurs vitaminées. Elle a des principes aussi : des rééditions de mobilier, des tissus dans l'air du temps, mais toujours un meuble ou un bibelot vintage dans chaque pièce. À cet égard, le salon, qui réinvente la bourgeoisie des îles, est remarquable : y cohabitent le piano de famille, un canapé aux couleurs du temps et le sourire malicieux d'une commode rose indien, création de Rouchon à Sarlat. Une piscine attend les hôtes au jardin, à deux pas du port, mais à l'écart de son effervescence.

Coups de cœur :

La chambre « Île de Man » inondée de lumière.
La chambre « Île d'Yeu », à la blancheur radieuse, et sa salle d'eau où l'on prend son bain le regard tourné vers l'océan.

Bonnes idées :

Le tour de l'île à vélo, ses petits ports secrets, ses côtes escarpées et ses marchés.

Plan p. 10, B4
Vendée

• Didier Robard et Jean-Pascal Roger
La Forêt – 85150 La Mothe-Achard
Tél. 02 51 06 24 24
contact@domainedebrandois.com
www.domainedebrandois.com

• 14 chambres au château : 95-135 € en BS, 120 et 190 € en MS ou HS.
12 chambres au prieuré : 95-190 € selon le standing et la saison.
Petit déjeuner : 11 € au restaurant, 14 € en chambre, enfants : 7 €.
Menus : 25-35 €.
Piscine. Parc de 22 ha. Centre équestre.
Les cavaliers peuvent venir avec leurs chevaux.

–> Ouvert toute l'année.

Le Domaine de Brandois

Coups de cœur :
Le design contemporain du hall, et la nature.

Bonnes idées :
Les musées de Vendée et le haras national de La Roche-sur-Yon.

Une certaine idée de l'hôtellerie…

Lorsque Didier, le Vendéen, et Jean-Pascal, le cavalier, ont imaginé l'hôtel de leurs rêves, ils ont émis quelques impératifs en supprimant tous les « irritants » contraignants des grands hôtels… Pas de réception, pas d'agression du style de celle qui consiste à vous demander votre carte de crédit avant de vous donner la clé, pas d'horaires pour le petit déjeuner, un minibar sans alcool à discrétion… « Ici, on se sourit, on se salue » semble dire le buste de diva métallisé qui trône dans le hall. Nos deux compères adorent autant l'art contemporain que la nature qui s'immisce partout dans ce vaste domaine. Coup de cœur pour le mobilier orange ou rouge du salon, signé Cassina, et le voluptueux siège redingote néobaroque, création de Feltri. Le ton est donné qui s'assagit à peine dans les 14 chambres du château. Des sièges Starck recouverts de cuir blanc ou noir sont posés sur une moquette à dessin géométrique, couleur anthracite. Une floraison de tonalités rouges enchante les espaces. Les salles de bains, noir argent ou bleu chocolat, sont équipées de douches en mélange de sable et de résine. Un bonheur pour les pieds !

Plan p. 10, B4
Vendée

• Nathalie et Wilfried Montassier
85250 La Rabatelière
Tél. 02 51 42 36 33 et 06 72 77 86 46
chateaudelarabateliere@orange.fr
www.chateaudelarabateliere.com

• 2 chambres : 130 €. 1 suite : 150 €/2 pers., 170 €/3 pers., 190 €/4 pers.
TV sur demande.
Successions de salons aux atmosphères diverses.

–> Ouvert toute l'année.

Le Château de La Rabatelière

L'escalier en pierre de granit accuse le déhanchement des bâtisses séculaires. Un crime passionnel fit trembler les murs au XVIIIe...

Rasé, puis reconstruit au XVIIe dans un style plus breton que vendéen. Histoire de panache et défi à relever : la maison voulait revivre. La volonté des nouveaux propriétaires et celle de leur tribu d'enfants fait que c'est déjà gagné dans la droite ligne des passionnés qui l'ont habitée ! Ainsi, le général Charrette, qui y aurait tenu des réunions militaires durant les guerres vendéennes. Depuis sa chambre un peu austère – à son image –, on a vue sur le bocage et le moulin qui connaissait le « langage des ailes » au temps des combats et permettait d'alerter les habitants sur les dangers. Henri de La Rochejaquelin, chef vendéen, est mort en héros romantique. Sa chambre lui ressemble : lit à corbeille Louis-XVI, trumeau sur la cheminée, baignoire à l'ancienne. La Chambre « Joséphine », en hommage à la plus célèbre des Martiniquaises, est nettement plus contemporaine, pelotonnée sous son épais jeté de lit en velours moletonné gris, taupe et fuschia. Un fauteuil Chesterfield et un bureau Louis-XIII à ses pieds, elle est escortée par une salle d'eau d'où la vue s'envole sur le parc boisé. Un très beau fusain au cavalier donne envie de s'aérer... 24 hectares de vallons déploient leur futaie...

Coups de cœur :

Les vastes espaces. La chambre du héros romantique plutôt que celle du dandy austère. La suite « Joséphine » où le rose et le gris contemporain de la chambre répond au sépia bleuté de l'allégorie du Loup et l'Agneau *au salon. L'accueil de toute la famille.*

Bonnes idées :

Spectacle du Puy du Fou auquel les Montassier participent. Le mémorial de Vendée et, en été, dans la forêt, le spectacle écrit par Wilfried, président de l'Association du refuge de Grasla qui commémore l'histoire épique, cruelle et courageuse des guerres de Vendée.

Plan p. 10, B4

Vendée

• *Françoise et François Charraud*
14, rue de la Virée
Lesson – 85490 Benet
Tél. 02 51 51 50 41 et 06 71 72 02 51
charraud.francoise@wanadoo.fr
www.la-marienne.com

• *2 chambres : 65 €/1 pers., 78 €/2 pers.*
Suite 3 pers. : 103 €, suite 4 pers. : 128 €.
Spa, hamman (sur résa.) : 10 €.
Plateau-repas possible sur demande.
Jardin. Piscine (15 juin-30 sept.).

–> *Ouvert toute l'année.*

La Marienne

« La Marienne », ça signifie « la sieste » en patois local...

Natifs de Niort, amoureux de leur région, Françoise et François sont tombés un beau jour sous le charme de cet ancien prieuré, dont les restes de la chapelle sont encore présents dans une grange mitoyenne. Et leur décision de l'habiter s'imposa dans l'instant. Puis vint celle de la faire partager à des hôtes au travers de chambres qui empruntent leur nom aux fleurs de la région. La plus emblématique, c'est naturellement « Angélique ». On se glisse sous la couette blanche d'un baldaquin réalisé avec talent par un ferronnier du pays. Boutis vert de Bois & Chiffons, voilages des Tissus du Renard. Elle est escortée par une chambre d'enfants aux plaids moelleux. À l'étage, « Violette », en tonalités de rose églantine, dresse son armoire saintongeaise face à un mobilier de Blanc d'Ivoire. Une petite auge en pierre couronnée de fleurs donne sa réplique poétique à une glace dorée. Patchwork de tissus de récupération : une réalisation maison pour « Pivoine ». Des tulipes sur une toile peinte par Dyann illuminent « Coquelicot ». Enfin, on paresse au salon, face à la cheminée en pierre calcaire du sud vendéen. Mais un impératif vous attend pendant votre séjour : la sieste au jardin !

Coups de cœur :

La chambre « Angélique », la salle de bains à l'italienne de la chambre « Coquelicot », les petits déjeuners gourmands de Françoise et sa confiture... d'angélique.

Bonnes idées :

Un parcours dans les arbres avec les enfants dans le massif forestier du Mervent, suivi d'un détour à Niort pour les « nounours » peints de l'atelier de Dyann (14, rue de la Chaintre-Brûlée, tél. 06 80 20 96 36) et les Établissements Thonnard pour leur confiture et leur liqueur à base d'angélique.

Plan p. 10, B4

Maine-et-Loire

• Sophie Givelet et Jean-Luc Guignard
L'Étang des Noues – La Grollerie – 49300 Cholet
Tél. 02 41 58 87 53
sophie@lesgitesdeletangdesnoues.com
www.lesgitesdeletangdesnoues.com

• « Maison de Lin » pour 10 pers. : 90 € la nuit en BS ; 155 € juil.-sept. ; 160 € pour 2 nuits en BS ; 245 € en HS. « Maison de Coton » pour 6 pers. : 75 € la nuit en BS ; 125 € en HS ; 135-225 € pour 2 nuits. Petit déjeuner : 4,50 €. Table d'hôtes : 20 €. Pique-nique panier : 14 €.

–> Ouvert toute l'année.

Les Gîtes de l'Étang des Noues

Coup de cœur :

La « Maison de Lin », ses tableaux de plumes et ses broderies épinglées dans des cadres bricolés, ses dentelles anciennes, où les hôtes ajoutent des cœurs et des souvenirs de vacances...

Bonnes idées :

Randonnée sauvage sur les sentiers. Centre équestre avec poneys à proximité. Prêt de vélos. Initiation au ski nautique sur l'étang des Noues.

Une poule sur un mur qui picorait du pain dur...

Et puis ses copains, les coqs et les dindons de collection, le troupeau de chèvres naines, Pompon et Pâquerette qui broutaient le champ de boutons d'or en attendant la naissance de leur bébé âne... Tout y était ! La Grollerie, c'est une ferme comme on n'en fait plus, sensée être la plus ancienne de Cholet, édifiée à partir d'un prieuré, pour laquelle Sophie et Jean-Luc se sont enthousiasmés, achetant les bâtiments, les prés alentour en même temps qu'ils ont adopté – et réciproquement – les derniers occupants, leur permettant de finir leurs jours paisiblement dans les murs qu'ils occupaient depuis... 1932 ! Chacun trouvant son compte et beaucoup d'affection dans la transmission d'un savoir et la fantaisie d'une nouvelle vie. Avec chaleur et passion, Sophie et Jean-Luc font goûter à leurs hôtes cette magie de l'art de vivre et des petits bonheurs au quotidien. La « Maison de Coton » daterait de 500 ans. Ses murs auraient été élevés avec les pierres de la carrière brouettées depuis l'étang des Noues. On y a retrouvé des chapelets vraisemblablement cachés là pendant les guerres de Vendée. Aujourd'hui, elle accueille ses hôtes dans un cadre tout bois tout coton, depuis les nappes jusqu'aux rideaux. La « Maison de lin » porte bien son nom, des draps jusqu'aux coussins. Édredons joufflus et linge ancien, tonalités de farine et de froment pour un décor plein de charme et de tempérament.

Plan p. 10, B4
Maine-et-Loire

• 45, avenue d'Angers – 49300 Cholet
Tél. 02 41 71 08 08
h6929@accor.com
www.all-seasons-hotels.com

• 57 chambres : 115 € la sem., 90-120 € le w.-e. (ven.-sam.) selon la saison. 2 suites : 170 €. Restaurant sur place.

–> Ouvert toute l'année ; restaurant lun.-ven.

La Villa des Lys All Seasons

La nouvelle génération des hôtels de périphérie est arrivée et ça décoiffe !

Saluons la dernière initiative du groupe Accor qui, avec les hôtels All Seasons, révolutionne la donne ! Atmosphère lounge au lobby avec ces petites lampes rouge carmin et ce bois flammé qui ponctue chaque espace de l'établissement. Il fait penser aux lodges des pourvoiries canadiennes. Un totem en bois flotté, les racines d'un lierre ancien qui prennent l'air par delà la verrière sont là pour le confirmer. Cette mise en scène intérieure, on la doit à Thierry Rétif, un architecte parisien. On boit un verre dans la bibliothèque garnie de livres reliés et empilés, vers laquelle nous guide des mains rouges posées près d'un chandelier aux fleurs de corail stylisées. Le ton est donné : rouge flamboyant ! Comme dans cette suite où un grand tapis de nounours fait son petit effet en tableau mural. Calogero, qui l'habita, a dû trouver ça rigolo. *Dreams Are Free* en toile de fond, dans la « 234 », et gerbe de fleurs de pavots pour Victoria Abril. La « 235 », qu'honora de sa présence le regretté Bashung, est plus exotique avec ses cages à oiseaux, inspirée des marchés asiatiques. Et moi, alors ? Je me suis contentée de la chambre de M. et Mme Toulemonde, moins spacieuse mais tout aussi agréable, et j'ai médité sur cette phrase de Marcel Proust, toujours à la « Recherche du temps perdu » : « Longtemps, je me suis couché de bonne heure... » Veinard, va !

Coups de cœur :

La suite « Nounours » avec ses plaids tricotés torsadés. Saluons l'effort de la municipalité conjugué à celui de toutes les enseignes de cette zone commerciale qui ont su rendre une entrée de ville accueillante et verdoyante ! Suffisamment rare pour être signalé !

Bonne idée :

Pour les remercier : shopping dans les magasins d'usine.

Plan p. 11, C3
Maine-et-Loire

• Denis Fidelin et Vincent Robas
Domaine des Gauliers – 49380 Chavagnes-les-Eaux
Tél. 02 41 45 05 84 et 06 20 32 84 58
www.domainedesgauliers.fr

• 3 chambres : 55-85€ en semaine selon la saison, 65-85 € le w.-e. Lit suppl. : 20 €.
Coffret d'accueil de produits régionaux.
Piscine. Prêt de vélos.

–> Ouvert toute l'année.

Le Domaine des Gauliers

Au cœur du vignoble. Avec vue à 360°...

Lorsque cet ancien domaine viticole a été à vendre, de jeunes agriculteurs ont acheté les vignes, Vincent et Denis ont acheté le bâti : une maison de maître et ces beaux corps de ferme où ont été installées les chambres d'hôtes. Sur le petit étang, les grenouilles conversent avec le héron. Vue 25 kilomètres à la ronde depuis la piscine allongée sur le pré engazonné. Des petites tables plantées sur une pelouse aux beaux jours. Et puis, une grande pièce à vivre avec sa cuisine contemporaine, au plan de travail à carreaux coquille d'œuf et groseille, où l'on sert les petits déjeuners. Trois chambres dans le corps de bâtiment : simples et épurées, belles tout simplement. Chacune avec un pan de mur fleuri, une touche de rouge pivoine et des coussins aux fleurs de mastic ou de lin. Les lits sont posés sur un sol en tommettes des Rairies. Pavage en lauzes d'ardoise pour les salles de bains qui s'offrent le luxe de produits d'accueil L'Occitane. Denis et Vincent déclinent le rouge sur tous les tons, qui s'éclate en rouge flamboyant sur les tableaux peints par un ami artiste. Les nouveaux propriétaires n'hésitent pas à cultiver le style décalé avec cet arrosoir géant planté sur la pelouse...

Coups de cœur :
Le cadre, l'accueil.

Bonnes idées :
Le circuit des vignobles à vélo, un détour par l'église de Chavagnes aux fresques classées.

Plan p. 11, C3

Maine-et-Loire

• Jonathan Robinson, Pascal Merillou et Bernard Lévénez
49490 Linières-Bouton
Tél. 02 41 82 30 54
jonathan.robinson@wanadoo.fr
www.moulinbregeon.com

• 5 chambres : 100-150 € selon le standing.
Lit suppl. : 30 €.
Table d'hôtes : 60 €, boissons comprises.
Golf 18 trous (à 20 min.). Lac.
Équitation sur demande.

–> Ouverture : renseignements sur demande.

Le Moulin Bregeon

Identité des propriétaires : « réfugiés esthétiques » !

Au début était une rivière : le Lathan. Et un vieux moulin du XIXe siècle noyé sous les frondaisons, en activité jusque dans les années 70, qui avait conservé toute sa machinerie dans la pièce à vivre. Et puis sont arrivés Jonathan, Pascal et Bernard... On s'installe autour de la table en bois lessivée, où l'on peut poser sans façon sa tasse de café pour écouter la diatribe enflammée de Jonathan, l'Américain, contre le modernisme qui défigure nos villages. Venu en France comme prof aux Beaux-Arts, il s'est vite passionné pour les vieilles pierres et la « biodiversité de beauté » qu'offrait notre pays. Ses amis sont parfois obligés de tempérer ses ardeurs lorsqu'il projette de racheter tout un village pour le protéger, le réveillent lorsqu'il rêve un peu trop d'une France qui n'existe plus ! Place pourtant à une nostalgie très balzacienne dans la chambre rouge pourpre. Atmosphère tendance « George Sand » pour l'immense chambre de l'étage. Bric-à-broc au charme des greniers de campagne sous les combles, bassines en zinc et bois dorés autour d'un lit réalisé à partir de vieux râteliers. On entend le murmure du Lathan qui traverse la maison...

Coups de cœur :

L'atmosphère d'un autre temps, pimentée de touches de fantaisie, les ponts, les tonnelles qui s'égaient autour du moulin et de sa petite maison basse, pleine de charme.

Bonne idée :

Le château de Baugé, la résidence préférée du roi René.

Plan p. 11, C3

Maine-et-Loire

• Chantal Padovani
49490 Linières-Bouton
Tél. 02 41 82 30 86
contact@chateaudeboissimon.com
www.chateaudeboissimon.com

• 2 chambres : 130-190 € selon la saison. 3 suites : 210-220 €. Lit suppl. : 30 €. Parc immense, piscine restructurée par Alexa Faguet, une jeune architecte, au milieu de carrés de verdure à la française.

–> Fermé de la Toussaint à début avr.

Le Château de Boissimon

Des brumes, des roses et un château...

Tel m'est apparu celui de Boissimon, un beau matin de printemps en Anjou... Vous conter son histoire, liée à la période napoléonienne, me prendrait des pages... Alors, je ne vous parlerai que de cette aventure vécue au quotidien, huit années durant, par un couple tombé amoureux du château et de la région. Un travail énorme a été effectué sur les couleurs et les détails, sur les fresques de l'escalier qui sont encore une énigme. Mes chambres préférées ? La « Gustavienne », coiffée d'un drapé de lin, avec son plaid en fausse fourrure et de ses broderies aux boutons de rose haute couture. Chic et nature à la fois... C'est un leitmotiv qu'on retrouve justement dans la chambre « Nature », ravissante sous couvert de tissus japonisants et d'édredons bleu glacier. Qu'il s'agisse de la grande suite « Baroque » aux bandeaux de lits rose dragée et lin, escortée par une chambre d'enfants en déclinaison de verts, de la « Blanche », traditionnellement romantique, ou de la « Victorienne », plus feutrée et plus masculine, toutes disposent de salles de bains en harmonie, où l'on découvre un mur de glaces récupérées d'un autre château pour l'une, des carreaux de ciment assortis à des panneaux italiens, pour une autre. Il me faudrait aussi évoquer cette délicieuse salle à manger où de jeunes artistes ont esquissé les brumes des bords de Loire. Un magnifique exercice d'équilibre entre passé, présent et avenir !

Coups de cœur :

Pour l'ensemble, et particulièrement les chambres « Gustavienne » et « Nature », la petite salle à manger des propriétaires, le hall et ses bancs bruts de décoffrage, le lustre en carton-papier et les appliques de Denise Tricot à Saumur.

Bonne idée :

La randonnée : trois forêts vous ouvrent leurs futaies, celles de Chandelais, de la Monnaie et de Pont-Ménard.

Plan p. 10, B3
Maine-et-Loire

• *Soizic et Arnaud Buisard*
La Closerie de la Hérissière – 49220 La Jaille-Yvon
Tél. 09 61 46 90 91 et 06 85 81 58 07
abuisard@laherissiere.fr
www.laherissiere.fr

• *3 chambres : 62 € pour 2 pers. Chambres d'Hélène, occupation 4 pers. : 15 €/pers. suppl.*

–> Ouvert toute l'année.

La Closerie de la Hérissière

Entre Anjou et Mayenne, au printemps, souffle un vent de nostalgie et de liberté...

Les chevaux galopent dans les prés et la nature atteint son apogée. Entre les murs, l'ancienne écurie du XVe siècle, la Closerie dévoile un nid d'amour inattendu qui, dès le sas d'entrée, réaffirme la vocation de l'endroit avec un licol lustré et des bottes cavalières. La chambre se laisse deviner, volontairement sombre, en noir et rouge. En total look, du mobilier aux rideaux, en passant par le linge de toilette, les carreaux des sols et les couleurs de fumée d'un feu de bois à son foyer. Un fusain au cheval galopant, deux coupes de champagne – noires, elles aussi – sur le rebord de la baignoire... Nuit de noces ou nuit divine ? La « Loge de l'Écuyère » est très prisée par les jeunes mariés. Le « Verger d'Hélène », lui, se fond dans les verts anis et les verts cèdre de la nature qui pénètre en bouffées par la fenêtre. Mobilier chiné et patiné par Soizic, bouquet de tiges en adéquation, canapé revisité vert cyprès. La salle d'eau sépare la chambre des parents de celle des enfants, version chocolat/turquoise. Quant au « Grenier de l'Oncle Alfred », il mélange sur sa palette toutes les nuances de bleu qu'il associe au chocolat. Tout est au diapason des couleurs : même la 2CV – modèle réduit –, croquignolette à souhait qui fait sa coquette sur une étagère. Et maintenant, plongez dans un bain-baquet ! Avec vue sur le verger...

Coups de cœur :

Toutes les chambres ont leur personnalité, l'accueil est délicieux.

Bonnes idées :

La base Anjou Sport Nature, canoë, VTT, tir à l'arc à proximité. La Mine Bleue qui rappelle la vocation ardoisière de la région, les châteaux du Plessis-Macé et du Plessis-Bourré.

Plan p. 11, C3

Sarthe

• Christine Loy
68, Grande Rue – 72460 Savigné-l'Évêque
Tél. 02 43 23 95 77 et 06 78 78 10 34
lavilladesarts@wanadoo.fr
www.lavilladesarts.com

• 3 chambres : 165 €. 1 chambre 5 pers. : 245 €. 1 suite : 260 €. Lit suppl. : 30 €. Petit déjeuner : 15 €. Cuisine à disposition. Piscine chauffée avec balnéothérapie, nage à contre-courant. Espace détente avec hammam. Salon d'été dans les anciennes écuries.

–> Ouvert toute l'année.

La Villa des Arts

Imaginez le vestibule d'une élégante demeure XVIIIe ouvrant sur les Fables de La Fontaine, sur des envolées d'oiseaux, de paons et de volaille…

Imaginez des copies de Watteau sur le palier, une suite où *Le Printemps* de Botticelli s'invite autour d'un lit au généreux taffetas moiré et aux lueurs orangées : le tout exécuté par un artiste sarthois… Au second étage, plus sobre, des ciels inspirés de Turner qui vous convient à un voyage à Pompéi, le travail des patines sur les boiseries XVIIIe qui s'harmonisent au nuancier plus doux de tissus ivoire ou chocolat, un mobilier en wengé qui épure les lieux. Conjuguant leur passion pour l'art et l'Italie, les antiquités et le plaisir de recevoir, Hervé et Christine avaient imaginé leur demeure comme un rêve. Hervé s'en est allé dans la paix d'une destinée accomplie, laissant à Christine les clés d'une demeure magnifiquement composée. Bergères, consoles dorées, toiles de lin peintes, mobilier chiné ou reproductions de style. Depuis cette année-là, le rêve se poursuit dans les anciennes écuries dont on a conservé les ateliers, mais qui ont été réaménagées en duplex familial avec baignoire et douche balnéo. Pour toujours plus de bien-être ! Et ce ne sont pas les adorables amours en pierre qui chevauchent le petit pont sur le ruisseau de la propriété qui diront le contraire…

Coup de cœur :
La magnificence des murs peints.

Bonnes idées :
Le vieux Mans, l'abbaye de l'Épau.

Plan p. 11, C3
Sarthe

• Ségolène et Charles-Henry de Valbray
Château hôtel de Saint-Paterne
72610 Saint-Paterne
Tél. 02 33 27 54 71
contact@chateau-saintpaterne.com
www.chateau-saintpaterne.com

• 5 chambres : 135-160 €. 5 suites : 190-240 €.
Lit suppl. : 15 €. Petit déjeuner : 13 €.
Table d'hôtes : 47 €.
Piscine. Tennis à proximité.

–> Fermé de début janv. à mi-mars.

Le Château de Saint-Paterne

Châtelains toujours en mouvement !

Si les origines de Saint-Paterne se perdent aux confins du XVe siècle, la petite histoire retiendra que Henri IV, en route pour la bataille d'Ivry, s'y arrêta et en profita pour séduire la maîtresse de maison. Aujourd'hui, ce sont Charles-Henry et Ségolène de Valbray qui président aux destinées de la noble demeure. Jeunes châtelains respectueux de leurs origines mais à l'aise dans leur époque, ils ont donné un grand coup de fraîcheur aux lieux. Amoureux de Marrakech, où ils célébrèrent leurs épousailles loin des règles conventionnelles, ils vous inviteront à investir, par exemple, la « Chambre du Parc » au couvre-lit violet en lin brut, exécuté par les meilleurs artisans marocains, ou bien la « Chambre de la Terrasse » avec son pendant en velours de soie orangé réalisé au Vietnam. Un ami peintre a esquissé sur un mur les contours de ce château sur lequel le temps n'a pas de prise. En témoignent les fauteuils zébrés de Christian Lacroix dans une vaste chambre à la salle de bains Empire. Mais le plus élégant des salons de bains reste celui de la « Chambre des Mystères » à laquelle on accède par un escalier privatif avant de déboucher sur un univers composé à la façon d'un cabinet de curiosités. Pour plus d'espace encore, certains préféreront l'« Orangerie » dans laquelle un lit à colonnes en bois massif, déshabillé de ses froufrous, pavane sur fond de panoramique qui servait jadis de décor à un théâtre de Barcelone. À la nuit tombée, une centaine de bougies illuminent les soirées de Saint-Paterne...

Coups de cœur :
Un château dépoussiéré du poids des siècles, plein de clins d'œil et d'humour. L'heure de l'apéritif, conviviale et généreuse, suivie d'un dîner en tables séparées pour préserver l'intimité.

Bonnes idées :
Musée de la Dentelle à Alençon, en attendant un nouveau restaurant conçu par un ancien et inoubliable « Jules aux fourneaux » : Charles-Henry de Valbray, himself...

Plan p. 11, C3
Eure-et-Loir

• *Éléna et Hugues d'Amécourt*
28200 Autheuil
Tél. 02 37 98 33 96
leschambresdefeillay@gmail.com
www.leschambresdefeillay.fr

• *3 chambres (dont 1 suite familiale) : 85-95 €.*
Lit suppl. : 25 €.
Tennis. Jeu de boules. Location de vélos.

–> Ouvert toute l'année.

La Ferme de Feillay

Coups de cœur :

L'espace, les lignes contemporaines.
La vertigineuse rampe d'escalier taillée en virgule dans un seul bloc de chêne ! Et puis la restauration des bâtiments, la mare.

Bonnes idées :

La route du blé en Beauce et le château de Dunois à Châteaudun.

Une ferme de Beauce...

Certes, le paysage n'est pas pittoresque au sens où l'entendent les touristes. Mais qu'elles sont belles ces terres de Beauce levées par les récoltes et célébrées par Péguy ! Qu'elles sont belles aussi quand les moissons ont vidé le paysage et que s'avance d'un horizon lointain la déferlante des nuages... Nulle part au monde – excepté peut-être en Acadie – il ne m'a été donné à moi, l'enfant du pays, de voir des ciels aussi beaux. Les peintres ne s'y sont pas trompés et, parmi eux, mon ami Yves Lévêque qui célèbre avec fougue sur sa palette « ce paysage mental », incomparable... À la Ferme de Feillay – si typique des grandes fermes beauceronnes au passé recomposé –, sur la mare, les grenouilles donnent concert chaque soir au soleil couchant. Typiques aussi ces espaces intérieurs si vastes qu'on s'y prélasse dans de grands canapés blancs. Hugues, issu d'une famille nombreuse, a vu les choses en grand, à la dimension de sa fratrie d'une dizaine d'enfants. Alliance de mobilier ancien et contemporain. Bois de chêne clair et murs blancs. Ouate et lin. Épure et lignes pures. Trois chambres – plus une pour enfants – ont pris leurs aises dans les immenses volumes de l'ancienne grange où jadis on stockait les céréales. Les salles de bains, couleur d'ardoise ou bain barrique, sont aussi zen que les chambres. En redescendant au salon, on se réjouit de la belle flambée dans la cheminée capable d'avaler une stère de bois, des doigts qui vont effleurer le piano, des deux, trois notes qui vont s'échapper...

Plan p. 11, C3

Eure-et-Loir

• Laurence Krief
Lieu-dit La Ronce – 28800 Alluyes
Tél. 06 31 17 48 80
contact@moulin-de-la-ronce
www.moulin-de-la-ronce.com

• 3 chambres : 130 € (tarifs dégressifs à partir de la 2e nuit). Lit suppl. : 20 € (lit bébé 15 €).
Petit déjeuner bio.
Salle de sport. Barque et vélos à disposition. Parc. Verger. Vigne. Potager. Poulailler.

–> Ouvert toute l'année.

Le Moulin de la Ronce

La propriété a servi de décor au film « Alexandre le Bienheureux »...

Bucolique à souhait et chargé de bonnes ondes ! Ce moulin du XVIe qui, jadis, appartenait à un marquisat démantelé à la Révolution, s'était endormi entre les bras du Loir. Il a été réveillé, il y a une poignée de saisons par un jeune couple venu d'ailleurs, enchanté par ce parc au bord de la rivière qui lui dessine comme une île, par ce lavoir à l'ombre d'un tilleul vénérable, ce saule pleureur magnifique qui retient ses berges où patiente une barque, son mécanisme presque intact dans ce qui est devenu la salle des petits déjeuners. Chargée du développement durable dans le département, Laurence essaie d'appliquer dans sa vie les conseils qu'elle prodigue professionnellement. Ça commence par la madeleine bio-recette d'Escoffier, s'il-vous-plaît, qu'elle offre à ses hôtes au réveil. Pour le reste, la jeune femme adore panacher mobilier vintage et lignes actuelles, prototypes de designers chinés dans les brocantes du Perche, comme ces chaises du MOMA et lampadaires industriels, bois contemporains et sièges d'enfants en Formica orange. Sous les combles du grenier, on a délogé les pigeons, mais conservé les pierres et les briques apparentes. Les tommettes violacées parées de tapis méchés cohabitent avec des sols en béton lissé, les pelisses réchauffent les couettes en lin posées sur des matelas en bambou, des bougies d'église éclairent le foyer d'une ancienne cheminée. Laurence est pleine de projets : la petite salle de sport a été aménagée, les hamacs installés sous les cerisiers, reste le pigeonnier à restaurer...

Coups de cœur :
Les chambres épurées où ont été conservés les éléments du passé : les mangeoires dans l'ancienne écurie, le four à pain, la salle de bains construite autour des meules du moulin, le mélange vintage et contemporain.

Bonnes idées :
La Maison de Tante Léonie à Illiers-Combray, les danses macabres de Meslay-le-Grenet.

Plan p. 11, C3

Eure-et-Loir

• Isabelle Heitz
Garnet – 28700 Oinville-sous-Auneau
Tél. 06 70 00 60 45
heitzi@orange.fr
www.moulin-de-lonceux.com

• 4 chambres : 75 €-120 € selon le standing.
1 suite familiale pour 4 pers. : 155 €.
Lit suppl. : 15 €.
Repas (sur résa.) : 20-35 €.
Location de vélos à assistance électrique.

–> Ouvert toute l'année.

Le Moulin de Lonceux

« Meunier, tu dors… »

Un charme fou et du tempérament ! On comprend qu'Isabelle, pilote de planeur et cavalière, qui n'en manque pas, ait succombé à cette cour fermée, fleurie de roses, à ces murs de pierres de silex à vif, pieusement conservés dans la dépendance d'un ancien pressoir, où s'est installée une chambre à la rusticité brut de décoffrage. Boutis blanc et coussins bis, cage à oiseaux et fauteuil boule suspendu. La chambre « des Écuyers », aux couleurs des bruns et des craies de la terre, a conservé sa mangeoire d'origine. Un ravissant petit meuble en pin, un chiffonnier dans la salle de bains… Reste la « Maison du Meunier » où une grande table de ferme réunit les hôtes, à l'heure du petit déjeuner, devant la cheminée. Un escalier industriel dessert l'étage. Honneur à la chambre de l'ancien maître des lieux : sol en béton ciré, couleur de miel, qui collectionne broc et accessoires face à une superbe cheminée XVIIIe. La maison héberge aussi les chambres « Folle Farine » et « Pouce d'Or » qui empruntent, pour l'une, son nom à la poussière du moulin, l'autre aux 10 % que s'octroyait le meunier qui parfois avait tendance à forcer la mesure… On disait alors qu'il avait un « pouce en or » !

Coups de cœur :

La sculpture d'un cheval signée Catherine Thierry, les berges boisées qui s'étirent sur 400 m, le charme fou qui se dégage de l'ensemble.

Bonne idée :

La route du Blé en Beauce, celle des anciens moulins à farine, dont celui-ci, qu'Isabelle fait tourner pour ses hôtes au cœur de son petit musée.

Plan p. 11, C2-3

Eure-et-Loir

• Maria Calderón et Didier Thebaud
11, rue de la Rénarde
28700 Saint-Symphorien-le-Château
Tél. 02 37 90 97 18 et 06 08 58 13 68
il.etait.une.fois@wanadoo.fr
www.la-ferme-de-bouchemont.com

• 2 chambres : 100 €.

—> Ouvert toute l'année.

La Ferme de Bouchemont

L'art de la récup', la passion de la chine et le talent en prime…

Didier et Maria ont métamorphosé l'ancien logement des ouvriers agricoles de la ferme du château d'Esclimont en un lieu de sérénité. On est saisi par la clarté du salon, la cuisine aménagée à la manière d'une serre, l'élégance des matériaux de récupération. Tout ici a été chiné, depuis le lavabo gothique jusqu'aux tommettes anciennes et aux radiateurs en fonte. Seules les marches de l'escalier sont d'origine. Tout a été mis sens dessus dessous. Les portes sont devenues fenêtres et vice-versa, les tableaux en pans de papier peint sont encadrés comme des clichés d'artistes. J'ai aimé l'exquise blancheur de la chambre « Néoclassique » au mobilier Louis-XVI, légèrement grisé, aux draps brodés par la maman de Maria, enchantée par les tableaux floraux d'une amie corrézienne. La chambre « Contemporaine » aux cuirs chocolat referme ses secrets derrière ses rideaux aux embrasses de plumes de coq. On se glisse sous ses plaids en fausse fourrure et on s'éveille radieux après un petit tour dans la salle de bains où une dynamique touche pistache donne la couleur des petits matins. La nature s'invite par la fenêtre…

Coups de cœur :

La cuisine façon serre, l'art de détourner les matériaux de leurs origines.

Bonnes idées :

Le château de Maintenon, le donjon de Gallardon, les maisons à pans de bois et les selliers du XIIIe s. d'Épernon.

Plan p. 11, C2

Eure-et-Loir

• Monsieur et Madame James
6, rue de l'Église – 28210 Saint-Laurent-la-Gâtine
Tél. 02 37 38 24 02
james@clos-saint-laurent.com
www.clos-saint-laurent.com

• 3 chambres : 79 €.
1 suite : 95 €.
TV dans chaque chambre. Wifi.

–> Fermé 20 déc.-9 janv.

Le Clos Saint-Laurent

À l'ombre du vieux clocher...

Achetée il y a une dizaine d'années, cette ancienne ferme aux allures de maison bourgeoise, inhabitée depuis 25 ans, revit par la grâce d'un couple amoureux du calme et du beau. Ils ont mis la demeure à nu pour mieux la rhabiller et pour installer dans le vaste volume des anciens greniers de véritables espaces de sérénité. Blanc, beige, gris. Leur décor est apaisant, actuel mais sans excès. Les hôtes investissent avec bonheur l'une des trois chambres allongées sur des parquets lessivés et des tommettes de récupération de toute beauté, dont certaines, couleur lie-de-vin tirant sur le violet, retrouvés abandonnées dans un coin du vieux grenier. Les lits sont vêtus de boutis fleuris aux tonalités pastel ou coquille d'œuf, blanc et fleurs de corail. D'anciennes gravures et d'exquis tableaux début XIXe siècle ornent les murs. Une grande suite, traitée avec le même respect, a pris ses aises dans une dépendance. Couleur de lin et de crème de lait. Kilim au ton de brique en harmonie avec les carreaux paysans du sol. En face, une orangerie magnifiquement forgée par un artisan du coin. Personnellement, je m'y verrais bien prendre un petit déjeuner de soleil au milieu des feuilles et des plantes en pots...

Coup de cœur :

L'accueil, la sérénité des lieux et les tommettes.

Bonnes idées :

La forêt de Rambouillet, la chapelle royale de Dreux, le château de Diane de Poitiers à Anet.

Plan p. 11, C2

Eure-et-Loir

• Claudine Chuteaux
1, place de la Mairie – 28270 Saint-Lubin-de-Cravant
Tél. 06 99 25 32 42
dany.chutaux@wanadoo.fr

• 3 chambres : 70-90 €.
1 suite familiale (4 pers.) : 160 €.
Tennis. Vélos à disposition.

–> Fermé nov.-début avr.

Le Domaine des Peupliers

Blancheur nuptiale...

Un beau jour de printemps, tout y était... Le bouquet de lys blancs qui diffusait ses parfums en attendant les mariés dans cette chambre qui déclinait toutes les nuances du blanc. Blanc diaphane des voiles de gaze de Blanc d'Ivoire et blanc ivoire du mobilier, blanc de blanc des rideaux de la baignoire en nid d'abeilles. Un blanc irradiant qui célébrait ses noces avec les lumières douces d'une après-midi de juin, et qu'on retrouvait dans l'ancien atelier transformé en chambre. Une adorable mezzanine supportée par de vieilles poutres sablées s'est hissée au-dessus des lits douillets. Là encore, triomphe du blanc autour du linge brodé, des couettes immaculées et des charmants petits meubles décapés et patinés par les Jardins d'Ulysse. Derrière les colombages ouverts, une salle de bains s'est mise en beauté, cachant sa pudeur derrière l'astucieux drapé en éponge de sa baignoire. Un ensemble à croquer, façon maison de poupée, auquel il faut ajouter une petite suite, plus primesautière, enguirlandée de boutons de roses, en haut d'un escalier en colimaçon. Sur l'immense pelouse rasée de frais, au milieu d'un vaste parc, la grange achetée il y a 25 ans par Claudine et son mari s'est transformée en une superbe demeure avec dépendances...

Coups de cœur :

L'atmosphère radieuse des lieux et le ruisseau qui se sauve sous les peupliers.

Bonnes idées :

À La Ferté-Vidame, les ruines du château de Saint-Simon et la chapelle de Réveillon aux fresques du XVIe s.

Plan p. 11, C3

Loir-et-Cher

• Isabelle Fontanelle
1, rue de la Blonnerie – 41120 Feings
Tél. 02 54 44 22 48 et 06 72 71 80 92
lablonnerie@orange.fr
www.domainedelablonnerie.fr

• 4 chambres : 115-135 € (selon le standing). Chambre « Topaze » : 150 €.
Piscine, pool house et cuisine d'été. Parc aux essences exotiques, étang frangé de roseaux.

–> Ouvert toute l'année.

Le Domaine de la Blonnerie

Sur la route des châteaux...

Elle a l'opulence d'une demeure châtelaine et la faconde baroque des couleurs et des matières qui reflètent à la fois l'héritage du passé et la fantaisie de ses propriétaires. Isabelle, originaire de Blois, et son mari sont partis d'une gentilhommière XVIe pour agrandir leur logis où, deux ans plus tard, la façade contemporaine s'estompait derrière une vigne-vierge. Isabelle n'a pas son pareil pour composer des décors qui n'engendrent pas la mélancolie... Ainsi la chambre « Topaze » aux atours bleu nuit et violine dans laquelle une commode ébène courtise le jupon d'une comtesse. Vasques en pierre rococo, glaces en trumeaux et sardines d'argent dans la spacieuse salle d'eau en pierres poreuses de Jordanie. Isabelle aime les mises en scène au bain, les éclats de galets, le mobilier XVIIIe et les appliques de créateurs qu'elle repère chaque année au salon de Villepinte. Elle affectionne les couleurs vives des tableaux qu'elle mixe avec les tonalités profondes des murs et des étoffes. Tapis à mèches prune et boutis velours lilas pour « Améthyste ». Tons de sable et kilim à variations géométriques pour « Galet ». Les pavés d'origine et les colombages ont été pieusement conservés dans la partie XVIe et dans la chambre « Ambre » au violet ecclésiastique où les consoles de toilette ont été découpées dans une table Henri-II couleur d'ardoise oxydée. Taupe, chocolat et fushia incandescent pour « Opale».

Coup de cœur :
Cette passation de décors qui transcendent les siècles sans qu'ils se heurtent.

Bonnes idées :
Sur la route des châteaux : Blois et Cheverny à 7 km, Chambord à 16 km, Chenonceau et Amboise à 30 km.

Plan p. 11, C3
Loir-et-Cher

• Yannie Lecalvez
41600 Chaumont-sur-Tharonne
Tél. 02 54 88 53 92 et 06 85 07 50 57
yannie.lecalvez@orange.fr
www.demeure-lemousseau.com

• 3 chambres (dont 1 suite) : à partir de 190 €.
Lit suppl. : 50 €.
Piscine.

–> Ouvert toute l'année.

Le Mousseau

C'est la Sologne des belles propriétés...

À l'orée du parc se dresse une fière gentilhommière de brique construite en 1850. En retrait, un étang au cœur de 75 hectares de forêt. Autant dire la Sologne pour terrain de promenade ! Les lieux collent à leur environnement. Un siège rond à capitons trône dans l'entrée sur fond de boiseries qui courent dans toute la maison. Une salle à manger-boudoir expose l'argenterie qui sied à son rang. Partout des tableaux, des tapis précieux. Mais le clou des pièces de réception, c'est la cuisine ! Une vraie cuisine de château dans laquelle trône un énorme billot au milieu d'un pêle-mêle savamment ordonné où l'on trouve paniers suspendus, tranchoirs et terrines à gibier. C'est là qu'on papote, qu'on se tient autour d'un café pour partager les découvertes du jour et de la forêt avant de gagner l'une des trois chambres du second étage, desservi par un ascenseur. Toutes portent le nom des chiens de la maison. Moquette épaisse et confort feutré pour « Vilna » qui séduira les amateurs de classicisme. Sa salle de bains en marbre abrite une main de bouddha en métal oxydé qui vous convie à la sérénité. « Rumba », sous les combles, s'est mise en tenue de Jouy paille et groseille. Couleur taupe, boutis molletonné et tapisserie bleu nacré pour la suite « Nacre ».

Coups de cœur :

La situation au cœur de la forêt, la cuisine magnifique, l'atmosphère très Sologne.

Bonnes idées :

Incontournable : Chaumont-sur-Tharonne, l'un des plus beaux villages de la région. Le circuit des églises à caquetoire de Sologne. Et un golf 27-trous à 10 minutes.

Plan p. 11, C3
Loir-et-Cher

• Bruno Dujardin
41800 Montrouveau
Tél. 02 54 72 43 67
www.chateaudelaverrerie.fr

• Chambre « Bleue » : 140-180 € selon la saison. Chambres « Parme », « Jaune » et « du Général » : 180-220 €. Suite : 220-260 €.
Table d'hôtes aux chandelles : 60 €.
Grande assiette + verre de vin : 20 €.
Potager bio. 15 ha de bois de châtaigniers et de chênes. Prêt de vélos. Massage et gymnastique.

–> Ouverture : renseignements sur demande.

Le Château de la Verrerie

Du glamour au pays de Ronsard...

C'est au cœur des forêts de Gâtines, où Ronsard en son temps suppliait déjà les bûcherons de ne pas trop abuser des « cognées », que Bruno et Philippe ont choisi de s'installer, proches de la nature et pas trop loin de Paris. Bruno, ancien photographe de pub, s'est pris de passion pour sa maison. Et moi, j'ai découvert aux premiers soleils de l'été 2009 ce lieu magique, perdu au bout d'une allée forestière, comme on découvre le « château de la Belle au bois vivant »... où l'on s'endort dans une débauche d'or et de transparences, de couleurs tendres et de tonalités fluorescentes, de mises en scène aussi élégantes qu'époustouflantes, d'atmosphères décalées entre salle à manger aux boiseries tapissées de trophées et suite allongée sur d'anciennes traverses de chemin de fer. Des chambres aux salons, un effet sensation qui oscille entre une baignoire en fonte boulonnée façon Eiffel, posée devant la flambée d'une cheminée, et des ailes d'ange dorées, disposées à la manière d'épaulettes dans la chambre d'un

ancien général de l'armée française. Bruno adore casser les codes, désacraliser le côté châtelain du château. Ainsi la chambre « Bleue » est d'une tendresse exquise autour de son lit corbeille en skaï argenté, assorti à une commode d'AMPM, mise en lumière sous un florilège de lustres et de bougeoirs à pampilles. La chambre « Jaune » joue les coquettes sur fond de peinture mate et de pochoirs vernis à effet de damassé, en harmonie avec deux adorables cabriolets. Ici et là, opulents tombés de taffetas métallisés, de bouillonnés soyeux. D'une grille d'église aux médaillons en terre cuite sur lesquels chahutent des bambins dodus, d'une volumineuse vasque en argenterie qui présente le linge de toilette, tout ou presque a été chiné dans les vide-greniers du Loir-et-Cher, riches en bonnes affaires ! Au couchant, la chambre « Parme » allume toutes les nuances du rose au violine. Une coupe de vin de Touraine à la main, j'ai savouré l'instant « rayon vert » qui tombait en nuées sur la gloriette, les massifs de fleurs et les chênes vénérables du parc...

Coup de cœur :

La flamboyance d'un décor composé d'atmosphères, de mobilier, d'accessoires soigneusement choisis et de petits riens : le tout mis en scène par l'œil très sûr du photographe.

Bonne idée :

Un itinéraire sur les pas de Ronsard depuis le manoir de la Poissonnière et ses jardins, à 4 km, jusqu'au château de Talcy, en passant par Vendôme et la vallée du Loir.

Plan p. 11, C4

Indre-et-Loire

• Anne-Fabienne Bouvier
La Chaume-Brangerie – 37240 Cussay
Tél. 02 47 91 94 43 et 06 61 72 68 30
contact@la-ferme-blanche.com
www.la-ferme-blanche.com

• 1 chambre avec petit salon : 130 €.
2 suites : 180 et 220 €.
Table d'hôtes : 35 €, apéritif et vin compris.
Piscine. Potager. Jardin bio. Atelier foie gras.
Peinture sur bois.

–> Fermé fin oct.-début mars.

La Ferme Blanche

Des livres et des roses...

Des roses de Ronsard qui sentent bon, des roses en chandelles, des roses pompons... Son art de recevoir, Anne-Fabienne l'a hérité de sa grand-mère qui l'initia à l'accueil au sein de la pension de famille qu'elle tenait. C'est donc tout naturellement que la jeune femme s'est intéressée à cette Touraine du Sud, synonyme pour elle de douceur dans les paysages, de trésors dans le patrimoine et d'art de vivre. Le logis ouvre ses volets bleu tendre sur une cour semée de fleurs, d'herbes aromatiques et de cailloux. Sous le saule pleureur, les grenouilles font la planche sur la mare à l'heure de la sieste. On dirait une aquarelle... De l'ancienne ferme restaurée, Anne-Fabienne a conservé les pavés craquelés, les cheminées en pierre de tuffeau, les poutres en chêne. De ses souvenirs d'enfance, le goût des draps en lin monogrammés, des dentelles de mariées. Elle a laissé libre cours à son penchant pour le mobilier chiné, les patines qui hésitent entre bleu turquoise et vert d'eau. Elle a ajouté ses propres touches de fantaisie, comme ces tissus aux bambous inattendus ou ces rideaux aux rubans rose indien, ces bouquets d'été et de gaieté qui inondent la maison dans laquelle traîne un air d'opéra.

Coups de cœur :

Pour l'accueil, l'atmosphère intemporelle des lieux, le charme d'une maison intimement liée à son jardin.

Bonnes idées :

Loches et sa forêt, et chaque dernier dimanche d'août, la « Forêt des Livres », organisée par Gonzague Saint-Bris, l'enfant du pays, à Chanceaux-près-Loches. À ne pas manquer !

Plan p. 11, C4
Indre

• *Max Allard et Thierry Danyaud*
13, rue Saint-André
36300 Rosnay
Tél. 02 54 37 77 12.

• *4 chambres : 80 €.*
Lit suppl. : 15 €.
Table d'hôtes : 30 €.
Parc arboré de 8 000 m².

–> *Ouvert toute l'année.*

La Crapaudine

George Sand l'aurait aimée...

Peut-être en aurait-elle fait le théâtre de l'un de ses romans ? Si provinciale, tellement berrichonne, édifiée à la fin du XVIe siècle dans l'un de ces petits villages qui surgissent à l'aube dans les halos de brume qui flottent sur la Brenne, la maison exprime tout le charme de la modestie campagnarde. Les chambres ont emprunté leur nom aux étangs voisins : « Tranche-Mule », « Huche-Mouche », « Blizon », etc. Un prie-dieu, des baldaquins de bois ou de planches habillés de torchons, des draps de lin marqués aux chiffres des ancêtres, les traces des anciens fours, des cheminées, des gravures, des cartons à chapeaux, un petit mobilier de chine ou de famille habitent cette maison de village qui a dû appartenir à une famille aisée, compte tenu de ses poutres, de sa belle charpente, de ses pierres de taille. Ajoutez-y la fantaisie d'un laquage vermillon, brillant comme une patinoire sur les sols, le buffet Henri-II de la salle à manger à la belle scène de chasse relooké en gris ardoise, les toiles de Jouy au violet profond du salon, une cuisine de rêve avec la balance de boucher du grand-père. Une mare, évidemment, et un jardin peuplé de bosquets et d'arbres à fleurs...

Coup de cœur :
Tous les gris, du mastic à l'émeraude, tous les pastels qui s'accordent aux étangs, aux ciels et aux lumières de la Brenne...

Bonnes idées :
La route des étangs de la Brenne et l'itinéraire George-Sand qui passe par Nohant.

La Grande Baie

Région Nord-Est

Picardie
Nord-Pas-de-Calais
Champagne-Ardenne
Lorraine
Alsace
Franche-Comté
Bourgogne

Plan p. 12, B1
Somme

• *Miguel de Lemos*
8, place de la République – 80800 Corbie
Tél. 03 22 48 40 04
info@lemacassar.com
www.lemacassar.com

• *2 chambres : 175 €. 3 suites : 220 € et 250 € (apéritif compris).*
Table d'hôtes le dim. soir sur résa. : 50 €, boissons comprises.
Jardin à l'italienne. Bar. Billard. Bibliothèque. Wifi.
–> Ouvert toute l'année.

Le Macassar

Coup de cœur :
La suite « Art déco » éclairée par quatre grandes fenêtres.

Bonnes idées :
Les jeux de lumières sur les portails de la cathédrale Notre-Dame d'Amiens, en nocturne l'été, et en décembre. Les hortillonnages à Amiens et les jardins de la Préhistoire au parc de Samara à La Chaussée-Tirancourt.

Et dormir dans une œuvre d'art, vouée à l'Art déco...

Cette propriété discrète est un chef-d'œuvre ! Ses nouveaux propriétaires ont poursuivi son histoire, entamée lors de sa construction en 1850. Elle appartenait à un industriel du textile qui avait donné carte blanche à sa jeune épouse en matière de décoration. Celle-ci s'est inspirée de l'École de Nancy, et plus particulièrement de Majorelle. Effluves d'encens et parfum de cuir, des pièces de réception au petit salon oriental. Ce sont les boiseries du séjour en ébène de Macassar qui ont donné le ton et son nom à la maison. Tissu aux fleurs, en total look avec la moquette violette, et cheminée en céramique, couleur de feuilles mortes, pour la suite « Junior », très dans le goût anglais. Suite « Empire » plus métissée et deux petites chambres plus classiques dans une dépendance. Mais si vous êtes accro au style années 30, réservez impérativement la grande suite « Art déco » au ton de miel, en frêne et en loupe d'érable. Les tissus au dessin géométrique vert d'eau s'harmonisent au velours ras vert canard qui couvre les murs. La chambre, mise en scène avec le glamour de l'époque, est escortée d'une salle de bains hollywodienne. Parce que « nos hôtes sont des étoiles »... précise Miguel, le maître de maison.

Plan p. 12, B1

Somme

• Stéphanie Danzel d'Aumont
2, rue d'Hornoy – 80640 Aumont
Tél. 03 22 90 67 16
stephanie@chambresdaumont.fr
www.chambresdaumont.fr

• 3 chambres : 80-85 €.
1 suite : 100 €/2 pers., 115 €/3 pers.
Collation le dimanche soir et pour les arrivées tardives. Grand parc, jeux d'enfants (trampoline, toboggan, petit mur d'escalade). Table de ping-pong. Vélos à disposition.

–> Ouvert toute l'année.

Les Chambres d'Aumont

Dans les communs plein de charme d'un château de famille du XVIIIe…

Stéphanie et son mari ont quitté Bruxelles pour revenir vivre dans la Somme et faire revivre cette magnifique propriété de famille. Un corps de ferme élégant, tout en brique, typique de la région. De l'espace, un grand parc pour respirer, des jeux pour les enfants… Les conditions sont réunies pour passer un week-end en duo ou en famille dans l'esprit des châtelains du XXIe siècle. Car, ici, ne vous attendez pas à du rustique ou à de l'empesé. Tout est léger, aéré et résolument contemporain. Avant de mener à terme leur rénovation, les propriétaires ont d'abord pensé « lumière » en créant des ouvertures côté parc, en lieu et place des meurtrières. La grande pièce à vivre s'est installée dans les anciennes écuries où les chambres ont été aménagées, pour l'une, dans le fournil qui a conservé son four à pain, pour l'autre dans l'ancien bûcher. J'ai adoré ce mélange de brut et de douillet, où des murs de brique servent de cadres à des couettes blanches et moelleuses… Où des tables de nuit en meules de pierre, récupérées d'une grange et déposées sur un sol en jonc de mer, cohabitent avec de jolies toiles d'enfants au bain. Coussins et rideaux en velours ras, chocolat pour la première ; anthracite et noirs, coordonnés à la petite commode Napoléon-III qui ne prend nul ombrage du voisinage avec une baignoire ovoïde, pour la seconde. À l'étage, *open space* pour la salle de bains de « Mansarde » qui a pris ses aises sous la charpente à vif de l'ancien grenier à blé. Avec pour vis-à-vis, l'ultra-spacieuse « Ronsard » qui rend hommage aux roses du parc.

Coups de cœur :

L'accueil, l'élégance, l'espace : la classe !

Bonnes idées :

Le château de Rambure, le jardin de Digoin. Les propriétaires proposent, en été, un circuit des châteaux privés du XVIIIe s.

Le Manoir Les Arums

Plan p. 12, B1

Somme

• Sophie et José Alonso-Locqueville
2, rue de Oisemont – 80490 Citernes
Tél. 03 22 20 43 32
info@manoir-les-arums.com
www.manoir-les-arums.com

• 2 chambres : 72 et 82 €.
1 suite : 82 €/2 pers., 115 €/3 pers., 138 €/4 pers.
Lit d'appoint enfant : 20 €.
Table d'hôtes gourmande : 42 €, boisson comprise.
Nombreux golfs aux alentours.

–> Ouvert toute l'année.

Bric, broc et fantaisie...

C'est à l'occasion d'un documentaire sur la faune sauvage en baie de Somme que José, réalisateur, et Sophie, infirmière libérale, sont tombés amoureux de la région. Leur métier le leur permettant, ils louent d'abord des maisons, y reçoivent des amis. Puis, d'amis en amis, germe l'idée d'une maison d'hôtes. Sophie, qui rêvait de posséder un jour un restaurant, se laisse gagner par celle de la table d'hôtes : le plaisir de cuisiner sans les contraintes ! Et Sophie a bien du talent en la matière... Encore fallait-il trouver la perle rare pour mener à bien leur projet. C'est une gentilhommière, fin XIXe, qui leur a fait les yeux doux. La demeure dévoile ses atours sur fond de carreaux de ciments et menus objets de décoration glanés au fil des greniers de famille. Chez Sophie, c'est le show-room de *Marie-Claire Idées* dont elle possède la collection complète ! Ni épuré, ni contemporain et pourtant, j'aime bien sa façon de cultiver la nostalgie des bibelots, des théières, des carafes. Sophie est une amoureuse des fleurs épanouies qu'elle offre en bouquets de saison dans les tasses à thé en porcelaine posées sur les chevets des chambres en camaïeux de blanc, d'ivoire et de lin, avec une pointe de pivoine, une touche chocolat ou tilleul. Et dans chacune, une fleur emblématique de son nom : arum, anémone, amaryllis...

Coup de cœur :

Sophie assure une véritable revue de presse déco. À chaque saison, la jeune femme recompose son décor.

Bonnes idées :

Abbeville, sa collégiale Saint-Vulfran-d'Abbeville, chef d'œuvre du gothique flamboyant picard, et son église du Saint-Sépulcre.

Plan p. 12, A1

Somme

• Écolodge
1, chemin des Matelots
80120 Saint-Quentin-en-Tourmont
Tél. 03 22 99 09 02 et 06 08 62 88 84
contact@lebruitdeleau.org
www.lebruitdeleau.org

• 3 chambres d'hôtes bioclimatiques, construites sur bois et sur pilotis : 129 €. Nombreuses formules. Dîner : 98 €/2 pers. Pavillon de thé. Énergie 100 % verte. Écospa végétal au cœur d'une roselière en mouvement.

–> Ouvert toute l'année.

Le Bruit de l'Eau

Parce qu'il trouvait que ça avait davantage de sens d'aller puiser son inspiration au Japon que de vivre le Japon au quotidien...

Tibo, enfant de la Baie, a choisi de remixer ses origines avec ses centres d'intérêts et de se fixer sur le territoire des espaces limpides de sa jeunesse. Pour ce faire, il a acheté en 2005 cette pâture dans le coin le plus sauvage de la baie et s'est attaché à remodeler le terrain dans l'idée de recréer un lien avec le paysage originel, au cœur d'un jardin toujours en mouvement. Fasciné par le pays du Soleil Levant, le photographe a réfléchi de paire avec l'architecte qu'il est devenu, composant avec les éléments d'ici en pensant à là-bas. Il a donc conçu la maison des hôtes à l'ossature en bois de mélèze comme un abri pour regarder le jardin. L'idée de faire table rase de tout mobilier lui a bien sûr trotté dans la tête, sauf que la maison avait pour mission de recevoir... Chez lui, les cloisons en papier de riz huilé coulissent pour que le regard balaie le marais, la chevelure des oyats qu'embroussaille le vent, mais aussi les poiriers, pommiers, cerisiers du Japon. Il en va ainsi pour la chambre « Wasabi » au vert éponyme. Chaque chambre respecte évidemment le principe du feng-shui. La chambre « Kyoko » porte, elle, le nom du bruit que font les bambous de la forêt, limité ici à ceux de sa terrasse et de son jardin privatifs. La suite « Ginkgo Biloba », du nom du seul arbre qui résista à Hiroshima, donne véritablement la sensation de vivre au Japon avec ses tatamis encastrés dans une dalle en béton. Vue superbe et chants d'oiseaux...

Coups de cœur :

Un concept unique et inattendu, le jardin japonais sur la dune et dans les oyats.

Bonnes idées :

La formule « Zéro carbone » incluant la prise en charge des hôtes à la gare, la découverte du parc ornithologique du Marquenterre et un apéritif culinaire avec produits du potager bio (348 €/2 pers. pour 2 nuits), ou la formule « Zen et iodée » proposant découverte culinaire et bain japonais au feu de bois, et départ tardif à 15 h 30 (228 €/2 pers.).

Plan p. 12, A1
Somme

• Laurent Rivière
21, quai Perrée – 80230 Saint-Valery-sur-Somme
Tél. 06 75 87 54 33
contact@le21.org
www.le21.org

• 4 chambres : 85-100 €.
Table d'hôtes : 40 €.

–> Ouvert toute l'année.

Le 21

La façade est noire, le salon est blanc. Laurent n'a pas tout sacrifié aux couleurs des peintres de la Baie…

Cavalier, amoureux de la baie, Laurent s'est installé sur les quais dans une ancienne maison d'armateur datée de 1815, à la façade noire. Son souhait : vivre ici à l'année… Chesterfield en cuir noir et boiseries blanches au salon d'accueil. Sensible à la géométrie des années 30, il a composé ses chambres dans une harmonie de taupe et d'artichaut pour les premières. Très épurées, on peut y trouver un presse livre Art déco sur une cheminée, qui voisine avec un chevet métallisé et martelé, acheté sur catalogue AM.PM., un siège vintage en tweed, couleur de feuilles mortes, qui cohabite avec un tapis africain en plastique. Dans la chambre « Earl Grey », un paravent chiné ondule sur un parquet dans son jus de grenier, rehaussé d'un pashmina couleur cassis. Laurent met un point d'honneur à ce que les cheminées soient toujours allumées. Chez lui, on peut prendre son petit déjeuner dans de la vaisselle chinée, déparaillée, et dans différentes ambiances : salon, bureau, jardin de roses blanches, trémières, picardes…

Coups de cœur :

La chambre « Artichaut », la chambre « Earl Grey », les petits déjeuners de saison au jardin.

Bonne idée :

Sur le quai, une petite boutique à savourer : Speed-sail pour glisser avec le vent sur les longues plages de la baie.

Plan p. 12, A1

Somme

• Pascal Grimberg
1, rue du Puits-Salé – 80230 Saint-Valery-sur-Somme
Tél. 03 22 60 57 42
info@auvelocipede.fr
www.auvelocipede.fr

• 4 chambres : 95 €. Lit suppl. : 10 €.
Plats à l'ardoise : 7,50-16,50 €.
Menu unique le samedi soir : 28 €.
Vélos à disposition.

–> Fermé en janv.

Au Vélocipède

Un ancien magasin de vélos reconverti en bistrot gastronomique et home très déco.

On y pénètre par le bistrot très tendance, couleur zinc, qui expose derrière ses vitrines de grands tableaux noirs où sont inscrits les plats du jour. Tables bois, chaise Tolix, comptoir noir : le ton est donné, qui ne fait pas dans les couleurs de la baie et qui vous poursuivra dans les étages de la maison, où se sont installées les chambres d'hôtes baptisées « V1 » (pour Vélo 1), « V2 », « V3 » et « V4 ». C'est aussi simple que ça ! Il faut avouer que la simplicité décontractée, qui n'exclut pas la fantaisie, c'est un peu la marque de fabrique de la maison. « V1 » se décline en noir et bis, entre ses deux lits cadrés par une lampe Kartell et une autre de bureau, métallisée, qui éclaire un bronze rétro. « V2 » a une prédilection pour les jeux de miroirs et de lumières qui éclairent le bois et s'accordent au ton de Zan. Elle a pour centre de ralliement une grande terrasse sur le toit. « V3 » est la seule qui fasse en gris pâle et bleu-gris une concession au paysage marin environnant. Des lampes années 60, rééditées par Ikea, allument la sensualité d'un mannequin d'acier posé sur le parquet décapé. Quant à « V4 », elle joue la partition du blanc, du plancher au plafond griffé par le pan oblique d'une cheminée toute en brique réapparaissant au restaurant, un étage plus bas.

Coups de cœur :

Le caractère très actuel, les rééditions de designers : tapis Paul-Smith, siège Jacobsen, Marimekko par des marques à prix sympas (Ikéa, Fly, Habitat).

Bonnes idées :

Le prêt de vélos pour explorer les sentiers marins de la baie. La galerie d'art intégrée.

Plan p. 12, A1
Somme

• *214, rue des Moulins*
80230 Saint-Valery-sur-Somme
Tél. 03 22 61 30 61
hotel@lescorderies.com
www.lescorderies.com

• *11 chambres : 150-204 € selon la saison et le standing.*
Petit déjeuner : 14 €.
Demi-pension : 125-152 €/pers.
Piscine. Jacuzzi.

–> Restauration sur place mer.-dim.
–> Ouvert janv.-nov. (fermé 3 semaines en déc.)

Hôtel des Corderies

Sur le site d'anciens jardins ouvriers…

Ambroise, enfant de Saint-Valery a toujours rêvé de vivre ici. Géraldine, sa sœur, l'a aidé à concrétiser son souhait par son éclairage d'architecte d'intérieur. Ainsi, onze chambres sont nées sur un plateau, tout en haut du quartier des marins, qui surplombe la cité. Chambres avec vue, pour la plupart, sur la baie. Fidèle à son principe de lumière, Géraldine a imaginé un grand salon-orangerie, tout en enfilade, dans des tons de gris-vert qui s'harmonisent avec les tableaux. Des carrés et des rectangles de bois noir se découpent en tables basses et une petite cheminée s'est insérée dans le cadre d'un mur. Le ton est donné : graphique et épuré. Il en va de même pour les chambres. J'ai visité la n° 5 et j'ai été conquise par sa vue grandeur nature sur la baie et les silhouettes des maisons du Crotoy, qui se dessinaient sur l'horizon… par son pan de lit orchestré comme un tableau aux nuances de gris, noir et taupe, assorti au plaid déposé sur la couette blanche. Sièges en résine sur parquet clair, peignoirs en nid-d'abeilles disposés en duo, écran plat : rien ne manque, ni côté confort douillet, ni branché haute technologie. La n° 11 est à l'unisson avec ses énormes fauteuils nacelle noirs chinés chez Habitat. Les leds dans les longs couloirs cheminent vers une superbe piscine intérieure. Noire, évidemment !

Coups de cœur :
La lumière et l'épure très contemporaine des lieux, l'accueil.

Bonne idée :
Une virée en bateau au coucher du soleil, pour observer les phoques.

Plan p. 12, A1
Somme

• Christine Confuron et Gilbert Machu
13, place de la Croix-l'Abbé
80230 Saint-Valery-sur-Somme
Tél. 03 22 60 96 44
cottagescroixlabbe@akeonet.com
http://cottagescroixlabbe.akeonet.com

• 1 suite : 76-96 € selon la saison. 2 gîtes précédés de jardinets privatifs à louer pour 4 per. : 230-270 €/w.-e., 495-635 €/sem. selon la saison. Tarifs dégressifs à partir de la 2e nuit. Vélos à disposition.

–> Ouvert toute l'année.

Les Cottages de La Croix l'Abbé

Gilbert a d'abord visité seul. Puis, il a dit : « si j'en parle à Christine, on est cuits ! »

Denis et Sophie, qui m'avaient ouvert leur porte il y a quelques années, avaient rénové cette maison basse, typique de l'habitat local avec beaucoup de talent. Puis, ils ont cédé les clés à Christine et Gilbert, trop heureux de bénéficier d'un tel cadre de vie pour commencer l'aventure de la chambre d'hôtes. Alors s'est opérée comme une passation de pouvoir entre les deux couples. Sans rupture ni dans le concept ni dans l'atmosphère, les nouveaux propriétaires ont agi avec délicatesse. J'ai de nouveau poussé la porte aux premières lueurs du printemps. Claire, la jeune fille de la maison, était, ce jour-là, préposée aux plantations. Déjà primevères et jonquilles pointaient le bout de leur nez dans les jardinets. J'ai pénétré dans l'unique suite et retrouvé ce petit salon d'accueil délicieux aux superbes carreaux de ciment turquoise, d'origine. Christine a composé son décor en harmonie avec le sol. À l'étage, la plupart des éléments que j'avais aimés auparavant étaient là, le même mobilier cérusé en bois blanchi, souligné, cette fois, de cheveux de neige. Dans la salle de bains, simplicité encore avec ce petit tabouret de buanderie et toujours le fameux cliché du « Pipi Pigeon » ! Les terrasses enlacées de fleurs et de feuillages n'attendent plus que vous pour ouvrir les cages aux oiseaux...

Coup de cœur :
Une simplicité joliment composée.

Bonne idée :
Le Festival de l'oiseau et de la nature en avril.

Plan p. 12, A1

Somme

• Géraldine Senlis
7, rue de l'Echaux – 80230 Saint-Valery-sur-Somme
Tél. 06 70 90 41 73
geraldinesenlis@yahoo.fr
www.squareseven.com

• 2 chambres : 90 et 100 €.

–> Ouvert toute l'année.

Square Seven

Une demeure show-room...

C'est celle de Géraldine, établie dans une petite rue de la vieille ville. Après une formation de styliste, la jeune femme s'est lancée dans la déco et a d'abord appliqué à elle-même ses principes de base au sein d'une maison XVIIIe au toit à la Mansart, qu'elle partage avec les hôtes. Lumière et jeux de couleurs, mélange de vintage et de contemporain. Ainsi, ces vieux sièges de bureau années 50 restaurés par ses soins, mis en scène autour d'une armoire Art déco aux fermoirs ficelle et d'une couette aux rayures blanches, noires et fuschia dans la chambre n° 2. Banquette en laine bouillie et lambris gris dans la chambre n° 1 avec vue sur le clocher de l'église. On pénètre dans son *sweet home* par un salon d'accueil très contemporain, installé dans l'ancien fumoir à poissons. Depuis le canapé blanc, on observe les mouvements de la rue. Dans le salon d'à côté, les briques décapées se sont organisées en tableau autour de la cheminée. De grandes ouvertures ont été créées dans les petites pièces d'origine pour démultiplier l'espace qui s'échappe vers le patio intérieur, où l'on peut petit-déjeuner dehors. Dans l'escalier, un arrière-grand-oncle à moustache brandit comme un trophée son nouveau né. Placée sous le signe des aïeux, si fiers de leur descendance, la demeure de Géraldine ne peut qu'être bénie des dieux !

Coup de cœur :

Ce mélange de vintage et de contemporain en toute harmonie.

Bonnes idées :

En visitant la cité médiévale, vous apprendrez que Saint-Valery était au Moyen-Âge le plus important port de la Manche. L'herbarium des Remparts.

Plan p. 12, A1
Somme

• Sophie et Patrick Deloison
1, quai du Romerel
80230 Saint-Valery-sur-Somme
Tél. 03 22 26 92 17
diora80@voila.fr
www.hebergement-baie-somme.com

• 3 appartements : 50 €/nuit/2 pers., 60 €/nuit/3 pers., 75 €/nuit/famille au dernier étage.
Linge et ménage inclus.
Petit déjeuner livré sur demande, hors saison.

–> Ouvert toute l'année.

Les Appartements d'hôtes

Au sein du quartier des Marins...

Sophie a réinventé le bon vieux temps des peintres de la baie, quand Degas et Sisley peignaient et se logeaient pour une bouchée de pain ! Boiseries aux couleurs des ciels délavés, chaises de cuisine début XXe garnis de coussins en vichy bleu dragée, qui font la ronde autour d'une petite table décapée, cotonnades couleur de suif... Dans le premier appartement, on se croirait transporté d'emblée dans l'atelier de Braquaval. On grimpe. Plus c'est haut, plus c'est beau ! La lumière pénètre à flots par les fenêtres ouvertes sur la première rangée de toits, sur les quais, puis sur la baie. Un parquet décroûté, une table toujours bleutée, une banquette à la manière d'un lit de campement, des luminaires industriels et des boiseries jusque dans la salle d'eau aux carreaux métro. La simplicité dans toute sa majesté et puis la baie ! Au fil des heures du jour, encore et toujours recommencée.

Coups de cœur :
La beauté dans la simplicité et le prix très sympa !

Bonne idée :
La route des peintres de la baie.

Plan p. 12, A1

Somme

• *Mêmes coordonnées que pour Les Appartements d'hôtes p. 169.*

• *1 loft pour 4-5 pers. : 143 €/nuit, 127 € à partir de 2 nuits, 112 € à partir de 4 nuits.*

–> Ouvert toute l'année.

Le Loft

Dans un ancien hangar à bateaux, pour mieux s'évader, rêver, fantasmer...

Au cœur de la ville médiévale, les quatre murs et le toit sont appuyés sur une énorme charpente qui expose maquettes de bateaux et vrai canoë. Patrick est antiquaire, spécialiste du mobilier et des bibelots de mer. Ce vaste appartement de 150 m² est en quelque sorte le show-room des trésors de mer collectionnés par le propriétaire. Grosse bouée en cordage de marine, collection d'appelants, lampes de chevet en étoiles de mer... Vrai loft, mais aussi cabinet de curiosités où les bleus délavés valsent avec les bleus grisés, s'accordent aux zincs cireux, aux jetés de lin couleur kaki. Où les peintures de Robert Hanès, aux tonalités de la baie, prennent tout leur sens sur les murs décroûtés, cadrés de bois flotté. L'immense pièce à vivre, tout comme les chambres et les salles de bains, semblent traverser une période impressionniste qui aurait migré vers le pompéien sur fond de trompe-l'œil marbré après une incursion dans le post-industriel, sans toutefois oublier le lieu préféré de tout artiste : son atelier. Comme en témoigne cette seconde chambre où une sellette de sculpteur attend qu'une muse prenne la pose sur le vieux cuir essoufflé qui lui tend ses bras ridés. Après lui avoir tiré le portrait, l'artiste pourra toujours s'assoupir, satisfait de son travail bien fait, sur une paillasse en fibre de bananier. Au modèle... la malle de voyage en paille pour rêver à d'autres ancrages !

Coups de cœur :
Un lieu pour rêver, fantasmer... Je vous rassure, on peut dormir aussi, se restaurer, vivre, rire, exister, s'épanouir et se laisser aller à la poésie du décor et des objets.

Bonne idée :
S'offrir une virée en bateau.

Plan p. 12, B2

Oise

• Florence et Philippe Michon
33, rue de Gournay
60390 Auteuil
Tél. 03 44 81 94 90 et 06 86 38 89 72
resa@letrentetrois.fr
http://letrentetrois.free.fr

• 3 chambres : 90 €.
Roseraie et jardin plein de charme.

–> Fermé à Noël.

Le 33

Entre épure et campagne, un ancien relais de poste métamorphosé.

Ce couple, des anciens de l'Isle-Adam, cherchait une maison avec un potentiel susceptible de répondre à leur projet de chambres d'hôtes proches de Paris. Un ancien hôtel était à vendre dans le pays de Bray. Vingt-huit fenêtres... À raison de quatre rideaux par fenêtre, la maîtresse de maison ne s'est pas ennuyée pour concrétiser... Mélangeant le lin au linge de famille avec le chiffre de la grand-mère brodé, elle a hissé sur chaque ouverture de beaux drapés qui mangent les sols. Les espaces, qui n'étaient pas adaptés au confort d'aujourd'hui, ont été révisés. Très influencée par la déco belge, Florence a allongé les peintures de Flamant sur les murs : gris mauve dans la salle à manger au sol ardoise, artichaut, bleu des Flandres, noir, blanc, ficelle, couleur de terre dans les chambres. Plaid en tweed de Slots, plaid en coton tricoté, housse réglisse ou boutis rose dragée pour le côté douillet. Armoire customisée, boa de plumes pour le fun. Florence aime le mobilier aux formes généreuses, les anciens meubles de mercerie et les roses du jardin. Avec des luminaires qui pleurent des larmes de bonheur...

Coup de cœur :

La salle des petits déjeuners à la déco pastel, pleine de subtilités.

Bonnes idées :

La cathédrale Saint-Pierre à Beauvais, son chœur gothique, le plus haut du monde, et son horloge astronomique. Le musée de la Nacre à Méru.

Plan p. 12, A2-B2
Oise

• Stéphane Beauvivre
2, rue des Tilleuls
60240 Thibivillers
Tél. 03 44 84 31 10
resa@lepuitsdangle.com
www.lepuitsdangle.com

• 5 chambres : 90 €.
Dîner gourmand : 30 €.
Superbe piscine et hammam dans la grange.

–> Ouvert toute l'année.

Le Puits d'Angle

Sur la place d'un très beau village, une ancienne ferme à colombages du XVIIIe siècle...

Elle a fait de l'œil à Stéphane qui, désormais, vous accueille dans le cadre de cinq chambres aux noms étranges. Cet ancien du groupe Accor, expérimenté dans la direction d'hôtels 3 et 4 étoiles, passionné d'antiquités, a choisi le Vexin pour installer son nouvel art de vivre. Trois chambres occupent les espaces de l'ancienne grange. La première, à la sobriété très étudiée, est posée sur un sol de belles tommettes. Sous la charpente brossée à vif de l'étage s'est nichée une chambre étoffée d'un plaid en coton frangé et d'un boutis aux fleurs fanées. On y découvre aussi une spacieuse chambre en velours marron et bleu, mise en scène entre tissus moirés et chevets de bûches, entre une table Louis-XIII et une armoire ancienne. Deux autres chambres en rez-de-jardin ouvrent leurs portes sur la silhouette de l'église qui se détache en toile de fond. Un diptyque d'Estelle Contamin, une artiste du Vexin, enchante les lieux. Au sommet d'un escalier qui a du vécu, on pénètre par la salle de bains, au sol en ciment laqué rouge, dans une dernière chambre inattendue. Chapeau de cocotte en plume, et atmosphère propice à la littérature...

Coups de cœur :

La grande chambre sous la charpente et la chambre du logis en étage. La salle à manger ornée de statues en bois des XVe et XVIe s.

Bonnes idées :

L'église XIIIe du village, avec son jeu de clochetons atypique, le circuit des villages et des églises du Vexin. Et puis deux golfs 18-trous à proximité, Auvers-sur-Oise et le musée Van-Gogh.

Plan p. 12, B2
Oise

• Catherine et Vincent Gast
201, rue Poncelet – 60190 Rémy
Tél. 03 44 86 28 70 et 06 16 23 02 37
info@manoirsaintcharles.com
www.manoirsaintcharles.com

• 4 chambres : 135 € le w.-e., 125 € en sem.
Dîner : 28 €, boissons comprises.
Forfait « affaire » en sem. : 108 €/pers., incluant dîner et petit déjeuner.
Chapelle. Bibliothèque.
Piscine chauffée. Parc.

–> Ouvert toute l'année.

Le Manoir Saint-Charles

Ils cherchaient un bâtiment industriel pour le transformer en loft...

Raté ! Tourelles et clochetons, gargouilles et armoiries, c'est un manoir néogothique, dont les premières pierres furent posées il y a quatre siècles, qui leur fut proposé. Le bâtiment avait de l'allure, du coffre et du tempérament. Tout ce qui a pu être laissé dans le respect de son histoire l'a été : vitraux, carrelage, boiseries... Ils ont désacralisé le gothique ambiant en imaginant, par exemple, des sièges haut perchés face à la cheminée du bar dans un esprit XVIIIe, grisé et doré. Encouragés par les formidables proportions du logis, ils y ont ouvert quatre chambres d'hôtes. Celle « de la Tour », un peu « Pompadour », est habillée de blanc, d'or et de vanille. La chambre « Charme » a pieusement conservé sa charpente d'origine. Les propriétaires sont partis de la couleur du bois pour composer son décor au ton de champagne rosé. Ma préférée, c'est la « Gothique ». Pour l'audace de ses couleurs : noir, gris, argent, pour ses généreux tombés de rideaux gauffrés et imprimés aux reflets marron glacé, pour ses faux sièges Louis-XV argentés, son urne en raku craquelé, la salle de bains à l'unisson.

Coups de cœur :
L'accord entre style néogothique et détails d'aujourd'hui, comme ces peignoirs blancs ou miel en harmonie avec la couleur de la pierre des salles de bains. Les secrets du jardin XIXe, ses grottes, ses fausses rocailles et son authentique éolienne d'Auguste Bollée, édifiée en 1890.

Bonnes idées :
Le château de Pierrefonds pour être à l'unisson avec le Manoir. Trois golfs dans un rayon de 10 km, dont celui du château de Raray (où a été tourné La Belle et la Bête, *avec Jean Marais).*

Plan p. 12, B2
Oise

• Catherine et Christophe Madliger
9-11, rue Alain-de-Rothschild
60300 Chamant
Tél. 03 44 72 73 47
cmadliger@orange.fr
www.launettecottage.com

• 9 chambres : 117-165 €.
Petit déjeuner : 11 €/pers.
Piscine chauffée de mai à sept.
5 000 m² de terrain, terrasse, parking gratuit.

–> Ouvert toute l'année.

Hôtel L'Aunette Cottage

Ils avaient le projet d'un hôtel. Ils ont acheté cette maison de bourg pour se faire la main...

... et ne regrettent pas d'avoir créé ces chambres cosy et élégantes qui vous attendent entre Senlis et Chantilly. Après avoir revu la cour pavée et revisité les logis, ils ont apposé leur « patte » à ces corps de bâtiments harmonieusement répartis derrière le porche charretier d'origine. Murs de pierre et de brique, morceau de charpente et colombages apparents ont été préservés. Pour les sols, ils ont sélectionné des tommettes de récupération, mis un point d'honneur à ce que les pas des uns glissent en silence sans gêner le repos des autres, habillé les salles de bains de boiseries, posé des portes de placards en guise de têtes de lit. Catherine en a bavé pour décaper celle de la spacieuse chambre « Chocolat », masquée sous des couches de peintures et de papiers peints superposés. Christophe en a récupéré une autre d'époque XVIIIe, et puis son vieux pétrin fétiche d'une maison périgourdine. Du linge choisi chez Anne de Solène ou Harmony, des rideaux aux reflets moirés pour étoffer l'élégance inhérente aux lieux qui embaument la cire et les lavandes du jardin...

Coups de cœur :

Les chambres « Grise » et « Chocolat », la convivialité discrète, les produits de courtoisie signés Fragonard, les petits déjeuners avec pas moins de dix sortes de confitures maison.

Bonnes idées :

Senlis et ses rues tortueuses, ses jardins secrets, son musée de la Vénerie. Chantilly, son parc, sa forêt, son château, le musée du Cheval et celui de la fameuse Dentelle de Chantilly.

Le Vendangeoir d'Orgeval

Plan p. 12, B2
Aisne

• Nathalie et Bernard Vinçon
13, Grande-Rue – 02860 Orgeval
Tél. 03 23 24 79 01
contact@vendangeoir-orgeval.com
www.vendangeoir-orgeval.com

• 2 chambres : 75 €. Lit suppl. : 15 €. Jardins remarquables en terrasses. Salon.

–> Ouvert toute l'année.

Un bouquet de printemps champêtre et racé…

Inscrit à l'Inventaire supplémentaire des monuments historiques, ce vendangeoir du XVIIIe se fond dans la lignée du vignoble qui existait ici jusqu'à la fin du XIXe siècle. La belle demeure aux fenêtres cintrées, datée de 1775, et son escalier à double révolution accentuent le charme des lieux, noyés sous une floraison de taillis en fleurs, de roses anciennes, de clématites par centaines, d'asters, d'anémones. Le jardin, c'est le hobby de Nathalie, qu'elle prolonge sur les différents étages du coteau où vous la trouverez affairée, à gratter, planter, arroser, tailler, bouturer. La maison, c'est la passion de Bernard, tombé amoureux de ces vieilles demeures de campagne qui ont du vécu, un peu fouillis, très broc et pierre. À quatre mains, ils ont réaménagé à l'étage des anciennes écuries les chambres des tâcherons auxquelles on accède par un escalier rouillé. Là encore, joyeux bazar jardinier sous l'auvent : pêle-mêle d'arrosoirs par dizaines, de zincs, de fontes, de gravures anciennes, de lustres poussiéreux. Aux chambres, ils ont laissé les pierres blanches apparentes, les poutres décapées. Nathalie a patiné le mobilier. Bernard a supervisé le gros œuvre, tel le béton incrusté de galets d'une salle de bains qui débouche en cave… Effet garanti !

Coups de cœur :

Le jardin, le mobilier et les accessoires de jardin qui hantent la propriété.

Bonnes idées :

Le chemin des Dames, lieu de mémoire de la Première Guerre mondiale, et le bois des Buttes où Apollinaire fut blessé le 17 mars 1916.

Plan p. 12, B2
Aisne

• Emmanuelle et Luc Simphal
33, avenue Île-de-France
02870 Vivaise
Tél. 03 23 22 97 33 et 06 21 64 39 83
lescernailles@hotmail.fr
www.lescernailles.fr

• 2 chambres : 85 €.
Lit suppl. : 15 €.

–> Ouvert toute l'année.

Les Cernailles

C'était là où l'on battait le blé...

Une rue de village, une longue façade aux volets couleur chanvre, en grès et briques entremêlées, tapissée de feuillages... J'ai sonné. Emmanuelle s'est effacée... Derrière la porte, déjà, se dévoilait un intérieur atypique. Elle m'a proposé un thé au salon. Cristaux, argenterie, nappe en cachemire : la table, dressée dans l'ancienne grange, avait des reflets d'or et de saphir. On se serait cru dans un décor de cinéma, tournant une scène du XVIIIe. Ne manquait que les costumes ! Mais, un XVIIIe siècle d'aujourd'hui avec ses boiseries décapées et patinées, fleuries de mousses et de branches, de bibelots en pierre et de tout un bestiaire qui exaltait l'art des taxidermistes. Avec ça, de grands tombés de rideaux mordorés. Il y avait là comme un petit côté *Grand Meaulnes* découvrant une atmosphère irréelle... Dehors, c'était le grand calme sous les pommiers du verger. Les bûches impeccablement alignées sous les auvents patientaient en vue des flambées de la morte saison. Emmanuelle et Luc, originaires de la région, ont acheté cette ferme il y a une quinzaine d'années. Ils y ont ouvert deux chambres d'hôtes, réunies par une grande pièce à vivre, magistralement orchestrée dans la flamboyance du XVIIIe siècle, où les ors des palais cohabitent avec les bruns de la terre, les verts fumés des forêts de l'automne. Des cadres vides mettent en valeur la beauté des briques

apparentes, ponctuées de bois de cervidés. Vingt-cinq années de brocante ont permis à la maîtresse de maison d'exprimer tout son talent dans cet espace intemporel, composé comme un tableau à la fois naturaliste et Grand Siècle. À l'étage, la chambre « Montespan » s'endort sous un dais en bois doré, emmitouflée dans un plaid en velours, couleur de labour. « Marie-Antoinette » fait son show entre boiseries décapées et salle de bains à la baignoire très actuelle : look baquet et rebord émaillé pris dans un plâtre au blanc immaculé. Casser les codes, retrouver l'envers d'un décor pour le sublimer, Emmanuelle connaît tous les secrets des mises en scène à tomber.

Coups de cœur :

L'accueil et puis, dans un show-room de tommettes de récupération et de boiseries décapées, tous ces petits détails qui composent le décor : lierre et mousse, zincs et lustres à pampilles, écureuils et cornes de cervidés, carreaux de Delft à petits personnages...

Bonnes idées :

*Une visite de Laon, la ville méconnue dont l'apogée remonte au XIII*e *s., les églises fortifiées de Thiérache. Se recueillir sur le chemin des Dames.*

Plan p. 12, A1
Pas-de-Calais

• Marie-Chantal et Dominique Thierry
62170 Wailly-Beaucamp
Tél. 03 21 81 02 99
laprairiere@wanadoo.fr
www.laprairiere.com

• 4 chambres : 100-120 € selon le standing.
Lit suppl. : 30 €.

–> Fermé de mi-nov. à mi-fév.

La Prairière

Le charme de la vallée de la Canche dans un nid de rosiers…

Lorsque Marie-Chantal et Dominique, qui avaient leurs habitudes au pays, ont acheté cette ancienne propriété en ruines, entourée de quatre hectares de prairies, ils ont planté des centaines de rosiers. De l'autre côté du jardin, il y avait une petite fermette longue et basse qui humait l'air de la vallée. Ils l'ont également remise d'aplomb. Dans ce qui est aujourd'hui le salon aux douces tonalités de gris, élégant, chaleureux et campagnard à la fois, il y avait un trou béant et un sol en terre battue d'où pointaient des éclats de silex. Les poutres et les colombages ont été passés au Karcher, une cheminée remontée d'une ancienne chaumière, le parquet installé. Et dans la petite entrée qui dessert les chambres, une grille d'extérieur, réadaptée en rambarde d'escalier, un sol en pierres du Hainault, achetées chez un récupérateur, donnent le ton. Dans ce logis réactualisé se sont alors immiscées de petites chambres aux portes décapées, au mobilier patiné par la maîtresse de maison. Tonalités framboise pour l'une, fleurs de pommiers du Japon pour une autre. Boutis de Blanc d'Ivoire, lin ficelle, objets chinés dans les brocantes environnantes et bouquets de fleurs fraîches à foison.

Coup de cœur :
L'atmosphère et son cocon de bien-être.

Bonne idée :
Au printemps et en automne : le circuit des brocantes et des vide-greniers.

Plan p. 12, A1

Pas-de-Calais

• Roland et Alexandre Gauthier
BP2 – 62170 La Madelaine-sous-Montreuil
Tél. 03 21 06 07 22
contact@lagrenouillere.fr
www.lagrenouillere.fr

• 4 chambres : 120-140 €.
Petit déjeuner : 10 €. Restaurant gastronomique : menus à 33 €, 55 €, 75 € et 95 €.

–> Fermé pour travaux de rénovation. Réouverture en avril 2011.

L'Auberge de la Grenouillère

La transmission d'un savoir et l'avenir en point de mire...

Le jeune Alexandre Gauthier a succédé à son papa, Roland, aux pianos de La Grenouillère, un restaurant dont la réputation s'envole au-delà de nos frontières. Papa est toujours là, en cuisine et en salle pour accompagner son fils, les fidèles et les nouveaux venus en cette auberge, parmi les plus savoureuses de France, qui a retrouvé son étoile injustement envolée il y a une poignée d'années. Promis juré, le jeune chef passionné – peut-être le plus doué de sa génération – ne sacrifiera jamais aux sirènes des modes, ni la mythique poêlée de grenouilles, ni les fameuses crêpes Suzette de Papa. Mais chacun y trouvera son compte et sa place. On trouvera enfin de la place pour passer un week-end – comme toujours délicieux – à La Grenouillère, en cette vallée de la Canche, tellement pittoresque. Les quatre chambres accueillent avec bonheur les hôtes. Une chambre aux boiseries et au mobilier classique qui rassure les plus traditionnels. Trois autres, pétillantes de couleurs acidulées, entre plaids mouchetés et tabourets industriels en tôle laquée. On s'attendait à un peu de remue-ménage ces dernières années, on parlait d'un audacieux projet hôtelier... Et on attend justement du mieux pour le printemps 2011 !

Coups de cœur :

La générosité de l'accueil, l'excellence de la table.

Bonnes idées :

Une balade en vélo dans la vallée de la Canche et une escapade au Touquet.

Plan p. 12, A1

Pas-de-Calais

• Magali et Alexandre Gauthier
51 bis, place du Général-de-Gaulle
62170 Montreuil-sur-Mer
Taverne des Froggy's : tél. 03 21 86 72 32
ou à La Grenouillère (voir p. 179) : tél. 03 21 06 07 22
contact@lagrenouillere.fr
www.2bischambresdhotes.com

• 2 chambres-lofts : 125 €.
Restaurant La Grenouillère : menus 33 à 95 €.
Froggy's Taverne : menus à 13 €, 19 € et 26 €.

–> Fermé 1 mois entre déc. et janv.

Les Lofts des Froggy's

Coup de cœur :
Une vraie révolution dans l'hôtellerie, un style jeune, urbain, en totale adéquation avec la nouvelle impulsion qu'Alexandre souhaite pour les établissements familiaux.

Bonne idée :
Les Puces de Montreuil-sur-Mer en juillet.

Urban Style...

Évidement, Alexandre, dont le duo aux fourneaux avec son papa, Roland, fait saliver tous les gourmands qui investissent La Grenouillère, se devait d'avoir un lieu bien à lui. Après l'ouverture de la Taverne des Froggy's sur la place de Montreuil qui révolutionne la restauration locale, Alexandre vient de créer à deux pas de là, dans une ancienne menuiserie, deux chambres d'hôtes au style très « loft ». Le vestibule tout béton donne le ton... Articulées autour d'un patio avec une grande table dehors-dedans, posée face à un mur végétal, ces chambres sont à la fois ultra-contemporaines et cocooning : sols en Bolon, couettes blanches et généreuses. Tons gris-blanc pour la première, réveillée par l'éclat d'une salle d'eau couleur anis. On prend son bain en regardant la télé par la grande baie vitrée. Si besoin, l'intimité est préservée grâce à des stores japonais. La seconde est rouge, plus cosy, ombragée par un tombé de lin ficelle. Écrans plats, DVD. Open bar – bières et jus de fruits – à volonté. Machine à Nespresso®. *What else* ?

Plan p. 12, A1
Pas-de-Calais

• *Françoise et Henri de Franssu*
7, allée des Aulnes – 62630 Étaples
Tél. 06 85 84 85 05
douville@wanadoo.fr
www.lagrandebaie.net

• *1 chambre : 100 € la 1re nuit, 90 € les suivantes.*
1 suite : 120 € la 1re nuit, 100 € les suivantes.
Accessible aux handicapés.

–> Fermé nov.-fév.

La Grande Baie

C'est une île flottante, entre la Canche et la Manche...

À marée haute, le Touquet ressemble à un mirage ! À marée basse, c'est un champ marin. Henri rêvait de construire une cabane sur ces garennes qui surplombent la baie. Les garennes étant au Nord de la France, ce que les garrigues sont au Sud. Ce vaste terrain appartenait à la famille de son épouse, Françoise, originaire d'Étaples. Au fil du temps, le projet s'avéra plus ambitieux que prévu, avec l'installation d'un lotissement et l'autorisation de conserver à usage personnel le haut de ces garennes. Finalement, en lieu et place d'une cabane, ils édifient la maison de leurs rêves qu'ils ouvrent aux hôtes. Après une vie d'agriculteur du côté d'Amiens, Henri se découvre une vocation d'architecte... Lui qui était plutôt brique et pierre, adepte des demeures anciennes, s'intéresse au bois et aux maisons californiennes. Avec son ossature en dur recouverte, comme les toitures, de red cedar et ses balcons en iroko, leur nouvelle résidence contemple les couchers de soleil sur la Canche avec l'impression de vivre les pieds dans l'eau alors que la première plage est à... 5 km ! Sisal au sol, boutis crème-cacao et plaid chocolat pour la chambre avec balcon. Tommettes de récupération, grand salon avec cheminée et petite table pour les petits déjeuners en toute intimité pour la vaste suite installée dans une dépendance. On s'y endort au ras de la garenne, pleine vue sur le bras de la Manche...

Coups de cœur :

La vue, l'ossature, la suite : belle, spacieuse et accessible aux handicapés.

Bonnes idées :

Golf au Touquet, char à voile, kitesurf à Étaples, randos sur les garennes.

Plan p. 12, B1
Pas-de-Calais

• Sébastien de La Borde
1, rue Baillet – 62130 Bermicourt
Tél. 03 21 03 33 33
sebastien@lacourderemi.com
www.lacourderemi.com

• 4 chambres : 80-90 € selon le standing. 5 suites : 140 €. Cabane : 160 €. Petit déjeuner : 10 €. Repas en formule bistrot : 29 € et 34 €.

–> Téléphoner pour connaître les dates de fermeture l'hiver.

La Cour de Rémi

Un devoir de mémoire métamorphosé en art de vivre…

Sébastien a été élevé au château. Son grand-père s'appelait Jean de Hauteclocque, frère du maréchal Leclerc… Mais la raison de la présence d'un tank à l'entrée de la propriété relève de l'histoire du Tank Corps britannique qui logea ici en 1916. Autant dire que ce lieu chargé d'histoire méritait de poursuivre la sienne. Et, c'est en hommage à Rémi, dernier exploitant de la ferme, que Sébastien a baptisé son hôtel. Jadis, il travaillait dans l'industrie et gagnait mieux sa vie. Désormais, il est juste « plus heureux » de faire partager les dépendances du domaine au travers de neuf chambres immenses, de rassasier ses hôtes avec un menu de saison qu'il concocte avec passion. Dans les chambres, les pavés d'origine ont été conservés, les briques aussi. Toutes privilégient l'espace derrière leurs grandes baies vitrées, façon écuries métamorphosées. Certaines ont conservé leurs longues pierres de mangeoire, un carré de brique en tête de lit pour l'une, la double ouverture de l'ancienne grange qui laissait passer la batteuse pour l'autre. La plus petite fait 50 m² ; la plus grande – 95 m² – épouse toute la longueur de l'ancien séchoir à tabac. Chevets en pierre et doubles baignoires XXL !

Coup de cœur :
Ici, le luxe, c'est l'espace…

Bonnes idées :
Relire l'Histoire et se balader dans les jardins du Ternois.

Plan p. 12, B1

Nord

• Martine et Frédéric Catry
37, chemin du Blaton – Hameau du Crumesse
59166 Bousbecque
Tél. 03 20 98 83 66 et 06 84 04 13 36
info@lavalandiere.com
www.lavalandiere.com

• 2 chambres : 95 €.
1 suite : 100-130 €.
Table d'hôtes : 27 €, vin compris.
Sauna. Parc. Roseraie.

–> Ouvert toute l'année.

La Valandière

« Maison d'hôtes »…
Et si c'était un sacerdoce ?

Sept ans de rénovation acharnée avaient été nécessaires au précédent propriétaire pour transformer cette ancienne ferme en résidence atypique. La cour fermée s'était métamorphosée en patio hispanisant, chaulé à blanc et auréolé de faïences de Desvres. Le « Séminaire » que les nouveaux propriétaires louent en semaine à des entreprises porte bien son nom… On dirait une chapelle avec son chœur, son confessionnal, ses vitraux et même ses pierres récupérées de l'église Saint-Antoine de Roubaix. Le week-end, c'est ici que Martine dresse sa table d'hôtes. Si la suite « Chocolat » a conservé son atmosphère des Flandres entre faïences bleutées et sobriété métissée de clins d'œil africains, escortée d'une salle de bains années 70, les chambres de l'ancien pigeonnier ont plongé, sans se retourner, dans un environnement contemporain savamment orchestré. Lit sur estrade en teck naturel, trempé dans un bain d'acide pour lui donner son aspect blanchi, et salle de bains à l'italienne pour la chambre « Épura ». Éblouissant camaïeu de turquoise dans la chambre « Charme », des rideaux au couvre-lit en passant par les capitons du cabriolet réactualisé. Cocooning et radieux !

Coups de cœur :

Les chambres « Charme » et « Épura » et le petit détail bien caché de l'œil de Judas dans le confessionnal de la suite « Chocolat ».

Bonnes idées :

Un détour par la superbe boutique déco Demeure de Famille à Bondues s'impose ! Et puis le circuit des estaminets du Nord.

Plan p. 12, B1

Nord

• Caroline et Luc Delesalle
1839, rue de Lille – 59262 Sainghin-en-Mélantois
Tél. 03 20 05 05 61 et 06 30 49 25 64
contact@la-verdiere.eu
www.la-verdiere.eu

• 3 chambres : 110-130 € selon le standing.
2 suites : 130 et 145 €.
Table d'hôtes : 30 €, boissons comprises.
Espace détente (Jaccuzi, sauna, hammam) :
55 €/2 pers. la 1/2 h. Massage sur demande :
60-105 €. Gîte pour 6 pers. dans une dépendance :
630-700 €/sem. Linge et ménage inclus.

–> Ouvert toute l'année.

La Verdière

Après une carrière dans l'aérien, Luc s'est re-posé dans la maison de famille où il avait atterri dès l'âge de 4 ans !

Cette magnifique maison bourgeoise construite par le recteur de la Faculté catholique de Lille s'appelait alors « la Sapinière ». Le père de Luc l'a rebaptisée « La Verdière ». Pourquoi ? Allez savoir... La demeure dévoilait déjà ses attraits en lisière d'un grand parc peuplé de hêtres et d'un hêtre pourpre, mélèzes et cèdre du Liban, magnolias, tous plus que centenaires, aujourd'hui survolés par de beaux pigeons paons, tous blancs. On est accueilli au salon des hôtes par le propriétaire et son épouse Caroline, dans la tradition des grandes familles du Nord. L'apéritif est servi dans le cadre douillet de petites chauffeuses chesterfield au velours ras. Autour des tables piquées, les photophores Pomax orchestrent joyeusement la danse des lumières dans une harmonie flamande réactualisée. Un secrétaire chiné dans une brocante a été rafraîchi dans les mêmes tonalités grisées que la salle du petit déjeuner ouverte sur les clartés du parc par une grande baie vitrée, tout comme la salle à manger. Cet espace lumineux dégagé il y a cinquante ans était, pour son temps, à l'avant-garde de notre art de vivre contemporain. Dans les étages, cinq chambres poursuivent cette douce harmonie aux tons de gris et de gris-perle, de gris-blanc, d'ivoire et de bleu-gris. Élégance dans les tons et dans l'accueil. Tout est à l'unisson...

Coups de cœur :

Le charme intemporel d'une propriété bourgeoise réactualisée aux tonalités d'aujourd'hui et, dans la suite « Hêtre », les maquettes d'avion, passion du maître de maison depuis l'enfance.

Bonne idée :

Le musée d'Art contemporain de Villeneuve-d'Ascq.

Plan p. 12, B1

Nord

• Pascale et Jean-Yves Jospin
27, rue de la Liberté – 59990 Estreux
Tél. 03 27 42 91 19 et 06 88 47 06 41
lafrenaie59@gmail.com
www.lafrenaie.fr

• 3 chambres : 69 €. 1 suite : 79 €.
Repas sur résa. : 22 €.
TV et peignoirs. Piscine. Tennis. Grand parc et jardins.

–> Ouvert toute l'année.

La Frênaie

Le charme, les couleurs et les attributs du Hainault...

À dix kilomètres de la frontière belge, dans une ancienne ferme et ses dépendances, à l'architecture à la fois typique et atypique... Typique par sa pierre blanche de pays, atypique par sa galerie de bois assortie à la couleur bleu goudron de ses volets. Jean-Yves et Pascale ont le sens de l'accueil et des couleurs qui s'ébrouent jusque dans le jardin, où le lierre s'ébat avec jubilation. Ils m'ont tendu une « Clef d'Or » qui ouvre sur le décor au ton de paille des anciens greniers, où des coussins en broderie anglaise s'ébattent sur un lit couleur de farine. La vaste salle de bains expose ses carreaux coquille d'œuf et chicorée, son bloc lavabo Empire et sa baignoire à l'ancienne. Sa voisine, la « Clef des Arts » évoque le musée Matisse de Cateau-Cambrésis – d'où sont originaires les propriétaires – avec ses ferronneries, sa fenêtre moucharabieh, sa pelisse astrakan assortie au ton de gris coron de ses murs et de son parquet laqué. Puis, j'ai pris la « Clef des Champs » pour visiter l'ancienne écurie. Deux lits aux couettes rouge norvégien, adossés à la mangeoire d'origine, étaient allongés sous une voûte de brique. J'ai cru pouvoir en faire autant en m'emparant de la « Clef du Bonheur ». C'était sans compter sur le pan de mur tapissé des pages d'une gazette locale d'avant-guerre, qui m'a captivée. À La Frênaie, le « Bonheur » se décline en bleu et rend hommage au textile du Nord et aux dentelles de Caudry.

Coups de cœur :

L'accueil, le sens des couleurs, du salon aux chambres. Et, pour la petite histoire, lors de l'intronisation de son mari, la dentelle de Caudry agrémentait la robe de Michelle Obama.

Bonnes idées :

Le musée du Fer à repasser à Sebourg, très joli village vallonné. La brasserie Le Baron à Gussignies, un estaminet réputé à la frontière, au bord de la rivière.

Plan p. 12, B1

Nord

• Chantal et Luc Vancompernolle
8, route d'Aulnoye – 59440 Saint-Hilaire-sur-Helpe
Tél. 03 27 57 07 15 et 06 85 93 00 44
luc.vancompernolle@wanadoo.fr
http://grange.saint.hilaire.free.fr

• 5 chambres : 55-75 € selon le standing.
Salon de thé ouvert juil.-sept.

–> Ouvert toute l'année.

La Grange de Saint-Hilaire

Au Nord, il y a la déco...

Exercice de style magistralement réussi entre neuf vieilli et vieux rajeuni... Ce couple, originaire de Dunkerque, voulait vivre à la campagne. Les paysages de bocage de l'Avesnois les ont séduits. Une ancienne ferme caparaçonnée de briques les attendait. Ils ont annexé l'ancienne grange, dont seuls les murs ont été conservés. L'aménagement intérieur, entièrement en bardages de bois, peints à mi-hauteur, accueille les hôtes au cœur d'une sorte de petite place de village ouverte sur le feu de cheminée d'un salon composé d'un lit en fer, recouvert de coton gris et de coussins sacs à patates. Une petite balustrade en fer forgé rouillé et les persiennes d'une coursive font le tour de la grange. Très inspirées par les maisons de la campagne suédoise, les chambres s'épanouissent entre tonalités gustaviennes et flamandes. Elles s'offrent dans une simplicité extrêmement réfléchie – c'est ça le grand art ! Couettes en flanelle

d'AM.PM. et tapis à bandes de cuir, portes en glissières où des inscriptions accrochent la lumière... Chantal, qui adore la chine et la nature, a déniché des trésors dans les brocs des Flandres, qu'elle a mis en scène dans sa maison : petit meuble de métier vieilli et transformé en herboristerie, pains de savons bruts, couronnes de branches ou de chanvre, statues de pierres moussues. La plus spacieuse des chambres ose les tonalités de tilleul et de feuilles mortes sous un baldaquin en planches couronné de baies. Un nid d'hirondelles, porte-bonheur, trouvé dans la demeure, ponctue la montée de l'escalier...

Coup de cœur :

Cet estaminet magnifiquement reconstitué dans la salle des petits déjeuners, où crumbles, têtes-de-moine, fromage de l'Avesnois, brioche maison attendent les hôtes.

Bonnes idées :

Du tourisme vert et puis, à Guise, le musée du Familistère de Godin, où vous visiterez une cité ouvrière très utopiste, édifiée en 1859, et qui a survécu un siècle.

Plan p. 13, C2
Ardennes

• Rue principale
08110 Williers
Tél. 03 24 55 49 55
www.chez-odette.com

• 9 chambres : 175-265 € selon le standing.
Petit déjeuner : 19 €.
Menus : 40 €, 49 €, 58 €. Bar. Bistrot.
Terrasse contemporaine ouverte sur le village.

–> Ouvert toute l'année.

Chez Odette

Une histoire rocambolesque d'amour et d'amitié autour d'un bistrot rétro, au top des tendances !

Et c'est le portrait grandeur nature d'Odette dans la splendeur de sa jeunesse qui m'a accueillie sur le pas de la porte. À l'extérieur, « Chez ODETTE » qui s'affichait en rouge coquelicot sur fond de grisaille béton, donnait déjà le ton... Totalement décalé. Avec le salon couleur chocolat, groseille et noir de fumée, cuirs ébène et velours cassis... Odette, qui s'est éteinte à 84 ans, a tenu toute sa vie le vieux café du village à 400 mètres de la frontière avec la Belgique, où l'alcool était interdit avant-guerre. Copine avec les douaniers, Odette faisait, mine de rien, son petit trafic de champagne qui transitait par la forêt et dans lequel tout le monde trouvait son compte ! Après moult passations de pouvoirs à rebondissements, son établissement s'est doté de six chambres à l'épure parfaite. Elles sont allongées sur du chêne blond, possèdent des tons de pistache et de chocolat, sont ponctuées de ravissants vases tilleul et coquelicot d'Henry Dean à Anvers. Chacune est escortée d'une belle salle de bains à l'italienne. Dans la salle de restaurant, une photo couleur sépia, datée de 1916, fige le village. On sent que les tranchées ne sont pas bien loin... Tout est suggéré en ce lieu inattendu, où les émotions cohabitent sans se heurter dans un respect mutuel des personnes, des tendances, des affinités, comme du passé. Alors, heureuse, Odette ?

Coups de cœur :

L'atmosphère : incomparable ! Et puis les petits détails, comme les six bougies aux essences parfumées allumées devant les baignoires.

Bonne idée :

La forêt des Ardennes aux lueurs de l'automne pour des randonnées qui jouent à saute-frontières.

Plan p. 12, B3
Aube
• Arlette et Patrick Leborgne
10800 Moussey
Tél. 03 25 41 74 01
contact@domainedelacreuse.com
www.domainedelacreuse.com

• 2 chambres : 110 €. 3 suites : 130 €.
Lit suppl. : 30 €.

–> Fermé durant la période de Noël.

Le Domaine de la Creuse

Actionnez la machine à remonter le temps...

Imaginez, une magnifique grange aux murs de briques, coiffée de tuiles pain d'épice, imaginez des torchis et des colombages. Ici, jadis, les chevaux de trait tiraient les tombereaux et les poules picoraient ce décor couleur sépia. C'est d'ailleurs dans leur ancien poulailler que les nouveaux propriétaires ont installé une première suite « Muscari » au velouté de bleu tendre, puis une seconde chambre en camaïeu de rouge. Avec les broderies au point de croix – passion de madame –, c'est tout un univers savamment composé autour d'un salon XVIe, de trumeaux XVIIe, de persiennes décapées, de cages à oiseaux, de lustres à pampilles qui s'offre à vous à l'heure du petit déjeuner. D'autres chambres sont nées... « Ascott », naturellement établie dans l'écurie avec sa cantonnière en bois sculptée, d'où tombent des voiles de mariée. Son vestibule expose bottes cavalières, selles et licols. La suite de la « Bergerie » a conservé sa mangeoire. Diadème de roses et voilage ficelle de Blanc d'Ivoire. Une baignoire couleur maïs à l'émail ivoire prend la pose dans la salle de bains ouverte. Des nounours chahutent dans la chambre des enfants. Ma préférée c'est « Seringat » aux tonalités de miel, de sable, de crème de lait, revisitée par une décoration très actuelle autour de ses fauteuils à capitons couleur de blé, de ses tapis méchés, de sa petite cheminée en bois garnie de branches, et des portraits d'ancêtres qui veillent sur votre sommeil...

Coups de cœur :

La salle de bains de « Seringat » aux pierres de récupération, drapée de draps anciens aux embrasses de ficelle, nouées de feuillages. Une maison fignolée dans les moindres détails. L'accueil.

Bonnes idées :

Troyes, ses musées, ses magasins d'usine à dix minutes et la route du Champagne à proximité.

Le Manoir des Charmes

Plan p. 12, B2

Marne

• Ivana et Jean-Marc Leclercq
83, boulevard Charles-de-Gaulle – 51160 Aÿ
Tél. 03 26 54 58 49 et 06 12 81 06 41
contact@lemanoirdescharmes.fr
www.lemanoirdescharmes.com

• 5 chambres : 120-145 € selon le standing. Grand jardin fleuri.

–> Fermé de Noël au 12 fév.

« Songes », « Romance », « Secrète », « Plénitude » : un fil d'Ariane qui forcément conduit au « Paradis » !

Tels sont les noms donnés aux chambres de cette belle maison bourgeoise, construite par un riche propriétaire terrien en 1906. Douze mois de travaux ont été nécessaires pour reconvertir les anciennes écuries en alcôves pleines de charme, refaire les sols en dalles de pierre reconstituée. Et s'ils devaient ouvrir une nouvelle chambre, je leur suggère de la baptiser « Tendresse ». Car c'est réellement la dominante qui se dégage de cet ensemble déclinant toute la palette des gris, passant du perle au tourterelle, du taupe à l'artichaut, de l'ardoise à l'anthracite. Une demeure qui fait la part belle aux commodes pansues, aux boutis en patchwork de lin et de velours, au linge ancien, au papier peint très actuel de Farrow & Ball, aux drapés opulents, aux rideaux rose indien de Designers Guild sur fond de patine rose dragée. Ivana excelle dans l'art de confectionner de petits stores froissés et moirés, des abat-jour dans les chutes de pyjama à fines rayures noires et blanches de son fils. Et dans chaque chambre, un bouquet de roses épanouies ou de fleurs de saison… à profusion !

Coups de cœur :

La déco qui change au gré des saisons, l'opulence d'une maison dans la plénitude de son art de vivre. Et l'écho d'une musique classique distillée au fil des heures.

Bonnes idées :

Les plus belles caves du vignoble, mais aussi le village de Hautvillers et son abbaye, berceau du champagne.

Plan p. 13, D2
Moselle

• *Nicole et Jean-Georges Klein*
5, Untermuhlthal – 57230 Baerenthal
Tél. 03 87 27 05 60
hotelk@orange.com – l.arnsbourg@wanadoo.fr
www.arnsbourg.com

• *6 chambres : 230-295 €. 5 suites « Junior » : 350-420 €. Suite « Vanille » : 500 €.*
Petit déjeuner : 28 €.
Relais gourmand au restaurant de l'Arnsbourg (sur résa.) : menu « Saveur » 120 €, menu « Découverte » 150 €.

–> Fermé en janv. et 2 semaines en sept.

Hôtel K

Coup de foudre !

29 avril 2006, c'était l'anniversaire de Nicole et la naissance de l'Hôtel K. Au sommet du design et de l'épure, les Klein ont frappé fort. Personnellement, j'adore… cette carcasse d'acier et pin Douglas, inspirée des anciens séchoirs à tabac, qui laisse la nature pénétrer dans chaque pièce, ces espaces où la clarté rivalise avec la beauté. Nicole, dont le mari – trois macarons Michelin – officie dans le pré en contrebas, au réputé restaurant de l'Arnsbourg, voulait un hôtel intime, sans *desk*, du mobilier de designers, des matériaux naturels. Alors, c'est par un grand sourire rouge carmin que vous serez accueilli au salon. Le rouge est mis jusque sur la « Ferrari » de Jean-Georges, un tranchoir à jambon qui trône dans la salle des petits déjeuners. Au fil des étages, les douze chambres ont le même souci d'espace et d'épure. Toutes sont ornées d'œuvres de Fernand d'Onofrio ou de Sylvie Herzog, qui ont exprimé leur talent sous forme de totems, d'emballages, de tableaux qui virent au fluo dès la tombée de la nuit. Les lampes blanches, design et amusantes d'Artémide allument la magie autour des rideaux griffés Baumann. Dans la chambre « Poivre », expérimentez, sous les glissières de laminés, une salle de bains wagon. Dans la chambre « Mangue », les arbres ont poussé. La plus spacieuse et la plus audacieuse, c'est « Vanille » : luminaires en forme de parasols blancs, sculptures de cocons, sauna privatif et baignoire panoramique. 65 m^2, ça vous ira ?

Coup de cœur :
La chambre « Caviar », à savourer sans modération dans le halo de ses lampes fantômes.

Bonnes idées :
La citadelle, son musée, qui abrite le plan-relief de Bitche, et son jardin pour la Paix.

Plan p. 13, C2
Moselle

• Philomène Régina et Pascal Bellot
40, Grand-Rue
57365 Flévy
Tél. 03 87 58 16 86
giteducoqalane@wanadoo.fr
www.gite-ducoqalane.com/

• 4 chambres : 65-85 €.

–> Ouvert toute l'année.

Du Coq à l'Âne

La rencontre d'un artiste complet et d'une amoureuse de la chine…

Dans une ancienne maison de notables construite avant la Révolution – en témoignent les fleurs de lys et la couronne de la cheminée –, Pascal, sculpteur sur pierre, et Philomène se sont attelés à un boulot colossal ! Ils ont décapé les boiseries d'époque laissées dans leur jus, conservé les carreaux de ciment d'origine, refait les sols en pierre de Bourgogne et tous les enduits à la chaux, pour que leur maison respire, sauvé une cloison en torchis, aménagé dans chacune des chambres des salles de bains à l'italienne. Et Pascal a donné libre cours à son art qui s'exprime, ici, sous forme de tables, de lampes en pierre, toutes d'ambiance, qui filtrent astucieusement la lumière. Il a taillé des billots de bois en chevets, créé des œuvres métalliques, peint de grands tableaux contemporains. Avec le désir de rester dans la sobriété des matériaux, ils ont imaginé à quatre mains des chambres aux tonalités de caramel et de bois blond, de zinc et de lin. Philomène s'en est donné à cœur joie pour chiner d'amusants meubles de métier, un chauffe-plat de couvent, des armoires réfrigérantes, un mannequin d'osier et de crins, jusqu'à un téléviseur accordéon inédit !

Coups de cœur :

Les œuvres du maître de maison alliées à la fantaisie du couple, qui font revivre cette noble maison.

Bonnes idées :

Les musées de la Cour d'Or à Metz, la maison et la tombe de Robert Schumann à Scy-Chazelles.

Plan p. 13, C2

Meurthe-et-Moselle

• Virginie Kuntz-Roussel
10, rue du Château
54610 Manoncourt-sur-Seille
Tél. 03 83 86 50 50 et 06 11 48 28 81
www.chateau-de-manoncourt.com
et info@chateau-de-manoncourt.com

• 2 suites « Junior » : 105 €. 1 suite : 130 €.

–> Ouvert toute l'année.

Le Château de Manoncourt

Nuits de Chine et chef-d'œuvre Art déco au château...

« Château » est peut-être un bien grand mot... N'empêche que les fresques qu'il abrite sont signées Louis Guingot, cofondateur de l'École de Nancy. Restaurées il y a une quinzaine d'années, elles célèbrent la ferme, les vendanges, les vergers et sont classées Monument historique. Elles font partie d'un bel ensemble de réception où figure une tribune de musiciens et une cheminée monumentale dans le style d'Arc-et-Senans, encadrée de bibelots asiatiques. J'étais venue en coup de vent. Je suis restée trois heures ! Tombée sous le charme des lieux et de Virginie, sa propriétaire : une jeune femme débordant d'enthousiasme qui, en compagnie de son mari, Olivier, a pris à bras le corps la maison de famille pour la faire revivre. Ils se sont lancés dans leur projet comme dans un défi. L'ancienne championne de Lorraine d'attelage s'est fait décoratrice et a transformé les anciennes écuries en chambres d'hôtes. Dans un style zen, largement inspiré par l'Asie, les chambres embaumées par les senteurs d'Estéban s'ouvrent en suites sur fond de murs vanille, habitées de chevets vert céladon, d'armoires en laque de Chine, de mobilier en tresse d'osier, de tatamis, auréolées de tissus soyeux. Avec le sourire énigmatique d'un magnifique bouddha...

Coup de cœur :

Dans le grand salon, le lustre aux lanternes chinoises, directement « chinées » à Pékin.

Bonne idée :

Le musée de l'École de Nancy.

Plan p. 13, C3
Vosges

• Fabienne et Claude Rémy
Place du Tilleul – 88400 Gérardmer
Tél. 03 29 63 06 31
contact@grandhotel-gerardmer.com
www.grandhotel-gerardmer.com

• 69 chambres : 79-128 €/j./pers. en demi-pension. 4 suites : 170-200 €/j./pers. en demi-pension. 2 suites du « Chalet » : 220-280 €/j./pers. en demi-pension. Forfaits w.-e. 3 restaurants : du bistrot (env. 15-25 €) au repas gastronomique (env. 45-90 €). Piscine. Spa.

–> Ouvert toute l'année.

Grand Hôtel

Il tisse son cocon de bien-être saison après saison…

Créé en 1870 par un riche Alsacien, le Grand Hôtel parcourt les siècles, opérant, tel un phénix, renaissance sur renaissance... Claude Rémy et son épouse ont pour lui toutes les attentions qu'on porte au quotidien à une entreprise passionnément aimée... Les mêmes qu'ils portent aux clients fidèles, qui reviennent chaque année retrouver leur chambre aux tissus madras ou fruits des bois. Mais comme, selon le credo des propriétaires, pour fidéliser, il faut aussi savoir étonner... étonnée, je l'ai été ! Car depuis mon dernier passage, il y avait eu une petite révolution dans les salons avec la création d'un espace lounge, cosy et chaleureux, qui met à l'honneur les automobiles Bugatti, et celle du restaurant gastronomique Le Pavillon Petrus, dans un style Napoléon-III réinventé. Et puis il y a le « Chalet », autre réalisation des Rémy, où se sont nichées deux suites immenses et deux chambres coquettes qui sentaient bon le bois fraîchement scié. Entre rouge glamour et salle de bains épurée, tapissée d'ardoises et de galets, je fus gâtée. Lovée dans le cocon douillet d'un fauteuil tapissé de tartans, je savourais le feu de cheminée avant de me délecter de ma terrasse panoramique. En attendant que tombent les flocons...

Coups de cœur :

Un hôtel toujours en mouvement qui ne s'endort pas sur ses lauriers et un accueil toujours aussi cordial.

Bonne idée :

Le circuit des magasins d'usine spécialisés dans le linge de maison (rens. à l'OT, le plus ancien de France ! Tél. 03 29 27 27 27).

Plan p. 13, C3
Vosges

• *Domaine de la Moineaudière, route du Valtin*
88400 Xonrupt-Longemer
Tél. 03 29 63 37 11
jardinsdesophie@compagnie-dhdl.com
www.hotel-lesjardinsdesophie.com

• *32 chambres : 150-280 € selon le standing et la saison. Demi-pension : 135-195 €/j./pers. Menus : 44-74 €.*
Piscine couverte et chauffée. Espace détente : massages, sauna, hammam, chromothérapie (15 €/j./pers.). Location de VTT.

–> Ouvert toute l'année.

Les Jardins de Sophie

Un hôtel-chalet au cœur de la forêt. Soft et contemporain...

Après la guerre, le domaine de la Moineaudière était un refuge pour les enfants défavorisés, créé par l'abbé Blaise, dont le tombeau est toujours vénéré au jardin. Après avoir été transformé en auberge, puis en meublé, il a été entièrement réhabilité sous la houlette d'un hôtelier de Gérardmer qui, après le lac, a craqué pour la forêt... Neuf hectares de forêt vosgienne où s'ébattent daims, ânes et poneys. Flambant neuf, l'hôtel des Jardins de Sophie privilégie les vastes espaces et le bois, les cuirs carmin et chocolat, les voilages quetsche et les plaids en fausse fourrure qui réchauffent le grand salon. Le premier étage dévoile ses chambres installées sur un parquet en chêne. Au second, une moquette épaisse tamise les pas. Bois blond, velours violet, tissus tatoués châtaigne, prune ou bleu nuit. Un style épuré que l'on retrouve dans des salles de bains blanches au marbre noir, occultées par des stores contemporains. La salle à manger est prolongée par une grande terrasse. L'ancienne serre vient d'être réhabilitée pour le potager du cuisinier. Et la piscine a pris ses aises dans le musée aux Minéraux de l'abbé.

Coup de cœur :
Un hôtel contemporain au cœur des forêts.

Bonne idée :
En contrebas de la propriété, neuf départs de sentiers VTT et de balades balisées.

Plan p. 13, C3
Vosges
• Marie-José Maillet et Sylvain Claudel
3, Grande-Failloux
88000 Jeuxey – Épinal
Tél. 03 29 34 17 13 et 06 85 91 37 27
mariejosemaillet@hotmail.com
www.lechateaudefailloux.com

• 3 chambres : 70 €. 2 suites : 95 €.
Lit suppl. : 30 €. Petit déjeuner : 8 €.
Piscine.

–> Ouvert toute l'année.

Le Château de Failloux

Un show-room de petites idées déco à piquer…

D'abord, il y eut la grille de Jean Lamour à qui l'on doit celle de la place Stanislas à Nancy, qui enchanta Marie-José et son mari, désormais propriétaires de ce château de campagne fin XVIIe-début XVIIIe siècle, appuyé sur les coteaux aux portes d'Épinal. Ici, tout est poésie… Un style qui affectionne le printemps et ses boutons de roses, l'été et les couleurs de ses ciels aux bleus tendres. La chambre « Victoire/Adelaïde », dont le nom a été emprunté aux enfants de Louis XV, est un hymne aux jeunes filles en fleurs. Romantique en diable, elle affectionne le mobilier Art déco décapé, les objets de récupération et le linge brodé. On le retrouve chez la « Marquise de Pompadour » aux meubles années 50 relookés en style campagnard avec des toiles à matelas, des semis fleuris, des tons de parme et d'ivoire. La chambre dédiée à Jean Lamour, ouverte au soleil du matin, impose sa présence au milieu d'un bel espace tandis que, sous les combles, s'est installé « Collinet de La Salle ». Elle a décoffré sa belle charpente pour s'endormir au milieu d'un mobilier rétro dans une atmosphère rouge coquelicot. La dernière née des alcôves a l'âme voyageuse, oscillant entre culture et Provence. On pense naturellement à lui donner le nom de « Madame de Sévigné »…

Coups de cœur :
La superbe piscine couleur béton dans la serre, les menues idées déco à piquer au fil de la visite du château.

Bonnes idées :
Épinal et l'Imagerie Pellerin fondée au XVIIIe s., la basilique Saint-Maurice et le quartier du Chapitre, le musée d'Art contemporain.

Plan p. 13, C3
Vosges

• *Danièle et Christian Walter*
17, rue du Général-de-Gaulle
88640 Granges-sur-Vologne
Tél. 03 29 51 47 60 – lesfougeres.grange@free.fr
http://lesfougeres.granges.free.fr

• *1 chambre : 90 €. 1 suite : 110 €.*
Lit suppl. : 20 €.
Table d'hôtes : 25 €.
Raquettes de neige à disposition.

--> Fermé 24 déc.-10 janv.

Les Fougères

C'est un chalet jonquille, semblable à l'une de ces élégantes villas qui fleurirent autour des lacs, dans les années 1900.

Un retraité du textile et son épouse, ancienne institutrice, ont aménagé le second étage de la demeure familiale pour y recevoir des hôtes comme des amis. Leur porte s'ouvre sur un petit vestibule au charme rétro avec son mur tapissé de gravures de mode. Une collection d'ancêtres nous salue courtoisement au fil de l'escalier. Puis on découvre la suite « Céladon » au mobilier Art déco. Armoire à glace, tête de lit, tables de nuit se sont maquillées de gris et d'or pour nous recevoir. Un mannequin original, peint par Danièle Walter, veille sur le sommeil d'un lit d'appoint du XVIe siècle. La chambre « Sienne » organise son espace autour d'un secrétaire Louis-XVI, de deux fauteuils club et d'un lit Art déco. Dans la salle à manger, des ombellifères ensoleillent des vitraux de l'École de Nancy. Pâte de verre et mobilier rendent hommage à l'Art nouveau qui naquit ici au tournant de l'autre siècle.

Coup de cœur :
Des métiers à tisser, chefs-d'œuvre ouvriers datant de 1895.

Bonne idée :
Épinal, la vieille ville et son musée consacré à l'imagerie d'Épinal.

Le Val Joli

Plan p. 13, C3 – Vosges

• Famille Laruelle
Hôtel-restaurant Le Val Joli – 88230 Le Valtin
Tél. 03 29 60 91 37 – contact@levaljoli.com
www.levaljoli.com

• 7 chambres : 82 €. 3 suites : 140-155 €. Lit suppl. : 30 % du prix des chambres. Petit déjeuner : 12 €. Menus gastronomiques : 18,50-62 €. Demi-pension : 144-198 €/j./2 pers. Tennis. École de cuisine pour public amateur.

–> Ouvert toute l'année.

Philippe Laruelle a choisi de poursuivre l'aventure familiale de la restauration et de l'hôtellerie. Ses maîtres en cuisine ? Ducasse, Robuchon, Jung... Ses maîtres en matière d'accueil : ses parents. Chambres au décor épuré et vastes suites correspondant aux canons du confort d'aujourd'hui et de la déco contemporaine, salon cosy. On aperçoit les chevreuils qui jouent dans le pré et s'abreuvent au Rambach, un modeste ruisseau qui court vers la Meurthe...

Le Manoir

Plan p. 13, C3 – Vosges

• Damien Claudel
5, avenue de Provence – 88000 Épinal
Tél. 03 29 29 55 55 – manoir-hotel@wanadoo.fr
www.manoir-hotel.com

• 10 chambres : 95 €. 2 suites : 149 € (nec plus ultra de la technologie). Petit déjeuner : 15 €. Restaurant gastronomique indépendant : 40-90 €. Room service 24h/24.

–> Ouvert toute l'année.

Hôtel et galerie d'art, tel était le rêve de Damien qui a beaucoup voyagé et s'est inspiré de ses établissements préférés de par le monde pour composer son hôtel idéal. Stuff gris souris, atmosphère Empire. Au milieu des œuvres d'art, on a le sentiment de cheminer au fil d'un cabinet de curiosités. Passons sur le décor un peu trop conventionnel des chambres de style. Oublions vite la « Suite Royale », tellement Ritz, tellement kitsch, au profit de l'incroyable « Africaine », de la « Flanelle » ou de la « Contemporaine ».

Plan p. 13, C2
Meuse

• Caroline Cheurlin
6, place Henriot-du-Coudray
55800 Revigny-sur-Ornain
Tél. 03 29 70 78 94 et 06 63 46 03 26
caroline_cheurlin@hotmail.com
www.lamaisonforte.fr

• 4 chambres : 75-90 € selon le standing.
1 suite pour 2 pers. : 120 € (140 €/4 pers.)
Lit suppl. : 20 €.

–> Ouvert toute l'année.

La Maison Forte

Au séjour des rois et des reines...

François II, Marie Stuart, Catherine de Médicis, Montaigne... Avant vous, ils séjournèrent entre les murs de cette ancienne maison forte, propriété, au XIVe siècle, du duc de Bar, puis du duc de Lorraine avant d'être donnée, en 1641, au lieutenant des chevau-légers du roi. Aujourd'hui, à l'emplacement du pont-levis, c'est un petit pont de pierres qui enjambe les anciennes douves comblées et engazonnées pour permettre aux hôtes d'investir ces lieux illustres et réaménagés dans l'air du temps. Récemment acquise par un jeune couple originaire de la région, la noble propriété s'est dotée de cinq chambres d'hôtes dans les communs. Vous y séjournerez dans des espaces entièrement aménagés par la maîtresse de maison, à la fois dans un souci d'histoire et d'épure. Difficile exercice de style parfaitement maîtrisé entre murs à vif et belles tommettes anciennes, couleur pistache ou indigo, atmosphère marocaine en *total look* ou ambiance contemporaine placée sous le règne de la blancheur. La plupart des chambres ouvrent en terrasses sur un jardin à l'ombre des grands arbres.

Coups de cœur :
La chambre « de la Tour » et le charmant jardin d'herbes cadré de plessis de branches.

Bonnes idées :
La statue de L'Écorché, *chef-d'œuvre de Ligier Richier en l'église Saint-Étienne de Bar-le-Duc, ville dont la spécialité est la confiture de groseilles épépinées (un boulot de patience par excellence !), et puis la forêt de l'Argonne toute proche.*

Plan p. 13, D2
Bas-Rhin

• *Annie et François Paul*
7, rue du Moulin – 67110 Gundershoffen
Tél. 03 88 07 33 30
hotel.le.moulin@wanadoo.fr
www.hotellemoulin.com

• *5 chambres : 90-120 € selon le standing.*
7 suites : 170-230 €.
Petit déjeuner : 18,50 €.
Restaurant Le Cygne à 300 m.

–> Fermé 2 semaines en fév. et 2 semaines en août.

Hôtel Le Moulin

Ici, ça embaume le printemps en toute saison…

Un couple de cygnes amoureux, des petits lapins en mousse qui gambadent sur la pelouse, un jardin fleuri de roses anciennes, et puis, un salon aux cuirs accueillants… Les grandes roues à palettes de ce moulin construit en 1724, alimenté par les eaux conjuguées de deux rivières, broyaient jadis la farine mais aussi le chanvre et la garance des uniformes de l'armée napoléonienne. En 1985, Annie et François Paul, Alsaciens pure souche, sont tombés sous son charme. Ils ont alors réinscrit la « Chambre du Meunier » dans un romantisme de circonstance, lui conservant son plafond polychrome et son authenticité autour d'un poêle typiquement alsacien. Au « Pigeonnier », la voûte évoque celles des églises d'Europe de l'Est. Chez « Zimmerle », qui ouvre sa fenêtre sur le petit pont de bois qui enjambe le ruisseau, les fresques d'origine ont été conservées. Kelsch traditionnel pour « L'Alsacienne » et croisées de colombages sur fond de torchis d'argile pour la « Chambre de Camille » et « L'Herbier ». Plus actuelle est « Les Cygnes », pleine vue sur le cours d'eau depuis le lit, mis en scène dans une envolée de voilages métalliques et de rideaux couleur quetsche. « Les Berges » ont la couleur des galets des rivières sur fond de murs aux tonalités cigare. Ouvrez la fenêtre, les oiseaux jouent dans les branches du saule pleureur… Ce n'est rien que du bonheur !

Coups de cœur :

Mes chambres préférées : « Les Cygnes » et « Les Berges ». La situation exceptionnelle de ce moulin, romantique en diable.

Bonnes idées :

Aller goûter la cuisine doublement étoilée de François Paul au restaurant Le Cygne, dans le village. Golfs à proximité. Sentiers de randonnée fléchés par le Club Vosgien.

La Maison du Tonnelier

Cette vénérable maison a été déménagée de 5 km pour être réinstallée sur les rives d'un cours d'eau, romantique à souhait…

Elle a été positionnée légèrement en retrait du Moulin et sert de résidence à des hôtes privilégiés qui bénéficient d'autre part de toute l'infrastructure de l'hôtel adjacent. Derrière ses deux portes en bois divinement travaillées, se cachent deux suites. La première, « Côté Jardin », est un véritable régal pour les yeux. Ses murs roses – du rose des roses de l'été – qui s'accordent au gris tourterelle du jeté de lit, aux voilages gris et parme est un petit paradis. Derrière le panneau en céramique à effet de cuir sellier qui sépare le bloc lavabo de l'espace bain, on prend sa douche en contemplant la nature par l'entremise de trois petites fenêtres. Si vous optez pour la seconde suite, vous serez entraîné vers la tentation depuis la rampe de l'escalier sculptée d'un serpent prêt à croquer la pomme d'Ève… Un buste en pierre accentue la pointe d'érotisme du « Fil de l'Eau », couleur tabac, qui s'évade en terrasse vers les turbulences de la rivière habitée par deux cygnes amoureux. Un kiwi très attachant déclare sa flamme au grand sapin. Un exemple à suivre, peut-être ?

–> *Informations pratiques pour La Maison du Tonnelier : voir Hôtel Le Moulin p. 200.*

Plan p. 13, C3
Bas-Rhin

• *Valérie Boulanger*
36, rue Principale – 67420 Saulxures
Tél. 03 88 97 60 23 – labellevue@wanadoo.fr
www.la-belle-vue.com

• *9 chambres : 92-121 € selon le standing.*
2 suites : 134 €/2 pers., 179 €/3-4 pers.
Lit suppl. : 15 €.
Petit déjeuner : 12,50 €.
Menus gastronomiques : 20-58 €, hors boissons.
Demi-pension : + 79-99 €/j./pers.
Tennis. Aire de jeux pour enfants.

–> Ouvert toute l'année.

Hôtel La Belle Vue

Avec le concours précieux d'un artiste strasbourgeois, Valérie a relooké de fond en comble l'hôtel familial, et le résultat est là !

Les onze chambres se sont mises à l'heure de la poésie, avec des collages fondus dans un grand tableau au bleu indigo et au jaune bouton-d'or. Daniel Gerhardt a réinterprété le passé du village à partir d'une photo imprimée sur un tissu, réinventé l'Égypte légendaire en s'inspirant d'un scarabée porte-bonheur. Pour la chambre « Shangaï », il s'est initié à la calligraphie, pour « Hong-Kong » à la cartomancie. Dans la « Pêcherie », il a collé des bouchons en grandes envolées de bleus violines. La plus petite des chambres joue les postières avec ses pneumatiques incrustés dans la tête de lit. Plus loin, une autre chambre réinterprète à sa façon les *Glaneuses* de Millet. Deux suites aux camaïeux émeraude et turquoise célèbrent l'Alsace des forêts. Dans la salle à manger, un regard sur les menus concoctés en son temps par l'arrière-grand-père. On s'amuse à décrypter les messages de chaque tableau. Quant au jardin, il abrite aussi des surprises : un court de tennis, une terrasse construite autour de sapins et un bassin qui regorge de poissons rouges !

Coups de cœur :
La chambre « Pêcherie » et ses collages, la fantaisie qui imprègne toutes les chambres.

Bonnes idées :
L'Alsace des forêts, le château du Haut-Kœnigsbourg, le mont Saint-Odile, les châteaux d'Ottrott.

Plan p. 13, D3

Bas-Rhin

• Catherine et Éric Marchal
10A, chemin du Eck
67140 Le Hohwald
Tél. 03 88 08 31 08
laforestiere.alsace@orange.fr
www.laforestiere-alsace.fr

• 3 chambres : 97 €, 92 € à partir de 2 nuits, 87 € à partir de 4 nuits. 2 suites : 102 et 107 €, 97 et 102 € à partir de 2 nuits, 92 et 97 € à partir de 4 nuits.
Lit suppl. : 26 €.
Table d'hôtes : 26-46 € (vin compris).
Jacuzzi. Grand terrain en pleine nature.

–> Fermé une sem. en fév., une sem. en avr. et une sem. fin juin-début juil.

La Forestière

Enfin !

C'est la maison que j'attendais pour vivre l'Alsace du XXIe siècle ! Ici, on respire ! Exit les excès de romantisme, les juponnés, les drapés, les bouillonnés, les ciels de lit et *tutti quanti !* Place aux espaces épurés, au matériaux soigneusement sélectionnés... sans pour autant oublier où l'on est. Les murs à double enceinte de bûches sous l'abri sont là pour signifier, d'emblée, la situation de la maison au cœur des forêts alsaciennes. La cheminée du salon, convivial, les cocottes Staub – noire, grise, rouge – qui fument sur la table d'hôtes, la bonnetière de mariage polychrome qui s'est établie dans l'une des suites, les édredons joufflus en kelsch dénichés chez un antiquaire et brodés aux initiales d'une jeune mariée sont là pour nous rappeler l'appartenance au terroir. Mais il y a aussi les magnifiques sols en ardoise d'Écosse, associés au mobilier anthracite de la salle à manger, sa table en bois brut encadrée de sièges dehors-dedans de Royal Botania et leurs coussins en peau de cerf. Dans les chambres : les boiseries en chêne clair huilé, les planchers brossés, les meubles en sapin, les salles de bains en zelliges couleur savon, les couettes blanches d'Arts et Collections d'Alsace, brodées au point de croix, les écrans plats et le grand tableau de cerf au brame qui règne sur le domaine d'une seconde suite. Bel et bien. Accueillant et résolument contemporain. Tout simplement...

Coups de cœur :

Une architecture intérieure en accord avec son temps sans rien renier de l'Alsace intemporelle. Les tissages de Gander, dernier tisserand d'Alsace à Muttersholtz.

Bonnes idées :

La station de ski de 6 pistes au Champ-du-Feu. En été, excursion au rocher de Neuntelstein à travers une forêt de résineux. Au sommet : vue sur la moitié de l'Alsace. Mittelbergheim, l'un des plus beaux villages de France.

Plan p. 13, D2

Bas-Rhin

• *Nathalie et Frédéric Langel*
19, rue Haute – 67120 Ernolsheim-sur-Bruche
Tél. 03 88 23 13 49 et 06 07 96 90 67

• *2 chambres : 80 €.*

–> Ouvert toute l'année.

Un Soir d'Été

Un ensemble atypique qui décoiffe la chambre d'hôtes « romantique »...

Nathalie, l'Alsacienne, et Frédéric, l'Avignonnais, sont restés de grands enfants... Derrière la porte cochère de cette maison de village se cache un jardin furibond de fleurs dès que le printemps revient, et trois corps de bâtiments qu'ils ont rénovés après avoir éprouvé un coup de foudre commun pour leurs ruines et leurs friches. Poussé la porte du logis des hôtes, on tombe sur une cuisine joliment rétro, puis sur un univers résolument *seventies* où canapé en skaï orangé, table laquée et tabouret, téléphone, lampadaire, réveil à l'unisson cohabitent avec un siège de Bertoïa et des chaises de Jacobsen. Frédéric, qui a vécu intensément l'époque Goldorak et Robocop, a installé sa collection d'une bonne vingtaine de robots sur le palier qui dessert deux chambres. Tandis que Johnny « retient la nuit » sur fond de vinyl d'époque, les hôtes investissent un espace entièrement blanc, depuis les colombages jusqu'au lampadaire en passant par les voilages et la salle de bains. Grands soleils au style d'ostensoirs sur fond de bleu indigo pour la seconde alcôve qui expose une ribambelle de réclames *fifties* en guise de papier-peint au « petit coin ». Le tout est habité par des meubles de créateurs qui ne datent pas d'hier. Ainsi cette chaise et cette table de 1918 dessinées par Gerrit Rietveld, ce bureau danois de Hans Wegner, ce mobile façon Calder. Et rien que des couleurs primaires pour animer l'espace et créer une atmosphère quelque part entre Mondrian et Miró...

Coups de cœur :

Les années 70 revisitées avec humour et nostalgie. L'accueil de Nathalie et de Frédéric, artiste photographe.

Bonnes idées :

Randonnée sur la piste cyclable qui longe la Bruche. Strasbourg à 20 min., Obernai à 10 min.

La Clairière

Plan p. 13, C2-D2 – ***Bas-Rhin***

• 63, route d'Ingwiller – 67290 La Petite Pierre
Tél. 03 88 71 75 00 – info@laclairiere.com
www.laclairiere.com

• 50 chambres : 103-179 €/pers. selon le standing et la saison. Nombreux forfaits avec soins.
Petit déjeuner bio : 25 €.

–> Ouvert toute l'année.

Un biohôtel au cœur du Parc national des Vosges du Nord. Il est situé au débouché d'une route qui serpente entre sapins, chênes et hêtres. À l'origine, un hôtel familial bâti en terrasses dans le style des années 80 et entièrement relooké par deux sœurs qui ont dynamisé les chambres avec des tonalités très actuelles de vert anis, de vert fougère, de turquoise, de fuschia, de chocolat pour vivre en adéquation avec la nature. Cuisine 100 % bio et spa d'exception ouvert sur la forêt. Soins ayurvédiques et indiens. Sorties organisées avec « Les Piverts » pour découvrir la faune et la flore au départ de l'hôtel.

Hôtel à la Ferme

Plan p. 13, D3 – ***Bas-Rhin***

• Brigitte et Jean-Philippe Hellmann
10, rue du Château – 67150 Osthouse
Tél. 03 90 29 92 50 – hotelalaferme@wanadoo.fr
www.hotelalaferme.com

• 8 chambres : 84 et 89 € en BS, 87 et 92 € en HS ; 7 suites : 114-130 € en BS, 120-137 € en HS ; 2 nouvelles suites : 200 €. Lit suppl. : 22 €.
Animaux : 14 €.
Petit déjeuner : 8,50 € et 14,50 €.
Restaurant à 100 m : menus 33-66 €.
Vélos à disposition.

–> Ouvert toute l'année.

Les propriétaires ont conservé les belles proportions des bâtiments XVIIIe de l'ancienne exploitation agricole. Dans la pièce où jadis on triait les feuilles de tabac s'est installée une première chambre drapée de lin. Tissus Rubelli pour la chambre des « Grands-Parents », plus rustique, d'où le regard s'envole vers les tuiles vernissées d'un château villageois. Dans l'annexe, une coursive distribue les chambres aux résonances les plus tendance : une suite « Safran », une chambre « Africa » aux étoffes jaspées couleur banane, une autre aux tonalités d'agrumes et puis la chambre « Zen », ma préférée, japonisante sans excès.

Plan p. 13, C3
Haut-Rhin

• Anne et Jean-Luc Brendel
48, rue du Général-de-Gaulle – 68340 Riquewihr
Tél. 03 89 86 54 55
anne@jlbrendel.com
www.jlbrendel.com

• Suites « Lumière » et « Songe » : 150 € la 1re nuit, 133 € à partir de 2 nuits. Suites « Nature » et « Apparat » : 199 € la 1re nuit, 179 € à partir de 2 nuits. Petit déjeuner : 16,50 €. Restaurant sur place. Tarte flambée 7,50-15 €. Menus à partir de 17,20 €.

–> Fermé 2 sem. en janv.

B. Espace Suites

Coup de cœur :

Cossues, élégantes et très tendance, les suites ont fait basculer l'Alsace dans le XXIe s. sans rien renier de la tradition.

Bonne idée :

Pour la petite histoire, Jean-Luc et Anne ont découvert pendant les travaux une niche où étaient cachés une bouteille et un parchemin, daté de 1871, sur lequel un ancien propriétaire racontait combien il était malheureux d'être devenu prussien à cause de Napoléon III qui avait lâché l'Alsace...

La « perle » du vignoble...

Une façade myrtille au milieu d'une kyrielle de maisons à pans de bois de toutes les couleurs. Une arcade en grès rose taillée en diamants, ça attise l'œil de plus belle, et lorsqu'on pénètre dans un restaurant où les tables pétillent de tonalités vitaminées, forcément, ça retient le visiteur. Jean-Luc Brendel a créé, en compagnie de son épouse, Anne, ce resto-bistrot où la cuisine alsacienne s'allie aux parfums subtils d'Asie. Dans le corps de cette ancienne maison vigneronne, typique du XVIe siècle, qui n'avait pas connu le moindre lifting depuis au moins trente ans, ils ont imaginé quatre suites d'exception. Dans chacune un poêle alsacien, une armoire d'antiquaire en noyer cohabitent avec le nec plus ultra du high tech. Les coursives et les pans de bois d'origine ont été conservés. Les plafonds en sapin, certains brunis par les fumées, les plafonds polychromes aux floralies noires et aux médaillons couleur brique ont inspiré les tonalités des murs des paliers, les canapés Chesterfield de la suite « Apparat », les tissus de la suite « Lumière ». « Nature » s'est drapée d'orange à vif. Deux sièges Cactus, prototypes de l'usine qui travaille pour Starck, ont les pieds posés sur un tapis aux flammes ardentes qui embrase tout le décor ! Chic et design, à la fois cossues et tendance, les B. Suites révolutionnent le ronron de l'hôtellerie sur la route des Vins !

Plan p. 13, C4

Doubs

• Bénédicte Petite
10, rue des Maréchets
25300 Granges-Narboz
Tél. 03 81 39 68 54
patrick.petite@wanadoo.fr
www.chambres-hotes-franche-comte.com

• 4 chambres : 66-70 €.
Lit suppl. : 3-6 ans : 10 € ; 7-11 ans : 15 € ; 12-17 ans : 18 € ; lit adulte : 23 €. Lit bébé à dispo.
Table d'hôtes : 12-25 €.
Bibliothèque. Jeux d'enfants.

–> Ouvert toute l'année.

La Tour du Coq Doré

Un mix entre chalet de montagne et ferme du Haut-Doubs...

C'est le look affiché par cette maison contemporaine inspirée par l'architecture ancienne. Bénédicte, originaire de Pontarlier qui a travaillé deux ans dans le tourisme, a opté pour un travail qui lui permette de voir grandir ses enfants. C'est ainsi qu'elle a conçu cette maison tout exprès pour y accueillir des hôtes. Pierres blanches à l'extérieur et bois blond à l'intérieur. La jeune femme qui collectionne les gallinacés sous toutes les formes a voulu donner à sa maison le nom du coq gaulois. Pour le reste, ses quatre chambres cultivent le style chalet. Tonalités taupe, crème de lait et figurines aux animaux de la forêt pour la chambre du rez-de-chaussée. À l'étage, de charmants édredons au ton fleuri de rose pour la première, de velours azur pour sa voisine, d'écossais chamois pour la troisième, enchantent les chambres aux rideaux de lin coordonnés. Toutes disposent d'un balcon et la dernière permet aux familles d'y faire leur nid grâce à une seconde alcôve, aux lits superposés. Bénédicte propose avec bonheur la cuisine du jour sur les tables d'hôtes de la salle à manger, séparée du coin salon par un beau foyer central.

Coup de cœur :

Une demeure idéale, accueillante et chaleureuse pour les familles.

Bonnes idées :

Découvrir avec les enfants la Ferme de l'Absinthe, une ferme pédagogique où on cultive cette plante emblématique et un peu « sulfureuse », spécialité de Pontarlier. Balade avec les ânes. Site nordique à 1 000m d'altitude, à 2 km du village.

Plan p. 13, C4

Doubs

• Émile et Laurence Péquignet
Le Pré Oudot – 25390 Fournets-Luisans
Tél. 03 81 67 02 31
lepreoudot@orange.fr
http://preoudot.typepad.com

• 4 chambres : 90 €.
1 suite pour 4 pers. : 110€. Lit suppl. : 15€.
Table d'hôtes : 20 €.
Manège couvert, carrière extérieure, chemins de trotting. Relais équestre : le Pré Oudot accueille dans des box les chevaux des hôtes.

–> Ouvert toute l'année.

Le Pré Oudot

Une histoire d'amour et d'entreprise...

Souvenez-vous... les montres Émile Péquignet. Qui n'en a pas porté à son poignet dans les années 80-90 ? Magnifique ! Du Hermès à prix sympa... Émile Péquignet, c'était aussi l'artisan qui sponsorisait les cavaliers au sommet ! Un jour, Laurence est arrivée dans l'entreprise, puis dans son cœur. Émile lui a offert un CDI... à vie ! Puis est née une jolie tête blonde prénommée Emma, aux airs d'Heidi, au pays des merveilles. Quel chemin parcouru par le petit paysan des Alliés, plus porté sur les jupons et l'accordéon, sur le tango et le rodéo que sur les hautes études ! Et pourtant, il sera tour à tour apprenti dans l'horlogerie, puis VRP avant de diriger sa propre entreprise top chrono ! Et puis, Émile s'est dit qu'il pouvait encore s'offrir une nouvelle vie... Il avait toujours rêvé d'hôtellerie. Pour recevoir des gens, les savoir heureux... Laurence et Émile ont déniché un endroit idéal au cœur de leur Franche-Comté natale : le Pré Oudot, un lieu pour héberger leurs chevaux, à l'abri des grands frênes et des sapins. Leur superbe ferme comtoise du XVIIIe siècle héberge désormais deux belles chambres d'hôtes et une suite de caractère au-dessus d'un vrai manège. Caparaçonnée de bois, la suite a été conçue à partir des poutres de compartiment de l'ancien grenier, qui ont inspiré son décor et servent en même temps d'assise au canapé du coin salon. En plongée sur le manège d'un côté, sur la campagne de l'autre, ouverte en coursive sur les

vertes prairies de la Suisse qui se profilent par de-là le Mont Vouillet. Deux grands lits-casiers qu'on tire d'une soupente et le tour est joué pour accueillir deux couchages supplémentaires. Une armoire de pays s'est logée dans la chambre « Nymphéa » sur fond de mur de pierres et de bois de sapin. Bouquet de branches et coffre ancien. Sa salle de bains réinvente le style années 70-80. « Alpage » s'est habillée de rouge et s'est offert la coquetterie de silhouettes d'alpage ton sur ton à sa tête de lit. Des nounours veillent sur le sommeil d'un enfant blotti au fond d'un lit clos avec, en toile de fond, une ravissante BD qui raconte l'histoire du soir, les alpages d'autrefois, la basse-cour, le marché et les fenaisons...

Coups de cœur :

L'accueil, le caractère de la maison, le linge siglé, les peignoirs, moult produits de courtoisie à disposition.

Bonnes idées :

Découvrir le Pays horloger, berceau des microtechniques, au musée de l'Horlogerie au château Pertusier à Morteau, puis le musée de la Montre à Villers-le-Lac. Empruntez la piste de ski de fond « la Blanche Heure » qui court sur la crête franco-suisse, de Morteau à la vallée de la Brévine.

Plan p. 13, C4
Doubs

• Liliane et Yves Jacquet-Pierroulet
Les Auberges – 25650 La Longeville
Tél. 03 81 38 12 51 et 06 89 93 24 49
contact@lecret-lagneau.com
www.lecret-lagneau.com

• 5 chambres : 108 €.
Forfaits à thème (VTT, champignons, randonnée pédestre, ski de fond) sur résa.
Table d'hôtes (sur résa.) : 31 €, vin compris.

–> Ouvert toute l'année sur résa.

Le Crêt l'Agneau

Révolution tranquille au Crêt l'Agneau...

Dans le haut Doubs, Liliane et Yves, qui accueillent des hôtes depuis près de trente ans, font figure de pionniers. Sous son capuchon de bois, le Crêt l'Agneau abrite une ancienne ferme à tuhé, dont l'origine remonte au XVIIe siècle. Magnifiquement restaurée et entretenue par le couple depuis des décennies, elle vient de subir un petit lifting nécessaire pour ne pas s'endormir sur ses lauriers. De sept, les chambres sont passées à cinq, pour mieux dorloter leurs hôtes avec plus d'espace et d'intimité. Entre lits clos et bois emmiellé de cire, tissus à fleurs aux tonalités de fruits des bois et carreaux coquelicot, elles ramènent le printemps en toute saison. Les sièges qu'on investit à l'heure de l'apéritif ont été recouverts de verquelure, un tissu en chanvre, spécialité de Montbéliard. La longue table de la salle à manger aurait, elle, beaucoup à raconter des longues soirées conviviales autour des bons plats de Liliane, des petits matins où l'on savoure les confitures de la maîtresse de maison. Reste, imperturbable aux aléas du temps et des modes, la fidèle comtoise qui rythme les heures et les années. En Franche-Comté, on a aussi sa fierté !

Coup de cœur :
Les dessus-de-lit au crochet pieusement conservés et redevenus « tendance » !

Bonnes idées :
Le musée de l'Absinthe à Pontarlier, celui de l'Horloge comtoise d'Yves Cupillard à Morteau. En hiver, un pique-nique dans la neige, concocté par Yves et Liliane, et le circuit des fermes à tuhé.

Chez les Colin

Plan p. 13, C4
Doubs

• Christiane Colin
Maison d'hôtes de la Fresse
25650 Hauterive-la-Fresse
Tél. 03 81 46 51 63 – chezlescolin@gmail.com
www.chezlescolin.fr

• 5 chambres dont 1 suite : 85 €/j. en demi-pension, 125 €/j. en pension complète ; 640 €/sem./pers. en pension complète en hiver (matériel de ski de fond et raquettes fournis). Séjour sur résa. Aquarelle. Yoga. Qi-Gong. Cueillette et cuisine aux plantes sauvages.

–> Fermé 15 nov.-15 déc.

Dans un ancien poste de douane, perché sur une crête du Jura…

Christiane accueille, elle aussi, depuis trois décennies, les hôtes dans un cocon douillet de bois clair et de semis fleuris. Les bûches crépitent dans la cheminée tandis que les flocons dansent au jardin. On commente la randonnée du jour tout en savourant la cuisine de la maîtresse de maison, qui excelle autant dans les plats du terroir que dans les mets raffinés, appris auprès de quelques chefs étoilés. Une fois le dîner terminé, après les tisanes aux herbes des prés, chacun regagne l'une des cinq chambres récemment réadaptées à un confort plus actuel. Trois chambres disposent de douches particulières, de tissus signés Pierre Frey, inspirés de la montagne, ou taillés dans des couvertures de l'armée suisse avec la croix rouge sur fond anthracite, clin d'œil de Christiane à son pays natal. Donnant un grand coup de jeune à sa maison, elle a chaulé ses murs d'ocre et de maïs. Elle a aussi imaginé des semaines à thème en été, autour de l'aquarelle, de la cueillette des herbes de montagne. À sa table, on trouve de la saucisse de Morteau, du bleu de Gex, du comté et du lapin fermier, aux herbes, naturellement…

Coup de cœur :

L'harmonie blonde et douce d'un mobilier franc-comtois en accord parfait avec les bibelots d'autrefois.

Bonnes idées :

L'abbaye de Montbenoît, ses stalles du XVIe s. et son cloître du XVe s. L'insolite boutique déco-fleuriste-salon de thé Pensée de Violette, à Pontarlier. En hiver, une incursion en raquettes sur le chemin suisse des Statues.

Plan p. 13, C4

Doubs

• Arlette Laude
11, rue Jules-Mathez – 25300 Pontarlier
Tél. 03 81 38 47 18 et 06 87 84 09 11
arlette.laude@orange.fr
www.lamaison-da-cote.fr
www.cotepont.fr

• 2 chambres : 80 et 90 €.
À deux pas, Côté Pont, le restaurant d'Arlette : menus 18-22 €.

–> Ouvert toute l'année.

La Maison d'À Côté

« A » pour Arlette et « Côté » pour « Côté Pont », le restaurant... d'Arlette.

Derrière une façade digne des *Misérables* se cache un trésor ! D'abord, un magnifique escalier de pierre du XVIIe. Qui débouche au premier palier sur un appartement où logea Rouget de Lisle, en déplacement par ici en son temps, tout comme vous aujourd'hui. Le long couloir se referme successivement sur deux portes de grange à vif, réalisées par un artisan du pays et une grille monumentale digne d'une prison... dorée. Il dessert deux chambres. La première a conservé ses superbes plafonds XVIIe aux moulures juste lessivées. Ses murs ont retrouvé leur couleur originelle de vert amande au liseré d'or. La cheminée en marbre est surmontée d'une glace impériale, piquée et dorée au plus-que-parfait. Les taffetas moirés balaient le parquet. Une étole soyeuse a été déposée sur le jeté de lin immaculé du lit aux coussins peau de daim. Les sommiers sont habillés de draps monogrammés. Derrière les boiseries d'origine s'est dissimulée la salle de bains avec sa baignoire à l'ancienne, griffée de rayures bayadères. Les serviettes nids-d'abeilles escaladent une échelle de grenier. Des dentelles précieuses s'admirent au reflet d'une grande glace dorée. Changement radical

de style et d'époque pour la seconde chambre ultra-contemporaine, où une couette de Caravane, gris souris, s'est assortie au fauteuil en laine bouillie et aux draps de laine qui voilent les hautes fenêtres. Un banc en sapin taillé d'un seul bloc ponctue le pied du lit. Les moulures et le fond de bibliothèque découpent de belles tranches d'orange à vif sur le fond gris. Les sous-verre du bureau en bois blond laissent apparaître les billets du « Serpent à Plumes » de Starck. Dans la cuisine ultra-complète, une table en zinc est encadrée de chaises de jardin décapées et de Tolix patinés. Dans le coin salon aux cuirs usés, un gigantesque lampadaire industriel s'est posé à l'aise. Faites comme lui, allumez vos nuits en ville de fantaisie !...

Coup de cœur :

Juste magnifique !

Bonnes idées :

Le musée de l'Absinthe. La nouvelle distillerie Pernod. Du kayak sur le Doubs. Le village pittoresque de Mouthiers-Haute-Pierre, les concerts lyriques de Montperreux, un village qui domine le lac de Saint-Point, chaque été, fin juillet début août.

Plan p. 13, C4

Jura

• Patricia Chatelain
7, rue de Bourgogne – 39600 Arbois
Tél. 03 84 66 17 38 et 06 80 62 19 12
patricia.chatelain@closerielescapucines.com
www.closerielescapucines.com

• 3 chambres : 115 et 130 € selon le standing.
2 suites pour 4 pers. : 235 et 275 €.
Sauna. Massage. Piscine. Vélos à disposition.

–> Fermé en janv.

La Closerie Les Capucines

Ses origines remontent au XIVe siècle...

Jadis annexe du couvent des Ursulines, la demeure est aujourd'hui propriété de Patricia, qui lui a rendu sa noblesse d'origine tout en l'ancrant dans un décor ultra-contemporain. La jeune femme a su tirer parti des espaces immenses pour les magnifier. Tout s'orchestre autour d'un patio intérieur qui expose les œuvres superbes d'une amie artiste, les étages sont desservis par un escalier industriel ; la suite « du Patio » se présente comme un véritable appartement doté de deux chambres spacieuses : l'une masculine, l'autre plus romantique, revisitant les années 20 à la façon d'un boudoir violine. Une salle de bains précieuse rend hommage aux années Baccarat. La chambre « des Capucines » est un tantinet bling-bling : noir, blanc, argent, et transparences. Baldaquin balinais pour la « Gloriette » aux portes violettes et baignoire anis. Rouge coquelicot et sièges africains pour la « Cuisance » qui a emprunté son nom à la rivière qui file au fond du jardin. Il faut encore compter avec une immense suite familiale, tout aussi savamment composée, avec un sauna tout confort, un solarium sur les toits d'où le regard s'envole vers les monts d'Arbois, un salon des petits déjeuners soyeux et lumineux, une bibliothèque en cave voûtée qui s'échappe vers le jardin et sa piscine de pierre grise.

Coups de cœur :

La cave voûtée qui a conservé son ancien pressoir, les œuvres de Marie-Jo – grands personnages esquissés sur fond de papier kraft –, l'éclat des couleurs, les tapis méchés, le petit pot de capucines offert en cadeau.

Bonnes idées :

La route des vins d'Arbois.
L'itinéraire de Louis Pasteur.

Plan p. 13, C4
Jura
• *Félicette Debonis*
Rue Saint-Jean – 39210 Baume-les-Messieurs
Tél. 03 84 85 20 39 et 06 30 25 85 43
lagrangeanicolas@orange.fr
www.lagrangeanicolas.com

• *5 chambres : 95-125 € selon le standing.*
Lit suppl. : 25 €.
Stages artistiques : peinture, modèles vivants...
–> Ouvert toute l'année.

La Grange à Nicolas

Aux portes de la plus belle reculée du Jura...

Cette magnifique demeure qui a emprunté son nom à un paysan d'antan est le résultat d'un coup de cœur et d'une pugnacité à toute épreuve... Félicette, lorsqu'elle en tomba amoureuse, l'a prise dans son jus, ses friches et son vécu. Deux ans de travaux acharnés ont été nécessaires pour redonner vie à cette demeure datée de 1743, qui devait être la cure de l'église d'en face. En témoignent le blason jésuite, le bénitier et les salles voûtées. Félicette l'a voulue ancrée dans son histoire et résolument contemporaine. Pour preuve, le cerf en branches de neige qui nous souhaite la bienvenue... Des années de chine accumulées ont trouvé leur place entre les murs passés au chanvre et à la chaux. Ainsi ces vitraux lumineux, cette auge de coin, ces vieilles portes indiennes et ce moucharabieh, achetés à Lyon, ces torchons en lin et en chanvre tissés, ces vieux draps pieusement conservés. Le tout, mélangé à des rideaux des Jardins d'Ulysse, des courtepointes de Blanc d'Ivoire, des voilages de Côté Bastide. Des métissages de toute beauté qui trouvent leur point d'orgue dans la salle des petits déjeuners et dans la chambre « Crépuscule », ma préférée, avec ses tons de ciel bleuté. « Soleil Couchant » est escortée par une superbe salle de bains turquoise. « Rosée Matinale » est plus contemporaine, « Clair de Lune », plus masculine avec sa tête de lit Napoléon-III et son cheval à bascule. Et puis, il y a la lune qui s'immisce par la fenêtre pour sublimer vos rêves...

Coups de cœur :

Les adorables tôles polonaises début XVIIIe de la chambre « Crépuscule ». Les émaux rouges qui pastillent une douche en béton lissé.

Bonnes idées :

L'abbaye de Baume-les-Messieurs, fondée au VIe siècle, d'où partirent les moines fondateurs de Cluny. Le village et la découverte des reculées, typiques du Jura.

Plan p. 13, C4
Jura

• Christine et Jean-Pierre Thevenet
La Marcantine – 39260 Charchilla
Tél. 03 84 42 01 29
leclosdestelle@wanadoo.fr
contact@leclosdestelle.com
www.leclosdestelle.com

• 3 chambres : 70-84 €, selon le standing, lit enfant compris. 1 suite familiale : 125 €/4 ou 5 pers.
À savoir : la chambre « L'Éloge » est moins déco.
Séjours à la découverte des plantes sauvages.
Stages aquarelle et peinture.

–> Ouvert toute l'année.

Le Clos d'Estelle

Trois gros troncs font la longueur de la maison, toute en bois blond…

Ajoutez au beau patrimoine de cette ancienne ferme de 1850, reconvertie en un vaste chalet, un accueil exemplaire, et les amateurs de vacances aussi sportives que conviviales auront trouvé leur lieu idéal. Anciens de l'industrie, avides d'une vie sans stress, Christine et Jean-Pierre ont décidé, les enfants partis vivre leur vie, de se reconvertir dans l'accueil des hôtes. Ils ne ménagent pas leurs conseils pour les mettre sur la piste des multi-activités que leur réserve la région. Pour les mettre en appétit, ils ont donné à leurs vastes chambres des noms de granges ou de hameaux engloutis de la vallée de l'Ain, lors de la création du lac de Vouglans – véritable petite mer intérieure, à un kilomètre du Clos d'Estelle. Ainsi, « Brillat », superbe suite familiale où la sobriété du bois alliée au mobilier réalisé par des artisans du coin confèrent une belle prestance. Ouverte sur les prés et les bois, c'est une invitation à la randonnée, comme le sont ses voisines, et en particulier « Garde-Chemin », ma préférée. On s'y endort sous une couette de Linvosges émaillée de broderies rouges. Des abeilles dorées butinent le mur et la salle de bains a conservé ses vieilles terres cuites paysannes.

Coups de cœur :

La suite « Brillat » et la chambre « Garde-Chemin ».

Bonnes idées :

Randonnées autour du lac de Vouglans, troisième lac artificiel de France, aux eaux turquoise, plages de sable fin, et trois ports de plaisance. Et puis en hiver, du ski de fond à Prénovel, à 18 km.

Plan p. 13, C4
Côte-d'Or

• *Rue du Golf – 21200 Levernois-Beaune*
Tél. 03 80 24 73 58
levernois@relaischateaux.com
www.levernois.com

• *26 chambres : 135-280 € selon le standing en BS, 185-400 € en HS.*
Petit déjeuner : 22 €.
Au Bistrot du Bord de l'Eau, menus à partir de 29 €.
Restaurant gastronomique, menus : 68-105 €.

–> Fermé 31 janv.-12 mars.

À l'Hostellerie de Levernois

Le Meix des Glycines...

« Réussir ce fragile équilibre entre un lieu patiné par le temps, propriétaire de son histoire, et notre volonté de proposer aux clients des suites contemporaines au luxe discret, à l'espace maîtrisé »... Cet ancien DG de grands palaces et son épouse, qui a longtemps travaillé dans le luxe, ont réussi à concrétiser leur rêve. Il s'est ancré au fil de la Bouzaire, dans un jardin à la française aux arbres centenaires : noyer noir d'Amérique, cèdres de Louisiane, charmes bien de chez nous... Un mot qu'ils déclinent particulièrement au sein des huit chambres d'une dépendance XVIIIe. Les derniers aménagements ont permis de conserver au maximum le charme intemporel des matériaux anciens : tommettes de Bourgogne, colombages, murs à vif, vasques en pierre de Corton dans les salles de bains, superbe charpente éclairée au grenier. Le tout associé aux pannes de velours et au lin des tissus, proposés dans des tons de brique, violine, pivoine. Avec un coup de cœur pour ce Bistrot du Bord de l'Eau, aménagé dans les anciennes cuisines, installé aux beaux jours sous les frondaisons de la rivière, où Philippe Augé, chef étoilé qui fit ses classes auprès de Ducasse à Monte-Carlo, distille son savoir-faire à prix doux...

Coups de cœur :

La chambre « 57 » et sa superbe charpente, le charme des tables nappées pour un déjeuner d'été au bord de la rivière.

Bonne idée :

Profiter de l'offre des restos gastronomiques et des petites auberges adhérentes à Clos Mosaïque, qui prônent l'œnotourisme et proposent aux convives d'emporter la bouteille de grand cru qu'ils commandent, même s'ils n'en boivent qu'un verre sur place.

Plan p. 13, C4

Côte-d'Or

• Véronique Moiraud
Rue de la Perrière – 21190 Saint-Romain
Tél. 03 80 21 68 08
accueil@domainecorgette.com
www.domainecorgette.com

• 4 chambres : 80 et 90 € selon le standing.
1 suite familiale : 100 €/2 pers., 125 €/3 pers., 150 €/4 pers. Lit suppl. : 25 €.
Possibilité d'acheter du vin de domaine de la maison.

–> Ouvert toute l'année.

Le Domaine de la Corgette

Des couleurs et des idées au cœur du vignoble…

Enfant de la Côte de Beaune, Véronique a transformé l'ancienne maison vigneronne, bistrot du village en 1900, en une demeure joyeuse aux tonalités vitaminées. Et parce qu'elle ne voulait pas en faire un show-room de décorateurs à la mode, elle a puisé son inspiration dans *Marie-Claire Idées*. Ainsi, ces petits meubles de salon customisés en étiquettes de grands crus. Tout ce qui pouvait être récupéré des matériaux d'origine l'a été : sols en pierre de Bourgogne, tommettes anciennes, armoires, persiennes reconverties en tête de lit. La jeune femme a fait appel à sa maman pour peindre ces superbes bouquets de couleurs orange et fuchsia sur les toiles de la chambre « La Perrière ». Toutes les chambres portent des noms de lieux-dits. Un petit tour du vignoble enchanteur, dans lequel on remarque un patchwork aux couleurs des vignes, un autre en chutes de tissus dans le cadre d'un tableau, une collection de couronnes de branches, des plaids tricotés sur fond de tons neutres qui permettent à Véronique de varier sa déco en fonction de son humeur ou des saisons. Les différences de niveaux accentuent le charme des lieux.

Coups de cœur :

La fantaisie, les couleurs vitaminées, les bouquets de fleurs fraîches essaimés dans toutes les pièces de la demeure.

Bonnes idées :

Saint-Romain, construit en virgule entre deux falaises, son église romane et les ruines de son vieux château.

Plan p. 13, C4
Côte-d'Or

• Karine Develet
Rue du Gué – 21200 Meursanges
Tél. 03 80 26 53 27
karine.develet@charmattitude.com
www.charmattitude.com

• 5 chambres : 120-150 € en BS, 140-180 € en HS. Lit suppl. : 20 €. Taxe de séjour : 1,50 €/adulte. Table d'hôtes sur résa. : 45 €, apéritif et vin compris. Parc de 2 ha. Piscine. Billard.

–> Ouvert 1er fév.-2 janv.

Charm'Attitude

Blanc craie, élégance racée…

Est-ce le sol en pierre de Bourgogne reconstituée à la blancheur laiteuse qui donne d'emblée cette atmosphère de sérénité à la maison ? Est-ce son assise au cœur d'un grand parc boisé qui rend si lumineuse cette ancienne cuverie aux portes de Beaune ? Est-ce la silhouette exquise d'une « mariée de paille », muse de la maison, qui vous accueille au salon, qui confère aux lieux ce petit côté romantique, mais sans mièvrerie, actuel, mais sans bling-bling ? Finalement, un mot s'impose : élégance… Élégance des matériaux, d'une cheminée en pierre de Cluny, d'une ferronnerie contemporaine. La « Sérénité » m'a offert son grand bouquet végétal, entre ses sièges en osier profonds et le frémissement de ses feuilles de bananier, rehaussée d'un éclat tilleul, éclairée par un luminaire de Bleu Nature. Si les salles de bains ont toutes opté pour le blanc design, chacune des chambres affirme sa personnalité. Minéralité affirmée dans la chambre « Bourgogne », couleur de terroir. Passé-présent revisité en fondus de rose tendre et de pastels grisés pour « Autrefois ». Champêtre est ce « Chapeau de Paille », couleur de moisson. Que vous retienne cette dernière chambre, qui signe l'élégance innée de ses velours noirs, de ses broderies andalouses. Sensuelle et sûre de sa « Charm'attitude » jusqu'au bout de son sourire coquelicot, elle a tressé pour vous une couronne de perles à ses chevets…

Coups de cœur :
L'élégance, la « mariée de paille » courtisée par un hibou, la chambre « Charm'Attitude ».

Bonne idée :
L'abbaye de Cîteaux, fondé au XIe siècle, symbole de la culture monastique cistercienne.

Plan p. 13, C4
Côte-d'Or

• Véronique Perrin
9, rue Franche – 21420 Aloxe-Corton
Tél. 03 80 26 46 70
hotel-villa-louise@wanadoo.fr
www.hotel-villa-louise.fr

• 11 chambres : 98-150 € selon le standing.
2 suites : 195 €.
Petit déjeuner : 9 € et 15 €.
Possibilité de repas froid sur demande.
Piscine. Sauna. Hammam. Jacuzzi.

–> Fermé de mi-janv. à mi-fév.

Hôtel Villa Louise

La Côte-d'Or égraine son chapelet de noms enchanteurs.

Arrêtez-vous à Aloxe-Corton, petit village typiquement bourguignon avec ses toits de tuiles vernissées. Véronique Perrin – troisième génération de viticulteurs – vous attend à la Villa Louise, une bâtisse du XVIIe siècle, pour vous donner les clés du vignoble, de ses caves et de ses chambres au décor à la fois chaleureux, cosy et élégant. Des boutis rouge, brique, nougat, caramel rose soulignés de fleurs framboise s'harmonisent aux poutres brunes, aux fauteuils loom chocolat, blancs ou tête-de-nègre, aux vasques des salles de bains en pierre de Chassagne beige rosé. Une orchidée dans chaque chambre, des essences qui diffusent les notes délicates d'un parfum d'ambiance, un feu timide qui fait craquer les sarments dans la cheminée du salon... On est bien, on attend la tombée du jour dans le confort des fauteuils club, et quand les rideaux s'écartent, ils dévoilent la face cachée d'un parc, son figuier centenaire, son vieux bassin, et puis le village qui grimpe à l'assaut des vignes déjà mordorées...

Coups de cœur :

Le petit déjeuner face au vignoble tendu sur les collines, et les parfums de fruits qui flottent dans la maison en toutes saisons.

Bonnes idées :

Beaune, l'abbaye de Cîteaux, toutes les perles du vignoble (Aloxe-Corton, Pernand-Vergelesses, Savigny-lès-Beaune, Gevrey-Chambertin, Nuits-Saint-Georges), le Cassissium, un musée consacré au cassis, mais aussi Dijon et son palais des Ducs de Bourgogne.

Plan p. 13, C4
Côte-d'Or

• Marc Silès
10, rue Bellecroix – 21200 Beaune
Tél. 03 80 26 80 80
bienvenue@viamokis.com
www.viamokis.com

• 5 suites : 145-280 € selon la saison.
Petit déjeuner : 15 €. Formule repas : 28-52 €.
Spa, massages variés.

–> Ouvert toute l'année.

Hôtel Via Môkis

« Vers le bien-être », mieux qu'un programme : un concept !

Pour avoir beaucoup voyagé, aimé l'Asie passionnément et les rencontres intensément, Marc Silès, ancien directeur de la « com » au Club Med, avait sa petite idée sur la notion d'art de vivre. Il en a fait un concept... Les môkis, ce sont des pierres volcaniques amérindiennes censées vous emporter vers le bien-être... Tout un programme qu'il décline avec la complicité de sa femme, sous forme de savoureuses surprises... Vous serez convié à un périple à travers les saveurs de nouveaux territoires culinaires, à défricher en accord avec les vins des vignobles de Bourgogne et d'ailleurs. Un itinéraire olfactif et gustatif qui se prolonge dans la magie d'un petit hôtel et de son spa. Dans cet environnement aussi zen que convivial, le design architectural s'accorde à merveille au sensoriel et à l'émotionnel. La colorimétrie et la chromothérapie poursuivent ce voyage initiatique sur les rivages de nos rêves. Ils prendront forme dans des suites clins d'œil aux cinq continents. Aux revêtements stratifiés jaune et gris de la suite « Yellow » répondent en écho les terres rouges de « Rosso ». Les tonalités noires et aubergine de « Negra », aux réminiscences africaines, tranchent avec la transparence des blancs de « Lyu » (« dragon blanc » en japonais). « Colorova » est multicolore. Mises en lumière par les Flos, ces lampes en forme de parachutes inversés, par les volumineux lampadaires de Marcel Wanders ou de Jasper Morrison, les espaces témoignent d'un univers presque révolutionnaire, au cœur d'une cité millénaire.

Coups de cœur :
Quand les plaisirs olfactif et gustatif rejoignent l'esthétisme... Et puis les notes décalées de quelques touches vintage, la cuisine ouverte dans la cour, la devanture d'un autre temps, le design et l'imagination, la convivialité et la sérénité.

Bonnes idées :
Un massage au spa, explorer la vieille ville et tous les vignobles à vélo.

Plan p. 13, C4
Côte-d'Or

• *Cécile Bouchard*
6, rue Sylvestre-Chauvelot – 21200 Beaune
Tél. 03 80 22 83 67
lesplanchottes@voila.fr
http://lesplanchottes.free.fr

• *2 chambres : 100 € la 1re nuit, 95 € les suivantes.*
Lit suppl. : 25 €.
Garage privé.

–> Fermé 15 déc.-15 fév.

Les Planchottes

On imagine volontiers un Balzac des temps modernes en séjour ici, racontant les petites histoires de l'aristocratie du vignoble et de la bourgeoisie locale…

Cécile Bouchard, Bourguignonne depuis plus de vingt-cinq ans, a ouvert deux chambres d'hôtes à l'atmosphère cosy, presque littéraire, au cœur même de Beaune. Les couleurs dominantes des chambres sont naturellement celles du vin et des fruits rouges, entre framboise, cassis et géranium sur fond de vieux parquet qui sent bon la cire et de fleurs fraîchement coupées. Une heureuse correspondance entre mobilier ancien et décor contemporain, que l'on retrouve dans la chambre de l'étage, déployée sous une charpente qui fait son effet. Au sol, des tommettes de récupération, dans les angles, des vanneries indonésiennes, des portes vitrées voilées par des rideaux de fleurs. Chaque détail est pensé, et le sourire de bienvenue généreusement dispensé dès le seuil franchi. Au menu du petit déjeuner : confitures maison, tarte aux fruits du jardin et fromage de l'abbaye de Cîteaux.

Coup de cœur :
La situation au cœur d'un jardin dans la ville de Beaune.

Bonnes idées :
Les célèbres Hospices, la basilique, le musée du Vin et les perles du vignoble alentour.

Plan p. 13, C4

Côte-d'Or

• Maryse Pianetti
47/49, route de Beaune – 21550 Ladoix-Serrigny
Tél. 03 80 20 70 44
info@lesdemoiselles.com
www.lesdemoiselles.com

• 3 chambres : 98 € (plus taxe de séjour 1,50 €/j./pers.).
Piscine. Parking privé. Wifi.

–> Ouvert toute l'année.

Les Demoiselles

Elles se nomment May-Lin, Louise, Anne-Claire, Marion...

En l'honneur des quatre jeunes filles de la famille, Maryse a baptisé ainsi sa maison. Longtemps, Maryse dirigea La Gentilhommière à Nuits-Saint-Georges. Un job à plus que plein temps qui ne laissait guère de temps, justement, à sa famille. Un jour, elle a dit « stop » et s'est reconvertie à la « chambre d'hôtes ». Bon, OK, quand on a le virus du travail, on y adjoint une boutique des meilleurs crus du vignoble, un petit coin déco pour les hôtes, séduits par l'harmonie de ses trois chambres ouvertes sur des nids de verdure. La maison est ainsi faite, pleine de recoins, de jardins pour s'isoler, d'un deck autour de la piscine pour se prélasser. Le repos s'organise sur fond de boutis bleu tendre, rouge cassis ou bien couleur de foin, strié de bandeaux de fleurs aux tonalités de fruits des bois. Les salles de bains rendent hommage au papa de Maryse, artisan couvreur. Mais, au-delà du décor, c'est l'atmosphère chaleureuse qui règne en ces lieux, l'heure du petit déjeuner autour des cakes maison aux saveurs originales. Et puis, j'ai croisé le regard lumineux des vingt ans de Louise, son sourire délicieux. Une bouffée de printemps est passée...

Coups de cœur :

Une pomme sur chaque oreiller et les réserves de l'écureuil offertes sur les tables des chambres.

Bonne idée :

Bien évidemment, la découverte des villages vignerons : les perles de la Côte-d'Or.

Plan p. 13, C4
Côte-d'Or

• Hôtel La Maison d'Olivier Leflaive
Place du Monument – 21190 Puligny-Montrachet
Tél. 03 80 21 37 65
maison@olivier-leflaive.com
www.olivier-leflaive.fr

• 11 chambres : 100-190 € selon la saison.
2 chambres avec terrasses privatives : 160-220 € selon la saison.
Déjeuner « Initiation » : 40 € ; « Dégustation et découverte » : 50 € ; « Dégustation prestige » : 60 €.
Atelier de la vigne : 10 €/pers.

–> Fermé 31 déc.-11 fév.

La Maison d'Olivier Leflaive

Les années pop...

Olivier, à la tête d'un négoce de vins, était déjà connu pour sa table. Carole, sa sœur, qui a vécu des dizaines de vies, consommé allègrement les années hippies, a puisé dans ses souvenirs, écumé les salons de décoration, pour composer ses chambres de trois styles différents. Influence « Provence » pour les premières, « rétro » pour les secondes, « années pop » pour les autres. Évidemment, ce sont celles-là qui m'ont séduite ! La porte s'ouvre d'un étage à l'autre sur des salles de bains rose indien, violette et orange. Rien n'a été laissé au hasard. Ni le tableau écran des têtes de lit qui rappelle les œuvres de Nicolas de Staël, ni les photos en noir et blanc des mannequins de Mary Quant, ni les collages de pochettes de 45 tours des stars de l'époque. Les luminaires de Rosetti éclairent des sièges en vinyl rose métallisé. Si le « Flower Power » prend toute sa dimension dans ces chambres à la décoration singulière, c'est un luxe très tendance qui préside au style des deux suites gustavienne : l'une couleur argent, l'autre dorée. Carole est la « coupable » de toute cette beauté. Si elle poursuit plus avant le projet, surtout, qu'elle se laisse aller... J'ai adoré !

Coups de cœur :
Pour les « années pop », évidemment, pour la table de toilette en résine bleutée de Décotec dans la suite « Argentée », pour la bonne sœur à la jupe montgolfière, éditée par Factory, pour la salle de bains rose dragée d'une chambre rétro.

Bonnes idées :
Visites de caves, école de dégustation et ateliers dans les vignes.

Plan p. 13, C4
Saône-et-Loire

• Frédéric Carrion
Place André-Lagrange – 71260 Viré
Tél. 03 85 33 10 72
contact@relais-de-montmartre.fr
www.relais-de-montmartre.fr

• 9 chambres et 1 suite : 130-320 € (+ 10 € en HS).
Table gastronomique : 38-70 €.
Spa. Hammam. Navettes TGV.

–> Fermé 10-31 janv.

Frédéric Carrion Cuisine-Hôtel et Spa

L'ancien Relais Montmartre, traditionnel du Mâconnais, faisait tout : hôtel, restaurant, bazar, épicerie...

Rénové de pied en cape par Marie et Frédéric Carrion, il ne se consacre plus qu'à trois préoccupations : l'hôtellerie, le bien-être et la cuisine, orchestrée par Frédéric, qui a gagné ses talents de chef auprès des plus grands, de Bocuse à Orsi, de Rochevilaine à la Tour d'Argent. Trois niveaux, trois chambres par étage : baroques, bourgeoises ou contemporaines, composées, à l'image de la carte de Frédéric, avec la complicité de Nathalie Maureau dont les esquisses ont été conservées sous forme de tableaux. Goûts, saveurs et couleurs. Les bleu turquoise sont rayonnants, les rouge pivoine flamboyants, les coussins argent, les tissus moirés ont été réalisés par un tapissier, compagnon du Devoir. Des étoffes et de l'allure sur fond de poutres à vif, de parquets en chêne fumé, illuminés de lustres en plumes de paon. Les salles de bains ouvertes, dotées de baignoire à l'ancienne et de box de douche central en céramiques camel et gris pouliche sont en osmose avec les alcôves. Cuisine inventive et pique-niques gourmands dans les vignes...

Coup de cœur :

Une flamboyance inattendue au cœur d'un petit village discret du vignoble de Viré-Clessé.

Bonnes idées :

Golf de la Salle à 3 km. Et si vous participiez aux cours culinaires de Frédéric ?

Plan, p. 13, C4
Saône-et-Loire

• *Marie-Eugénie Dupuy*
225, allée de Chardenoux
« Chardenoux » – 71500 Bruailles
Tél. 03 85 74 81 84
info@lafermedemarieeugenie.fr
www.lafermedemarieeugenie.fr

• *4 chambres : 95-115 € selon la saison.*
Table d'hôtes : 30 €, hors vin.
Douche brumisante au jardin pour se rafraîchir en été.

–> Fermé 22-26 déc.

La Ferme de Marie-Eugénie

Typiquement bressane...

Avec ses colombages lessivés, sa galerie suspendue et ses briques du XVIIIe siècle, cette magnifique demeure, conservée dans le jus de ses pailles et de ses poutres, est dans la famille de Marie-Eugénie depuis... quatre générations ! À l'aube d'un changement de vie, Marie-Eugénie et Philippe ont décidé de l'ouvrir aux autres et aux hôtes. Quelques objets hérités d'un grand-père sculpteur donnent le ton. Cette maison a l'art et la manière de vous conquérir, sans forcer le trait, juste en mélangeant les genres et les époques pour arriver à cet art de vivre très actuel qu'elle distille dans chacune de ses pièces. Dans les chambres, la maîtresse de maison n'a pas hésité à marier baldaquins balinais et persiennes décapées, récupérées d'un château XVIIIe siècle, superbe tableau d'un peintre hollandais et petits édredons d'AM.PM., table contemporaine à géométrie variable et jute ficelle, vitres anciennes remisées en miroirs et armoire sur pilotis. Posées sur un sol en pierre grise de Bourgogne, les chambres affectionnent les tons de gris perle et de gris tourterelle, de brique et d'écru, de taupe et d'ardoise. Elles se réchauffent sous des draps de lit au crochet (redevenu très tendance), des plaids en mohair bouclette, couleur d'orge et de lait. Dans l'une des chambres, on a laissé la porte de la volière ouverte. L'oiseau s'est posé sur sa branche. *So romantic...*

Coups de cœur :

Intemporelle et très actuelle. L'accueil et ce ravissant portrait de jeune fille songeuse signé Frans de Geetere.

Bonnes idées :

Allez au marché aux volailles de Louhans à 8 km. Faire une halte sur la route des Alpes...

Plan p. 13, C4
Saône-et-Loire

• *Valérie Bugnet et Cyril Laugier*
Plâtre Durand – 71570 Saint-Amour-Bellevue
Tél. 03 85 37 10 26 – info@aubergeduparadis.fr
www.aubergeduparadis.fr

• *6 chambres : 125-155 €. 2 appartements : 200-240 €. Lit suppl. : 25 €.*
Restaurant : menu 50 €, petit déjeuner ou brunch 20 €.
Piscine. Spa.

–> Fermé en janv. et à la Toussaint.

L'Auberge du Paradis

Les propriétaires de cet ancien restaurant spécialisé dans les banquets ont haussé le ton…

D'emblée, la terrasse attire l'œil. On a envie d'entrer… Le salon au style épuré est parfait, le bar au style bistrot est tout ce qu'on attendait. Et puis la salle des petits déjeuners se démultiplie en terrasses. Design à tous les niveaux. Alors, on se dit qu'un duo en amoureux, à Saint-Amour, ça ne se refuse pas ! Au choix : sept chambres et dans leur sillage, des parfums épicés… « Réglisse », vivement qu'on s'y glisse… Mais aussi « Gingembre », « Nigelle », « Muscade », « Tandoori », « Cumin ». Deux petits amours s'amusent à l'aise sur les chaises cloutées en skaï rouge de « Paprika ». Jusqu'à l'année dernière, je vous aurais dit que c'était ma chambre préférée… C'était sans compter avec cette suite immaculée, dans un espace de 40 m² avec sa baignoire en résine sur fond de carreaux métro. Blanche absolument, elle joue avec les transparences entre laque et mobilier Art déco réinventé. Depuis sa petite terrasse, la vue s'envole sur le vignoble avant de se poser sur le canapé en faux gazon installé sur le cadre en béton brut de la piscine. Des ballons blancs, fluorescents, nagent toute la nuit. Si on en faisait autant…

Coups de cœur :
Le design, le blanc, le rouge, les skaïs, le mobilier qui révolutionne l'hôtellerie traditionnelle.

Bonnes idées :
Tous les villages du vignoble. Et si vous vous faisiez à Saint-Amour des serments pour… toujours !

Plan p. 13, C4
Saône-et-Loire

• Marie et Laurent Pruvost
Les Ravinets – 71570 Saint-Amour-Bellevue
Tél. 03 85 36 51 90
contact@leparadisdemarie.com
www.leparadisdemarie.com

• 4 chambres : 85-125 €.
Roulotte : 95 €/2 pers.
Lit suppl. : 20 €.
Piscine. Billard. Cuisine. Vélos à disposition.

–> Ouvert toute l'année.

Le Paradis de Marie

Un paradis les pieds dans les vignes…

… avec, au jardin, une roulotte relookée style gipsy, tout confort avec baignoire à l'ancienne intégrée et vaste terrasse… Un paradis au logis de cette ancienne propriété bourgeoise du XVIIIe siècle. À Saint-Amour, on aime le rouge, évidemment. C'est la couleur du vin et de la chambre en rez-de-cour, où toutes les nuances de pourpre flamboient du sol au plafond, jusqu'aux faïences de la salle d'eau ouverte sur l'alcôve tandis qu'une rampe d'escalier en fer forgé conduit à une douche surélevée. Dans « Romantique », on glisse ses rêves sous un boutis fleuri quand s'éteint l'étonnant lustre aux chardons. Une jolie salle de bains préserve l'intimité derrière des boiseries vitrées. Mais la plus extraordinaire, c'est « Galets » au style ultra-contemporain. Avec la couleur de ses galets, associée au blanc, à l'acier, et une pointe de rouge, elle dynamise l'espace d'un ancien grenier avec une personnalité rare. Au grenier toujours, la chambre familiale joue sur un registre rétro entre cages à poules, moustiquaire en toile à beurre et douche façon campement de campagne. La salle de billard et sa collection de pubs Aubade a des atouts pour retenir les messieurs tandis que les dames fondront devant le décor de la cuisine…

Coups de cœur :
La chambre « Galets » et la petite cuisine, une salle des petits déjeuners à croquer.

Bonnes idées :
La roche de Solutré et les petites routes qui musardent et se perdent dans le vignoble des monts du Beaujolais.

Plan p. 12, B3
Yonne

• Olivia et Nicolas Peron
30, route de Compostelle – 89660 Merry-sur-Yonne
Tél. 03 86 81 08 46 – olivia.peron@orange.fr
www.lecharmemerry.com

• 4 chambres : 135 € (10 € suppl. pour 1 nuit). Lit suppl. : 37 €. Table d'hôtes sur résa. : 45 €, boissons comprises ; enfants : 15 €. Climatisation. Eau adoucie. Piscine extérieure chauffée à débordement. Parking privé.

–> Fermé en janv.

Le Charme Merry

Dix ans de week-ends consacrés à le restaurer : le Charme Merry avait bien du charme à revendre. Alors, ils ont décidé de le partager...

Olivia et Nicolas ont quitté Paris, le marketing médical pour elle, pas tout à fait la photographie pour lui. Dans l'écrin des falaises du Saussois, ils ont investi cette ancienne maison vigneronne du XVIIe. Les envolées de fleurs et le parc truffier, la longue table d'hôtes en chêne, dessinée – comme l'ensemble du mobilier – par Nicolas, sauront vous retenir. Les chambres, établies dans une dépendance, marient matériaux traditionnels, design zen et contemporain. Pierre de Bourgogne au sol et dans les salles de bains aux vasques taillées dans la masse, d'un bel aspect granit. Réveillées par les couleurs toniques de prune, d'anis, de pastis et de fushia, elles s'allongent sur des tapis moelleux ensemencés de graminées, sur des dégradés de champs de lavandes, de blé vert, de lin, de roses, de labours. L'immensité des champs, l'horizon offert, l'alternance des saisons, les miroirs de l'Yonne, la fluorescence de tous les verts de la nature, Nicolas les a si bien saisis sur l'objectif qu'il vous les restitue sous forme de tableaux baignés de poésie. Dans ses alcôves dédiées à la vigne et au vin, vous ferez des rêves en blanc, glissé sous la couette ou endormi dans la quiétude d'une grande baignoire en résine immaculée.

Coups de cœur :

Des couleurs et du graphisme dans le contemporain d'une maison XVIIe. La salle de bains de « Chablis » où la baignoire est posée devant une jachère fleurie.

Bonnes idées :

Balade en vélo sous les bois de charmes, sur les bords de l'Yonne et les rives du canal du Nivernais. Visite des grottes d'Arcy-sur-Cure, de Vézelay et du château féodal de Guédelon, entièrement construit aux XXe-XXIe siècles !

Plan p. 12, B3
Yonne

• Nathalie et Stéphane Oudot
4, rue de la Cimentelle – Vassy-les-Avalons
89200 Étaules
Tél. 03 86 31 04 85 – lacimentelle@orange.fr
http://lacimentelle.com

• 3 chambres pour 2 pers. : 77-97 €.
1 suite familiale pour 4 pers. : 140 € (2 adultes, 2 enfants), 160 € (4 adultes), 210 € (6 pers.).
Chambre « Barthélémy » pour 4 pers. : 115€.
Table d'hôtes : 35€, boissons comprises. Enfant : 17 €.
Piscine. Solarium. Vaste parc ombragé. Étang.
Salle de réception.

–> Ouvert toute l'année.

La Cimentelle

Une piscine suspendue sur les ruines d'une ancienne cimenterie !

La propriété est dans la famille de Nathalie depuis 1820. Le vœu de la jeune femme et de son mari était de faire revivre cette maison de maître riche de souvenirs de vacances... Pour ce faire, rien de tel que de la reconvertir en maison d'hôtes. C'est ainsi qu'à l'étage, « l'Ardoisière » vous accueille entre ses papiers peints-pochoir au ton de framboise, avec son petit crapaud gris violine, en harmonie avec le gris ardoise de la salle de bains. Des kilims de Turquie feutrent les pas, s'exposent en poufs chez « Hippolyte », l'un des fondateurs de l'entreprise, dont la chambre flamboie sous un camaïeu de couleurs. Si l'on y trouve une chaise d'aisance chinée dans une brocante, « Hippolyte » a sacrifié au confort d'aujourd'hui avec une baignoire « à l'ancienne », très moderne, aux pieds en bois couleur... ciment. Chez « Honoré », le frère co-fondateur, c'est plus bohème. Tonalités de violet et de rhubarbe, malle de voyage abandonnée aux pieds de chaises re-customisées par Canovas. Une suite familiale, baptisée au nom d'« Ernest » (le fils d'Hippolyte : vous suivez ?), étire ses pavés rouge sang et ses trois chambres aux lueurs chocolat-turquoise, gris-rose et rouge-orangé au grenier. Elle dispose d'un salon-télé et de deux salles de bains, dont une où trône une douche entièrement vitrée. « Barthélémy » occupe une ancienne chambre de bonne. Qui est Barthélémy ? « On l'a inventé : ça allait bien avec les autres prénoms »... C'est, en effet, une bonne raison.

Coups de cœur :

Le portrait romantique, so chic de la maman de Nathalie dans la chambre « Hippolyte », le côté boudoir de « l'Ardoisière », l'escalier en tôle qui descend aux pièces à vivre, magistralement réalisé par le serrurier du village. Il rappelle l'esprit industriel des lieux.

Bonnes idées :

Avallon, une cité fortifiée aux portes du Morvan et son musée du Costume. Vézelay, haut lieu de la chrétienté, classé au Patrimoine mondial de l'Unesco depuis 30 ans !

Plan p. 12, B3
Nièvre

• *Marie-Noëlle et Jipe Vieren*
58460 Breugnon
Tél. 03 86 29 12 03 et 06 77 34 12 84
jipevieren@hotmail.com
www.chateau-de-villaine.com

• *2 chambres : 80 €.*

–> Fermé nov.-mars.

Le Château de Villaine

« Elle a l'art et la manière, ma Nièvre/ de m'inviter à prendre l'air »...

C'est Élodie qui l'a dit... Élodie Frégé ne s'y est pas trompée. Pour moi aussi, la Nièvre est un jardin d'enfance... Mes premières vacances à Saint-Sulpice dans les années 60. Alors, c'est avec émotion que j'ai redécouvert, au printemps dernier, ces successions de vallons et de prairies herbeuses, ponctuées de bois et de forêts. Je me suis arrêtée pour un petit déjeuner au Château de Villaine, dans le décor romantique – un tantinet désuet – juste ce qu'il fallait pour coller à mes souvenirs. Je me suis laissée aller aux douceurs exquises présentées dans du Sarreguemines, héritage nancéien de Marie-Noëlle, au tempo de cette maison qui se prête aux confidences près du feu qui ronronnait dans la cheminée. Artistes peintres et sculpteurs, Jipe et Marie-Noëlle ont choisi la Nièvre pour partager leur art et leur art de vivre avec des hôtes de passage, au sein de ce joli manoir de campagne dont les origines remontent au XIVe siècle. Des kilims, importés de Syrie par un fils en poste au Moyen-Orient, collent à merveille à cet ensemble médiéval. Des deux chambres qui portent le nom des premières « Dames » du château, ma préférence va à « Anne de Crévecœur » qui vécut en ces lieux en 1540. Boutis et rideaux façon Jouy ardoise, drap de lin bis à sa fenêtre. La belle d'aujourd'hui n'aura plus qu'à se mirer dans le halo d'un chandelier au miroir d'une belle glace dorée...

Coups de cœur :

L'atmosphère et l'accueil. Et puis l'Atelier des artistes. Jipe, spécialiste des bas-reliefs, croque aussi les « bouilles » du pays avec un humour aussi tendre que décapant.

Bonnes idées :

Profitez de l'expérience de Jipe, ancien coureur cycliste, pour découvrir les paysages de la vallée de Sainte-Eugénie, l'abbaye et la ville médiévale de Clamecy, son Homme du futur, *une sculpture de César.*

La Villa Rose

Région Sud-Ouest

Poitou-Charentes
Limousin
Midi-Pyrénées
Aquitaine

Plan p. 15, C2
Charente

• Monique Marchive
9, rue Jean-Ravanaud
16170 Saint-Yrieix-en-Charente
Tél. 06 12 94 35 51
info@lepicerie-de-venat.com
www.lepicerie-de-venat.com

• 2 chambres : 55 €. 1 suite : 80 €.

–> Ouvert toute l'année.

L'Épicerie de Venat

Et viva les années Formica !

Monique, elle est comme ça ! Elle aime tout ce qui tourne autour des arts modestes. Et même les verres en Pyrex ! Aussi, la portière en rubans plastiques multicolores, les assiettes translucides orange, rouges, vertes, jaunes : rien que des couleurs franches ! Lorsque cette authentique épicerie-bar-tabac de la périphérie ouest d'Angoulême a été à vendre, Monique n'a pas hésité. Elle a même retrouvé chez un antiquaire la table en bois qui avait été vendue et qui a retrouvé sa place au café. Elle y aurait bien mis une toile cirée pour être plus raccord avec les années 50 mais a préféré la conserver intacte, car les noms des joueurs de belote d'alors y sont gravés… Assis sur un tabouret en moleskine haut perché, accoudé au bar en Formica rouge tomate et jaune citron assorti au buffet déniché chez Emmaüs, on refait le monde et on s'imagine dans le quotidien de l'épicerie d'autrefois. Elle a été conservée dans le jus de son sol en ciment peint, des étals du dépôt-vente où Monique propose les produits du commerce équitable, les denrées non périssables des petits producteurs bio de la région, et puis ses confitures maison. On y trouve encore le distributeur à Carambar et l'agrafeuse à sachets kraft. On imagine les dimanches après-midi au café ou sur la petite terrasse noyée sous la glycine. Alors, à force de les imaginer, Monique a décidé de les faire revivre autour d'un goûter dansant avec les gens du village, les amis des amis, autour d'un bal latino. Chez elle, on chante Dalida, Luis Mariano et

Gloria Lasso... Tout le monde en profite. Et même les hôtes de passage, enchantés d'investir l'une des chambres au décor dépouillé, juste pimenté de belles tranches d'orange sous forme d'un secrétaire et d'un luminaire dans la première. Avec un tapis méché posé sur le parquet et une femme en terre cuite « qui pense » déposée sur le dos d'une commode parme. Vichy rouge et triptyque façon BD dans une autre. Tonalités gris, violette, lilas, turquoise et lampadaires aux chapeaux de roses pour la suite, pleine vue sur la glycine épanouie aux premiers soleils. Et partout des salles de bains vert céladon aux carreaux rétro. Monique, qui dans le civil est libraire, a tout compris et parfaitement réussi cette demi-reconversion. N'en déplaise à sa modestie !

Coup de cœur :

Un style guinguette plein de charme et de fantaisie.

Bonnes idées :

Se renseigner sur les journées « épiceries-bar latino, concours de belote »... Une visite à la brocante Chez Cax, dans le même esprit que l'Épicerie (152, rue Montmoreau à Angoulême).

Plan p. 15, C2
Charente

• Pierre Casteleyn et Max Griffin
16250 Chadurie
Tél. 05 45 21 75 11 et 06 27 30 78 26
info@logisdepuygaty.com
www.logisdepuygaty.com

• 3 chambres (dont 1 suite) : 135-190 € selon la saison (+ de 2 nuit, 10 % de réduction). Gîte 2 pers. : 260 € en BS, 285 € en HS, services compris. Lit suppl. : 40 €. Petit déjeuner : 13 €. Table d'hôtes (sur résa.) : 50 €, boissons comprises.
Boutique d'objets déco.
Hébergement pour les chevaux.

–> Ouvert toute l'année.

Le Logis de Puygaty

Une certaine nostalgie de l'Europe...

... a ramené Pierre, d'origine belge, après une vie aux États-Unis, sur le Vieux Continent. Il a trouvé son nouveau port d'attache dans un logis, typiquement charentais, qui appartint à un conseiller de François Ier. Inscrit à l'inventaire supplémentaire des Monuments historiques, le logis connut l'histoire classique de la transformation en ferme, puis l'abandon. Bâti sur un escarpement stratégique, il a retrouvé aujourd'hui la belle allure qui sied à son rang. Une fois franchi l'exceptionnel porche en anse de panier, vous découvrirez un univers aussi élégant que brut de décoffrage. Secondé dans cette aventure par Max, un jeune Américain, Pierre a transformé les dépendances en vastes chambres d'hôtes, détournant les nobles matériaux du passé en objets de déco. Partout : du mobilier en chêne chaulé, des marches d'escalier suspendues, des portes burinées, des lavabos dans les anciens abreuvoirs, des râteliers en têtes de lit, des bancs de jardin ridés, des sacs à grains en guise de rideaux, des fourches reconverties en supports de linge, des morceaux de poutres en lampadaires, des ruches en paille, une superbe cheminée en acier rouillé et puis des cottes de mailles, réalisées par un artisan qui a travaillé avec Paco Rabanne, en rideaux de cheminée...

Coups de cœur :

L'harmonie des corps de logis, l'élégance des matériaux bruts, le mobilier du ferronnier employé à plein temps sur le domaine.

Bonne idée :

Le centre de la BD à Angoulême.

Plan p. 14, B2
Charente

• *Sylvie Abadi*
Logis de Grange – 16480 Berneuil
Tél. 05 45 79 07 02 et 06 80 91 11 25
sylvie.legoff@yahoo.fr
www.grenier-des-saveurs.com

• *3 chambres : 60-70 € selon le standing.*
Loft + dortoir : 90 €/4 pers. Lit suppl. : 15 €.
Petit déjeuner : 6-15 € selon la formule.
Table d'hôtes : menu « Gourmand » 35 €, apéritif et vin compris ; menu « du marché » 23 €.
Gîte pour 4 à 12 pers. : 490 €/sem. en BS. W.-e. : 350 €.
Gîte pour 10-12 pers. : 990-1 900 € selon la saison, 750 € le w-e. Linge inclus ; ménage : 100 €.
–> Ouvert toute l'année.

Le Grenier des Saveurs

C'est une ferme basse,
construite pour se protéger des vents...

Sous ses vieilles tuiles, typiques du pays, la grange, dont l'origine remonterait au XVe siècle, abrite désormais deux ou trois chambres d'hôtes qui se transforment en gîte durant l'été et les vacances scolaires, grâce à une grande cuisine contemporaine où a été conservé l'emplacement des anciennes mangeoires remixées en plan de travail. Sol en béton teinté dans la masse, couleur coquille d'œuf, où se sont plantés des tabourets Tolix. Isolation en chanvre pour les murs : les propriétaires ont pensé Écogîte, label Handicap tourisme avec cette chambre en rez-de-plaine et sa salle d'eau à l'italienne. Plaid aux feuillages stylisés, linge de lit de Caravane et murs en tadelakt, à l'identique de sa voisine. Mélange de vieux bois et de ferronnerie couleur rouille pour le salon, où des fauteuils club rouges égaient le mobilier charentais réchauffé par un Focus suspendu, éclairé par un lustre en forme de cloche de cuivre, revisité version pot à lait. Il y a de la magie dans l'air et jusque sur la mezzanine, où « Le loft » s'est installé sur un plancher en chêne huilé. Un vieux fauteuil de séminaire, un porte-manteaux en relais électriques d'antan mettent de la fantaisie autour du lit réchauffé de carreaux de laine turquoise, assortis aux rideaux bayadères. Pont suspendu avec vue sur la salle de bal où, lors de ma visite, s'éclataient trois petites danseuses en herbe... Ce qui m'incita à explorer le dortoir des enfants, très pimpant, avec ses quatre couchages aux tonalités grises et roses – forcément les propriétaires n'ont que des filles ! – et sa salle de bains, façon cabane, aux couleurs des jouets d'enfants avec les « wawa » à leur dimension. Mickey et Minnie souriaient sur le mur...

Coups de cœur :
Une carcasse traditionnelle, un décor contemporain, en rase campagne. Les formules w-e : quad, baptême de mongolfière – coupe d'Europe tous les deux ans en août (prochaine édition en 2011) –, coach et forme, équitation, relaxation.

Bonnes idées :
Aubeterre. Le Maine-Giraud, la maison d'Alfred de Vigny, le circuit des églises romanes.

Plan p. 15, C2

Charente

• Minka et Xavier Alas Luquetas
4, rue Aristide-Briand – 16600 Magnac-sur-Touvre
Tél. 05 45 68 61 38 et 06 81 29 99 56
contact@chateaudemaumont.fr
www.chateaudemaumont.fr

• 3 chambres : 95 et 120 €. 2 suites : 125 €/2 pers., 160 €/3 pers., 180 €/4 pers., 200 €/5 pers.
Massages sur demande : 69 €.
Salons de réception avec cour suspendue, parc.

–> Ouvert toute l'année, sauf 22 déc.-15 janv.

Le Château de Maumont

Un château qui cache bien son jeu...

Une façade de château XVIe drapée de feuillages, un vrai logis charentais XVIIIe à l'arrière... À la fois déroutant et tout à fait charmant, ce château ancré aux portes d'Angoulême domine la Touvre, juxtapose les siècles et les univers croisés de Minka, issue d'une famille d'artistes et de Xavier, passionné d'antiquités. Depuis le vestibule, le regard se porte, de part et d'autre, sur le salon de musique, puis sur la ravissante salle à manger d'esprit XVIIIe. Argenterie et chandeliers sur ses tables soignées, encadrées de tableaux raffinés. À l'étage, je passe sur la chambre « Marguerite d'Angoulême », empesée dans ses toiles de Jouy, je m'arrête dans la chambre « Octavien de Saint-Gelais » au baldaquin exotique, déniché dans une salle de ventes. Elle porte le nom d'un écrivain qui vécut au château. Pierre Loti qui n'habitait pas bien loin est honoré avec une chambre parée de kilim et de moucharabieh. La Rochefoucauld, famille à laquelle appartInt le château, y dispose d'une suite bien adaptée à celles des hôtes. Mais la plus étonnante et la plus sympathique demeure l'« Atelier d'artistes », mise en scène sous les poutres blanchies de sa charpente dans des camaïeux de tissus gris. À l'étage, un ravissant dortoir d'enfants aux lits modulables et aux couettes couleur myrtille séduit les familles. L'atelier expose la collection de tableaux contemporains des grands-parents de Minka qui possédait une galerie d'art, ainsi qu'un mobile de son oncle, Laurent Davidson, marié à la fille de Calder, dont on sent la proximité puisqu'il vécut lui aussi à Saché, en Touraine.

Coups de cœur :
L'accueil, la salle à manger XVIIIe, le petit salon de jardin dans la bambouseraie.

Bonnes idées :
Angoulême et une croisière sur la Charente, la visite du château de La Rochefoucauld.

Plan p. 14, B2
Charente-Maritime

• Florence et Hervé Audinet
1, rue des Francs-Garçons – 17610 Saint-Sauvant
Tél. 05 46 90 33 93
contact@francsgarcons.com
www.francsgarcons.com

• 7 chambres : 88-108 € en BS, 98-108 € en HS. 3 suites : 128 € en BS, 138 € en HS. Lit suppl. : 15 €. Petit déjeuner : 12 €. Brunch : 18 €. Dîner : 25 €. Terrasse. Piscine. Sauna. Salle de remise en forme.

–> Ouvert toute l'année.

Hôtel des Francs Garçons

Coups de cœur :

La chambre « de Bob » qui revisite les années 60, la suite « Hervé Langlais ».
La magie du soir, la complicité de la vieille église et de la piscine suspendue.

Bonnes idées :

L'église du village, dont l'origine remonte au XIe s., et son jardin médiéval. Le paléosite auquel on peut se rendre à pied. L'abbaye de Fontdouce. Et les fontaines romaines de Vénérand.

Design à la campagne...

Quatre maisons vouées à la démolition ont été achetées il y a une trentaine d'années par un architecte visionnaire... Le village vivait comme une tribu. Hervé Audinet recueillait sa mémoire orale, enchanté par la poésie du discours des anciens. Alors, bien avant l'heure des ordinateurs, cet homme de foi fit le choix de vivre dans le village de ses ancêtres. Il décide avec le soutien de son épouse, Florence, de restaurer son acquis et de le transformer en un petit hôtel design. Car, non content d'exercer son art, l'enfant du pays attira dans son village médiéval d'autres architectes. Normal donc que les chambres leur soient dédiées. Qu'il soit venu de Memphis (Tennessee), de South Californie ou de Houston (Texas), d'Angleterre ou bien de France, chacun a choisi les couleurs de sa chambre. Atmosphères aussi bariolées qu'épurées : sols en Bolon, tête de lit couleur d'absinthe ou d'azur, de pistache ou de coquelicot, plaids en tweed ou coussins inspirés de Vasarely, les chambres et leurs salles de bains n'engendrent pas la mélancolie. Parti pris des perspectives et des lignes. La haute technologie est en libre accès... De grands carreaux de lumière chromatique éclairent les différents niveaux dès la nuit tombée. La silhouette de la vieille église charentaise se reflète, au clair de lune, dans les eaux noires d'une piscine suspendue.

Plan p. 14, B2
Charente-Maritime

• Marie-Jo et Didier Chevalier
6, rue du Château-d'Eau
17400 Saint-Denis-du-Pin
Tél. 05 46 26 73 18 et 06 80 59 51 99
marie.jose.chevalier@orange.fr
www.prieure-la-fayolle.com

• 2 chambres : 76 €/2 pers., 90 €/3 pers.
1 suite pour 2 à 5 pers. : 76-150 €.
Table d'hôtes : 19 € le soir sauf lun. « Assiette gourmande » jeu. : 13 €. Dîner raffiné sam. soir : 24 €. Piscine. Wifi.

–> Fermé 15 nov.-31 mars.

Le Prieuré de la Fayolle

Ils sont venus de Paris et de l'hôtellerie…

… pour installer leur conception de l'accueil et de l'art de recevoir en ce pays charentais où les attendait un ancien prieuré dont les origines remontent à 1305. La légende prétend que Philippe le Bel et Clément V, qui n'était encore que Bertrand de Got, archevêque de Bordeaux, s'y seraient rencontrés. Forts de leurs expériences de DRH, pour Didier, et de gouvernante générale, pour Marie-Jo – à l'Intercontinental et au Grand Hôtel à Paris –, il leur était naturel d'installer leur décor dans un environnement cossu. Rien de tendance, donc, en ces lieux mais une décoration de bon goût et un classicisme réinventé grâce d'un mobilier patiemment choisi, de bibelots amoureusement chinés, d'un confort appris au fil des années. Quelques touches personnelles, comme ces abécédaires ou ces tableaux, œuvres de Marie-Jo, artiste à ses heures, qui lorsqu'elle ne s'adonne pas à ces hobbies, les délaisse pour la patine de meubles. Didier qui remonte facilement le cours du temps et de l'Histoire, aurait bien aimé habiter un château fort. Il se satisfait désormais de quatre meurtrières sur la longue façade éclairée de volets verts. Quant à Marie-Jo, qui préfère le raffiné à l'austérité, elle se sent bien dans sa magnifique salle à manger XVIIIe aux boiseries vert tendre, où la table est dressée à l'image de celle des hôtels princiers…

Coups de cœur :

Le charme intemporel du lieu et l'élégance de la table d'hôtes.

Bonnes idées :

Le méandre des ruelles de Saint-Jean-d'Angély, ancienne capitale de la basse Saintonge, et son abbaye royale. Rochefort et la maison de Pierre Loti.

Plan p. 14, B1
Charente-Maritime

• Aurélie et Yohann Lagord
Chemin des Mouettes – 17580 Le Bois-Plage-en-Ré
Tél. 05 46 09 27 00
contact@lesboisflottais.com
www.lesboisflottais.com

• 15 chambres : 81-150 €. 4 suites : 144-185 €.
Lit suppl. : 25 €.
Petit déjeuner-buffet : 12 €.
2 piscines, plage à 150 m. Espace bien-être.

–> Fermé fin nov.-début mars (ouvert 26 déc.-4 janv.)

Hôtel Les Bois Flottais

Heureux compromis entre vie de famille et vie professionnelle…

… Yohann, cuisinier de métier, et Aurélie ont repris l'ancienne maison du grand-père de la jeune femme. Ils lui ont ajouté des maisons basses et blanches, d'esprit rétais, ont peint les volets, en vert côté rue, en gris bleuté côté cour, aménagé une piscine dans le cadre des murs et décoré les 19 chambres de leur petit hôtel dans la tendance de l'île. Mots tracés avec des galets dans le ciment lissé des sols, lampes de chevet en coquillages et bois flotté… Les pas glissent d'une chambre à l'autre sur des tommettes récupérées dans un château de la Loire, sur des carreaux de ciment anthracite. Les mains caressent le moelleux d'un boutis, le velouté d'un meuble blanchi. L'œil s'attarde sur les gerbes de couleurs d'un tableau. Des persiennes décapées, des voliges poudrées, des meubles en teck javellisés accentuent cet aspect naturel très étudié. Et l'atmosphère bon enfant, fraîche et gaie, s'impose dès l'heure du petit déjeuner avec le buffet dressé sur un robuste établi de bois, qui donne la réplique à l'élégante cheminée en pierre blanche de Saintonge. Les convives s'y régalent de financiers tout chauds et bien dorés !

Coups de cœur :

Les écritures de galets sur les sols, les bois lessivés, les financiers du petit déjeuner.

Bonne idée :

Un marché typique (t. l. j. en été).

Plan p. 14, B1

Charente-Maritime

• Marina et Christophe Ducharme
6, rue Gambetta – 17590 Ars-en-Ré
Tél. 05 46 29 40 42 – hotel.le.senechal@wanadoo.fr
www.hotel-le-senechal.com

• 20 chambres : 55-200 € selon le standing et la saison. 5 suites : 150-250 €.
Lit suppl. : 15 et 30 €. Petit déjeuner : 12-15 €.
2 petites maisons et une grande familiale (se renseigner sur les tarifs).
Piscine, plage à 200 m.

–> Ouvert toute l'année.

Hôtel Le Sénéchal

Enfants des plages de l'île de Ré...

... Marina et Christophe se sont connus ici, en Charente-Maritime, mais n'avaient jamais poussé la porte du Sénéchal avant que les anciens propriétaires ne le mettent en vente. Et puis, ils ont craqué pour ces trois corps de logis réunis entre eux par des paliers et des escaliers, avec l'espoir que leurs enfants, plus tard, prendraient le relais. Mais ils ont tout conçu pour que « l'affaire » roule aussi sans eux... et Sylvie, Hortense, Claire, Laurence, Lucile, Valérie se relaient avec le sourire à la réception, au milieu des bouquets d'anémones. Tout a été revu par Christophe, l'architecte, et décoré par Marina, dans un esprit broc et ciment lissé. Sans hésiter, ils ont marié murs de pierre à vif et petit mobilier industriel, d'appentis ou de laverie, boutis gris, framboise, bleu rétais et meubles lessivés, tissus bayadères et édredons joufflus en chanvre, luminaire en carton et lustre à breloques, éclairage « mécano » et abat-jour bouquet de roses... Un mélange de genres incroyable, savamment dompté, d'une fantaisie et d'une élégance rares, à un prix très étudié pour l'île de Ré. Bref, un hôtel à croquer, dans une portion de l'île qui a su préserver son authenticité.

Coup de cœur :

La fantaisie, comme s'il en pleuvait, à tous les étages !

Bonnes idées :

L'église Saint-Étienne, le phare des Baleines et l'Arche de Noé avec ses collections d'animaux naturalisés.

Hôtel La Maison Douce

Plan p. 14, B1
Charente-Maritime

• Catherine et Alain Brunel
25, rue Mérindot – 17410 Saint-Martin-de-Ré
Tél. 05 46 09 20 20
contact@lamaisondouce.com
www.lamaisondouce.com

• 9 chambres : 120-175 € selon la saison.
2 suites : 185-255 € selon la saison.
Lit suppl. : 25 €. Petit déjeuner : 15 €.
Salons de jardin. Jacuzzi.

–> Fermé 11 nov.-26 déc. et 3 janv.-15 fév.

Coup de cœur :

Des fauteuils recouverts de sacs à patates aux chiffres blancs peints à la main.

Bonnes idées :

À La Flotte, les vestiges de l'abbaye cistercienne des Châteliers et le fort de la Prée.

C'est une maison douce qui porte divinement son nom…

… comme un secret jalousement gardé entre les hauts murs de Saint-Martin-de-Ré. Elle est cachée à 300 mètres du port, dans l'ombre embaumée de ses treilles de roses et de ses lauriers en fleurs, tel un bouquet de printemps fondu dans les tonalités gris argent des marais voisins. Installée dans une demeure du XIXe siècle, la Maison Douce a rafraîchi ses espaces sous l'inspiration novatrice d'un jeune couple passé du prêt-à-porter aux joies de l'hospitalité. Avec ses sols incrustés de galets, ses bois flottés, ses tapis en jonc de mer, ses moustiquaires aux ailes de libellules, ses boutis blancs ou caramel, ses toiles à beurre, avec ses zincs et ses horloges en bronze, ses glaces en pied et ses baignoires émaillées dans des salles de bains délicieusement rétro, la maison se nourrit d'esprit rétais. Les chambres ont la grâce volatile de la fleur de sel et le romantisme ambiant des fleurs de Ré qui ponctuent pas-de-porte et jardin clos.

Plan p. 14, B2

Charente-Maritime

• *Lætitia Le Reun*
11, rue Maréchal-Foch – 17480 Le Château-d'Oléron
Tél. 05 46 76 48 30
lesjardinsdalienor@wanadoo.fr
www.lesjardinsdalienor.com

• *2 chambres : 87-117 €. 2 suites : 117-137 €.*
Patio suspendu pour les chambres « du Général d'Argencourt » et « du Chevalier de Clerville ».
Restaurant : menu et carte gastronomiques env. 40 € ; déclinaison d'huîtres : 38 €.
Wifi.

–> Ouvert toute l'année.

Les Jardins d'Aliénor

Lætitia a grandi ici, puis s'en est allée à Paris…

… Où elle a rencontré Marc, à la Maison du Danemark où tous deux travaillaient. Le couple chercha un lieu d'ancrage à Oléron. Un vieil hôtel désuet s'est présenté. Et l'aventure a commencé en 2004 avec la création d'un restaurant, que prolonge une belle terrasse et son mur végétal abondamment fleuri. À peine deux ans pour asseoir sa réputation… Des chambres étaient disponibles à l'étage, qu'ils ont entièrement revues et décorées avec beaucoup de personnalité, mélangeant le mobilier de chine ou de famille à des éléments de créateurs. Ainsi, dans les salles de douche, des tapis de galets en faïence rouge sang, émeraude ou turquoise, assortis aux luminaires et miroirs de Jean-Michel Petit qui a troqué les bois flottés contre des ardoises et des pâtes de verre de toute beauté. Alors, pourquoi « Aliénor » ? Parce que la reine est venue au château d'Oléron, qui occupait la place du fort actuel, où elle édita les « rôles d'Oléron » qui réglementèrent le commerce du sel et du vin. Désormais « Aliénor » dort au creux d'un nid douillet, entre blancheur et crème de lait. Elle a pour escorte des chambres aux murs décroûtés, aux tons de gris perle ou de grisaille.

Coups de cœur :

L'accueil délicieux et les salles de bains aux tapis de galets.

Bonnes idées :

Après la visite de la citadelle, un détour chez les artisans-créateurs du port du Château-d'Oléron, dont J.-M. Petit à la cabane « En Attendant Alixe ».

Plan p. 14, B1
Deux-Sèvres

• *Hervine et Jean-Paul Guénanten*
4, rue d'Autremont – 79510 Coulon
Tél. 05 49 35 90 20 – le-central-coulon@wanadoo.fr
www.hotel-lecentral-coulon.com

• *13 chambres : 58-70 € selon la saison.*
Petit déjeuner : 9,50 €. Lit suppl. : 15 €.
Demi-pension : 117-130 €/2 pers. selon la saison.

–> Restaurant fermé toute l'année dim. soir et lun. Fermeture annuelle 3 sem. en fév. et 2 sem. en oct. pour les vacances.
–> Hôtel fermé dim. soir et lun. de nov. à mi-avril. Fermeture annuelle 3 sem. en fév.

Hôtel Le Central

Au cœur de la Venise Verte...

Les plates glissent en silence à travers les chemins d'eau du Marais poitevin comme les années glissent sur le Central, un charmant Logis de France depuis trois générations dans la même famille, récemment rénové par Hervine et Jean-Paul. Si la salle à manger, dans laquelle le maître de maison réveille avec talent les papilles de ses clients, demeure le sanctuaire de la tradition, l'hôtel propose désormais 13 chambres au goût très actuel. Agrandi avec le rachat de l'ancienne boucherie mitoyenne, le Central s'est doté d'une salle des petits déjeuners inondée de lumière grâce à son toit entièrement vitré. Des chaises de la Maison Coloniale, des petits meubles décapés, une étagère de boulanger apportent leurs touches de charme dans les clartés du matin. Les propriétaires ont préservé au maximum les matériaux nobles – murs de pierre, poutres et charpente brutes – tout en les associant à des lambris à vif, des persiennes décapées, des tissus bayadères ou des toiles à matelas, des tonalités framboise ou châtaigne, rouge et ivoire, rose et gris. Un petit mobilier de brocante dans les chambres, des malles de voyage dans les escaliers, un lit exécuté par un ferronnier de La Garette s'accordent aux métamorphoses du temps. Un agréable patio prolonge l'extension de la maison. L'ancienne grange, reconvertie en chalet de village, propose quatre chambres et leurs salles de bains, façon jardin d'hiver, où le bois clair signe la nouvelle tendance du décor de ce Logis qui a su prendre le pouls du XXIe siècle.

Coup de cœur :
La fidélité et la modernité d'un hôtel qui a su s'adapter à l'air du temps sans perdre son âme.

Bonne idée :
Visite de l'église du village (XIe s.), où un prêchoir extérieur permettait aux paroissiens d'assister à la messe depuis leurs barques en cas d'inondation !

Plan p. 14, B1
Deux-Sèvres

• Séverine Lamberton
Rue du Grand-Port – 79210 Arçais
Tél. 05 49 76 27 11
contact@maisonflore.com
www.maisonflore.com

• 10 chambres : 67-76 € en BS, 72-78 € en HS.
Lit suppl. : 15 €.
Petit déjeuner : 9,50-9,80 € selon la saison (moins de 12 ans 6,50 €).
Accès handicapés. Écolabel.

–> Fermé de mi-déc. à mi-fév.

Hôtel Maison Flore

Un bouquet de printemps 100 % nature...

Fonctionnement durable, énergie renouvelable sont les credo de Séverine. En transformant une ancienne maison maraîchère et sa grange en hôtellerie du nouveau millénaire, la jeune femme s'est lancée dans une aventure militante en totale adéquation avec son environnement. Quarante mètres de toiture photovoltaïque, complète autonomie électrique, puits canadien assurant une géothermie réversible entre été et hiver, cave à récupération d'eau de pluie de 10 000 litres, produits de bain écologiques. Le chanvre et le bois à hauteur de 70 % constituent l'ossature du bâtiment, dans lequel s'épanouit une floraison de fleurs de la région. « Valériane », « Angélique », « Bleuet », « Iris », « Nénuphar », « Rose Trémière » : la dizaine de chambres de l'établissement porte comme un étendard leurs couleurs, liées elles aussi à l'environnement avec des peintures à base de yaourt. Pour les embellir, des tableaux de fleurs en concordance, des décalcos de chez Casto, des tables de chevet années 50 repeintes en tonalités acidulées. La salle des petits déjeuners déploie ses tables bistrot autour d'un vrai billot de boucher retourné en une desserte. Naturellement, on y sert des produits bio, issus de la région ou du commerce équitable...

Coups de cœur :

La preuve que l'art de vivre n'est pas incompatible avec une écologie raisonnée, et, bien sûr, le bonheur de nuits dans les fleurs.

Bonnes idées :

Une découverte du marais suivant les conseils de Séverine, et l'abbaye de Maillezais... dans les marais elle aussi.

Plan p. 15, C2
Corrèze

• Catherine Meyjonade
Le Bourg – 19600 Lissac-sur-Couze
Tél. 05 55 85 14 19 et 06 75 24 06 31
chateaudelissac@wanadoo.fr
www.chateaudelissac.com

• Chambres : 120-150 € selon la saison.
1 suite pour 4 pers. : 220 €.
Petit déjeuner : 12 €.
Vélos à disposition.

–> Ouvert de mi-avr. à mi-nov.

Le Château de Lissac

Boules de buis, boules de mousse et boules de pierre…

Elles prennent la pose ces jolies boules, minérales ou très nature. Au jardin et à l'intérieur de ce château doté d'un emplacement à ravir au dessus du lac, il campe fièrement sur ses siècles et son jardin à la française. Les boules, c'est la marotte de Catherine qui en a essaimé partout dans la demeure ! Boules mercurisées ou boules bougies, elles roulent dans l'enfilade des salons, enchantés par les verreries de Flamant et illuminés par un lustre aux branches enveloppées par un gaze qui tamise divinement la lumière. Un univers onirique auquel répond en écho le décor des chambres, distribuées par un incroyable escalier à vis laissé dans l'usure de son âge. Les esprits chagrins, les intégristes qui aiment les châteaux figés dans leur passé repasseront… Ici, les couleurs sont au diapason de notre époque, réinventant la médiévalité sous couvert d'ogives blanchies au lait de chaux, installés sur des parquets noircis et laqués. Après les chambres aux tonalités

beige rosé, gris tourterelle, jonquille, violine ou vert amande, la magnifique suite rose dragée, voici venu le temps de « l'Orchidée » en blanc et noir intégral, de « l'Amaryllis », soulignée de vert pomme, épinglée de grands formats représentant New York ou les jours heureux de la famille Grimaldi quand, de star, Grace, à l'apogée de sa beauté, devenait princesse. Sans doute une autre idée de l'aristocratie... Casser les codes, oser ce mariage risqué entre les siècles et les convenances, ce n'était pas gagné d'avance... Alors, moi, je dis : bravo !

Coup de cœur :

Une médiévalité magnifiée par les formes et les tonalités d'aujourd'hui. Et s'il arrive que les propriétaires s'éclipsent, c'est la délicieuse Elvire qui nous accueille.

Bonnes idées :

Sports nautiques sur le lac du Causse, Rocamadour dans le Lot, les grottes de Lacave et le moulin de Cougnaguet.

Plan p. 15, C2
Corrèze

• Esmeralda et Philippe Boursillon
13, rue du Bac
19400 Argentat
Tél. 05 87 34 60 01 et 06 62 00 96 88
lesmeyrandiers@gmail.com
www.lesmeyrandiers.com

• 2 chambres : 90 et 95 €.
Lit suppl. : 25 €.
Quai privé. Accès barque ou pêche.

–> Ouvert toute l'année.

Les Meyrandiers

Coups de cœur :

La vue, le charme d'un balcon bleu sur les miroirs d'eau de la rivière, les luminaires pleins de fantaisie.

Bonnes idées :

Promenade en gabarre depuis Beaulieu-sur-Dordogne, pomenade-démonstration à partir du quai d'en face. Les Tours de Merle, les cascades de Murel.

Ils sont d'abord tombés amoureux sur Internet d'un petit balcon bleu...

Et, lorsqu'ils sont venus visiter, Philippe et Esmeralda sont tombés amoureux tout court de la maison qui allait avec, de la petite cité traversée par la Dordogne, puis de la région toute entière. Et, vous savez quoi ? Depuis, ces anciens baroudeurs habitués de la région parisienne poussent le vice, lorsqu'ils sillonnent les monts de Corrèze, jusqu'à écouter « Fip » pour savourer, a contrario, le plaisir de ne pas être coincé dans les embouteillages du périph' ! À Argentat, c'est le bonheur partagé d'un balcon sur la Dordogne qu'ils vous invitent à découvrir, la convivialité d'un *home* à la fois authentique et cosy. Leur demeure est la réunion de trois maisons dont une, occupée aujourd'hui par la cuisine, était celle d'une gardienne de chèvres. Celle au balcon bleu était le poste de douaniers qui surveillaient jadis les allées et venues des gabarres sur la rivière, et la dernière, le petit hôtel du port. De l'une à l'autre défilent les siècles... Depuis Louis XIV jusqu'à la Restauration. Ici, résida Colbert, qui a de nouveau sa chambre à l'étage, éclairée par un lustre en seau à fromage, par de malicieux petits luminaires confectionnés par un artiste local à partir de moules à gâteaux. Draps brodés, fraîchement amidonnés. Tons doux de lin et de blanc et lavabo de salle de bains posé sur un vieux pétrin. La chambre « Turenne », dédiée au héros de la Corrèze, établie sur un plancher en châtaignier, emblématique du pays, est couronnée par un impressionnant lustre en fleurs séchées...

Le Manoir de la Brunie

Plan p. 15, C2
Corrèze

• *Jacqueline et Pierre Appert*
La Brunie – 19500 Saint-Bazile-de-Meyssac
Tél. 05 55 84 23 07 et 06 67 74 87 67
appierre@wanadoo.fr
www.manoirlabrunie.com

• *1 chambre : 90 €. 2 suites : 110 €.*
Lit suppl. : 40 €.

–> *Ouvert toute l'année.*

Aux confins du Limousin et du Périgord, il était un manoir qui connut les rebondissements de l'Histoire.

Ancienne ferme, puis demeure d'un conventionnel qui vota la mort du roi et fut chassé à la Restauration, il était pourtant resté jusqu'à ces dernières années dans la même famille, toujours transmis par les femmes. Aujourd'hui, c'est un couple de jeunes retraités ayant longtemps vécu en Afrique qui est venu lui rendre le lustre qu'il méritait. Comme une seconde vie à partager avec des hôtes sensibles au charme élégant et racé des lieux, au décor soigné et cosy des salons. Le magnifique escalier d'origine, en chêne, a été dégagé des cloisons qui l'effaçaient. Il conduit aux chambres, dont un ami architecte a repensé les volumes, pour donner un vaste espace à chacune. Ça sent bon la cire et le bois noble. Dans ce décor épuré mais sans excès, le mobilier de famille règne en maître. Ici, un superbe boutis de patchwork jaune citron, une glace dorée, des chaises Louis-XV ; là, un drap de laine brodé, de grands drapés en toile couleur mastic qui caressent un sol de tommettes. Sur les murs, une frise fleure déjà le Midi, avec une belle collection d'abécédaires ; sur une commode, d'élégants visages africains... Comme une ponctuation à la nostalgie.

Coup de cœur :
L'élégance des lieux et leur aspect cosy.

Bonnes idées :
Collonges-la-Rouge, à l'origine du label des Plus Beaux Villages de France, les cités médiévales de Curemonte et de Turenne, et le pays de Beaulieu-sur-Dordogne.

Plan p. 15, C1
Creuse

• Yolande et Marc Muller
La Jarrige – 23320 Saint-Vaury
Tél. 05 55 41 05 81 et 06 64 42 70 71
domainedelajarrige@orange.fr
www.domainedelajarrige.fr

• 4 chambres : 70-80 € selon le standing.
Table d'hôtes : 22 €.
Espace bien-être sauna et Jacuzzi.

–> Ouvert toute l'année.

Le Domaine de Jarrige

Yolande a toujours rêvé d'être décoratrice d'intérieur…

Sa vie a suivi un autre cours… De l'Alsace à la Côte-d'Azur, puis à la Creuse. C'est ici, qu'en compagnie de son mari, tombé comme elle amoureux de cette campagne discrète et secrète, elle a choisi d'exercer ses talents pour le plus grand bonheur de ses hôtes. Après un galop d'essai très remarqué et parfaitement réussi d'un gîte, couleur turquoise et chocolat, établi dans l'ombre du grand marronnier de la propriété, elle vient de récidiver en créant une chambre indépendante dans l'ancien poulailler, revisité en couleur tilleul, propice à la sérénité. Trois autres chambres ont élu domicile dans les anciennes granges du domaine, dont l'origine remonte à 1674. « Éclat de Rêve » décline son art de vivre en tonalités de lin et d'indigo sur fond de têtes de lits en vieux volets à peine décapés. Fauteuil boule et chandelier en fil de fer. Un nounours comme un doudou et des bulles de bonheur comme s'il en pleuvait ! Plus baroque est le « Sabot de Vénus » au ton de prune, aux boiseries et chandeliers noirs, avec sa salle de bains en duplex et en harmonie. « Secret de Jardin » clôt ce *dream time* dans le vaste espace d'une chambre aux nuances de graines de lin et d'épis de maïs, ouverte sur sa salle d'eau. En se prélassant dans votre bain, vous méditerez sur cette phrase inscrite au mur : « l'Amour, c'est comme un jardin, il faut s'en occuper »…

Coups de cœur :

Leur jardin, comme l'ensemble du domaine qui appartint au comte de Jarrige, est parfaitement entretenu. Objets insolites, petite plage et salons entre les bosquets fleuris. Détails originaux des alcôves à la salle à manger.

Bonnes idées :

Le cirque Valdi, le plus grand cirque miniature du monde, à La Souterraine. L'Arboretum de Sédelle dans la mouvance des jardins en mouvement.

La Maison Verte

Plan p. 15, C1

Creuse

• Sharon et Jason Green
2, rue Lombartreix – 23220 Jouillat
Tél. 05 55 51 93 34
info@lamaisonvertecreuse.com
www.lamaisonvertecreuse.com

• 2 chambres : 90 €.
2 suites : 110 €/3 pers., 120 €/4 pers.
Lit suppl. : 10 €.
Table d'hôtes : 25 €, vin compris ; moins de 12 ans : 12 € ; moins de 5 ans : gratuit.
Piscine.

–> Ouvert toute l'année.

Ils s'appellent « Green ». Alors, c'était évident !

Une envie irrésistible de se mettre au vert, de fuir le stress de Londres et de sa banlieue, où Jason était plombier, de s'installer au cœur de la France authentique, pas trop loin d'une petite ville : Guéret, pas trop près des grandes cités. Deux ans de rénovation ont été nécessaires pour remettre d'aplomb cette ancienne ferme posée à l'orée d'un village aux paysages vallonnés. Vous y serez accueilli dans un beau salon contemporain, face à la cheminée qui avale ses bûches au fil des heures. Le chat Carter fait son timide sur le canapé de l'espace télévision. Tapis aux arabesques, fondu dans les verts des forêts. Bois blond, des sols aux plafonds. Le chêne est le roi de la maison. Les lits des grandes chambres et des vastes suites ont des couettes blanches généreuses, peuplées de coussins soulignés de plaids moirés aux fleurs de pissenlit, aux couleurs des prés et des châtaigniers. Émaux de travertin miel, gris ardoise, vasques actuelles et élégantes douches vitrées dans les salles de bains. Entre terrasses, jardins et prairies, à votre tour d'expérimenter la tendance... chlorophylle !

Coups de cœur :

L'accueil vraiment sympathique, le désir de ces Anglais de s'intégrer, de maîtriser la langue, de créer un décor très adapté à leur environnement et dans le goût français, leur bonheur de vivre ici.

Bonne idée :

L'abbaye de Mouthier-d'Ahun avec ses sculptures ravinées, sa pietà de granit rose et ses stalles sculptées d'animaux domestiques et d'angelots.

Plan p. 15, C2
Lot

• *Tina et Robert Karsenti*
Le Bournissard
46600 Cuzance
Tél. 05 65 27 12 92 et 06 14 49 18 15
tikarsenti@orange.fr

• *2 chambres : 90-120 € selon la saison. Petit déjeuner bio compris.*

–> Ouvert toute l'année.

La Croix du Bournissard

C'est le destin qui les a conduits ici, entre pâturages et chênes truffiers...

Aidé, tout de même, par des amis qui les avaient précédés. Ce couple de restaurateurs, qui songeaient à une retraite paisible en Provence, sont arrivés dans le Lot sans vraiment comprendre qu'ils s'acheminaient vers une retraite plus « active »... Un joli jardin, un corps de ferme à l'ancienne, des tonnelles, de la vigne vierge, des petits bosquets fleuris entre lesquels se sont immiscés des transats couleur aubergine, et c'est ainsi que, comme eux, vous vous retrouverez ensorcelés dans ce repaire périgourdin aux frontières du Lot, de la Dordogne et de la Corrèze. *No stress* semble être le mot d'ordre. C'est l'art de vivre à la campagne qui s'invite ici au cœur de deux vastes chambres épurées, aménagées autour de couettes blanches et de chevets en planches. Plaid gris en laine bouclette, rideaux de lin en duo de parme et de blanc. La première est positionnée face au vieux cantou laissé dans le jus de son âge. La seconde, encore plus spacieuse, a repeint son mobilier et sa chaise paillée dans des tons de gris qui contribuent à la sérénité des lieux.

Coups de cœur :
La sérénité de la campagne. Le jardin.

Bonnes idées :
Martel, Autoire, Carennac.

Plan p. 15, C2

Lot

• Anna et Abel Congratel
46600 Cuzance
Tél. 05 65 27 14 83
acongratel@manoir-de-malagorse.fr
www.manoir-de-malagorse.fr

• Chambres : 110-165 €. Suite « de l'Écurie » : 220-300 €. Suite « du Poulailler » : 195-280 €. Tarifs selon la saison. Lit suppl. : 25 €. Table d'hôtes : 38 € (apéritif, entrée, plat, fromage, dessert). Menu enfant : 18 €. Piscine. Tipi. TV sur demande.

–> Ouvert de avr. à mi-nov., et le w.-e. en hiver.

Le Manoir de Malagorse

« Elle semblait nous attendre, cette jolie Lotoise avec son grand toit d'ardoises, vieille de trois siècles »...

Et puis, il y avait ses dépendances, son four à pain du XVIIIe, où les habitants des alentours venaient faire cuire leurs mets. Tout a été rénové avec passion par Anna et Abel, alors restaurateurs à Courchevel. L'idée de chambres d'hôtes, en été, a germé, et le coup de foudre pour ce manoir en friche du Lot a fait le reste... On s'y pose et on s'y repose dans des chambres zen aux sols en pierre de Cahors, couleur de miel et de craie. Leur décor est à l'unisson sous forme de jetés de lit en mosaïques de velours couleur ardoise, châtaigne et nougat, de salles de bains aux vasques en marbre poli ou dépoli. De gros plaids laineux et torsadés, taupe ou dorés, de la Maison de Zoé, sont du plus bel effet. La suite « de l'Écurie » a positionné son lit de façon à ce que le regard s'envole sur le causse de Gramat. La suite « du Poulailler » est plus grisée. « Violette », « Bleuet », « Coquelicot » et « Jonquille » ont investi les étages du logis. La salle à manger avec son cantou ne manque pas de caractère. À midi, les tables se dissipent entre les jardins de buis face aux cinq hectares de bois et de prairie où s'est planté un vrai tipi, qui fait le bonheur des enfants. Et, partout des bouquets de fleurs fraîches et de roses épanouies, comme dans une vraie maison de famille, heureuse de partager son bonheur...

Coups de cœur :

L'accueil, la poésie et le côté « maison de famille » d'aujourd'hui.

Bonnes idées :

Les cours de cuisine d'Abel ou d'un membre de sa brigade. Les villages d'Autoire, de Carenac, de Loubressac. Martel. Le gouffre de Padirac. Rocamadour. Le golf de Souillac à 15 km.

Plan p. 15, C3
Lot

• Adeline et Bertrand Spindler
46100 Fons
Tél. 05 65 40 19 52
info@domainedelapiale.com
www.domainedelapiale.com

• 4 chambres : 80-110 € selon la saison.
Tarifs dégressifs après la 1re nuit.
Lit suppl. : 25 €.
Piscine. Wifi.

–> Ouvert toute l'année.

Le Domaine de la Piale

À deux pas d'un village noyé sous les roses…

Les nouveaux propriétaires des lieux ont conservé l'escalier d'origine, en noyer, qui dessert désormais une vaste suite « Châtaigne », gagnée sur l'espace des greniers. Poutres, pierres apparentes, colombages se marient avec aisance au mobilier contemporain et indonésien. La « Vigne » a posé un mobilier en pin sur un sol de pierres reconstituées. La chambre s'est installée sous les poutres monumentales de la bergerie d'antan. Son sol en tommettes non jointes déborde de charme. L'ancienne grange, bâtiment à double porche paré d'une treille de vigne, héberge deux chambres jumelles en habit de printemps. Effet garanti avec la perspective, en rez-de-jardin, quand les portes sont ouvertes, sur la table de bois qui semble partagée en deux bureaux par le mur mitoyen ! Ajoutez à ce bel ensemble une piscine allongée dans le dénivelé d'une colline.

Coups de cœur :
L'environnement fleuri et le caractère des vieilles pierres.

Bonnes idées :
La cité médiévale de Figeac et son marché du samedi matin, Espagnac-Sainte-Eulalie dans la vallée du Célé et Cardaillac, un des plus beaux villages de France, avec son musée éclaté.

Plan p. 15, C3
Lot

• Élisabeth et Jean-Claude Voisin
La Croix – 46140 Caillac
Tél. 05 65 30 53 60
contact@levinois.com
www.levinois.com

• 10 chambres : 89-150 €.
Petit déjeuner : 13,80 €.
Menus : 19 € le midi, 35 €, 47 € et 69 € le soir.
Accès handicapés. Piscine.

–> Fermé de mi-janv. à mi-fév. et 15 j. en oct.

Le Vinois

Coups de cœur :

Les chambres n° 5, n° 8 et n° 10, la chambre n° 3 et sa quadruple vue sur la colline de Douelle et le lac de Caillac.

Bonne idée :

Du parapente sur la colline de Douelle où l'on assiste à un ballet de toutes les couleurs au-dessus du vignoble.

Tendances et gourmandises…

L'hôtel était abandonné depuis vingt ans, l'auberge végétait. Un enfant du village a repris l'affaire, donnant un grand coup de jeune à l'établissement et de grandes claques de couleurs aux dix chambres réparties en trois bâtiments qui, certes, n'ont pas le charme de la pierre locale, mais compensent par une décoration au top de la tendance actuelle. Un coup d'œil à la salle de restaurant – tout en noir et blanc –, on grimpe à l'étage où le salon a investi l'espace de l'ancienne salle des fêtes. Sièges orange, canapés noirs et flamboyants tableaux contemporains. J'ai visité la chambre n° 5 : papier glacé, fauteuil argenté au velours violet de Maisons du Monde, assorti au molleton soyeux du lit, aux rideaux parme. Chambre n° 3 : papier stickers Domatia, coussins et tentures en alcantara ébène, cuir blanc, chaise Louis-XV en vinyle noir, lustre façon Baccarat et salle d'eau en pierre taillée de Crayssac. Rien que du beau, aux tendances de la déco ! Et ce n'est pas la petite « Coquelicot » qui me démentira avec sa vasque en verre poli assortie, ni les chambres n° 10 aux tonalités châtaigne, or et champagne, et n° 8, noir, anthracite. Pas plus que l'agréable piscine granitée de bel effet.

Plan p. 15, C3
Lot

• *Odile Perret et Nano Oller*
46090 Aujols
Tél. 05 65 22 03 47 – odile@lourepaou.fr
www.lourepaou.fr

• *5 chambres : 99-119 € selon le standing.*
Table d'hôtes (sur résa.) : 24 € et 34 € (menu gastronomique)
Piscine. 6 ha de bois.

–> Ouvert toute l'année.

Lou Repaou

« On l'a fait patoiser toute une soirée... »

C'est Noël, un ancien du pays qui leur a fait la relecture de ces murs de pierre sèche qui maintiennent ces deux corps de fermes pour lesquels Odile et Nano ont craqué un jour de randonnée dans le Lot, où ils effectuaient un stage « ânes » ! Lorsque Odile a rencontré Nano, elle lui a demandé : « Es-tu capable de faire le tour du monde avec moi ? »... C'était parti pour une année, sac à dos, sur tous les continents. Après 30 ans de « baroud », ils ont posé leurs bagages dans le Lot, où ils voyagent désormais à travers leurs hôtes, au cœur d'un village d'un autre âge ! Cinq chambres déclinent les cinq continents. À commencer par l'Europe à travers « Le Quercy » où vivait jadis Clovis, un ancien jardinier. La cheminée a conservé son cendrier où étaient stockées les cendres. Le lit, vêtu de blanc, s'est positionné sous un ciel de poutres à vif. Une pierre d'évier, typiquement quercynoise, accentue la rusticité des lieux. Dans la salle d'eau avec Jacuzzi, une authentique mangeoire à agneaux fait office de porte-serviettes. Pierres d'étable en guise de lavabos et chemise de nuit de papy en déco. La tête de lit du « Mali » est en brandes, son petit salon, en fibres de bananier. Les enduits des murs ont été réalisés en chanvre et chaux. Le « Pérou » est brut de décoffrage avec ses rideaux taillés dans des sacs à patates. La tête de lit en roseaux évoque le lac Titicaca. Les deux bonnets andins plantés sur des bâtons de pèlerins ont réellement fait le Chemin des Indiens. Naïade, Oscar et leur bébé, Ouchou, rappellent que Nano et Odile doivent une fière chandelle à leurs amis les ânes... Pas si bêtes !

Coups de cœur :

La magie et l'authenticité des lieux, la beauté de ces petites fermes closes de murets en pierre sèche, l'accueil et l'enthousiasme de Nano et d'Odile.

Bonnes idées :

S'émerveiller devant les lavoirs-papillons qui entourent l'étang sur la place du village. Trente kilomètres de circuits de randonnées au départ de la maison sur le chemin des Puits, à travers les murets de pierres et les gariottes du Quercy.

Plan p. 15, C3
Lot

• Claude et Bob Nitrani
4, rue Montmartre
46800 Montcuq
Tél. 05 65 21 23 08
www.4ruemontmartre.com
contact@4ruemontmartre.com

• Chambre « Jardin » 145 €.
Chambre « Village » : 165 €.
Chambre « de la Tour » : 120 €.
Table d'hôtes : 35 €, hors vin.

–> Ouvert toute l'année.

Four

Ils sont venus à la chambre d'hôtes par hasard...

Bob et Claude, qui possédaient une résidence dans la Vallée du Loir, commençaient à avoir des fourmis dans les pieds. Ils voulaient changer de région et de maison. Leurs pas les ont conduits dans le Quercy et ils sont tombés amoureux de la région et d'une maison : The Four, un superbe hôtel particulier des XIVe et XVe siècles, déjà transformé à l'accueil des hôtes par les précédents propriétaires, férus d'art contemporain, les attendait au cœur d'un village lotois rendu célèbre par le petit écran. Alors, ils se sont dit qu'après tout, l'idée était séduisante de poursuivre sur la même voie... D'ailleurs, ils ont conservé, pratiquement intact, le salon d'art et d'accueil qui précède l'escalier à vis conduisant aux étages du bâtiment. Une cheminée monumentale, auréolée d'un blason comtal, vous accueille dans le vaste séjour/salle à manger, couleur de fumée, épuré juste ce qu'il faut, à l'image des chambres. Si Claude a conservé l'esprit de la maison, elle y a apporté la touche féminine qui lui manquait sous forme de jetés de lin gris, bleu-gris, bleu d'encre, châtaigne ou blanc, assortis aux rideaux, à la moquette des sols. Elle y a ajouté des miroirs, des chevets. Elle a joué sur les détails, mais a conservé les éléments déjà en situation, comme ce beau lustre en sarments poudrés. Dans le patio, Bob a planté un olivier, déposé un petit potager portatif qui alimente en herbe la cuisine de Madame, tandis que Monsieur est à l'écoute des autres, à la table d'hôtes.

Coups de cœur :
L'atmosphère, la délicatesse des couleurs, l'accueil.

Bonne idée :
Le donjon et le marché du dimanche matin, les randonnées sur le causse.

Le Château de Bessonies

Plan p. 15, C3 – Lot

• *Anne Bonaventure*
Le Château – 46210 Bessonies
Tél. 06 03 82 20 18
info@chateau-bessonies.com
www.chateau-bessonies.com

• 3 chambres : 139 €. 2 suites : 159 €/2 pers., 169 €/3 pes., 179 €/4 pers.
Lit suppl. : 25 €. Table d'hôtes gourmande (cuisine bio, produits du potager du château) : 30 €, hors boissons.

–> Fermé de la Toussaint à Pâques.

L'ancienne demeure fut jadis témoin de l'arrestation du maréchal Ney, réfugié ici chez une cousine de sa femme et dénoncé par une cancanière désœuvrée. Style maison de famille et mobilier de château dépourvu d'austérité. Des chaises dorées et des commodes pansues, des grisailles, des boutis réglisse ou crème de lait, des accumulations d'oreillers brodés, et puis des centaines de bibelots choisis composent un décor chaleureux. Les murs de la salle des petits déjeuners sont mangés par une formidable collection de chromos.

La Caminade

Plan p. 15, C3 – Lot

• *Joëlle et Christian Gau – 46250 Cazals*
Tél. 05 65 21 66 63 – la.caminade@laposte.net
www.lacaminade.com

• 3 chambres : 88-98 € selon la saison. 1 suite : 115-125 € selon la saison. Lit suppl. : 20 €.
Piscine au sel. Vélos à disposition. Télescope. Cuisine d'été. Expositions d'art temporaires.

–> Fermé la sem. de Noël et en fév.

Dans ce prieuré du XIIe siècle on a ouvert de grands volumes, marié vieilles pierres et bois contemporain, créé de grandes baies pour laisser entrer la lumière. Des sièges en cuir couleur lichen et coquelicot actualisent le salon. Les pierres et les galets des sols, les tons de terre magnifient les espaces. On retrouve, avec les chambres nichées dans les anciens greniers, ce mariage courtois entre matériaux d'autrefois et tendances actuelles autour de boutis rouges, de lampes d'architecte, de tables de chevet en copeaux de bois de récupération, entre blancheur angélique d'une chambre et rugosité d'un passage voûté.

Hostellerie Le Vert

Plan p. 15, C3 – Lot

• *Éva et Bernard Philippe*
Lieu-dit Le Vert – 46700 Mauroux
Tél. 05 65 36 51 36 – info@hotellevert.com
www.hotellevert.com

• *6 chambres : 85-130 € selon le standing et la saison. Lit suppl. : 15 €.*
Petit déjeuner : 10 €.
Menus-carte gastronomique : 28 €, 38 € et 45 €.
Terrasse en été au cœur du vignoble de Cahors.
Piscine chauffée. Cours de cuisine.

–> *Fermé 1er nov.-31 mars.*

Cette ancienne ferme fortifiée s'est muée en un ravissant hôtel. Les soirs d'été, la cuisine gourmande de Bernard Philippe se déguste sur la terrasse de cette maison forte du XVe siècle au style contemporain, accueillant et chaleureux. Une chambre spacieuse a pris ses aises dans une dépendance typique de la vallée du Lot avec ses murs de pierre et ses poutres burinées. Une autre s'est installée sous la voûte d'une ancienne cave.

La Vayssade

Plan p. 15, C3 – Lot

• *Joëlle et Pierre Baysse*
46230 Lalbenque
Tél. 05 65 24 31 51
jpbaysse@lavayssade.com
www.lavayssade.com

• *5 chambres : 80-92 € selon la saison.*
Lit suppl. : 20 €. Table d'hôtes : 25 €.
Piscine. Vélos à disposition. Wifi.

–> *Fermé en oct., nov. et mars.*

L'ancienne grange, dont on a pris soin de conserver l'admirable charpente, a réussi la métamorphose d'un aménagement très contemporain. Sa mezzanine en bois et acier dessert trois chambres au décor dépouillé : couettes blanches et vieux draps chiffrés, poutres apparentes et murs à vif. La « Calèche » possède une authentique malle de cocher, veillée par deux fauteuils Louis-XV. Sur les poutres de la charpente sont gravés les noms des compagnons qui, en 1889, ont édifié la maison. Stages « truffe » en saison.

Plan p. 15, C3
Aveyron

• Christine Petit et Emmanuel Cid
Le Bourg – 12260 Salles-Courbatiès
Tél. 06 08 26 60 43
petit_christine@hotmail.com
www.lamaisondeluna.fr

• 2 suites : 70-110 €/2 pers. et 110-140 €/4 pers. selon le standing.
Jacuzzi sous la grange.

–> Ouvert toute l'année.

La Maison de Luna

Et pourquoi Luna ?...

Parce que c'est le nom de la fille d'Emmanuel et de Christine. Ces deux amoureux de la broc et de leur maison l'ont imaginé comme une coque, modulable à l'infini en fonction de leurs découvertes et du goût des hôtes, qui peuvent acheter tous les bibelots et le petit mobilier susceptibles de leur plaire durant leur séjour. Les deux suites – ou trois chambres – sont hébergées dans les dépendances de cette ancienne ferme de village. Sur ses friches et sous ses granges, elle abrite un mobilier industriel qui invite à la décontraction. Petits-déjeuners pleins de fantaisie sur la longue table en tôle, sous l'auvent d'une grande toile à bateaux. Aménagé façon cabanon, l'« Atelier 98 » expose ces objets de brocante, le mobilier de designers et les tableaux d'amis artistes, qui peuvent être vendus. Un tapis bouclette fricotait, ce jour-là, avec un siège Eames. À l'étage, une chaise Starck cohabitait avec une table Art Déco. Une grue métallique, jouet d'enfant abandonné, patientait... La chine, c'est l'affaire d'Emmanuel qui, la veille, avait dégotté un panier à obus, déjà exposé dans l'« Atelier 59 » (bonjour l'accueil !...) que Christine s'était empressée de mettre en scène autour d'une musette de soldat, suspendue. Rassurez-vous, demain, ce sera peut-être une belle Cadillac qui s'est fait tirer le portrait dans une rue de La Havane, une mallette Air France qui a beaucoup voyagé, une mappemonde vintage pour vous convier à un autre retour... en Aveyron.

Coups de cœur :
L'accueil et la fantaisie.

Bonnes idées :
La bastide de Villefranche de Rouergue, Belcastel, Najac (exceptionnel !). L'abbaye de Loc-Dieu, le musée Champollion à Figeac.

Plan p. 15, D3

Aveyron

• Claudine et Philippe Long – 12210 Laguiole
Tél. 05 65 44 33 25
chambres.dhote.de.moulhac@wanadoo.fr
http://perso.wanadoo.fr/moulhac

• 4 chambres : 75 et 95 €. 1 suite : 115 €. Lit suppl. : 25 € ; enfant moins de 12 ans : 17 €. Animal : 5 €. Kitchenette à disposition le soir.

–> Ouvert toute l'année.

La Ferme de Moulhac

Un style avant-gardiste et décalé…

Derrière la porte vitrée, crucifiée d'acier, on déambule sur une traverse de chemin de fer entourée d'objets de broc et de terroir. Même atmosphère dans la salle des petits-déjeuners, face au cantou, avec ce décor un tantinet art brut... À l'étage, même cohabitation entre matériaux authentiques, objets du passé détournés et design contemporain, tels ces espaces vitrés entre les poutres qui laissent apparaître la charpente en majesté. Pour donner du vécu aux portes en cuivre, teintées à l'acide et cirées, déjà, ils n'avaient pas hésité à les traîner sur la route, les tapisser de graviers avant de passer dessus avec un rouleau compresseur ! Ils avaient taillé un pan de bois de châtaignier en oblique pour servir de tête de lit à une chambre. Désormais, il faut compter avec la chambre au pan de mur rose poudré, ouverte sur les prés. Un tronc d'arbre taillé dans la masse, reconverti en placard, se déhanche au milieu d'un décor douillet. Un plaid feutré dorlote la couette blanche, un toit de lauzes s'immisce dans l'espace de l'ancien grenier. Et puis dernière née : cette chambre brut de décoffrage, imaginée par Philippe, passé maître dans l'art du découpage de la pierre. Il a taillé un lavabo, laqué coquelicot, dans un ancien abreuvoir à chevaux, placé les vasques supplémentaires à leur place en tête de lit. Sièges *sixties* et tadelakt à la manière italienne. Le bac à douche s'articule autour de l'ancienne meule d'un moulin à grains. De l'audace, des idées à revendre et un accueil toujours au top pour une maison d'hôtes qui ne s'endort jamais sur ses lauriers !

Coups de cœur :

La chambre au pan de mur rose, très féminine, son accès direct aux paysages de l'Aubrac.

Bonnes idées :

La Forge de Laguiole pour ses couteaux, emblème d'un artisanat local qui, lui aussi, sait toujours se renouveler. Un dîner chez Bras, un autre au restaurant Le Méjane à Espalion.

Plan p. 15, D3
Aveyron

• *Nicole et Michèle Fagegaltier*
Hôtel La Ferme de Bourran
Rue de Berlin, Quartier Bourran – 12000 Rodez
Tél. 05 65 73 62 62
contact@fermedebourran.com
www.fermedebourran.com

• *7 chambres : 120-180 €.*
Petit déjeuner : 15 €.
Room service.
–> Ouvert toute l'année.

La Ferme de Bourran

Révolution urbaine chez les sœurs Fagegaltier...

Après avoir affirmé leur réputation de restauratrices et d'hôtelières dans l'un des Plus Beaux Villages de l'Aveyron, les sœurs Fagegaltier viennent de hisser leur art du bien recevoir sur les hauteurs de Rodez, dans le nouveau quartier d'affaires, encore en devenir. Rompant avec le néorustique ambiant de Belcastel, elles frappent cette fois un grand coup en installant un décor résolument contemporain entre les murs épais de cette ancienne maison de maître à la façade rosée qui domine la cité. De grands panneaux d'infographie au design japonisant, des fauteuils en moleskine couleurs pop art donnent le ton dès le salon de réception. Et la fantaisie, bien dans l'air du temps, se poursuit au fil des chambres établies sur un parquet en chêne brûlé. Elles sont habitées par des fauteuils en panne de velours, des lits à têtes de cuir, réchauffés de couettes blanches et de plaids polaires. Des effets de lumière jusque sur les supports des élégantes vasques violines des salles de bains, des tonalités violette, prune, parme, turquoise, tilleul, argile, citrine ou raisin composent une belle palette d'esprit *seventies*, qui secoue le classicisme du parc hôtelier de la ville.

Coups de cœur :
Le design et les couleurs.

Bonnes idées :
Rodez, sa cathédrale fortifiée et son clocher.

Plan p. 15, C3
Tarn

• Stéphanie et André Wauquier
D 73 – 81190 Trévien
Tél. 05 63 76 44 32 et 06 63 14 62 36
contact@lesplanquettes.com
www.lesplanquettes.com

• 2 chambres : 70-80 € selon la chambre.
1 suite familiale (4 pers.) : 115 €.
Lit suppl. : 12 €.
Table d'hôtes : 20 €, boissons comprises ; enfant 3-12 ans : 8 €. Animal : 3 €.

–> Ouvert toute l'année.

Les Planquettes

Ils aiment la douceur du Tarn...

Ils voulaient vivre dans « une campagne verte, rurale et simple ». Alors, à l'orée de leur vie d'adultes, ils ont quitté la grande ville, choisi le Ségala, acheté une ferme à retaper et ouvert des chambres d'hôtes. À l'image des propriétaires, celles-ci ont chipé au passé ce qu'il avait de meilleur, le pimentant de touches très actuelles dans les couleurs et les pochoirs, de cet art de vivre, entre ombre et lumière au plus fort des étés brûlants. Dans la suite « Arbousier », une petite armoire Art déco, repeinte couleur coquille d'œuf, s'accorde aux rideaux de lin, au plaid couleur de paille. Rayures bleu tendre, vert cèdre et vert olive sur les lits jumeaux de la chambre des enfants. Lits anciens et lits en fer rythment cette fugue campagnarde dans toutes les chambres. « Tilleul » et « Olivier » ont pris des teintes d'osier et de crème de lait. Par les persiennes ouvertes, la Montagne noire fait le dos rond sur l'horizon. Des petits rapaces ont fait leur nid dans un arbre. Demain, la promesse d'une sieste au soleil, sous la moustiquaire accrochée au gros chêne, nous ravit déjà...

Coup de cœur :
Le charme d'une campagne à la fois intemporelle et très actuelle.

Bonnes idées :
Monesties et sa superbe Mise au Tombeau, *chef-d'œuvre de l'architecture polychrome du* XV*e* *s.*

Le Domaine d'En Naudet

Plan p. 15, C3
Tarn

• *Éliane et Jean Barcellini*
81220 Teyssode
Tél. 05 63 70 50 59 et 06 07 17 66 08
contact@domainenaudet.com
www.domainenaudet.com

• *4 chambres : 92 €. « La tour de guet » : 102 €.*
Lit suppl. : 30 €; enfants : 20 €.
Piscine. Barbecue. Salle de jeux.
Salle de musculation.

–> Ouvert toute l'année.

Le Lauragais déploie son patchwork aux couleurs tendres, émaillé de petits clochers noyés dans les brumes de chaleur de l'été…

Il a su retenir deux enfants du pays qui, après une escapade en terres étrangères, sont revenus à leur pays de cocagne. Ils ont acheté, pour la vue et pour son vécu, cet ancien domaine agricole en ruine que Henri IV avait légué à l'un de ses compagnons de chasse et dont il ne restait que la tour de guet transformée en pigeonnier. Vient de s'y installer un superbe triplex avec une salle de bains de toute beauté, surmontée d'une chambre sous la magnifique charpente réalisée par les compagnons du Tour de France. On s'y love dans un lit rond pour mieux apprécier le savoir-faire des meilleurs artisans du monde. Sous les poutres de l'ancienne grange, une table de ferme cérusée, un coin canapé, un petit salon-télé devant la cheminée installent la convivialité. Dans ce bel espace recomposé se sont nichées des chambres d'hôtes au mobilier chiné. Inspirées par les prénoms des jeunes filles de la maison, elles ont pris la couleur des fruits rouges et du blanc ton sur ton. Elles ont mis des drapés de lin à leurs fenêtres et des portes de récupération à leurs penderies. Et parce que la douceur de vivre est ici maître de cérémonie, un hamac patiente sous les grands arbres...

Coups de cœur :

La quiétude inspirée par les paysages, le pigeonnier et sa charpente, la grande halle avec filet de protection pour faire du sport sans perdre les balles.

Bonnes idées :

La voie romaine toute proche (à pratiquer à vélo ou à cheval), Lavaur, haut lieu du catharisme, le château de Magrin et son musée du Pastel, enfin Lautrec, l'un des Plus Beaux Villages de France.

Plan p. 15, C4

Haute-Garonne

• Christine et Frédéric Antoine
39, chemin de Toulouse – 31450 Aygues-Vives
Tél. 05 61 81 55 96 et 06 19 21 36 71
contact@lapradasse.com
www.lapradasse.com

• 5 chambres : 95-105 € selon le standing.
Lit suppl. : 29 €.
Roulotte : 90 € (petit déjeuner 9 €).
Climatisation dans les chambres et dans la roulotte.
Piscine.

–> Ouvert toute l'année.

La Pradasse

Aux portes de Toulouse, le « bonheur est dans le pré »...

Percée de deux grandes baies vitrées, inondée de lumière, l'ancienne grange en briques, typique du Lauragais, est née de l'heureux mariage entre la rigueur du fer et la douceur du bois, de la passion conjuguée de Frédéric pour la ferronnerie et l'Art Déco, de 'amour du 7ème art pour Christine qui célèbre l'art de vivre au cœur de chambres qui célèbrent, chacune, un film culte. Revivez la « Dolce Vita », glamourissime, entre marqueterie et dorures nacrées. Douche à l'italienne, évidemment ! Via Venetto, une porte plus loin, glamour toujours, côté velours, sur fond de briques, de noir de fumée et de rouge passion pour « Braveheart » qu'on se verrait bien investir en compagnie d'un beau ténébreux. « Le Patient Anglais » n'attend plus qu'un remake de la scène décisive entre Christin Scott Thomas et Ralph Fienes autour de sa baignoire, copie quasi conforme du film éponyme. Dernièrement, les ancêtres vietnamiens de Christine se sont rappelés à sa mémoire. Pour eux, elle a imaginé une nouvelle chambre : « L'Amant » qui nous plonge avec délice dans le romanesque des atmosphères de Marguerite Duras au fil du Mékong. Rocking-chair en osier, palmes et ventilo. Tonalités de bois et de fumée. Anticipation sur le futur d'un gîte, ambiance coloniale, prévu par Frédéric et Christine qui, jamais, ne se reposent sur les succès de l'acquis. Et « Au Milieu coule une Rivière »...

Coups de cœur :

Les propriétaires, dont chaque projet pousse un autre. Leur univers Art déco décalé.

Bonnes idées :

Le circuit du Lauragais, Montferrand, Montmaur, le moulin de Caunes et Saint-Félix-Lauragais, ou encore une escapade en péniche sur le canal du Midi.

Plan p. 15, C4
Haute-Garonne

• Catherine Florin
Écluse-en-Laval – 31290 Gardouch
Tél. 05 61 81 61 17 et 06 60 13 18 37
contact@lamasquiere.com
www.lamasquiere.com

• 4 chambres : 89-99 € selon le standing.
1 suite pour 4 pers. : 159 €. Lit suppl. : 30 €.
Table d'hôtes : 29 €. Panier pique-nique : 15 €.
Location de vélos à la journée : 12 €. Piscine.
Possibilités de massages en chambre (payant).

–> Ouvert toute l'année.

La Masquière

« Masquière » signifie « endroit caché »...

Des professeurs de sport et de fitness ont réhabilité cet ancien corps de ferme et ses hangars, idéalement situés sur le Canal du Midi. Fauteuils amples et canapés Chesterfield en velours framboise, face à une très haute cheminée et une longue table au bois fumé, donnent d'emblée une idée du caractère de la maison : à la fois raffiné et décontracté. Cathy, qui est aussi cavalière, a baptisé ses chambres avec des noms de chevaux... « Capitole » est très glamour dans ses atours soyeux, où les tissus balayent un mur de briques apparentes. La salle de bains au rouge brun poursuit son chemin sur le registre oriental. Dans la suite familiale qui marie les Jouy gris et les boutis cerise imprimés de camés, un placard débarrassé de ses vitres dévoile une tapisserie en Jouy vert-de-gris. La chambre des enfants, au carrelage vert et blanc, est en harmonie, tout comme les émaux noirs aux reflets verts de la salle de bains. Plus masculine est « Belle de Roche » aux tonalités camel et chocolat, avec toujours des émaux en concordance, couleur alezan. « Papillon du Figuier » est à l'identique, version prune et brune. Cathy affectionne les amples tombés de rideaux qu'elle a mis en scène dans la chambre « Hermès du Pré Commun », dans des tons d'ocre orangé, de paille et de marron glacé. Dragées offertes. Lampadaire à plumes et support de vasques, prêt pour une valse...

Coups de cœur :

La flamboyance des décors, l'espace, la proximité du canal.

Bonnes idées :

Vélo sur le chemin de halage qui borne la propriété jusqu'au Seuil de Naurouze, ligne de partage des eaux. Revel et le musée du Canal du Midi, Patrimoine mondial de l'Unesco. Sorèze et Durfort. Les contreforts de la Montagne noire.

Plan p. 15, C4
Ariège

• Dominique Bonhomme
09420 Rimont
Tél. 05 61 96 39 60
domainedeterrac@wanadoo.fr
www.chambresdhotesariege.com

• 5 chambres : 85-95 € selon le standing.
Lit suppl. : 20 €.
Table d'hôtes sur résa. : 30 €.
–> Ouvert toute l'année, sur résa. les mois d'hiver.

Le Domaine de Terrac

Symphonie en bleu...

Le bleu, c'est la passion de Dominique, qui s'est installée un nouvel avenir face aux bleus de la chaîne des Pyrénées. Bleus sont les tissus, thaïs ou indiens, les céramiques et les porcelaines du Vietnam, du Japon ou d'ailleurs, qui peuplent son salon. Bleue est la chambre « Pyrène », dédiée à la fille d'un roi de la mythologie, dont Hercule tomba amoureux et qui est à l'origine du massif pyrénéen. Des saris, des coussins et même des foulards Hermès, mis en scène dans un décor où s'immiscent des touches de turquoise aux reflets émeraude. Bleue est encore « La Sarrazine », habitée par un gigantesque fauteuil Louis-XIV barbouillé de pastel. Mélange de vichys, carreaux et bandeaux pour « Cocagne », où trois nids douillets font le bonheur des enfants. Et comme le bleu s'accorde volontiers au sable des dunes, au blanc nacré des coquillages et au jaune soleil des déserts, c'est aussi le ton de la grande chambre « Orientale » et de la divine « Compostelle ». Au Domaine de Terrac, je me suis régalée de cette déferlante de bleus qui se dissipe jusque dans les fleurs du jardin, de la bonne humeur de Dominique et de sa fille, Loréna, dont la complicité fait plaisir à voir ! Ah, j'oubliais, Dominique s'habille aussi en bleu...

Coups de cœur :

Tous les bleus du ciel, l'espace de repos au jardin avec des lits sur une plage de sable, sous un dais blanc, aménagés pour une sieste de soleil sous la protection d'un bouddha en vacances !

Bonnes idées :

Foix et Saint-Girons, les sentiers de randonnées au piémont des Pyrénées.

Plan p. 15, C4
Hautes-Pyrénées

• Marie-Christine Mecoën
54, rue Georges-Lasalle – 65200 Bagnères-de-Bigorre
Tél. 05 62 34 09 84
contact@villarose65.com
www.villarose65.com

• 2 chambres : 135 €. Chambre « XVIIIe » : 145 €.
Chambre « Chalet » : 110 €.

–> Ouvert toute l'année.

La Villa Rose

Un XIXe siècle réinventé…

Cette demeure du cœur de Bagnères qui, jadis, a appartenu à une grande famille de peintres décoratifs, revit aujourd'hui par la grâce de Marie-Christine, antiquaire, qui a ouvert, en collaboration avec sa fille, Caroline, la plus fantastique des boutiques, véritable caverne d'Ali-Baba, dans laquelle se côtoient paravents XVIIIe et linge de Caravane, divans en gros chanvre et mobilier d'église. Alors, évidemment, quand il a fallu sélectionner les plus beaux atours pour la Villa Rose, elles n'eurent que l'embarras du choix. Et, comme la complicité qui unit la mère et la fille n'a guère de limites, c'est un jardin commun qui sépare l'habitat de l'une de la maison de l'autre, investie par les hôtes. On paresse sur une méridienne en rotin. On bouquine sous les feuillages, adossé à la rocaille d'un petit bassin. On évoque ses souvenirs d'enfance dans l'adorable cuisine début XXe au sol en casse de marbre, cuisinière en fonte, céramiques d'époque et linge ancien. La demeure, métamorphosée par petites touches délicates, cultive du passé ce qu'il a de meilleur, transcende les matériaux et les objets d'avant en les acclimatant aux tonalités de maintenant. Offerte dans la flamboyance de ses mises en scènes, la Villa Rose est une succession d'atmosphères… On l'imagine suivre le parcours d'un dandy qui passerait du féminin au masculin, quand une alcôve se pare d'un ciel de lit soyeux à rayures chemise et que sa voisine lui donne la réplique en habits de velours châtaigne. La Villa Rose peut aussi s'essayer à l'esprit chalet

entre les planches autoclavées d'une suite dédiée aux pionniers des Pyrénées. Un ravissant boutis noir et blanc du XVIIIe a été reconverti en tableau mural ponctué de loupes pour que ressortent les détails ! Marie-Christine s'amuse à brouiller les repères des époques en apposant un papier-peint aquarellé sur un mur décroûté, en convertissant une imposte en niche de baignoire. Sans compter d'insoupçonnables trésors, comme cette chaise en marqueterie issue d'un salon turc ayant appartenu à Sarah Bernhardt, ou encore ce coffre de Cordoue du XVIIe déposé dans la chambre XVIIIe. Chez elle, c'est la valse des couleurs, d'une cheminée en marbre vert à une autre rose, d'une plaque de marbre blanc – avec ses lavabos dedans – à une veine bleue. Les cloches en verre sont garnies de mousse tandis que les cloches à fromages sont réadaptées en vasques. Marie-Christine affectionne les transparences, les tonalités vert d'eau et le turquoise éclatant d'une salle d'eau, le lin dévidé en rouleau et les bow-windows. De salon suspendu en fumoir feutré, de canapés anglais customisés en tissu violet, jusqu'à la salle à manger, vous serez sous le charme d'un comptoir de couvent reconverti en desserte, d'une grande nappe blanche, chiffrée et amidonnée, qui n'attend plus que les invités d'un dîner galant où Maupassant converserait avec Beigbeider, George Sand avec Gavalda, Chopin au piano et Carla à la guitare. Improbable ? Pas si sûr...

Coup de cœur :

L'atmosphère. Beauté racée et magistral exercice de style.

Bonnes idées :

La boutique de Marie-Christine et de Caroline pour dénicher des trésors, retapisser un meuble avec un choix impressionnant et de l'imagination en barres (tél. 05 62 45 28 57). Le musée des Beaux-Arts de Bagnères, l'église Saint-Vincent.

Plan p. 15, C3
Gers

• *1, avenue de Cahuzac – 32200 Gimont*
Tél. 05 62 62 10 00
contact@villacahuzac.com
www.villacahuzac.com

• *10 chambres : 98 €. 1 suite : 120 € (1 chambre avec accès handicapé).*
Petit déjeuner : 12 €.
Dîner à la villa : 31 et 37 €; carte à partir de 17 €.
Stages de cuisine (foie-gras notamment, de oct. à nov.).

–> Ouvert toute l'année.

Hôtel Villa Cahuzac

L'arrivée du chemin de fer avait donné des ailes à Gimont, fief du foie gras...

La famille Mouchette, qui détenait les commerces dans le quartier, fit construire en 1888 une élégante maison bourgeoise. Leur fils, qui exerça en tant que directeur de l'hôpital français de Constantinople, lui conféra ce style colonial du XIXe siècle. Récemment rénové de pied en cap par un autre passionné, Pierre Dubarry, fondateur des Ducs de Gascogne, la belle demeure est sortie de sa léthargie. La galerie aux 12 colonnes, qui s'ouvre sur le jardin et ses fontaines, reçoit désormais les gourmets. Tout ce qui a pu être préservé des carreaux de ciment d'autrefois l'a été ou a été refait à l'identique. La bibliothèque a pieusement conservé 3 000 ouvrages du Dr. Mouchette et revisité le style XIXe au tempo du XXIe siècle. Changement radical d'époque pour les 11 chambres de l'hôtel imaginées par Philippe Delzers, un jeune designer local qui a dessiné le mobilier noir aux réminiscences Directoire, couvert les lits de boutis moelleux aux couleurs affirmées de bleu pétrole et d'orange ; plus sourdes, de noir et de craie.

Coups de cœur :

L'élégance racée, les thématiques régionales reprises dans les cadres-photos actuels, les carreaux-vitraux du couloir baigné de lumière.

Bonne idée :

Le petit musée du foie gras dans le resto-bistrot d'à côté.

Plan p. 15, C3
Gers

• Florence et Michel Ghys
Lieu-dit Ardure – 32700 Terraube
Tél. 05 62 68 59 56 et 06 82 38 12 76
reservations@ardure.fr
www.ardure.fr

• 3 chambres : 80-90 €.
2 suites pour 4 à 5 pers. : 170-290 €. Lit suppl. : 25 €.
Demi-pension : 70-75 €, moins de 12 ans 40 €.
Table d'hôtes 3 fois/sem. : 30 €, boissons comprises, moins de 12 ans 15 €.
Billard. Home-cinéma. Piscine. Salle de fitness. Jacuzzi. Hammam.

–> Ouvert de début avr. à fin sept., et pendant les vacances de la Toussaint et de Noël.

La Maison Ardure

Une magnifique bâtisse du XVIIe, typique de Gascogne, avec sa galerie reliant ses tours carrées, contemple les coteaux…

Après avoir imaginé des chambres puisant leur inspiration dans la thématique gersoise, passionné de voyages, ce jeune couple a créé deux nouvelles chambres, plus spectaculaires, dans les vastes volumes des anciennes granges attenantes. Ainsi « les Almadies » chantent leur hymne à l'Afrique avec des tissus aux belles couleurs chaudes sur fond de murs cacao. Deux cuirs vénérables conversent comme de vieux sages au salon. Dans la chambre « Atacama », c'est un apport croisé de tableaux d'El Calafate, de tables en palissandre des Indes, de tissus sénégalais, de tapis importés de Johannesburg, d'une banquette aux lunes noires, sur fond de murs de terre aux couleurs aborigènes qui enrichit les lieux sous le regard d'un authentique moaï de l'île de Pâques. Et comme Florence et son mari sont des sportifs accomplis, ils ont installé une impressionnante salle de sport dans l'ancienne étable avec Jacuzzi, hammam et douche pop art, sans oublier les instruments de torture adéquats : *cross-trainer*, *stepper*, rameur, tour de musculation et haltères de compétition ! Ajoutez à cet ensemble hors du commun un accueil des plus sympathiques.

Coups de cœur :

Les chambres « Atacama » et « Almadies », et l'extraordinaire salle de gym. L'accueil et la beauté des corps de bâtiment.

Bonnes idées :

L'abbaye de Flaran. L'ancienne tannerie de Lectoure, où sont exposés tous les produits réalisés à partir de la pulpe des feuilles de pastel qui forgea la légende du pays de Cocagne.

Plan p. 15, C3
Gers

• Catherine et Philippe Bolac
7, rue Jules-Ferry
32100 Condom
Tél. 05 62 28 38 97 et 06 79 68 76 07
catherine.bolac@orange.fr
http://cote-remparts.com

• 2 chambres : 78 € et 88 €.
Lit suppl. : 20 € (15 € jusqu'à 12 ans ; moins de 4 ans gratuit). Lit bébé.
Piscine. Wifi.

–> Ouvert toute l'année.

Côté Remparts

Sur les remparts de la cité…

Non contente d'avoir assuré pendant plus de dix ans une maison d'hôtes dans la campagne gersoise tout en élevant sept enfants, après un break de cinq ans, cette pionnière de l'agrotourisme qui s'ennuyait – les bambins étant devenus grands – a rempilé, en ville cette fois, en ouvrant deux chambres d'hôtes dans une superbe demeure XVIIIe, appuyée sur les remparts de la cité épiscopale. Un magistral escalier de pierre miel, à la ferronnerie ciselée, dessert les chambres, où l'espace n'est pas compté. Tommettes et planchers d'autrefois sur fond de tonalités grises et ivoire pour « Côté Cloître », dégradés de gris perle, de rose-thé et de parme pour « Côté Jardin » et rose layette pour sa salle de bains habitée de meubles blanchis. Dans cette suite agencée en duplex, les enfants disposent de la même surface que les parents et dorment dans d'émouvants lits Empire qui étaient ceux de Catherine et de sa sœur lorsqu'elles étaient petites.

Coups de cœur :
L'escalier, la chambre d'enfants.

Bonne idée :
Détour indispensable par l'insolite Librairie gourmande, face au parvis de la cathédrale de Condom (fait également salon de thé).

Hôtel Le Chaufourg

Plan p. 15, C2
Dordogne

• Agnès et Georges Dambier
24400 Sourzac
Tél. 05 53 81 01 56
info@lechaufourg.com
www.lechaufourg.com

• 5 chambres : 175-285 € selon le standing.
4 suites : à partir de 330 €/2 pers.
Petit déjeuner : 16 €.
Piscine. Accès à la rivière.

–> Ouvert toute l'année, l'hiver sur résa.

Coups de cœur :
La piscine verte qui se fond dans l'architecture du jardin. La grande prairie pour une sieste au bord de la rivière.

Bonne idée :
Emprunter la barque pour se rendre au village, puis ramer à contre-courant pour revenir. Excellente gym matinale sous les frondaisons !

Du plus loin que remontent ses souvenirs, Georges entend encore la voix des femmes qui jacassaient au lavoir, en patois, et le rire des enfants qui chahutaient sur les berges de l'Isle...

Il se souvient du pas lourd des paysans menant leurs bêtes à l'abreuvoir, ôtant leur casquette pour saluer les automobilistes... Puis Georges a quitté la maison de l'enfance pour courir le monde, un appareil photo en bandoulière. Puis est revenu faire revivre la maison, passée de génération en génération depuis ce lointain ancêtre chirurgien-barbier au temps de Louis XV. Sous ses coiffes couleur de pain brûlé, avec ses murs et ses toits aux teintes d'ambre et de miel, le petit hameau de pierres moussues s'est ouvert aux hôtes. La résidence offre une diversité de salons et de chambres où le blanc et l'ivoire dominent. Les atmosphères littéraires y voisinent avec les champêtres, qui flirtent avec les campagnardes. Initiées au confort d'aujourd'hui, toutes ont su néanmoins préserver l'âme d'antan. Au jardin, vous naviguerez entre haies de buis, taillées en redan, charmilles et cloîtres de feuillages. Un escalier dégringole sous la châtaigneraie jusqu'à un méandre de l'Isle où une barque en attente orchestre le ballet des libellules.

Plan p. 15, C2
Dordogne

• Ginette Kieffer
Moulin de Leymonie du Maupas – 24400 Issac
Tél. 05 53 81 24 02
jacques.kieffer2@wanadoo.fr

• 2 chambres : 70 €.
Table d'hôtes bio : 20 €.

–> Ouvert toute l'année.

Le Moulin de Leymonie du Maupas

Un nid de verdure au berceau d'un ruisseau, deux transats entre lys et iris d'eau…

La porte s'ouvre sur un jardin de roses anciennes qui s'enlacent et s'embrassent, débordent sous le préau, montent à l'assaut d'une façade ridée, courtisent un rosier liane, affolent un chèvrefeuille. Elles séduisent campanules, buis et lierres échevelés, qu'elles entraînent dans un ballet orchestré par la maîtresse de maison jusque dans la demeure, sous forme de bouquets démesurés, plantés dans des bassines en zinc, sous forme de couronnes ou de lustres de fleurs séchées. Rien que du linge ancien qui se noue et se dénoue en farandole, en girandole, et cette impression de pénétrer dans une brocante fleurie ! Témoignage de la passion de Ginette qui, en compagnie de son mari, est venue d'Alsace pour remonter les vestiges de cet ancien moulin du xve siècle, gagné par les ronciers et habité par les lapins de garenne. À l'automne, les roses céderont la place aux asters, aux sédums, aux anémones du Japon. Certains rosiers remonteront. « Sir Philip Moris » deviendra orange, gorgé de fruits. Ici, les fleurs colonisent la demeure, du sol au plafond. Leur parfum passe les cloisons de planches, investit les deux chambres rustiques de l'étage, s'immisce sous le dais fleuri, se glisse entre les draps de lin, se mêle aux odeurs de bois ciré. La fenêtre donne sur la campagne. Ça sent bon le foin coupé, les roses et l'été…

Coups de cœur :

Un charme fou qui cultive la nostalgie en intérieur, et les plus belles roses, côté jardin.

Bonnes idées :

Les marchés de Périgueux et de Bergerac les mercredis et samedis. Aubeterre-sur-Dronne. Aller jusqu'au château de Montréal en randonnée pédestre, carte IGN à l'appui.

Plan p. 15, C2

Dordogne

• Monsieur et Madame Dewitte-Lahousse
24520 Lamonzie-Montastruc
Tél. 05 53 24 08 23
moulindepeychenval@hotmail.fr
www.moulin-peychenval.com

• 3 chambres : 110 €.
Piscine. Kitchenette aménagée sous un joli préau.
Nombreux salons de jardin.

–> Ouvert toute l'année.

Le Moulin de Peychenval

Chic et charme...

En contrebas d'un imposant château, au cœur d'un parc de deux hectares, cet ancien moulin à grains du XIXe est devenu, à l'aube d'une vie nouvelle, le point d'ancrage d'un couple belge. D'importants travaux ont été menés par Jean-Luc pour transformer la bâtisse en maison d'hôtes aux douces tonalités, aussi accueillante qu'élégante. D'une vie dans la parfumerie, Mme Dewitte a voulu conserver la trace... Ses trois chambres ont emprunté leurs noms à ses parfums préférés, dont chacune a conservé un précieux spécimen. « J'Adore » de Dior séduira la gent masculine avec ses cuirs, couleur de cigare, et sa baignoire à l'ancienne, positionnée sur un sol qui combine bois et carreaux de ciment. La plus audacieuse, c'est « L'Eau des Merveilles » d'Hermès, qui joue les séductrices autour d'un cocktail de couleurs acidulées rouge/mangue/orangé face à un bain coquelicot en mosaïques de verre italien ! La plus coquette, c'est « Van Clef », dont le flacon étincelle comme un diamant brut. La chambre est apaisante sur son parquet blond, entre ses murs bleu-gris, autour de son lit canné, couleur paille, et de son petit mobilier de brocante patiemment chiné. La baignoire se met en scène dans une corbeille en osier. Les volets sont mi-clos pour qu'ondulent les rideaux. On allume les bougies. Les grilles d'un moucharabieh dessinent leurs ombres énigmatiques... C'est magique !

Coups de cœur :

L'accueil, les attentions de bienvenue comme une bouteille de vin, un apéro. Chaque chambre possède une personnalité affirmée.

Bonnes idées :

Le marché de Bergerac les mercredis et samedis, le vignoble de Monbazillac, le cingle de Trémolat, canoë et kayak sur la Dordogne, les châteaux du Périgord.

Plan p. 15, C2
Dordogne

• Christine Szyndelman
La Croix d'Allon – Route de Proissans
24200 Proissans – Sarlat
Tél. 05 53 28 65 94 et 06 30 23 88 67
colline-dorance@orange.fr
www.la-colline-dorance.com

• 4 chambres : 80 €. Lit suppl. : 22 €. Piscine. Wifi.

–> Fermé de fin-nov. à mi-fév.

La Colline d'Orance

Elle joue la bascule entre authentique et contemporain...

Des murs de pierre couleur de miel, une treille qui s'en amourache, des roses et des buis pour mieux la séduire... Christine, qu'on avait connue autrefois à la Vigerie, a quitté les rives de la Dordogne pour une colline aux portes de Sarlat. Pour en arriver là, elle a dû batailler ferme avec les ruines et les ronces, avant de redresser fièrement son nouveau logis. Elle vous accueille au salon, moitié rustique, moitié contemporain. Pour ses chambres, elle a opté pour le contemporain, absolument. Douches à l'italienne, jonc de mer à l'étage, carrelage en rez-de-jardin. Chacune dispose d'un volume identique, avec des blocs-placards en bois de pin rainuré et patiné aux couleurs de la chambre, l'isolant en même temps de la salle de bains. Aubergine et boutis blanc, taupe et boutis mastic pour les chambres d'en haut. Beige et familiale pour une chambre d'en bas. Grise et dessus-de-lit à fleurs couleur de métal pour sa voisine, dans laquelle un cuir rouge tomate et un lampadaire assorti donnent du peps au décor.

Coups de cœur :

La chambre grise, la chambre taupe.

Bonnes idées :

Le marché du samedi matin à Sarlat. Le manoir de Lacypierre à Saint-Crépin-et-Carlucet.

Plan p. 15, C2

Dordogne

• Sandrine et Marc Audouard
La Croix d'Esteil – 24200 Sainte-Nathalène
Tél. 05 53 29 14 42 et 06 87 72 19 80
contact@larochedesteil.com
www.larochedesteil.com

• 5 chambres : 65-86 € en BS, 80-98 € en HS.
Lit suppl. : 15,50 €.
Taxe de séjour : 0,30 €/j./1 pers.
Petit déjeuner : 6,50 €. Table d'hôtes : 25 €, moins de 10 ans : 12 €. Pique-nique midi : 10 €.
Piscine.

–> Ouvert toute l'année (l'hiver sur demande).

La Roche d'Esteil

Un escalier de pierre fourbu qui se déhanche...

Des murs du XVIIIe siècle gagnés par les mousses, de la roche et des feuillages à foison... Marc et Sandrine sont tombés sous le charme du Périgord Noir et de cette vieille ferme périgourdine. Cet ancien directeur commercial et son épouse, documentaliste chez Hermès, ont gardé leur projet secret avant de déclarer à leurs amis parisiens qu'ils partaient ouvrir des chambres d'hôtes en Dordogne ! D'abord, il a fallu remonter la bâtisse dans la grande tradition des artisans de la région, avant de saupoudrer l'ensemble de touches de charme sous forme de boutis délicatement fleuris, de couronnes de fleurs et de branches. Ainsi ont vu le jour « Hortensia » au ton pastel, « Chêne » au corps de pierre, « Tilleul » avec son four à pain reconverti en cheminée et sa tête de lit récupérée sur un trottoir de Paris. En totale harmonie avec leur environnement. Et dans la grande famille de La Roche d'Esteil, qui a ouvert un salon des petits déjeuners à croquer dans l'ancienne grange, on a salué la naissance de deux nouvelles alcôves : « Lilas » au boutis pas tout à fait gris, à peine violet, et puis, « Charme » qui porte bien son nom entre ses tons de rose et de gris tourterelle.

Coups de cœur :

L'architecture typiquement périgourdine des bâtiments laissés dans leur jus et le décor très « campagne actuelle » de l'intérieur.

Bonnes idées :

Après la visite de Sarlat, celle des superbes jardins de verdure d'Eyrignac, tracés au XVIIIe s. Au sommet de l'art topiaire, ils sont classés Monuments historiques. Pique-nique à la tombée de la nuit en été (www.eyrignac.com).

La Gentilhommière

Plan p. 15, C3
Dordogne

• Anne et Vincent Lucas
Le Bourg – 24440 Sainte-Sabine-Born
Tél. 05 53 74 08 79
accueil@gentilhommiere-etincelles.com
www.gentilhommiere-etincelles.com

• 3 chambres : 85 €. 1 suite familiale : 100 €. Lit suppl. : 25 €. Taxe de séjour : 0,50 €/j./pers. Restaurant (étoilé au Michelin) : menu 46 €. Tennis. Piscine.

–> Fermé vacances de fév. et vacances de la Toussaint (zone C) ; 1 sem. fin janv. et 1 sem. fin sept.

Des chambres d'hôtes à la fantaisie débridée. L'une évoque la montagne provençale, l'autre inscrit sa fantaisie dans des chambres tonalités des roses et des pivoines du jardin. Un ensemble plein de charme que prolonge une chambre exotique « Hippo et Girafon » sur fond de savane et de bambous. Mais la plus en adéquation avec l'Aquitaine, c'est « La Bicyclette Bleue », que n'aurait pas renié Léa, l'héroïne de Régine Desforges.

Le Château du Rayet

Plan p. 15, C3
Lot-et-Garonne

• Anne Van Hullebus
Route de Beaumont – 47210 Villeréal
Tél. 05 53 36 76 63
www.chateaudurayet.com

• 3 chambres : 125 et 135 €. 2 suites : 195 €. Table d'hôtes sur résa. : 29 €. Piscine.

–> Ouvert toute l'année.

Anne aime le blanc. La blancheur, elle la décline sur toute la gamme au cœur de ce petit château de plaisance XVIIe, aux réminiscences palladiennes. Du blanc blanc, du blanc ivoire, du blanc nougat, du coquille d'œuf et du crème de lait. Autant de variations qu'elle marie à un mobilier de style ou de campagne grisé. Toutes les chambres sont spacieuses, et pourtant, pas comparables à celle de l'immense suite « de la Grange », convertible en fonction des demandes (gîte ou salle de réception). Une barque patiente dans les douves du XIIIe qui ceinturent la propriété. Les poissons font des bonds dans l'eau. Les grenouilles leur répondent dans les roseaux.

Plan p. 15, C3
Lot-et-Garonne

• Nathalie Guigné
47140 Penne-d'Agenais
Tél. 05 53 41 40 62 ou 06 75 49 30 24
nathalie.guigne@wanadoo.fr
www.lerelaisderoquefereau.com

• Chambre « Lin » : 110 €. Lit suppl. 20 €.
Suite « Ardoise » : 130 €. Lit suppl. 30 €.
Table d'hôtes : 25 €, apéritif et café offerts.

—> Ouvert toute l'année.

Le Relais ♡ de Roquefereau

Un ancien relais de chasse du XIIIe dans la poésie des clairs-obscurs…

Un enchantement ! Dans une autre vie, Nathalie tenait une galerie d'art à Paris… D'où son goût pour les beaux tableaux, cet engouement – que je partage absolument – pour les œuvres et les natures mortes, au style cubiste contemporain, de Jean-Claude Besson-Gérard qui ponctuent les murs de sa maison. La chambre « Lin » a créé son décor à partir d'un morceau de fibres brutes, depuis les poutres jusqu'aux patines des murs. Fausse tête de lit en fresque peinte et oreillers crème de lait. Table de toilette décapée et glaces dorées. Des bronzes de Bugatto font la conversation. Un pastel de Michel Four imprime un piment d'érotisme aux lieux. À l'étage, un cheval de bois hennit sur le palier de la suite « Ardoise ». Une multitude de placards déplient leurs teintes d'ombres naturelles tirant sur le vert-de-gris. Des draps blancs sur des sièges en osier devant un coffre en acier galvanisé, des zincs jeunes ou vieux, un quatuor de boîtes à lettres d'un autre temps, un piano surmonté de vieilles fenêtres où se détachent les clichés noir et blanc de Nathalie et de ses enfants, accentuent cette atmosphère de maison de famille intemporelle. La grande chambre d'esprit XVIIIe est, paradoxalement, extrêmement contemporaine avec sa salle de bains ouverte sur une estrade. Colliers et colifichets sur un miroir de barbier…

Coup de cœur :
L'atmosphère… incomparable et intemporelle.

Bonnes idées :
Le circuit des bastides : Penne d'Agenais, Monflanquin, Monpazier, etc. Et puis, dîner à La Maison Sur la Place (tél. 05 53 01 29 18), aussi savoureux qu'inattendu avec sa déco entièrement blanche, ses lustres en bouts de ficelles et ses bougeoirs arachnéens…

Plan p. 14, B2

Gironde

• Bernard Lartigue
7, route du Mayne – 33480 Listrac-Medoc
Tél. 05 56 58 27 63
blartigue@terre-net.fr
www.chateau-mayne-lalande.com

• 5 chambres : 102-153 € en BS, 120-180 € en HS. Écrans plats. Peignoirs moelleux. Jacuzzi. Sauna. La cave personnelle du propriétaire permet aux résidents de sélectionner un vin à savourer en toute intimité.

–> Ouvert toute l'année.

Les Cinq Sens du Château Mayne Lalande

Depuis six générations dans la famille Lartigue…

Bernard est né là, à la frontière de la lande et de la vigne, viscéralement attaché à la terre de Listrac et nourri aux vraies valeurs médocaines par un père qui lui apprit à pêcher les écrevisses à la main, les anguilles dans l'estey, en ce pays de petites rivières, de vignes et de forêts. C'est dans ce même esprit qu'il vient de restaurer, face au chais et au cuvier du domaine, un corps de bâtiment de 400 m² dans la pure tradition du Médoc : dépouillée. Pour mieux faire ressortir l'essentiel : la pierre de taille blonde et la brique, les terres cuites artisanales et les parquets à l'ancienne, les armoires de noble facture, les lits king size aux cotonnades blanches, les douches à l'italienne XXL. C'est sobre, clair et net. À l'image du vignoble. Mais, toujours agrémenté d'un bouquet de fleurs fraîches et d'un siège Starck, dont les couleurs varient d'une chambre à l'autre pour la touche contemporaine. Ma préférée ?… La 4 aux douces tonalités corail, lin et rose accrochées à ses rideaux. Son lit central, ponctué de coussins aux imprimés fuschia, délivre une vue revigorante sur le pré où s'ébattent de bon matin deux pur-sang magnifiques qui nous invitent à en faire autant ! La chambre peut communiquer – si l'on séjourne en famille – avec la 5 par une porte dont en a préservé le cintrage de pierre du plus bel effet. Cheminée monumentale et pierre d'évier pieusement conservées. Une demeure élégante et racée…

Coups de cœur :

L'accueil d'un vrai vigneron et celui passionné de Véronique, la gouvernante. Les chambres 4 et 5.

Bonne idée :

Le jardin des cépages et le parcours pédestre à travers les chemins de vigne et la lande, commenté par le propriétaire, avec casse-croûte et rouge du Mayne.

Plan p. 14, B2
Gironde

• Éric et Pascale Merceur
148, avenue de la Gironde
Le Bourg Ouest – 33480 Moulis-en-Médoc
Tél. 05 57 88 70 48 et 06 63 09 77 31
contact.quittignanbrillette@bbox.fr
www.quittignantbrillette.com

• 4 chambres : 90 €. Lit suppl. : 20 €.
Table d'hôtes : 30 € tout compris, vin et dégustation.
Piscine d'eau salée dans un jardin de bambous.

–> Ouvert toute l'année.

Le Domaine de Quittignan-Brillette

Le Médoc en couleurs...

Rose dragée, pivoine, mauve, violine... Dès l'accueil, on est surpris et, dans la salle à manger, définitivement conquis par cette palette de coloris inhabituels au vignoble médocain. De grandes chaises au velours noir cadrant une table bicolore prennent la pause au soleil levant. Dans l'ancien chais, pavé de dalles de manoir, qu'on peut investir en famille ou entre amis, des murs décroûtés, une table décapée entourée de sièges revêtus de burnous en torchons, démocratisent le salon. Mur de pierre, voilages aériens pour la chambre « Amarante » aux camaïeux de rouge-orangé sur fond de boutis fané. Boutis gris sépia pour les deux lits d' « Amaryllis ». Un Chesterfield gris vous attend dans la grande suite logée sous les voûtes de l'ancienne ferme, qui a conservé son joli parterre de tommettes usées. L'ancienne grange, débarrassée de ses murs au profit de grandes baies vitrées, peut être louée en gîte ou en chambres séparées. Deux d'entre elles se partagent une salle de bains. Deux autres sont plus privatives. La chambre « Campagne » s'endort sous une charpente à vif. Un tableau jette sa flaque de couleurs dynamiques sur un lit, style Régence, drapé d'un boutis mastic, garni d'oreillers brodés de fleurs sympathiques. La « Marquise » est très nuptiale, la « Baroque », très boudoir décliné en tonalités violette, parme et bleu... nuit.

Coups de cœur :

L'accueil familial, les couleurs, la fantaisie.

Bonnes idées :

Le propriétaire propose la route des Châteaux, de Moulis à Saint-Estèphe en passant par Margaux. Point de vue sur l'estuaire au phare de Cordouan. Le Café Lavinal à Bages, sympa et dans la grande tradition du Médoc.

Plan p. 14, B2
Gironde

• Nadia et Patrick Ledeuil
3, rue de la Brise – 33970 Cap-Ferret
Tél. 06 77 35 44 50
nadia.cap@wanadoo.fr
www.lacabanedepommedepin.com

• Cabane pour 2 pers. : 200 € la nuit en BS, 250 € en juil.-août.
Thé offert, eau à volonté.
Service digne d'un 4 étoiles luxe.

–> Ouvert toute l'année.

La Cabane de Pomme de Pin

Son grand-père avait acheté ce terrain sous les pins une bouchée de pain…

Pour y construire une cabane de chasseurs ! La retraite venue, Patrick s'est retiré sur ce terrain familial d'un hectare qui, aujourd'hui, a largement été divisé en parcelles pour toute la famille. Patrick, qui adore travailler le bois, y a installé une dépendance : un petit cottage vert et blanc. Avec sa jeune épouse, Nadia, ils l'ont joliment aménagé pour que des hôtes puissent vivre à la pointe du Cap-Ferret en toute tranquillité, avec juste les oiseaux pour réveil-matin. Dans le quartier des huîtriers de Mimbeau, une cabane à croquer, tout pin, avec son petit salon cosy et son mobilier en planches posé sur un caillebotis. Un bar américain dessert une kitchenette dans laquelle les hôtes peuvent se préparer un repas froid qu'ils dégusteront en terrasse. Coussins couleur plumes dans le coin télé, lambris ambre-orangé côté chambre, meublée avec de beaux éléments importés d'Asie. Une grappe de pommes de pin emblématique a rejoint le faîte d'une armoire. Et dans le jardin, deux vénérables oliviers de plus de 700 ans, déménagés d'Andalousie, il y a une poignée d'années, tiennent désormais compagnie aux pins. Heureux comme Ulysse au Cap-Ferret !

Coups de cœur :
L'accueil, le calme, le service.

Plan p. 14, B3
Gironde

• Annick et Jean-Claude Belanger
33210 Bommes-Sauternes (au milieu des vignes)
Tél. 05 57 31 07 55
belanger@club-internet.fr
www.peyraguey-sauternes.com

• 3 chambres : 72-96 € selon la saison et le standing. Lit suppl. : 20 €.
Tarifs dégressifs dès la 4e nuit.
Piscine. Vélos à disposition.

–> Ouvert toute l'année.

Peyraguey Maison Rouge

Située à portée de vue d'illustres châteaux : Yquem, Lafaurie-Peyraguey, Clos Haut-Peyraguey, et à la croisée des chemins de randonnée du vignoble de Sauternes…

… cette ancienne maison de vignerons abrite trois chambres au décor minimaliste qui sied à merveille à l'élégance des vins de la région. Une bouteille est glissée dans chaque chambre en cadeau de bienvenue. Sur fond de murs aux pigments gris, cadrant un sol au ciment anthracite, des sièges Louis-XVI retapissés en tissu chocolat, un meuble de famille et un jeté de lit lie-de-vin, la première des chambres baptisée « Saint-Émilion » donne directement sur la cour. « Sauternes », tonalités violines et lustre à pampilles, tamisée de grands rideaux, a conservé son sol d'origine en rez-de-jardin. Plein cadre sur le vignoble, la chambre de l'étage accorde ses tons de bleu et de mastic à de belles gravures qui rythment la nudité des murs. Heureux compromis entre mobilier de style et décor contemporain, Peyraguey Maison Rouge offre aussi aux hôtes le privilège d'un salon de dégustation très cosy, paré d'une ravissante cheminée.

Coups de cœur :

La vue sur le vignoble et le décor sans surcharge ostentatoire.

Bonnes idées :

Randonner à pied ou à vélo, de château en château, au cœur du plus prestigieux vignoble du monde et de ses grands crus, ou descendre le Ciron en canoë-kayak.

Plan p. 14, B3
Gironde

• 20, avenue Victor-Hugo – 33120 Arcachon
Tél. 05 56 66 10 36
contact@hotelvilledhiver.com
www.hotelvilledhiver.com

• 12 chambres : 125-175 € en BS, 175-225 € en HS.
Petit déjeuner : 12 €.
Excellent restaurant sur place. Bar-club anglais.
Piscine.

–> Ouvert toute l'année.

Hôtel Ville d'Hiver

Quand la Ville d'Hiver se réveille...

Elle le fait avec la classe qui fut la sienne au XIXe siècle lorsque les frères Pereire achetèrent la ligne Bordeaux-Arcachon et, pour rentabiliser l'affaire, construisirent, en ce qu'on nomma alors la « Ville d'Hiver », des villas aux styles « Bains de Mer aquitains » pour le gotha de l'époque, venu prendre le bon air d'Arcachon qui soignait les poumons. Ces gens qui débarquaient avec moult famille et serviteurs avaient besoin de distractions : théâtres, concerts, bals. En ce temps-là et à ce rythme-là vivait la Ville d'Hiver... Qui s'assoupit doucement au XXe siècle au profit du bord de mer et de la Ville d'Été. C'est pourtant là qu'Olivier, enfant du Bassin, et Nathalène, originaire du Périgord, ont fait le pari de s'installer il y a une poignée de saisons, en restaurant de pied en cape l'une des plus anciennes usines d'eau potable de France, érigée pour alimenter Arcachon à la belle époque. Lifting première classe pour la haute bâtisse à la belle façade Art déco érigée au milieu du jardin sous les pins. Un lobby aux carreaux turquoise, aux canapés et fauteuils en tweed mouchetés du plus bel effet, précède un magnifique salon aux tons émeraude, absinthe et bleu lagon. Trois bâtiments, construits sur trois étages dans un style basco-landais revisité, avec force avant-toits, marquises et galeries de bois noir, abritent des chambres d'inspiration british, posées sur des moquettes tour à tour couleur de forêt, de terre et de sable. Entre des murs qui déclinent toute la gamme des bleu-vert en vogue au XIXe, elles s'endorment sous des couettes moelleuses siglées au chiffre de l'Hôtel, éclairées par des luminaires, rééditions du Bahaus.

Coup de cœur :

La piscine et ses transats corbeille anglais dans l'une des citernes où était stockée l'eau puisée au lac de Cazeaux et acheminée sur 16 km en pipe-line. Le salon et ses couleurs XIXe.

Bonne idée :

Remonter le pipe-line jusqu'au lac de Cazeaux, un lieu sauvage au milieu de la forêt landaise.

Plan p. 14, B3
Gironde

• 46, avenue Louis-Gaume – 33115 Pyla-sur-Mer
Tél. 05 56 22 72 11 – reservation.lacorniche@yahoo.fr
www.corniche-pyla.com
• 12 chambres : 190-550 €, selon la vue et la saison.
Petit déjeuner : 12 et 19 €.
Restaurant intérieur. Terrasse extérieure :
300 couverts. Bars.
Piscine à débordement.

–> Ouvert de mi-mars à mi-nov.

La Co(o)rniche

En figure de proue de la Côte d'Argent, « un lieu au plus fort, au plus beau, au plus poétique, au plus surréel, au plus puissant de la nature »...

180° de champ de vision en flanc-garde de la dune du Pyla, plein cadre sur la géométrie variable du Banc d'Arguin... À la genèse de l'histoire, il y eut Louis Gaume, Auvergnat de naissance, Arcachonnais d'adoption, entrepreneur en bâtiment devenu promoteur, qui, dès les années 20, s'appuie sur la dune pour conceptualiser de façon visionnaire et de manière globale l'aménagement des lieux en y créant deux hôtels, dont La Corniche qui vécut de belles années de gloire. En 2010, la famille Gaume s'associe à William Téchoueyres, ancien international du XV de France reconverti dans la restauration... C'est donc à partir d'un hôtel devenu obsolète que Starck a mis en scène ses volumes pour donner au paysage le rôle principal. Et là, le célèbre designer a fait ce qu'il sait le mieux faire... Miroirs qui démultiplient les espaces, longues tables de restaurant sous un grand hangar ostréicole, totems symbolisant le bassin d'Arcachon, vitrines horizontales et collages magiques. Un lustre de Murano en fleurs de mer aux formes étranges déploie ses tentacules, quand le salon d'accueil déroule son panoramique aux moissons de Gascogne. Un escalier noir charbon dessert des chambres blanches aux effets de verre et de transparences. Ici, une pointe de jaune poussin ; là, une touche de rose dragée. Des tapis aux mots de mer, des bains sous verrière, et, dans les toilettes, des calendriers aux horaires des marées...

Coups de cœur :
La vue, l'épure, le design.

Bonne idée :
Escalader la plus haute dune d'Europe : 105 m de haut, toujours en mouvement. Pique-niquer au Banc d'Arguin.

Plan p. 14, B3
Gironde

• Adra et Pascal Bataille
37, boulevard de la Plage
33970 Cap-Ferret
Tél. 05 57 17 07 27
contact@cotesable.fr
www.cotesable.fr

• 15 chambres : 170-275 € en BS, 215-360 € en HS. Restaurant à midi et tapas à l'apéro (l'été seulement), salon de thé (toute l'année). Spa Clarins.

–> Fermé 2 sem. en janv.

Hôtel Côté Sable

« À force de remettre à plus tard, la vie nous dépasse… »

Sûr que Pascal Bataille (le comparse de Laurent Fontaine à la télé), natif de Bordeaux, et son épouse, Adra, qui avaient leurs habitudes au Cap-Ferret, ont médité cette maxime de Sénèque avant de dénicher cet emplacement de rêve, face au Bassin. Son ossature et ses toitures reprennent le style de celui des maisons ferretcapiennes. Sa quinzaine de chambres, dont quatre avec vue côté Bassin, sont dédiées à des écrivains célèbres. Quelques-unes d'entre elles ont été décorées en collaboration avec des spécialistes locaux : Vues du Jardin, Day & Co, Esprit du Cap ou Jane de Boy. Les cabanes d'ostréiculteurs ont détrôné Marilyn dans la chambre « Saint-Exupéry ». « Hemingway », à l'identique, en camaïeux mauve, violet et argent est accessible aux handicapés. À l'étage, la « Duras », façon cabine d'huîtrier, la « Rimbaud », très Cap-Ferret, ont vue, depuis leurs lits, sur le Bassin. À ma prochaine escale au Cap, je poserai mes valises chez « Kerouac ». Et ce n'est pas seulement parce que « tailler la route » est aussi ma destinée. J'ai adoré ses couleurs de rizières balinaises, ses verts et ses écorces.

Coups de cœur :

La chambre « Kerouac ». Et aussi « Saint-Ex », « Hemingway ». Les chambres côté jardin ont ma préférence. Enfin, l'accueil aussi souriant que professionnel de Virginie.

Bonnes idées :

Dîner chez Hortense. Et puis une découverte du phare du Cap-Ferret.

Plan p. 14, B3
Landes

• François et Sophie Bez
34, avenue de la Libération – 40600 Biscarosse-Plage
Tél. 05 58 78 35 20 et 06 61 47 89 89
famillebez@wanadoo.fr
www.lecomptoirdessables.fr

• 5 chambres : 75-150 € selon la saison.
Appartement pour 4 pers. (tarifs : se renseigner).
Spa au jardin.

–> Ouvert toute l'année.

Le Comptoir des Sables

L'idée de chambres d'hôtes leur est venue après avoir hébergé des hôtesses de l'air en rade à Bordeaux, un jour de grève...

Et, c'est en allant jouer au bridge à Biscarosse que François découvre cette ancienne pension de famille à l'abandon et, à vendre ! Lorsque Sophie visite, elle dit : « Non ». Trois jours et autant de concours de circonstances plus tard, l'agent immobilier futé qu'était François – lequel avait repéré l'allée sous les pins, le quartier résidentiel, la plage à proximité – parvient à convaincre son épouse. Depuis, ils s'y plaisent tous les deux, enchantés autant que leurs hôtes de découvrir ce long salon entièrement vitré, à la fois chic et charme, garnis de profonds canapés blancs et gris, et puis les cinq chambres qui s'égaient au jardin avec chacune sa terrasse jardinée et sa douche d'été. « Un » : c'est pur style Bleu Nature sur fond de pelisses et de bois flottés. « Deux » : c'est blanc, très banc d'Arguin et commode relookée par Potin-Pâtine à Bordeaux. « Trois » : tonalités corail du jeté de lit aux rideaux en passant par les bougies. « Quatre » : façon cabanon planté sur une moquette sable blanc et puis, lit clos d'enfant drapé de toile bayadère. « Cinq » : c'est une suite pour les familles avec baignoire... en terrasse, jonc de mer, peaux de vache, couleur lin/ficelle sous une grande ombrelle...

Coups de cœur :
L'accueil, la douceur de vivre sous les pins.

Bonnes idées :
Après la plage, essayez le lac, haut lieu de la légende des pionniers de Latécoère. Véritable mer intérieure avec guinguette bobo-chic et activités nautiques. Le musée de l'Hydravion.

Plan p. 14, B3
Landes

• Philippe Pascutto
675, avenue Gabriele-d'Annunzio
40600 Biscarosse
Tél. 05 58 08 17 29 et 06 08 96 31 73
contact@cotedune.fr
www.cotedune.fr

• 4 chambres : 72-130 € selon le standing et la saison. « Byron Bay » et son immense terrasse : 76-140 € selon la saison.
Piscine.

–> Ouvert toute l'année, sauf janv. et nov.

Côte & Dune

À 20 ans, Philippe voulait être pool-boy.
À 47 ans, il réalise le rêve de ses 20 ans !

À l'aube d'une nouvelle vie, Philippe s'est souvenu de son Aquitaine natale. C'est donc là qu'il a choisi désormais de vivre et d'installer son nouveau projet. Un terrain à Biscarosse, en première ligne, le nez sur les dunes, était à vendre... Le déclic ! Une maison d'esprit californien – parfaitement conçue pour accueillir des hôtes – a été érigée. La terrasse en planches, ponctuée de totems de coquillages, escortée d'une petite plage intra-muros, épouse les contours de la piscine. Le grand salon blanc aligne ses coussins vif argent. Le ton est donné... La plage dehors-dedans ! Coquillages et bois flotté, lustres en nasse et poissons bulles... Antoine, un ami décorateur et scénographe, a aidé Philippe à mettre en scène ses espaces. Parce qu'ils avaient tous deux beaucoup voyagé et surfé sur tous les océans du monde, les chambres ont emprunté leurs atmosphères à leurs plages préférées. Des Maldives à l'Australie, de la Réunion à la Californie. Ainsi, « Byron Bay », la plus spacieuse, s'offre des aubes mauves, plein cadre sur la dune depuis son immense terrasse panoramique. « Puerto Viejo », ambiance rasta, rend hommage au « Costa-Rica » sur fond de tonalités bleues orangées survolées par les toucans.

« Prainha », conçue pour accueillir quatre personnes, pleine vue sur la dune, collectionne les plaques de Rio et de Bahia. À « Bondi Beach », on entend murmurer le Pacifique et chanter les poissons volants. « Malibu » est rose Chamallow... Ses bois flottés ont chaussé les chaussettes de Paris Hilton. Les chaussettes enfilées sur les bois flottés, les plaids tricotés de toutes les couleurs par la maman de Philippe : ça c'est l'idée géniale, la signature irrésistible de cette maison d'hôtes belle et blanche, ouverte sur l'océan. Prenez la vague !

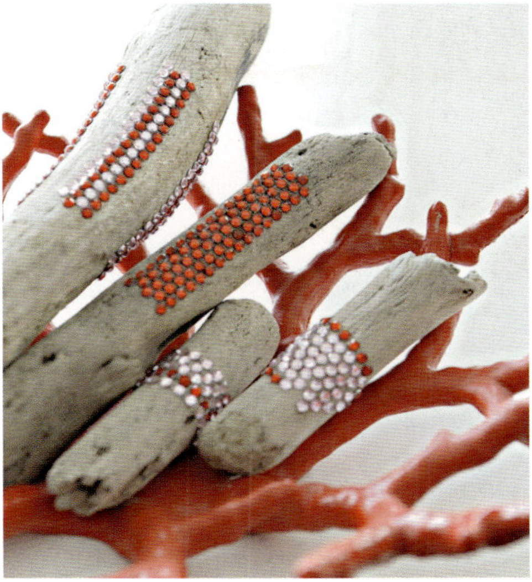

Coups de cœur :

Son look : maison de mer zen et blanche, pleine de fantaisie. Les chaussettes tricotées enfilées sur les bois flottés.

Bonnes idées :

Les plages sur les dunes de Biscarosse, les écoles de surf, la dune du Pyla à proximité.

Plan p. 14, B3
Landes

• Myriam et Laurent Caillet
Avenue de l'Océan – 40170 Mézos
Tél. 05 58 42 61 38 – maisondemezos@orange.fr
www.hotel-mezos.com

• 5 chambres d'hôtes pour 2 pers. : 87 €
(petit déjeuner inclus).
Chambres et suites de l'hôtel : 89-185 € selon la capacité et la catégorie (petit déjeuner 8,50 €).
Taxe de séjour : 0,50 €/ j./pers. l'été.
Table d'hôtes (sur résa.) : mai et juin ; restauration midi et soir en juil.-août.
Piscine.

–> Ouvert début mai-fin sept.

La Maison de Mézos

Charme et courtoisie...

Je vous plante le décor... Un petit village landais. Une ancienne auberge datant de 1830 sur la route de Compostelle. En face, une drôle d'église en garluche du XIIIe siècle. Moi, sous l'auvent de l'immense terrasse, en train de picorer dans l'assiette du jour. Une atmosphère décontractée, comme on aimerait en trouver plus souvent sur les places des bourgs de campagne, sans être obligé d'engloutir le menu du jour : charcutaille, confit et patati... patates-ah ! Entre guinguette et bistrot. C'est trop beau ! Et puis, derrière la façade blanche aux volets rouge tomate, un salon silencieux, intemporel et douillet... Sol en jonc de mer, murs blancs, mobilier charmant et salles d'eau aux carrelages années 70, qui donnent le ton des chambres : vert pomme, rose dragée, parme, orange, bleu layette, bleu Nattier, bleu nuit. Le salon, lui, a préservé ses superbes carreaux de ciment d'origine. Cages à oiseaux, cheminée garnie de fagots et beaux livres de déco. Au jardin, il y a aussi les roulottes, l'annexe hotelière, les chambres « du Pavillon » à réserver aux bandes de copains, deux chalets tout en pin, adaptés aux familles où les couleurs flamboient face à l'étang.

Bonnes idées :

Visiter l'église en face, en pierre de garluche, et celle de Levignacq. Profiter de la plage à Mimizan.

La Maison de la Prade

Plan p. 14, B3
Landes

• Sylvie et Franck Ducousso
Avenue de la Plage – 40660 Messanges
Tél. 05 58 48 38 96 – lamaisondelaprade@orange.fr
www.lamaisondelaprade.com

• 12 chambres : 90-178 € selon le standing, la capacité et la saison. 2 suites : 160-248 €. 2 chambres familiales : 160-212 €. Petit déjeuner sucré-salé : 12 €, enfants 6 €. En été, assiettes déjeuner : 10-20 €. Panier pique-nique à partir de 10 €. Piscine chauffée. Location de vélos. À 900 m d'une plage de sable.

–> Fermé déc.-fév.

Coups de cœur :
L'architecture, la chambre familiale n° 4.

Bonnes idées :
Le golf de Moliets à 5 minutes, vélo dans la forêt, centre équestre à proximité. Et puis la Poterie du Héron et les sculptures en verre soufflé de Xavier Carrère.

Une ancienne colonie de vacances reconvertie en hôtel tendance…

Imaginez l'Hôtel de la Plage version pinède… Abandonné pendant de nombreuses années et gagné par un roncier qui le recouvrait jusque par-dessus les toits, le bâtiment vient de s'offrir une nouvelle jeunesse sous l'impulsion d'un jeune couple entreprenant. Sa raison d'être est encore inscrite sur le fronton de sa façade à l'architecture Art déco basco-landaise. Les hauts murs blancs, un peu austères, cachent désormais un univers dépouillé, rehaussé de tonalités acidulées, équipé de mobilier en résine. L'accueil a été transformé en lobby et dans les dortoirs se sont installées les chambres. Tabourets et sièges Starck. Canapés, fleurs stylisées : Ikea. Lampes « Bourgie » de chez Kartell, luminaires dénichés à Bayonne, grands drapés de lin et tissus Houlès pour recouvrir les banquettes aux pieds des lits, bandeaux à fleurs ou bayadères d'Artiga composent des atmosphères zen et ultra-contemporaines. Désormais, les parents peuvent partager le temps de la colo avec les enfants et, à l'heure du petit déjeuner, on orchestre pour vous, avec bonheur, un rendez-vous gourmand…

Plan p. 14, B3
Landes

• Hôtellerie La Petite Couronne
Route d'Amou – 40700 Saint-Cricq-Chalosse
Tél. 05 58 79 38 37
info@lapetitecouronne.fr
www.lapetitecouronne.com

• 10 chambres : 82 € en BS, 99 € en HS.
Petite restauration : 3,50-9,50 €.
Délicieuse salle à manger dans un bâtiment séparé.
Piscine. Aire de pétanque. Bain norvégien.

–> Ouvert toute l'année.

La Petite Couronne

La Chalosse au cœur...

Nancy, qui travaillait dans l'événementiel et voulait vivre en France, Iwan, accompagnateur de voyages autour du monde, habitaient les Pays-Bas et souhaitaient se sédentariser. Séduits par des vacances en Aquitaine, ils ont finalement élu la Chalosse pour ancrer leur nouvelle vie et voir grandir leurs enfants. C'est sur un ancien champ de maïs qu'ils ont concrétisé leur projet de petit hôtel nature et à taille humaine, parfaitement bien adapté aux couples comme aux familles. Dans un esprit moitié motel contemporain, moitié hôtel californien, avec sa longue coursive ouverte sur les champs et les vallons, leur hôtel aux lambris de bois gris proposent des chambres spacieuses, épurées et dotées de tendres tonalités dont sont friands les Hollandais... Mauve, bleu gris, gris ardoise, vert cèdre : les sols comme les peintures, doux au toucher, résistants en qualité, s'accordent aux résines des salles de bains ouvertes. Mobilier pratique et minimaliste, minibars vitrés, café et thé à discrétion. Les sièges d'Alinéa, cuirs bleus et cuirs noirs, ponctuent les espaces. Les oreillers rose dragée, vert kaki ou en vichy noir et blanc réveillent les couettes. Style château à la française réactualisé, ou tableaux fleurs des neiges, l'ensemble est lumineux, beau, fantaisiste et facile à vivre. Avec, pour le fun, un bain norvégien au jardin. À apprécier en toute saison !

Coups de cœur :

L'épure et la fantaisie, à expérimenter aussi en famille.

Bonnes idées :

Les jardins du château de Gaujacq, la Demoiselle de Brassempouy.

Plan p. 14, B3

Landes

• *Pascale et Louis Bertho*
17, rue du Château – 40800 Aire-sur-l'Adour
Tél. 05 58 71 91 26
pascale.bertho757@orange.fr
www.le-mas.net

• *3 chambres : 70-75 € en BS, 80-85 € en HS.*
Suite « Jurançon » : 100 €/2 à 3 pers.
Suite « Armagnac » : 135 €/2 à 4 pers.
Table d'hôtes (sur résa.) : 25 €, vin non compris ; enfant : 12 €.
Piscine.

–> Ouvert toute l'année.

Le Mas

Puisque Aire-sur-l'Adour rime avec Amour...

D'origine angevine, ils ont vécu à Lyon, puis se sont arrêtés dans les Landes pour l'accueil chaleureux de ses habitants. « Accueil », c'est un mot qui résonnait si bien à leurs oreilles qu'ils ont décidé, à leur tour, de rendre la pareille à des gens de passage. Ils les accueillent donc dans une ancienne maison notariale, dont la partie la plus ancienne remonte à 1870 et la plus récente au XIXe siècle, dont elle hérita vraisemblablement des beaux carreaux de ciment bis et noir du couloir. Fumoir, bibliothèque, salons et salle de jeu... La table d'hôtes est déjà dressée devant la cheminée dans un esprit Grand Siècle, face à une collection de moules en cuivre rutilant, bougeoirs allumés et sièges juponnés, serviettes monogrammées. Tandis que Louis s'affaire aux fourneaux, Pascale nous fait les honneurs de ses chambres qui ont emprunté leurs noms aux vignobles de la région. Sur un sol en jonc de mer qui feutre les pas, « Tursan » s'est mise en scène autour d'un lit Napoléon-III drapé d'un jeté prune. La suite « Jurançon » peut héberger trois personnes avec son petit lit en fer au plaid velours marron et couette à rubans vichy assortis. Deux lits jumeaux, réalisés à partir de planches cérusées, découpées, font leur petit effet déco sur fond de murs en Spatula dans la chambre contigüe. Lit laiton pour « Saint-Mont ». Couette violette, oreillers roses, tonalités cerise pour la grande suite « Armagnac » qui fait honneur au nectar le plus emblématique des Landes.

Coups de cœur :

Les suites « Jurançon » et « Armagnac » avec terrasse, pleine vue sur le jardin et les bois environnants.

Bonne idée :

L'église Sainte-Quitterie et son tombeau en marbre blanc dans la crypte. « Côté Brocante » près de la station essence sur la route de Bordeaux.

Plan p. 14, B3
Landes

• Christine et Michel Guérard
40320 Eugénie-les-Bains
Tél. 05 58 05 05 05
reservation@michelguerard.com
www.michelguerard.com

• 4 chambres : 350 € et 550 € selon la saison.
Petit déjeuner : 25 €.
Menu-carte à l'Auberge de la Ferme aux Grives : 46 €. Restaurant gastronomique Michel Guérard aux Prés d'Eugénie : menus à partir de 100 €. Piscine chauffée.

–> Fermé en hiver.

Le Logis de la Ferme aux Grives

Le bonheur selon Michel et Christine Guérard...

Le chantre de la cuisine minceur et sa muse, côté maison et jardin n'ont pas leur pareil, depuis des décennies, pour concrétiser leurs rêves, se renouveler et toujours anticiper... Ouverte au printemps 2010, une nouvelle aile de prestige à l'Hôtel des Prés ose les métissages de sièges afrikaners avec le style Napoléon-III qui rend hommage, au Loulou's Bar, à l'enfant unique du couple impérial, décédé en pays zoulou à l'âge de 26 ans. À Eugénie-les-Bains, ma demeure préférée, plus accessible, est le Logis de la Ferme aux Grives qui, derrière sa façade aux galets de l'Adour, témoigne d'une époque délicieusement surannée, pas encore envolée, avec ses cages à oiseaux et à ortolans, sa galerie enguirlandée d'épis de maïs et de piments, son salon des Demoiselles épinglé de scènes pastorales, ses petits déjeuners dans la Chocolaterie, son Cochonou chiquissime, dans le cadre d'une ancienne boucherie et puis, ses chambres romantiques aux murs chaulés, ses salles de bains au marbre pyrénéen. Le tout encadré par un jardin divin, qui conduit au must d'Eugénie : sa ferme thermale incomparable, typique de l'habitat à la fois aristocratique et rural du XVIIIe siècle landais.

Coups de cœur :
Le charme intemporel de l'habitat rural landais du XVIIIe s., les jardins, la Ferme Thermale.

Bonnes idées :
Aire-sur-l'Adour et l'église Sainte-Quitterie, inscrite au Patrimoine mondial de l'Unesco. Une sainte très populaire dans la région, dont la légende et le sarcophage dans la crypte alimentent la renommée.

Plan p. 14, B3
Landes

• *Corinne et Fabrice Favre*
40320 Miramont-Sensacq
Tél. 05 58 79 93 18
info@maisondubos.com
www.maisondubos.com

• *Gîte modulable : 180 m² pour 6 pers., 900-1 400 € selon la saison ; 100 m² pour 4 pers., 600-800 € selon la saison. Lit suppl. : 15 €.*
Piscine.

–> Ouvert toute l'année.

La Maison du Bos

Sur les chemins de Compostelle, qui font une incursion en Tursan…

Une longue galerie de bois, caractéristique des demeures de Chalosse, court tout le long du premier étage de cette ancienne ferme posée sur un mamelon, d'où la vue s'envole sur les vallons du Tursan. Après un premier galop d'essai avec une chambre au logis qui a conservé le four à pain d'antan et dispose d'une terrasse privée, Corinne et Fabrice avaient créé en rez-de-cour, trois chambres aux colombages intérieurs et aux douces tonalités de beige cérusé, de vert grisé ou, plus franches, de framboise et de maïs. Ils viennent d'aménager sous la charpente des anciens greniers, une chambre spacieuse et magnifique, ouverte au soleil couchant sur les prés et les bois. « Basalte », puisque tel est son nom, s'est offert une salle de bains au toit de tavaillons qui rappelle leur Savoie natale. Fabrice n'a pas oublié de lui adjoindre l'indispensable gouttière. Carrelée de feuilles d'ardoises, la salle de bains dispose d'une douche prise dans un coffrage de planches et de poutres et de deux bacs buanderie. Enchantée de tableaux floraux, « Basalte » dispose d'une entrée privative sur la galerie.

Coup de cœur :
Les corbeilles de fruits ou de légumes composées avec soin par Corinne, à la manière de tableaux.

Bonne idée :
Le château de Gaujacq : une chartreuse encadrée par un conservatoire botanique.

Plan p. 14, B3

Pyrénées-Atlantiques
• Annie Tollet et Marc Fourcaud
16, rue Larrepunte – 64200 Biarritz
Tél. 06 88 46 78 46
arimabiarritz@orange.fr
www.arima-biarritz.com

• 2 chambres : 65-95 € selon la saison.
1 chambre avec kitchenette intégrée : 60-110 €.
Table d'hôtes : 28 € max.
Miniterrasse pour petits déjeuners aux beaux jours.

–> Ouvert toute l'année.

Arima

Une petite annonce riquiqui dans un journal local, ça peut changer la vie !

Ça leur est tombé dessus un 15 août 2007, très exactement. Quand ils ont lu, ils ont su. Affaire conclue en 48 h ! Coup de foudre et prix raisonnable pour cette jolie demeure de style basco-landais bâtie à sept-huit minutes à pied de la côte des Basques. Y'avait pas à hésiter. Il faut dire que ça faisait des années que Marc et Annie, tous deux originaires de Tarbes, habitués de vacances au Pays basque, à Guéthary pour Annie, à Biarritz pour Marc, caressaient le rêve d'une demeure au pays de leur enfance et de leurs amours. Marc est architecte : ça aide ! Annie, passionnée de déco, s'était déjà occupée de décorer trois maisons. Chez elle y'a de la vanille et du vert cèdre, de la couleur de rosée et du beige tendre sur les murs. Sur des parquets laqués s'est posé du mobilier bis et blanc et des meubles de famille comme cette commode en marbre qui appartenait à sa grand-mère. Un lustre vénitien courtise une glace décapée dans la chambre « Coucher de Soleil ». Un sol aux carreaux de ciment maïs et rouge sang court du couloir à la chambre « Sieste d'Été ». « Sous les Étoiles », des nus au fusain s'enflamment sous un lustre aux branches échevelées...

Coups de cœur :

Le prix super sympa au cœur de Biarritz, et le cadre douillet d'un séjour et d'une cuisine ouverte autour de son magnifique bloc en béton verni.

Bonnes idées :

Le musée de la Mer, le circuit des villas biarrotes et la chapelle impériale.

Plan p. 14, B4

Pyrénées-Atlantiques

• Nathalie et Marc Applagnat
32, avenue des Magnolias – 64700 Hendaye
Tél. 05 59 20 32 43
contact@villa-goxoa.com
www.villa-goxoa.com

• 7 chambres : 80-120 € selon le standing et la saison.
Petit déjeuner : 10 €. Brunch : 12,50 €.

–> Ouvert toute l'année.

Hôtel Villa Goxoa

Hôtel incognito...

Pas possible d'être plus discret dans l'une des stations les plus fréquentées de la Côte basque ! Construit à partir d'une villa typiquement basque, ce petit hôtel de sept chambres, situé dans une allée tranquille de la cité balnéaire, participe à la protection de l'environnement grâce à l'optimisation de la gestion de l'eau et de l'énergie, à l'utilisation de produits bio. Bio et beau pouvant aller de pair, on se réjouit d'apprécier le concept dans chacune de ses chambres inspirées par les éléments de la nature. « Itsasoa », accessible aux handicapés, de plain-pied sur le jardin, hume les parfums de l'océan en turquoise et gris-bleu. « Mendia », en bayadères rose et prune sur fond de gris perle, bénéficie d'une terrasse privative. « Goxoa », en habits pourpres, est très lumineuse. « Ura », « Lura » et « Haizea » – qui peuvent se combiner pour s'adapter aux familles – voient la vie en rose. Si « Lura » est en harmonie avec les chaudes tonalités de la terre, « Haizea » vire au mauve tandis qu' « Ura » a le cœur au vert. Établies sur des parquets stratifiés aux tons brûlés, les chambres sont habitées par des consoles en fer réalisées par un artisan biarrot. Les variations de lumière sont signées Franck Rigal. Accueil délicieux et grand calme à deux pas de la plage et du port de plaisance.

Coups de cœur :

L'atmosphère des lieux. Le plus ici, c'est qu'on peut y aller à l'heure du thé et savourer un macaron de chez Adam (la référence au Pays basque !)

Bonnes idées :

Une excursion à Biriatou et navette jusqu'à Fontarabie aux maisons de toutes les couleurs de l'autre côté de la frontière et de la baie.

Plan p. 14, B4

Pyrénées-Atlantiques

• Mariannick et François Blasselle
1146, chemin de Laharraga
64210 Guéthary-Ahetze
Tél. 05 59 41 90 46 – contact@arguibel.fr
www.arguibel.fr

• 3 chambres : 120-215 € selon la saison.
2 suites : 190-285 € selon la saison.
Petit déjeuner « découverte » : 15 €.
Lit suppl. : 25 €.
Salon. Bar.

–> Fermé de janv. à mi-fév.

Arguibel

Coup de cœur :

Design hétéroclite et unique dans une demeure néo-basque : une performance !

Bonnes idées :

Le musée de Guéthary à la villa Saraleguinea. Et si vous vous mettiez au surf avec l'école de surf ? Vous préférez la broc ? Elle se tient face au fronton tous les samedis matins de l'été.

Dualité maîtrisée...

Mariannick et François, on peut dire que c'est l'alliance des contraires ! Mariannick est à l'affût de toutes les nouveautés. François aime les meubles et les objets qui ont du vécu. Entre les murs tout neufs de leur demeure « traditionnellement » basque et audacieusement design, un vaisselier Henri-II décapé côtoie des poufs *dreadlocks* de Caravane ; un jeu d'échecs laqué, des fauteuils gipsy imaginés par une artiste libanaise ; des sièges Art déco customisés en velours anis violet, un chemin de troncs d'arbres remisé en tables basses. Des fauteuils de cinéma de bon papa voisinent avec des sièges chapeaux coniques renversés de Verner Panton, un lustre en étoiles et des torchères de Philippe Hérault avec un salon Art déco recouvert de skaï blanc brillant et des commodes de Moissonnier. Y'a de la couleur à tous les étages. Et il en va de même pour les trois chambres et deux suites qui ont emprunté leurs noms aux people d'antan qui séjournèrent à Guéthary. Orientalisme échevelé et métissages bariolés dans la suite « Pierre Loti », quand la chambre de « Charlie Chaplin » – qui venait passer ici ses vacances dans les Années folles – est blanche, noire et argent. Compromis consentis, harmonie réussie. C'est la magie de Guéthary !

Les Volets Bleus

Plan p. 14, B4
Pyrénées-Atlantiques
• Marie de Lapasse
Chemin Etchegaraya – 64200 Arcangues
Tél. 06 07 69 03 85
maisonlesvoletsbleus@wanadoo.fr
www.lesvoletsbleus.fr

• 3 chambres : 108-170 € selon la maison. 2 suites : 138-180 € selon la saison. Lit suppl. : 25 €. Piscine. Stages de dégustation de vins et cours de cuisine.

–> Fermé janv.-fév.

Des volets qui ouvrent leurs paradis intérieurs sur la Rhune et ses collines suturées de bosquets coulant à l'Atlantique...

Du bleu dragée et une architecture typiquement basque pour cette vaste demeure qu'on jurerait séculaire et qui n'a qu'une petite poignée d'années... Le désir de changer de vie trottait dans leur tête. Un pied-à-terre au Pays basque les attirait, puis l'idée des chambres d'hôtes, qu'ils fréquentaient, a germé. Ne trouvant pas la maison de leurs rêves, Marie et Christian l'ont construite. Deux ans pour récupérer les vieux matériaux : noble escalier de château, magnifiques terres cuites sur les sols. Quatorze mois de travaux entre des murs épais qui font illusion et autant d'heures de chine pour composer le décor couleur tendresse des chambres : « Verveine » à l'adorable nature morte aux œillets, « Mélisse » entre cristal et planches à vif, « Tilleul » en camaïeux vieux rose... Pour imaginer l'univers aux chaudes tonalités d'ocre d'« Amande » et de « Piment ». Toutes sont habitées par un mobilier et des tissus signés Blanc d'Ivoire, Flamant, Villaret ou Comptoir du Sud. Des salles d'eau en stuc aux tons de zinc ou de réglisse et, au petit matin, une cuisine de rêve, avec ses vieux fourneaux, ses billots, sa balance d'épicier et ses paniers, ouverte en terrasse sur tous les verts du Pays basque.

Coups de cœur :

Les coussins, paravents et rideaux en patchwork de torchons et draps de lin de Régine Plumer, une artiste drômoise, et les petits déjeuners face à la Rhune !

Bonnes idées :

Le village d'Arcangues, l'église et sa galerie typique, la tombe de Luis Mariano, le golf, un match de chistera, le musée Bonnat à Bayonne...

Plan p. 14, B4

Pyrénées-Atlantiques

• Carmen et Michel Hiribarren
21, boulevard Thiers – 64500 Saint-Jean-de-Luz
Tél. 05 59 26 07 77 – info@zazpihotel.com
www.zazpihotel.com

• 5 chambres : 150-295 € selon la saison.
2 suites : 260-450 € selon la saison.
Petit déjeuner : 16 €. Assiettes repas possibles.
Piscine et solarium sur le toit qui embrasse toute la ville. Parking (12 €/j.).

–> Ouvert toute l'année. Fermé de début janv. à mi-fév. et en nov.

Coups de cœur :

La baignoire-piscine en vague cassée de la suite « Lapurdi », les émaux de verre aux couleurs des rizières de la salle d'eau « Zuberoa », le fauteuil Pylon de Tom Dixon.

Bonne idée :

Sept golfs dans un rayon de 10 km.

Le Zazpi

Métamorphose, design et couleurs…

… vert pomme, orange, piment, aux tonalités des sept provinces basques. Carmen et Michel, passionnés de design, ont métamorphosé l'ancienne maison Mende Berri – « nouveau siècle » en basque –, une demeure 1900, au souffle du design des années 2000. Le hall donne le ton avec son essaim de sièges « dondolo » vert fluo ou *black and white*. Il ouvre sur un patio où les tables ont été dressées sous de grands parasols à feuillages de Symo, dont les ombres portées animent les tables. Des vases chewing-gum de Gaetano Pesce, un luminaire champignon d'Inga Sempé, une planche laquée de Cappellini… On surfe sur le nec plus ultra du design contemporain. Univers monochrome de gris, de blanc, de noir, pimenté de touches pétillantes pour les chambres, tel cet édredon en skaï aux couleurs des piments d'Espelette. Mon coup de foudre au Zazpi fut pour les salles d'eau… époustouflantes de créativité. Une baignoire de Chipiron, une autre au duo fluo orange de Matali Crasset, une vague cassée émaillée couleur d'émeraude, des émaux pastillés d'or, un lavoir de bain, une fontaine à variations de couleurs. Une déco en perpétuel mouvement, puisque tout est à vendre !

Plan p. 14, B4
Pyrénées-Atlantiques

• Cédric Béchade
Quartier Helbarron
D307, vieille route de Saint-Pée
64310 Saint-Pée-sur-Nivelle
Tél. 05 59 51 70 00
contact@aubergebasque.com
www.aubergebasque.com

• 9 chambres : 90-190 € selon le standing. 2 suites : 190 €. 1 appartement : 180 € en BS, 250 € en HS (1 700 €/sem.).
Petit déjeuner : 16 €. Grand petit déjeuner : 28 €.
Menu : 46 €, carte : 65-80 €.

–> Fermé janv. et 23 nov.-30 nov.

L'Auberge Basque

Cédric a trente ans et beaucoup de talent…

Ce jour de juin, il avait bruiné toute la matinée. L'herbe grasse avait la couleur fluo des rizières. Le soleil qui, péniblement, commençait à escalader les flancs de la Rhune et des collines nimbait toute la vallée de vert et de lumière. L'après-midi s'annonçait aussi radieux que le sourire de Cédric. Après 10 années au Plaza Athénée, Cédric venait de trouver « sa maison » au cœur du Pays basque. D'une ancienne auberge en désaffection, il a fait une auberge bien campée dans son temps. Façade traditionnelle, côté face. Façade contemporaine, côté pile. Aubergiste à plein temps, grâce à une cuisine ouverte, le jeune homme compose ses assiettes avec soin, tout en jetant un œil en salle, un autre en cuisine et le « troisième » à l'hôtel, grâce à la complicité d'une percée dans le mur donnant sur le lobby. Tonalités de gris, de blanc, de noir, des poutres au mobilier, des salles de douche entièrement vitrées aux tissus : le tout orchestré par Flamant, qui s'est vu confier l'ensemble de la décoration intérieure de la maison. Cédric y a ajouté des clichés extraits du Musée basque et de la fabuleuse photothèque d'Etchandy, qui réancrent la demeure sur son territoire basque.

Coup de cœur :

Cette architecture entre passé et présent au service d'une nouvelle génération d'aubergistes…

Bonnes idées :

La Rhune et les Plus Beaux Villages basques autour de Saint-Pée : Ascain, Ainhoa, Sare, Espelette.

Olhabidea

La brume s'est levée sur la Rhune,
la montagne mythique des Basques.

Les dernières gouttes de rosée perlent encore sur les hortensias qui couronnent Olhabidea, une demeure ancrée dans une prairie, à quelques tours de roue du pittoresque village de Sare. J'ai débarqué un jour, ici, à l'heure du thé et depuis, à chacun de mes retours au Pays basque, je reviens savourer l'hospitalité d'Anne-Marie Fagoaga. Chez elle, ça sent bon la cire, les roses et le linge amidonné. Mais cette année, révolution chez les Fagoaga, les fils – l'un, cuisinier talentueux, l'autre, chef de salle au regard attentionné – ont investi le grand hall aux dalles toujours luisantes d'encaustique, les salons et l'ancienne cuisine, désormais reconvertis en salles de restaurant aux intimités partagées. Sans effet d'annonce, sans pancarte sur la route, le bouche à oreille a fonctionné et la salle était pleine lors de mon récent passage. Anne-Marie et Jean étaient aux anges, leur belle demeure s'inventait un avenir, les générations se transmettaient un art de vivre typiquement basque, sans se heurter. Rassurez-vous, autour de la galerie de bois, les chambres à l'atmosphère champêtre, cocooning à souhait, accueillent toujours les hôtes. Il y a juste les bonheurs qui se sont démultipliés.

Plan p. 14, B4

Pyrénées-Atlantiques

• Anne-Marie et Jean Fagoaga – 64310 Sare
Tél. 05 59 54 21 85 – www.olhabidea.com

• 3 chambres : 75 €. Petit déjeuner : 7 €.
Restaurant : 35 €, hors boissons.
Équitation sur le domaine.

–> Fermé déc.-janv., ouverture les w.-e. en hiver sur demande.

Coup de cœur :

L'atmosphère « maison de famille » intemporelle qui règne dans la maison.

Bonnes idées :

Sur le domaine, le centre équestre d'Emmanuel, qui propose des randonnées dans les villages fortifiés de montagne jusqu'au désert des Bardenas. La ferme Ortillopitz, son auberge et son musée, mémoire du Pays basque.

Plan p. 14, B4
Pyrénées-Atlantiques

• Famille Fagoaga
64310 Sare
Tél. 05 59 54 20 46 – hotel@arraya.com
www.arraya.com

• 20 chambres : 94-135 €. Lit suppl. : 26 €.
Petit déjeuner : 11 €. Menus : 23-33 €.
Demi-pension : +36 €/j./pers.

–> Fermé nov.-31 mars.

Hôtel Arraya

Au cœur du village de Sare, l'Hôtel Arraya fait partie de la mémoire basque.

Depuis des générations dans la même famille avec la « Tantise », toujours prête à raconter son histoire et ses petites histoires, il y a les amis, les cousins, les voisins, les petits-enfants, les fidèles qui viennent tailler une bavette, grignoter un morceau de gâteau basque dans la salle d'à côté. En face, le restaurant au mobilier basque se prépare au repas du jour. C'est comme une grande maison de famille ouverte, vouée depuis des lustres à la convivialité autant qu'à l'hospitalité. Un escalier, au bois lustré par les milliers de mains qui l'ont caressé, distribue les chambres qui s'embellissent, saison après saison, avec des lits parés de courtepointes cousues main et des édredons qui se regonflent aux balcons, derrière des draperies de feuilles et de vignes filtrant les lumières gouleyantes des soirs d'automne. L'hôtel dispose aussi de chambres d'hôtes dans une demeure traditionnelle du quartier Ihalar, merveille d'architecture basque.

Coup de cœur :

Les chambres du dernier étage d'un hôtel « maison de famille ».

Bonnes idées :

Le village de Sare, immortalisé par Pierre Loti, l'église et le cimetière aux croix basques, les authentiques gâteaux basques de la Maison Arraya et les grottes de Sare.

Plan p. 14, B4

Pyrénées-Atlantiques

• Nicole et Yves Everaert
20, rue Camblong – 64190 Castetnau-Camblong
Tél. 05 59 66 24 14
contact@lespoune.fr – www.lespoune.fr

• Chambre « Compostelle » : 70-80 € selon la saison. 3 autres chambres : 80-90 € selon la saison. 1 suite : 90 €/2 pers., 150 €/5 pers.
Lit suppl. : 20 € ; enfant : 8 €.
Grand parc. Spa et sauna inclus. Réflexologie et massages, soins esthétiques dispensés par deux kinés, sur résa. (payant).
Table d'hôtes : 25-35 €, boisson comprise.

–> Ouvert toute l'année.

La Maison Lespoune

Au cœur d'un Béarn authentique...

Les hasards de la vie les ont conduit dans cette belle maison de maître fin XVIIe siècle de style basco-béarnais inhabitée depuis 50 ans. Un « petit » lifting était nécessaire pour l'adapter au confort d'aujourd'hui. Yves et Nicole ont retrouvé leurs jeunes années. Ils ont dû camper avant de lui redonner le lustre voulu par son ancien propriétaire, qui l'acheta après avoir fait fortune en Argentine. Avec sa galerie en fer forgé vert-de-gris suspendue, il a belle allure ce castel, jadis escorté par deux fermes. Les nouveaux acquéreurs, tout en respectant son caractère et les magnifiques carreaux de ciment de ses sols, l'ont imprégné de fantaisie. À commencer par la chambre « Black & White », où ils sont partis du carrelage noir et blanc, lui conférant un petit côté hippie, années 70, en badigeonnant ses murs en violet. C'est à l'étage, dans la chambre « Esquisse », au ton de verveine, que sont exposés les plans témoignant des modifications apportées par leur prédécesseur entre nus au fusain et transat à balancier sur la véranda. « Compostelle », elle, s'est maquillée au bleu de Lectoure et a disposé en tête de lit des volets chinés dans un vieil hôtel de Lourdes. L'« Art déco », ouverte en galerie, s'est entichée d'un miroir déménagé d'un château. Le charme suranné d'une grande maison de famille où l'espace n'est pas compté...

Coups de cœur :

Les produits de Graine et Pastel dans toutes les salles de bains en harmonie avec les chambres. L'accueil et le charme intemporel d'une belle maison de campagne.

Bonnes idées :

Navarrenx fortifiée par les princes de Béarn au bord du gave d'Oloron. Rafting sur le gave. Le château de Laas, Sauveterre-de-Béarn et son pont légendaire, Salies-de-Béarn, la cité du sel : magnifique et cousue de légendes.

Plan p. 14, B4

Pyrénées-Atlantiques

• Michel et Nanou Raulin
Chemin de Coste – 64450 Viven
Tél. 05 59 04 33 76 et 06 79 32 39 59
michel-raulin@wanadoo.fr
http://pau-bearn-chambresh.monsite.orange.fr

• Chambre : 75 €. Suite : 85€.
Piscine.

–> Ouvert toute l'année sur résa.

La Grange du Haou

Une pluie de roses pour vous accueillir et un cocon douillet pour vous retenir…

… dans l'espace de la grange d'une ancienne forge aux murs en pierres des gaves et briques intercalées. Le jardin, c'est la passion de Nanou… Des roses, mais aussi des hortensias, des dizaines de massifs de fleurs et de plantes savamment composés dans un fouillis très organisé avec, en leur cœur, un bassin aux nénuphars. Michel, lui, ce sont les légumes du potager qu'il se plaît à discipliner, et puis cette grande pelouse qui épouse toutes les inclinaisons de la colline qu'il rase au millimètre près. Ce couple de jeunes retraités, Béarnais pure laine, avait une belle maison qu'ils ont voulu faire partager à des hôtes de passage, les conviant à poser leurs valises, une nuit ou deux, et plus si affinités, entre les murs d'une chambre aux douces tonalités de beige et de blanc, habitée par un mobilier Art déco. Tapis moelleux sur le parquet, l'alcôve est escortée d'un petit boudoir couleur de laine de mouton et d'une salle de bains à l'unisson. La suite repose sur les mêmes tons de blanc ivoire, de blanc reposant, apaisant. C'est cosy, cocooning à souhait, et la magie se propage jusque dans la salle à manger aux colombages vitrés, où les fleurs du jardin pénètrent par bouffées. La longue table a été dressée dans les règles de l'art du bien recevoir par Nanou et sa petite-fille, Sasha qui, à neuf ans, sait déjà qu'elle veut être décoratrice. La demoiselle a bien du talent…

Coups de cœur :

Des fleurs à foison et le cocon douillet des chambres… reposantes.

Bonnes idées :

À Pau, visite du château d'Henri IV, et du musée Bernadotte, roi de Suède.

Plan p. 14, B4
Pyrénées-Atlantiques

• Valérie Iglicki
Rue de l'Église – 64260 Bielle
Tél. 05 59 82 65 83 et 06 27 91 18 56
leboilalaslie@neuf.fr
www.leboilalaslie.com

• 1 chambre pour 1 pers. : 47 €.
1 chambre pour 2 pers. : 54 €.
1 chambre pour 3 pers. : 65 €.

–> Ouvert toute l'année.

Le Boila Laslie

Si douce est l'école, aujourd'hui...

Valérie, originaire d'ici, a grandi en Bretagne et revenait au pays pour les vacances chez ses grands-parents. Aujourd'hui, elle fait le chemin à l'envers... Lorsque cette ancienne école religieuse de filles, dont l'activité perdura jusque dans les années 60, fut à vendre, elle sauta le pas, installant la maison pour sa famille à l'étage et réservant l'espace en rez-de-jardin pour y créer des chambres d'hôtes. La première prénomée « Adélaïde » fait référence à l'héroïne de roman qu'elle préférait, enfant. « Adélaïde », c'est « Heidi », c'est la montagne toute entière qui s'offre à vous avec ses tons de rouge franc, ses cœurs en découpe de feutrines, son revêtement gris-bis et ses oreillers chocolat, son vieux banc et sa salle de bains couleur crème de lait, qui se cache derrière une porte vitrée. Croquignolette à souhait... Comme l'est « Gunilla », de son vrai nom « Gulla », une héroïne suédoise qui fait la belle en tonalités gustaviennes gris violine, appuyée sur une tête de lit en bois rosé, emmitouflée d'un plaid couleur dragée, dispersant autour d'elle une écharpe en tricot gris, assortie aux carreaux du sol, des coussins à pompons et des torchons à carreaux. Mobilier de broc, accessoires empreints de poésie, blocs de savons de Marseille et porte-manteaux recouverts de plastique fleuri très années 60 : il n'en faut pas davantage pour créer une atmosphère ! Et quand le printemps reprend ses droits au jardin, un lierre volage, que Valérie tente vainement de discipliner, flirte avec un rosier Pierre de Ronsard. « Mignonne, allons voir si la rose... »

Coup de cœur :

Fantaisie et nostalgie d'enfance. Valérie a retrouvé un registre d'école de 1906-1907 où figurent les mots d'excuse : « aide aux foins », « garde les brebis », « parti à la foire »...

Bonnes idées :

Le plateau du Benou : un univers pastoral entre ruisseau et sonnailles. Trois villages : Asouste, Louvie-Soubiron et Béost, avec arrêt à l'Auberge Chez Trey.

La Villa Vauréal

Plan p. 14, B3
Pyrénées-Atlantiques

• Christine Ranou-Ader
14, rue Vauréal – 64200 Biarritz
Tél. 06 10 11 64 21 – info@villavaureal.com
www.villavaureal.com

• 2 chambres : 110-160 €. 3 suites : 140-195 € selon le standing et la saison.
Lit suppl. : 10 €.
Jardins clos. Parking (3-5 € /j.). Mer à 150 m.

–> Ouvert toute l'année.

Christine aime les fruits et les couleurs, et ça se voit. Lorsqu'elle a découvert le Pays basque, elle s'est enflammée en compagnie de son mari pour cette magnifique villa située en plein cœur de Biarritz et à trois minutes à pied de la côte des Basques. Dès l'entrée, une fantastique bibliothèque en bois témoigne de l'intérêt des propriétaires pour les voyages ; et dès la porte de chacune des chambres franchie, du goût de Christine pour les couleurs, les rideaux bayadères et les grands tapis en fibres de coco. Le Pays basque éclate ici en couleurs chaudes... Couleurs de fruits du verger gorgés de soleil, dégradés de rouges cerise ou framboise, tonalités de mangue ou de mirabelle. Plus doux et plus actuel, le ton de pêche dans la chambre du même nom, où celui de brugnon qui se fond dans des gris tendres et les blancs du mobilier. Dans chacune des chambres, derrière des volets coulissés, se cache une kitchenette bien intégrée. C'est le petit plus de cette maison du paysage biarrot devenue incontournable.

Hôtel du Fronton

Plan p. 14, B3-4
Pyrénées-Atlantiques

• Éric Lataste
Place Sauveur-Atcho-Arena – 64210 Bidart
Tél. 05 59 54 72 76 – bidart@hoteldufronton.com
www.hoteldufronton.com

• 8 chambres : 80-160 € selon la saison.
Petit déjeuner : 9-11 €.

–> Fermé de mi-nov. à mi-déc. et durant 1 semaine après le Carnaval.

Couleur piment d'Espelette pour les colombages. Blanc, gris, taupe, rouge, orange, brique ou prune : autant de tonalités dans l'air du temps pour les chambres qui, toutes, sont orchestrées autour d'un tableau représentant une scène taurine, une partie de pêche ou un petit port exécutés par trois peintres du pays : Cheche, Aski et Bernard. Et puis, carrément flashy : rouge-orangé, fuchsia et même une pointe de turquoise autour du bar où sont proposés salades et tapas. Entièrement rénové par un designer toulousain, l'ancien hôtel du Fronton qui, depuis près d'un siècle, a vu défiler nombre de personnalités, vient de s'offrir un avenir radieux. Si « Espelette », « Gétaria », « Ainhoa » et « Iraty », du nom des Plus Beaux Villages basques, sont petites, « Pampelune » et « Bayonne » disposent de salons, tandis que les chambres de l'étage, en particulier « Saint-Jean-de-Luz » et « Biarritz », disposent de terrasses spacieuses. Avec en point de mire les montagnes et l'océan qui roule ses vagues par-dessus les toits de Bidart...

La Maison de Luna

Région Sud-Est

Auvergne
Languedoc-Roussillon
Rhône-Alpes
Provence-Alpes-Côte d'Azur
Corse

Plan p. 16, B1
Allier

• Lynn et Olivier Chaulieu
Chemin des Thévenets – 03110 Espinasse-Vozelle
Tél. 04 70 56 57 04 – chaulieu@wanadoo.fr
www.jardins-des-thevenets.com

• 3 chambres : 90 €. 2 minisuites : 100 €.
Table d'hôtes : 32 €.
À partir de 2011, gîte dans la pigeonnière pour 2 pers. : 500 €/sem. (linge inclus).
Piscine.

–> Ouvert toute l'année.

Le Jardin des Thévenets

Le Jardin était encore en devenir lors de mon passage, mais la façade nouée de roses et de feuillages laissait déjà présager des jours heureux...

Derrière ses volets gris, des pièces à vivre encore dans leur jus. Les murs ont été simplement décroûtés, laissant apparaître leurs colombages, leurs briques et leur torchis. Y flotte un air de bohème et de retour d'Afrique, d'où viennent les propriétaires de cette demeure qui appartenait jadis aux hospices de Gannat. Brute de décoffrage mais pleine de charme déjà, au regard du raffinement des chambres, où rien n'a été laissé au hasard... Des bandeaux du Zaïre associés à des tissus anciens, des vanneries zoulou à des tableaux contemporains : tel est l'esprit du « Voyage Africain » selon Lynn. Pour les amoureux, elle a conçu « Nuit Blanche » sur un parquet blanchi. Elle a retapissé des sièges XVIIIe en soie ivoire, glissé des chaises et des consoles Art déco, et cuirassé la salle d'eau d'un damier blanc à cabochons noirs. « Sous les Toits » a investi un univers blanc et violet, chapeauté par une charpente à vif, sur fond de murs maïs. « Nature » est béton brut et couleur lin, tandis que « Passionnément Rouge » sera pivoine, tendue de rideaux pourpres aux reflets violines. Et pour se reposer de cette sensualité exacerbée, une salle de bains virginale décorée de nus entamant une danse nuptiale !

Coup de cœur :
La piscine dans la grange : noire, ceinturée de pierres de Volvic, qui s'ouvre à la façon d'une serre sur quatre hectares de bois.

Bonnes idées :
La montagne bourbonnaise et la vallée de la Sioule.

Plan p. 16, A1-B1

Puy-de-Dôme

• Marie-Claire Mercier
63410 Saint-Angel
Tél. 04 73 86 91 95 – leseydieux@wanadoo.fr
www.leseydieux.com

• 2 suites : 105 €. Pers. suppl. : 35 €.
Stages yoga et cuisine ayurvéda.
Stage de cuisine et cueillette, cuisine des plantes sauvages avec un botaniste naturopathe (une fois par mois).
Massages ayurvédiques sur place.
W.-e. à thème : découverte des épices de l'Inde et des plantes aromatiques.

–> Ouvert toute l'année.

Les Eydieux

Équilibre et art de vivre...

Est-ce la pratique de l'ayurvéda qui rend Marie-Claire si sereine et sa demeure si douce à vivre ? Pour la jeune femme, dont le credo est le bien-être, le faire partager coulait de source... À la tradition ayurvédique venue de l'Inde, elle a puisé l'harmonie qui caractérise l'atmosphère de cette ancienne ferme à mi-chemin entre rivières et volcans d'Auvergne. Rénovée avec un goût très sûr, totalement dépourvue d'ostentation mais dans le respect des matériaux nobles, la ferme héberge désormais deux suites de campagne à la sobriété très étudiée. On a actionné la scie et le rabot pour trancher les planches de bois qui constituent l'ossature de la mezzanine du « Pigeonnier ». Balustrade de bois, poutres chevillées à l'ancienne et cageots en guise de tables de nuit constituent l'essentiel du décor étoffé de lin brut et agrémenté de menus objets en zinc qui essaiment jusque dans la baignoire à bulles. Même décor épuré pour le « Poulailler » qui a conservé ses pondoirs. On y pénètre par une porte à glissière en planches qui s'efface devant la belle charpente. Dans la salle d'eau : douche-hammam et support de lavabos en pierre de Volvic. Une sérénité qui se prolonge à l'heure du petit déjeuner dans l'ancienne écurie dont les propriétaires ont conservé la crèche, les stalles et l'établi, la botte de foin frais au milieu d'un mobilier chiné, sablé, rénové.

Coups de cœur :

Une campagne réinventée, le petit musée des Outils agricoles reconstitué avec la complicité du paysan voisin.

Bonnes idées :

La découverte des Combrailles avec la 2CV de grand-papa, les sculptures monumentales en pierre de Volvic du Chemin Fais'Art.

Plan p. 16, B1
Puy-de-Dôme

• Jean-Philippe Force et Patrick Moulier
Montvianeix – 63550 Saint-Victor-Montvianeix
Tél. 04 73 94 02 95 et 06 31 94 34 40
domaine@montvianeix.com
www.montvianeix.com

*• 5 chambres : 85 € ; 75 € dès la 2ᵉ nuit.
Lit suppl. : 25 €.
1 gîte pour 5 à 6 pers. : 430-580 €/sem. selon la saison ; 280 €/w.-e.
Linge de maison et chauffage en sus.
Table gourmande : 28 €, boisson comprise.
Forêt à perte de vue. Nombreux sentiers VTT.*

–> Ouvert toute l'année.

Le Domaine de Montvianeix

Coups de cœur :
La chambre du « Parc », plus minimaliste, et celle de « la Fontaine » dans ses tons de curry et de havane qui s'accordent à l'automne : une saison qui lui va bien.

Bonne idée :
Longer la vallée de la Credogne, un torrent (parcours de pêche 1ʳᵉ catégorie) entre Puy-Guillaume et le Domaine, puis redescendre vers l'autoroute de Thiers avec le point de vue sur toute la chaîne des Puys.

La hêtraie flamboyait…

L'automne délivrait ses ors et ses roux sans parcimonie, le ruban routier déroulait à l'infini sa féerie. Sur mon auto-radio, un air d'opéra… Il y a des matins comme ça… des instants magiques suspendus au rendez-vous d'une maison d'automne immergée dans la forêt. Lorsqu'ils ont découvert cette ancienne colonie de vacances de la mairie de Paris, Patrick et Jean-Philippe n'eurent pas la même chance que moi… Ils sont arrivés sous la pluie. Et pourtant, ils ont craqué pour la maison noyée dans la brume, malgré son intérieur bétonné. Qu'ils se sont empressés de déshabiller pour le rhabiller avec de beaux matériaux, du bois et des enduits au chanvre et à la chaux, qui absorbent l'humidité et la restituent en été. Tommettes d'Auvergne dans les espaces à vivre, planchers en pin sylvestre pour les chambres qui empruntent leurs couleurs à l'automne et partagent leur atmosphère entre réminiscences africaines et asiatiques. Un bel ensemble forestier dans l'esprit des anciens moulins à papier…

Plan p. 16, B1
Puy-de-Dôme

• Valérie et Vincent Gobillard
63190 Moissat
Tél. 04 73 62 98 84 – clos.goelle@orange.fr
www.clos-goelle.com

• 3 chambres : 49 €.
Salles d'eau individuelles mais toilettes communes.
Table d'hôtes : 18 €.

–> Ouvert toute l'année.

Le Clos Goëlle

« Alors, c'est la maison des autres »...

Puisque le Clos Goëlle était son nom, qui sonnait bien depuis moult générations, Valérie le lui a laissé. Pourtant, elle a été tentée de rebaptiser sa nouvelle demeure lorsque, pendant le chantier de restauration, son fils a confondu maison d'hôtes avec « maison d'autres » : un lapsus d'enfant, charmant, qui collait assez bien à l'esprit de cette demeure ouverte aux autres, justement ! Quand Valérie et son mari ont cherché un domaine à restaurer pour loger leur famille et abriter la collection de vieilles motos et de voitures à restaurer de Monsieur, ils ont craqué pour cette ancienne métairie inhabitée depuis 25 ans. De la restauration automobile à la restauration de bâtiments, il n'y avait qu'un pas qu'ils ont allégrement franci. Les murs de l'ancienne grange décroûtés, ils y ont installé la salle à manger et sa cuisine ouverte. Un juke-box reprend tout le répertoire des années 80 en alternance avec les vinyles des années 60 qui twistent sur le tourne-disque vintage. Belles armoires auvergnates, zincs et cruches : Valérie est une chineuse invétérée qui, ses chambres à peine terminées, a eu la surprise d'y loger quelques membres de l'équipe des *Choristes* en tournage au château voisin. « Constantine » cultive la nostalgie des voyages au long cours d'un grand-père, dans les années 20. « Léonie » rend hommage à une tante chérie tandis que « Rose » affiche un petit air romantique, un tantinet désuet. Le jardin, plein de coins et de recoins habités de brocantes, abrite un trésor : une ancienne cuve à lessive en terre cuite du XVIIIe, adossée à une tour du XIIIe avec sa porte en ogive et sa cage d'escalier à vis.

Coups de cœur :
Le jardin, l'accueil, la pièce à vivre et son atmosphère vintage.

Bonnes idées :
Le musée de la Céramique à Lezoux, le château de Montmarin, le château Ravel où fut tourné Les Choristes.

Plan p. 16, B2

Puy-de-Dôme

• *Le Château*
Anita Sauvadet
63320 Montaigut-le-Blanc
Tél. 04 73 96 28 49 et 06 81 61 52 26
infos@lechastelmontaigu.com
www.lechastelmontaigu.com

• *4 chambres, dont 2 avec terrasse : 135-145 € selon le standing. 2 nuits min.*
Lit suppl. : 30 €.
Solarium. Atelier de robes de mariées haute-couture (www.virginie-sauvadet.com).

–> Ouvert avr.-oct.

Le Château de Montaigu

Princes et princesses, mieux qu'en rêve !

L'histoire remonte à la nuit des temps, quand Robert et Guérin, à la tête des deux plus grands ordres de chevalerie occidentale, les Hospitaliers et les Templiers, prennent le mont Aigu, perché à 600 mètres d'altitude, et deviennent du même coup les premiers chevaliers de Montaigu ! Ils édifient un donjon crénelé, desservi par un souterrain qui défie toujours la chronique locale. Au XVe siècle, les Montaigu agrandissent le château, y dressent une tour gothique, qui abrite un escalier. Depuis la Révolution, les ruines ont servi de carrière de pierre aux entrepreneurs, jusqu'à ce que l'un d'entre eux tombe sous le charme du château médiéval assis sur son rocher, flanqué de ses deux poternes, et le relève de ses ruines. Après un chantier titanesque, les nouveaux propriétaires l'ouvrent aux hôtes qui découvrent en premier plan un panorama embrassant les monts depuis le chemin de ronde, suivi d'une salle à manger des XIe et XIIe siècles, couronnée par une extraordinaire cheminée qui proviendrait de la léproserie de Murol, avant de lever le rideau sur la splendeur réactualisée des seigneurs du Moyen Âge au fil des chambres. Dont la plus jolie est la dernière née. Renaissance mais épurée. Altière mais pas austère. Avec sa salle de bains dissimulée derrière d'anciennes planches qui ont le vécu des vieux murs, fiers de leur passé et confiants dans leur bel avenir.

Coups de cœur :

La nouvelle chambre, le plafond peint avec tant de patience et de dextérité par Anita et Virginie.

Bonnes idées :

Mesdemoiselles... votre robe de mariée réalisée par Virginie, la jeune fille de la maison, qui a installé son atelier très couture au château. L'essayer dans le cadre du chemin de ronde ou des vestiges de l'ancienne chapelle. Y passer sa nuit de noces !

Plan p. 16, A2
Cantal

• *Jeannette et Daniel Gil*
Rue de la Martille – 15140 Salers
Tél. 04 71 40 70 82 – contact@hotel-salers.fr
www.hotel-salers.fr

• *8 chambres (dont 1 familiale et 1 suite) : 69-99 €.*
Petit déjeuner : 10 €.
Salon de thé.

–> Fermé du 11 nov. à Noël et en janv. (ouverture possible sur résa.).

Hôtel Saluces

Daniel eut un coup de cœur pour Jeannette et pour Salers...

Jeannette tenait boutique à Salers. Un hôtel, dont les dernières mises aux normes dataient d'avant-guerre, était à vendre dans ce Plus Beau Village de France. Aux XVIe et XVIIe siècles, il était propriété du gouverneur de la petite cité. Aujourd'hui pimpant et fier comme Artaban, il ouvre grand les portes de son salon de thé et de son jardin clos aux visiteurs de l'après-midi et aussi largement ses portes aux hôtes d'un soir ou d'une petite semaine, séduits par le décor alentour autant que par la fantaisie des chambres. Du passé, elles ont conservé les belles dalles de brèche du massif cantalien, les boiseries séculaires et les poutres vénérables. Jeannette, experte en tissus, aidée d'une copine, s'en est donné à cœur joie pour les draper de flanelles aux tonalités d'ardoise ou de bleu turquoise, d'émeraude et d'ocre, habiller les lits de couleurs pivoine ou coquille d'œuf, de boutis Blanc d'Ivoire ou Elsa C., accrocher aux fenêtres des rideaux en bourrette de soie, frangés de galons ou de chutes d'étoffes fleuries. Ajoutez à cet ensemble, où l'élégance le dispute à la fantaisie, un adorable salon-bibliothèque dans lequel un piano à queue fait le beau devant un ancien comptoir de bureau de poste !

Coups de cœur :

La chambre « Ardoise » pour ses flanelles assorties aux lauzes de la douche et « Petit Salon » pour son cadre de bois blond, ses luminaires, ses tonalités de paille et de foin.

Bonnes idées :

Observer les motifs et les écussons du couloir de la maison dite « des Templiers » et tenter d'en déchiffrer les mystères. Au coucher du soleil, longer les remparts par le chemin des loups en admirant le puy Violent.

Plan p. 16, A2

Cantal

• Dominique et Jean-Michel Gouzon – 15140 Salers
Tél. 04 71 40 71 95 – info@salers-hotel-baillage.com
www.salers-hotel-baillage.com

• 21 chambres (16 dans l'hôtel, 5 dans une demeure près de l'hôtel, la demeure de Jarriges) : 70-105 €. 5 suites à thème : 140-160 €. Petit déjeuner : 12 €. Taxe de séjour : 0,75 €/j. pour 1 pers. Demi-pension : 61-90 € en BS ; 78-115 € en HS. Hammam. Jacuzzi. Esthéticienne dans l'hôtel et ostéopathe sur rdv.

–> Fermé de mi-nov. à début fév.

Hôtel Le Baillage

Et Marilyn fait son cinéma…

Dans un espace hollywodien où rien n'a été laissé au hasard : ni le flacon n°5 de Chanel, ni les fauteuils en vinyle *black and silver*, ni le boa à plumes fuchsia ! Le Baillage, un hôtel à l'architecture intérieure inattendue, construit dans les années 50, a lancé une politique de métamorphose avec, pour ses alcôves, des thèmes combinant le plaisir des sens et l'esthétique. Pour preuve, cette atmosphère asiatique flottant sur la chambre « Zen », cette nouvelle chambre « Nature et Galets », ou cet esprit chalet qui imprègne la « Montagne ». Cette suite déroule en alternance murs de planches rabotées à vif, rondins de bûches, pierres de basalte et émaux de Briare. On savoure une coupe de champagne auprès d'une flambée, on se glisse sous le linge d'Angel des Montagnes, avant d'ouvrir les rideaux aux skieurs de Pierre Frey sur les pentes du puy Violent. Et bientôt, la chambre « Peaux de Vaches » qui rendra hommage aux belles salers, qui pastillent de brun les vertes prairies d'Auvergne ?

Coup de cœur :

La chambre « Montagne ».

Bonnes idées :

Admirer, dans l'église du village, la mise au tombeau du XVe s. avec ses neuf sujets grandeur nature, caractéristiques de l'école flamande.
Assister à la traite des salers au col de Néronne ou au buron d'Algour.

Plan p. 16, A2
Cantal

• Lac du Pêcher – 15300 Chavagnac
Tél. 04 71 20 83 09 – info@ecolodge-france.com
www.ecolodge-france.com

• 13 chambres dont 1 avec accès handicapés : 85-125 €. Chambres avec coin salon pour 3 pers. : 125-155 €. Chambre panoramique et grande suite : 145-185 €.
Petit déjeuner : 11 €. Restaurant gastronomique sur place. Dîner : 27 €. Formules 3 j. demi-pension + une activité : renseignements sur demande.

–> Ouverture : renseignements sur demande.

Instants d'Absolu

Écolodge et Spa au Lac du Pêcher

Un lac. 2 500 hectares de forêt, environ 1 500 cervidés et puis, des oiseaux de passage...

Il y a, certes, les canards et les migrateurs qu'on observe à l'abri d'une grande nacelle en osier. Il y aussi, depuis une poignée de saisons, de drôles d'oiseaux venus déposer leurs valises et leurs sacs à dos dans ce bel ecolodge aux pierres volcaniques. Laurence et Daniel, enfants de Megève, ont atterri là, attisés par les propos d'un messager qui leur avait parlé de son paradis secret : le lac du Pêcher. Puis, l'histoire s'est accelérée, décélérée, reprenant de plus belle par la volonté du jeune couple tombé amoureux d'un lac au clair de lune dans un coin paumé d'Auvergne. Alors, ils ont tout revu pour faire de ce refuge improbable un lieu à la fois authentique et douillet, écologique et déco. Dans le cadre imposé de pierres brutes se sont alors éveillées des chambres d'esprit lac, volcan ou forêt où le parquet est laiteux comme une coulée de glacier, la moquette en fibre recyclée, couleur de champignon. Les dessus-de-lit, c'est selon : tricotés en écharpe, drapée dans des écailles de serpent, relevées d'alpaga rouge piment. Les chambres sont habitées de malles-cabines à la blancheur de neige, de pliants fausse fourrure ou peau de daim, esquisses de chevreuils et faux lézard aux rideaux. Tendance lodge ou safari, chacune des chambres est en osmose avec son environnement et le spa est... surprenant !

Coups de cœur :
Un endroit hors du temps, l'accueil, la magie à chaque heure du jour et de la nuit, les jeux d'ombre et de lune sur le lac, le spa insolite.

Bonnes idées :
La contemplation et la randonnée. La moitié du lac en réserve de pêche, l'autre accessible aux pêcheurs. Observatoire ornithologique, sentier d'interprétation de la nature.

Plan p. 16, A2
Cantal

• *Brigitte Renard et Christian Grégoir*
La Roussière – 15800 Saint-Clément
Tél. 04 71 49 67 34 – info@laroussiere.fr
www.laroussiere.fr

• *1 chambre : 75 €. 2 suites : 90 €/2 pers., 112-120 €/3 pers., 140 €/4 pers.*
Lit suppl. : 20 €.
Table d'hôtes : 25 €.
Demi-pension : 59-67 €/pers., vin compris.
Salle de jeux pour enfants.

–> Ouvert toute l'année.

La Roussière

« Harry, un ami qui vous veut du bien »...

Clignez des yeux. Vous y êtes... Un toit en écailles de lauzes bleutées, une maison isolée, de la verdure à souhait... C'est bien la maison du film... Autrefois vivait ici une riche famille et ses employés. Abandonnée depuis les années 60, la demeure a fait craquer ce couple franco-bruxellois qui avait l'habitude de vacances dans la vallée du Goul. D'entrée, on est attiré par l'étonnante cage d'escalier en bois décapé. En grimpant les marches usées par des siècles d'allées et venues, on découvre les chambres réparties dans les étages : la grande suite blanche en pierres et lambris de bois et son salon avec vue, la suite familiale qui donne l'impression de pénétrer dans un chalet sous sa charpente aux poutres numérotées. Plancher en chêne et lambris de mélèzes. La visite se poursuit par des chambres logées sous des charpentes entièrement chevillées. Dans le dortoir, par jour de grand vent, ça craque de partout... Sous leurs couettes pastillées de fleurs des champs, les ados vivent le grand frisson, tandis que leurs parents savourent au salon un apéritif face au cantou, la cheminée traditionnelle de la région, en attendant de partager le repas en toute convivialité dans la grande cuisine qui a retrouvé sa vocation de pièce à vivre.

Coups de cœur :
L'authenticité d'une maison qui a du vécu, les tableaux grand siècle des arrière-grands-parents dans la cage d'escalier brute de décoffrage, le dortoir des ados.

Bonnes idées :
Rejoindre les crêtes qui mènent au Plomb du Cantal. Parcourir le fond de la vallée à la recherche de fleurs rares ou aller déguster une spécialité locale au buron de la Tuillère.

Plan p. 16, A2
Cantal

• Coralie et Stéphane Combourieu
Auberge des Montagnes et Chalet de Jean
15800 Pailherols
Tél. 04 71 47 57 01
info@auberge-des-montagnes.com
www.auberge-des-montagnes.com

• 13 chambres : 54-67 € selon la saison.
Petit déjeuner : 8 €. Demi-pension : 49-59 €.
Piscine intérieure. Sauna. Soins du corps. Billard.
Mur d'escalade. Bain bouillonant. Salle de musculation. Possibilité de promenade en calèche.

--> Fermé 10 oct.-20 déc. (ouv. 10 j. pour la Toussaint).

L'Auberge des Montagnes

Le bonheur de la transmission entre générations...

... depuis 1880. André est né dans l'une des chambres. Tout a commencé avec son grand-père, Compagnon du Tour de France, qui s'est arrêté ici et a épousé la fille de la maison. À l'époque, les gens passaient. On leur servait à manger. De ce temps-là, on a conservé le cantou et ses bancs au salon, la plus ancienne pièce de l'auberge, les skis d'antan et les fauteuils d'un seul tenant, taillés dans un frêne mort, les chaises paillées, les alcôves auvergnates et des outils de paysans. L'Auberge a du vécu... Mais, n'allez pas croire pour autant qu'elle n'inspire que la nostalgie. La jeune génération a aussi ses aspirations. Et la transformation en douceur s'est faite sous l'impulsion de Denise qui a insufflé à cette authentique auberge montagnarde un grand coup de jeune, dans le style des plus beaux chalets actuels. Les chambres rénovées se nomment désormais « Cœur de Sapin », emmitouflée dans ses boutis et ses vichys framboise, « Perle de Lune », noyée sous une farandole de cœurs et de nounours gagnant jusqu'aux combles apparents, « Flocon de Neige », superbe avec sa tête de lit en planches, son boutis en grisaille et ses coussins douillets. Autant d'éléments de décoration chinés chez Comptoir de Famille ou Maison de Campagne, qui embellissent aussi le Chalet, composé de quatre chambres et installé dans le pré.

Coups de cœur :
La chambre « Flocon de Neige » et l'atmosphère qui règne dans cette maison de famille où chacun se sent bien.

Bonnes idées :
Adhérer au Ouistiti-Club, monté par des fidèles de l'Auberge qui se retrouvent pour faire du ski ou des randos en raquettes sur les traces d'André. Ou encore s'initier à l'attelage avec les chevaux de la propriété.

Plan p. 16, A2
Cantal

• *Isabelle et Frédéric Pfeffer*
8, rue de Noailles
15000 Aurillac
Tél. 06 80 24 23 33
isabelle.pfeffer@wanadoo.fr
www.niercombe.fr

• *4 suites : 150-250 €.*
Lit suppl. : 30 €.

–> Ouverture : renseignements sur demande.

La Chapellenie

C'était, au Moyen Âge, un don fait à l'Église contre des prières pour le salut de l'âme du donateur. Un peu facile, non ?...

Ce qui le fut moins, c'est le travail de titan entrepris par Frédéric et son épouse pour restaurer cette chapellenie dont l'acte de donation date de... 1365 ! Au cœur des ruelles du vieil Aurillac, notre homme, extrêmement entreprenant (c'est à lui que l'on doit le Buron de Niercombe) s'est pris de passion pour cette vénérable habitation qu'il a déshabillée du sol au plancher, encombrée par des siècles d'aménagement et de réaménagement. Et, c'est ainsi qu'il a dégagé les portes en ogive, qu'il est tombé sur un plafond Renaissance de toute beauté, qu'en piquant le mur de ce qui était devenu un garage, il a découvert un blason confirmant qu'une confrérie fondée par saint Bernard de Sienne avait habité les lieux. Onze corps de métiers ont travaillé sans relâche, une année durant, à la réhabilitation de ce joyau médiéval que Frédéric et Isabelle ont recomposé à leur façon, dans l'esprit des lieux tout en l'ancrant dans un XXIe siècle cosy et confortable.

Ainsi, pour le long salon d'accueil où s'est implanté un comptoir de quincaillier sur un plancher d'étable brut réalisé par des scieurs de long et déménagé d'une ferme des environs… Ainsi pour les portes en ferronnerie médiévale achetées dans un château de Bohême qui s'accordent aux poutres à vif, au sol en galets du salon où trône, face au cantou, un authentique bar en zinc. Les marches de l'escalier à vis qui accusent l'usure des siècles conduisent aux chambres où des pans de mur, pieusement conservés dans le jus de leur âge, sont encadrés à la façon de tableaux. Parquets huilés ou planches en sequoia, cheminées d'époque et grandes glaces piquées. Couleur kraft et rideaux sacs à patates pour l'une, mastic et tentures velours aux tonalités de pierre pour l'autre. Les chambres s'entichent de salle de bains boudoir ou de baignoire en fer. Au second étage, l'escalier débouche sur une terrasse qui a réhabilité sa coursive d'origine où s'est implanté un sauna. Sous sa charpente à vif, la plus spacieuse des suites s'organise comme un loft avec une table en ciment ciré encadrée de Tolix jaune et rouge. Kitchenette, alcôve, bureau et chambre disposée à la façon d'un chalet, le lit posé sur un plancher d'étable. Intemporel et… Unique !

Coup de cœur :

La médiévalité métamorphosée. Une réhabilitation magnifique dans un cadre unique.

Bonnes idées :

Découvrir Aurillac qui donna, en l'an 1000, le premier pape français à la chrétienté. Festival International de Rue en août. Déjeuner ou dîner à « l'Arsène sur Cour ».

Plan p. 16, B2
Cantal

• Serge et Marie-Aude Vieira
15110 Chaudes-Aigues
Tél. 04 71 20 73 85 – contact@sergevieira.com
www.sergevieira.com

• 3 chambres : 160 €.
Petit déjeuner : 16 €.
Ouverture prochaine de 4 chambres au château.
Menus : 50 et 80 €, variant toutes les 3 semaines.

–> Ouvert fin mars-1er janv.

Restaurant Serge Vieira et ses Trois Chambres

L'Auvergne au cœur…

Serge est, certes, originaire du Puy-de-Dôme. Il a fait ses classes en Haute-Loire. Mais lorsqu'on a l'Auvergne chevillée au cœur, le Cantal peut être, aussi, une terre à faire « chanter » les étoiles !... Avec pour cadre, une forteresse du XVIe s. À d'autres, ce château austère, découvert un jour d'hiver, aurait pu paraître digne des *Hauts de Hurlevent*. Serge et Marie-Aude, deux enfants tombés dans la marmite de la gastronomie et de l'hôtellerie, il y a quelques années déjà dans un autre château – de Touraine celui-là – y ont vu comme un défi à relever. Alors d'une nature à l'autre, de château en château, d'étoiles en bonne étoile, c'est à Chaudes-Aigues qu'ils ont décidé de poursuivre l'aventure de l'art de vivre aux sommets de l'excellence. Avec un décor à la mesure du talent de Serge pour le restaurant au décor épuré où la nature pénètre à flots. Comme elle imprègne les trois chambres inondées de lumière, imaginées par les architectes de l'Atelier 4. Pleine vue sur les champs pastillés de fleurs que broutent les vaches qui s'aventurent au pied des façades de pierres à vif, cadenassées de fil de fer. À l'intérieur la magie du blanc opère, alliée au design du mobilier en bois clair, en orme ou en frêne, des tissus au reflet meringué, des kilims en toile à sac, couleur de rouille, de la caisse à outils en bois glissée à l'heure du petit déjeuner dans la géométrie des tables. Sur chaque porte en verre qui coulisse pour délimiter l'espace des salles de bains à l'italienne, il y a de la lecture dans l'air : celle de l'explication de l'une des trois fleurs énigmatiques qui ont donné leurs noms et leurs touches de couleur aux chambres… Le « Silène Enflé » au plaid moutarde et fleurs blanches, la « Gentiane Jaune » au plaid verveine et fleurs jaune mimosa, la « Pensée Sauvage », au plaid mauve et fleurs bleu nuit. Lorsque c'est possible, en saison, Marie-Aude dépose un petit bouquet de fleurs fraîches, emblématiques de l'Aubrac et de la Margeride…

Coups de cœur :
Le design allié à l'élégance dans un cadre atypique, la nature qui pénètre à flot, le souci écologique qui a banni la climatisation parfaitement inutile dans la plupart des établissements de France, la découverte d'un grand chef en puissance…

Bonne idée :
Randonnées nature dans l'Aubrac et la Margeride.

Plan p. 16, A2-B2
Cantal

• *Fred Remise*
15110 Saint-Urcize
Tél. 04 71 23 20 02

• *5 chambres : 150 €.*
Restaurant au village : env. 20 €.
Practice de pêche.

–> *Fermé 1er nov.-1er avr.*

La Fontaine de Grégoire

Rocambolesque et romanesque…

C'est l'histoire du prince de Venise qui a épousé la « petite Remise ». Le prince, c'est Fred, un personnage incontournable du village qui vous contera mieux que personne l'histoire douloureuse de ses aïeux partis d'Italie pour atterrir dans le Massif central. Fred viendra plus tard se fixer à Saint-Urcize, où il épousa en même temps sa femme et le nom de sa femme ! Puis, un jour, il s'intéressa à cette vénérable bâtisse dont le fronton affiche gaillardement 1788, mais dont les origines remontent au XIIe siècle. Si les murs pouvaient parler, ils vous raconteraient l'histoire de ce notaire royal qui mourut sur l'échafaud à Aurillac, de sa maison pillée, où se cachait un prêtre réfractaire. Quelque temps plus tard, on découvrit le calice qui avait servi au sacrement d'extrême-onction de Louis XVI : un objet classé Monument historique. Fred s'étant mis dans la tête de retrouver l'atmosphère de 1788 sous les pavés, c'est une maison d'aujourd'hui avec des clins d'œil au passé qu'il propose désormais à ses hôtes. Pas moins de 280 œufs sacrifiés pour une omelette gargantuesque qui servit à refaire le plafond à l'ancienne et à la vénitienne ! Derrière les boiseries aux portes vitrées, récupérées d'un autre logis, deux magnifiques tableaux de Patrick François apportent leur touche contemporaine. Et, dans les étages, les chambres collent à leur époque. À la Fontaine de Grégoire, le contemporain revisite le passé. Il y a de la magie et de la fantaisie dans l'air et jusqu'au jardin où vous découvrirez le seul practice de… pêche au monde que ce mordu de la discipline a fait installer !

Coups de cœur :

Les chambres « Condorcet » et « Robespierre » pour leur clin d'œil et leur atmosphère, la grande pièce à vivre, et la Terre blanche *de Patrick François.*

Bonne idée :

Le tronçon Saint-Urcize-Aubrac (17 km) au printemps, dans les champs de narcisses, sur l'un des plus fameux chemins de Saint-Jacques-de-Compostelle.

Alta Terra

Plan p. 16, A2 – Cantal

• Virginie et Stéphane Serre
Le Pradel – 15300 La Vigerie
Tél. 04 71 20 83 03 et 06 62 93 67 68
info@altaterra.com
www.altaterra-cantal.com

• 2 chambres et 2 suites : 65-105 €.
Demi-pension : 16 €/repas.

–> Ouvert toute l'année.

Un café gourmand au look d'antan reconverti au goût d'aujourd'hui, au pied du puy Mary. Stéphane, qui a beaucoup bourlingué, est né au village d'à côté. Murs en bardage de sapin autoclavé, peintures bio aux agrumes, des kilims ou tapis berbères sur les sols, anciens abreuvoirs à vaches remisés en lavabos, douches contemporaines, pour une fois esthétiquement belles ! Virginie et Stéphane ont installé un espace enfants. Un sauna avec sièges de repos en fibres de bananiers, ouvert aux visiteurs et même un bain norvégien pour un hiver... au jardin !

Hôtel Le Clos des Gentianes

Plan p. 16, A2 – Cantal

• Maryline et Vincent Combourieu
Les Demeures de Montagne – 15800 Pailherols
Tél. 04 71 47 57 01 – info@auberge-des-montagnes.com
www.auberge-des-montagnes.com

• 10 chambres : 73-92 € selon la saison.
Petit déjeuner : 10 €. Demi-pension : 64-73 €/pers.
Spa. Initiations pâtisseries, cuisine, selon la saison.

–> Fermé 11 nov.-20 déc.

La jeune génération des Demeures de Montagne a ouvert cet hôtel de dix chambres au style contemporain. Inondé de lumière, l'établissement dispense la plus belle vue qui soit sur l'Aubrac. Maryline, derrière les fourneaux, cultive l'esprit de famille au travers d'un restaurant à croquer avec ses planches cérusées et ses persiennes décapées. Vincent exploite avec elle cette nouvelle unité aux chambres baignées par les lumières du lac et du ciel confondues. Accueil adorable.

Plan p. 16, B2
Haute-Loire

• Marlène Moreels et Carlos Grootaert
43150 Moudeyres
Tél. 04 71 05 10 70 – sarl.le-pre-bossu@wanadoo.fr
www.auberge-pre-bossu.com

• 1 chambre : 105 € ; 5 suites : 130-155 €.
Lit suppl. : 25 €.
Petit déjeuner : 15-17 €.
Demi-pension : 112-135 €/j./pers.
Golf à proximité.

–> Fermé 1er nov.-1er mai.

Hôtel Le Pré Bossu

« C'est le vent du Nord qui m'a poussé ici »...

Ainsi parle Carlos Grootaert, d'origine belge, heureux propriétaire de ce petit hôtel de caractère situé en contrebas d'un mamelon pastillé de fleurs des champs, à la porte d'un village classé du Mézenc. Il y a une poignée d'années, Carlos et son épouse ont rafraîchi leur domaine. Des onze chambres d'origine, ils ont réalisé cinq suites et une chambre, plus actuelles, plus confortables. Murs peints aux tons de bleus d'église, de fruits rouges et de prairies, boutis fleuris et mobilier importé d'Asie habitent désormais ces chambres qui, toutes, portent le nom d'un oiseau du plateau. Marlène fabrique ses confitures aux plantes et aux épices qu'elle sert à l'heure du petit déjeuner, Carlos s'est fait le chantre des produits du terroir, des herbes et des légumes du potager qui composent leur cuisine. Ensemble, ils enchantent les papilles des visiteurs venus goûter la tranquillité de ce havre de paix !

Coups de cœur :
Le jardin des herbes de Marlène et la cuisine de Carlos.

Bonnes idées :
Moudeyres et la ferme des frères Perrel, le Puy-en-Velay et sa basilique, point de départ d'une des routes de Compostelle, le plateau du Mézenc et la source de la Loire au mont Gerbier-de-Jonc, ou encore le golf de Chambon-sur-Lignon.

Plan p. 16, B2
Lozère

• Laurence Rieutort
Le Couderc – 48260 Nasbinals
Tél. 04 66 32 92 69 et 06 80 28 51 12
contact@lodici-aubrac.com
www.lodici-aubrac.com

• 4 chambres, toutes avec 2 ou 3 lits suppl. À louer par chambre avec cuisine commune à disposition et salon, à la façon d'un gîte, ou en totalité : 65-90 €/j./2 pers. Lit suppl. : 15 €, moins de 12 ans : 7,50 €, gratuit pour les moins de 5 ans. Petit déjeuner : 7,50 €. Cuisine à disposition. Salon de thé. Ligne de beauté au thé d'Aubrac. Expos d'artistes.

–> Ouvert toute l'année.

Lô d'Ici

Lô : fille d'Aubrac, des grands espaces et de toutes les audaces…

Laurence est née ici. Du négoce du bétail à la déco, certains y auraient vu un gouffre infranchissable… Laurence y a vu un pas sur les chemins tourmentés de la vie, et puis l'art de recevoir qu'elle conjugue à tous les niveaux dans cette ancienne grange abandonnée qui l'attendait au berceau de ses racines. L'eau, c'est « Lô » comme Lozère, comme Laurence, un tourbillon argenté de vitalité que tous ses amis appellent « Lô ». « Lô », c'est ainsi aussi qu'elle a baptisé ses chambres comme autant de clins d'œil à son pays de lumières. Si « L'Ôbrac » est d'humeur forestière entre ses planches brutes et ses murs de basalte, « L'Ôvive » et ses cubes lumineux comme des glaçons évoque « le ruisseau chantant et le bonheur turbulent » des mots de Monique Roque inscrits sur ses murs bleu tendre. « L'Ôrizon » est rose incandescent, couleur d'Aubrac, infiniment. « L'Ôdyssée » appelle à voyager sur les chemins de Compostelle, dans les lueurs orangées de la spiritualité et les poèmes de Patrick Mialon… À « se déserter pour l'approcher ce pays si dégrossi, réduit à l'essentiel ». C'était là, la leçon d'Aubrac de « Lôrence »…

Coup de cœur :

Un concept aussi charmant qu'inattendu porté par la dynamique Laurence et la poésie de l'Aubrac dans tous les espaces et à tous les niveaux.

Bonnes idées :

L'église de Nasbinals, les sentiers de randonnée initiés par Laurence dans ce « bout du monde » en France.

Plan p. 16, B2
Lozère

• Monsieur et Madame Carmona
Avenue Montplaisir – 48100 Marvejols
Tél. 04 66 32 47 05
ramon.carmona@wanadoo.fr
www.domainedecarriere.com

• 5 chambres dont 1 suite familiale : 100 €.
Lit suppl. : 20 €.
Menus : 18-38 €.
Piscine chauffée.

–> Fermé en hiver.

Le Domaine de Carrière

Comme un devoir de mémoire...

Carine, dont la famille exploite l'auberge du Domaine, a hérité de ce petit château XVIIe aux tours XVIIIe. Une grande terrasse au soleil, de larges espaces à la fois cosy et épurés, où le contemporain s'associe aux boiseries, parquets et nobles matériaux d'origine. Respect du passé et désir d'aujourd'hui dans les chambres aux atmosphères contemporaines, aux dominantes de gris, de vert bronze ou olive, de prune ou de marron glacé, aux reflets moirés, luminaires design et têtes de lit à capitons en simili-cuir. Une flotille de têtes de bouddhas rieurs et de toutes les couleurs pavoise sur le mur de l'escalier. Partout des fleurs de lotus stylisées. Ici, le tableau d'une jolie Chinoise sur le marbre d'une cheminée. Là, un petit côté japonisant accroché aux tonalités taupe et aubergine d'une chambre et puis, un parfum d'Asie qui flotte dans toute la maison. Le voyage en Asie, Carine en avait rêvé aux côtés de son papa, trop tôt disparu. Alors, pour lui rendre hommage, elle a imaginé ce décor où l'imaginaire rejoint la réalité. Il atteint son paroxysme au petit salon-bibliothèque, dans les volutes d'encens offert dans la pénombre à un bouddha protecteur. Son buste cuivré s'accorde à la lumière diffuse qui filtre au travers de voluptueux rideaux rouge carmin.

Coups de cœur :

Le petit salon-biblio, où le buste de bouddha posé – entre des lampes-boules aux amas de trombones dénichées chez Castorama – cohabite dans le plus subtil des décors avec un très grand écran plat éclairé par les ombres chinoises d'un palmier ! Superbe exercice de style !

Bonne idée :

Le parc animalier des Loups du Gévaudan à Sainte-Lucie.

Plan p. 16, B2-B3
Gard

• Christine Gerbino et Jean-Pierre Libes
30450 Génolhac
Tél. 04 66 61 15 72 et 06 84 07 00 51
christine.gerbino@wanadoo.fr
www.masnouveau.com

• 5 chambres : 65-130 € selon le standing.
Table d'hôtes : 20 € (menu du jardin).
Spa. Hammam. Massages.

–> Ouvert toute l'année.

Mas Nouveau

La beauté crue d'une ferme fortifiée du XIIe siècle…

Sur les routes commerçantes de la médiévalité, Génolhac apparaissait à l'époque comme peu sûre, vraisemblablement coupe-gorge… Christine, enfant du pays, médecin à Alès, a littéralement craqué devant tant de beauté, face à l'austérité de ce domaine qui racontait son passé, à coup sûr tumultueux et encore à explorer. De cette âpreté sauvage, elle a voulu tirer le meilleur parti. Derrière les portes du porche se dévoilent une cour fermée, « pelousée », un bâti où se confondent logis, grange et écurie, aux pièces voûtées, meurtrières apparentes et arc-boutants de granit. Précédé d'une terrasse ombragée par une treille de vignes, le gîte ouvre sur un sol en calade. Christine y a baladé sa bohème chic et charme, des vastes espaces des pièces à vivre à ses chambres d'hôtes, closes par des portes indiennes. Entre les murs chaulés, les lits semblent avoir été moulés tout exprès pour s'adapter aux contours des anciennes mangeoires en bois. D'autres, suspendus sur des troncs de hêtres, dans les chambres familiales ou dans le dortoir, font le bonheur des enfants et des randonneurs. Trois ans de travail acharné ont été nécessaires à Jean-Pierre, ancien moniteur de plongée dans les Mascareignes, venu travailler ici sur un « chantier ». Il ne savait pas qu'une belle histoire se nouerait avec la propriétaire… Aujourd'hui, il n'est pas peu fier de vous faire visiter les lieux et de vous révéler sa belle trouvaille : ces immenses baignoires taillées à vif dans la pierre de granit du Sidobre, dont une habite la chambre « Glycine » et les autres, disséminées au jardin, font office de Jacuzzi.

Coups de cœur :

Bohème chic et austérité qui a su transcender les siècles. Christine a une formation en Ayurveda. Sa fille, Caroline, est ostéopathe. Autant dire qu'au Mas Nouveau, on sait conjuguer art de vivre, de bien-être et randonnées.

Bonne idée :

Randos sur le chemin Regordane, parallèle à celui de Stevenson, qu'on est en train de réhabiliter.

Plan p. 16, B3
Gard

• Marie-Lyse et Daniel Zielinski
344, rue du 19-mars-1962
30520 Saint-Martin-de-Valgalgues
Tél. 04 66 24 74 60 et 06 61 23 19 75
filoselle@wanadoo.fr
http://filoselle.free.fr

• 4 chambres : 85 €. Lit suppl. : 15 €.
Table d'hôtes : 25 €, vin compris.
Demi-pension : 67,50 €/j.
Piscine. Spa. Terrain de pétanque éclairé.

–> Ouvert toute l'année.

Le Mas de la Filoselle

Son nom lui vient du cocon du ver à soie de second choix…

Située au carrefour des routes qui depuis Alès conduisent d'Ardèche en Languedoc, des Cévennes en Provence, la maison est datée de 1734. Elle a été acquise, il y a quelques années, par Marie-Lyse, qui, dans une autre vie, était actrice du tourisme dans le Nord. Désormais conquise par les accents du Sud, elle s'est reconvertie dans l'accueil des hôtes qu'elle sait forcément bien orienter sur les sentiers de découverte de sa région d'adoption. Les chambres de l'ancienne magnanerie ouvrent leurs volets sur un jardin en restanques. Mosaïques et pochoir sur les murs de l'« Olivier », couleur de verveine. Atmosphère inspirée des lingères d'autrefois pour « Lavande ». « Taureau », en noir et blanc hispanisant, célèbre la Camargue proche, ses ferias et ses corridas, sur fond de fer forgé et de planches arrachées aux arènes. Mais, la plus belle, c'est la « Capitelle », installée dans l'ancienne bergerie voûtée dont elle s'est imprégnée au fil de ses couleurs de lin. Habillée de draps de coton façon damassé, de linge ancien, elle est habitée par un mobilier grisé. Volet café et bois flotté. Une double vasque années 30 et des parois de douche XVIIIe ont trouvé leur place dans la salle de bains aux carreaux de ciment vieillis. Délicieusement fraîche en été, elle déploie ses charmes jusque sous la voûte d'un petit caveau et d'un jardinet ombragé par un érable du Japon enlacé par une glycine et une treille de fruits de la Passion.

Coups de cœur :
Les chambres « Taureau » et « Capitelle ».

Bonnes idées :
Les sentiers de randonnées des Cévennes et l'aven d'Orgnac.

Plan p. 16, B3
Gard

• Pierre Beghin
Hameau de Saint-Médiers
30700 Montaren-et-Saint-Médiers
Tél. 06 07 09 01 21
info@closdulethe.com
www.closdulethe.com

• 5 chambres : 200-300 €.
Piscine.
La maison n'est pas adaptée aux moins de 10 ans.

–> Fermé 1er nov.-1er avr.

Le Clos du Léthé

Des bergeries au top de l'art de vivre et de la haute technologie...

Et puis, sous les auvents, des draps de lin qui flottent au vent... Après le *fog* londonien, Pierre rêvait de soleil. Dans un hameau qui regorgeait déjà de chambres d'hôtes, les habitués du coin lorgnaient un pigeonnier et ses dépendances abandonnés depuis 36 ans ! Pierre est arrivé au bon moment. Deux années de travaux intenses et quatre mois plus tard, il ouvre sa maison en juin 2007. De son passé de designer parisien à ses cours de cuisine londoniens, Pierre disposait déjà de nombreux atouts pour accueillir ses hôtes. Ajoutez-y un sens aigu de l'esthétisme et la maîtrise parfaite de l'art et de la technologie de pointe, et c'est ainsi que notre homme inventa les « bergeries du XXIe siècle » entre les murs d'une seigneurie qui remonterait au XVIe siècle. Pleine de coins et de recoins, d'escaliers de pierre et de dénivelés, la maison dévoile ses secrets, entre ombre et soleil. Utilisant au maximum les volumes initiaux et quelques éléments qui ancrent les bâtiments dans leur histoire, ces espaces de toute beauté ont été métamorphosés par le talent des artisans du pays. Pierre-José Depasse, en particulier, avec son mobilier en ferronnerie marque de son empreinte la chambre « 14 », couleur acier, où le métal occupe le devant de la scène sur fond de mur

en tôle rouillée et de béton lissé, couleur d'ambre. Pour « l'Africaine » – où je suis tombée en extase face à la photo d'un Africain, trouvée à Londres, qui épouse tout un pan de mur –, Pierre est allé dénicher une échelle au pays Dogon, des boucliers chez les Zoulous tandis que l'ensemble des objets et tissus ont été importés du Cap. La « Blanche » adhère tout à fait à l'esprit « bergerie ». La « Plume » est volatile et son lustre en... plumes d'oie, spectaculaire ! La suite, aménagée dans une ancienne bergerie voûtée dont on a conservé la mangeoire, a installé sa baignoire au mortier couleur de miel sous une pluie de lumières. Le mortier, justement, a été travaillé avec de la chaux et des pigments par Jean-François Grand qui a conçu toutes les vasques et les salles de bains de la maison. C'est la grande originalité de cette demeure, avec, dans chaque pièce, le nec plus ultra de photos-vidéos. Elles sont signées par des artistes réputés : Bill Viola, Hans Op de Beeck. Ajoutez-y des fibres optiques incluses dans le béton des salles de bains, des lits XXL et, dans chaque chambre, un équipement (i-Pod, écran plat, ordinateur, baffles et cafetière Nespresso®) et vous aurez une idée de la maîtrise parfaite entre rusticité domestiquée et haute technologie, art de vivre et fantaisie maîtrisée...

Coup de cœur :

Tout, et particulièrement la parfaite osmose entre architecture séculaire et technologie contemporaine.

Bonnes idées :

Uzès, bien sûr, et un déjeuner place aux Herbes, aux Terroirs. C'est frais... et à l'emplacement le plus ensoleillé de la place. Demander à Pierre les adresses de ses artisans.

Plan p. 16, B3

Gard

• Gwilym Cox et Alexis Van Deinse
17, rue du Docteur-Blanchard – 30700 Uzès
Tél. 04 66 59 15 74
info@albiousse.com
www.albiousse.fr

• 2 chambres : 125-155 €, 2 suites : 185-250 € selon la saison.
Table d'hôtes gastronomique, thaïe ou indienne : 40 €/pers. vin compris. Panier pique-nique : 15 €.

–> Fermé de mi-janv. à mi-fév.

L'Albiousse

Un bel hôtel particulier du centre historique d'Uzès, fondé au XVIe siècle sur des vestiges XVe, puis remanié au XVIIIe…

Alexis et Gwilym ont entrepris le colossal travail de remise en état et de mise à leur manière qui magnifie à la fois la beauté des matériaux du passé et la magie des mises en scène d'aujourd'hui autour d'un monumental escalier aux pierres séculaires. Dans les quatre chambres : toujours un coin sombre en tête de lit pour le repos en écho d'un mur clair qui lui fait face. Ainsi vont les jours et les nuits de la « 001 », posée sur des carreaux noir et gris-bleu. Au mur aubergine braisée du chevet répond un mur mastic au lever. Sur le lit, ici, un plaid en patchwork de tweed et puis des soieries kimono qui reviennent en leitmotiv dans chacune des chambres. La chambre « 102 » est en duo de gris perle et de gris kaki. À chaque étage, une suite précédée d'un patio suspendu, dans les effluves d'un jasmin naissant. Tonalités herbes de Provence et ivoire pour la « 201 ». Charme provençal pour la « 202 » entre ses murs couleurs de sable gris et bleu électrique. Une grande bergère contemporaine couleur de fumée s'est allongée devant la cheminée d'un salon en ogives. Lui fait face la salle à manger aux pierres d'Uzès où les propriétaires, qui dans une autre vie furent restaurateurs à Paris, régalent leurs hôtes.

Coup de cœur :

Le mariage osé et parfaitement dosé entre hôtel particulier XVIe et fantaisie d'aujourd'hui.

Bonnes idées :

À deux pas de la place aux Herbes. Jardin médiéval, duché et tour Fénestrel.

Plan p. 16, B3
Gard
• Élisabeth Lallemand
31, rue Petite Bourgade – 30700 Uzès
Tél. 04 66 22 71 10 et 06 21 64 37 35
info@lamaisondelabourgade.com
www.lamaisondelabourgade.com

• 4 chambres : 90-125 € selon la saison.
Bassin (baignade).

–> Ouvert toute l'année.

La Maison de la Bourgade

Ils avaient acheté cette maison pour l'amour d'Uzès et pour les vacances...

Jean-François et Élisabeth sont nés en Afrique noire pour l'un, en Tunisie pour l'autre. Ils se sont mariés à Uzès et, après une vie en Côte d'Ivoire, sont revenus à ce duché, complice de leurs amours. Dans une rue de la vieille ville, ils ont trouvé leur nid entre les bras d'un mûrier de Chine qui fait le beau au jardin, où une piscine s'est lovée dans l'ombre d'un ancien mazet. Des fleurs fraîches partout, mélangées à des couronnes de fleurs séchées, des tables juponnées où s'exposent timbales en argenterie et clichés de famille : le grand salon ouvert aux hôtes exprime l'élégance intemporelle d'une atmosphère bourgeoise. Sur la cheminée, un dessin représente une jeune femme peule à la beauté fulgurante. Dans les étages, les chambres ont conservé le nom des enfants qui les habitaient avant de prendre leur envol. Celle de Thomas, aux tonalités blanche et gris perle, possède un balcon sur le jardin et moult peintures africaines dont un tableau d'Issak peint au Nescafé et à la fibre de tapas. La chambre de Julie est habillée de boutis au goût de fruits des bois. Dans le cadre d'une maison mitoyenne, on grimpe dans la chambre d'Émilie au long d'un vieil escalier de pierre au bas flanc violet. Lit au reflet gris-vert, boutis pivoine et rideaux aériens, couleur de mûre, lui confèrent un air romantique en diable. Au second étage, la chambre de Florence, s'épanouit entre une magnifique cheminée frappée de la coquille des pèlerins de Saint-Jacques et une commode XVIIIe siècle au bleu brûlé.

Coup de cœur :

Cette atmosphère intemporelle de la bourgeoisie provençale associée à la fantaisie et aux créations d'artistes africains.

Bonnes idées :

La visite de la vieille ville, de ses ruelles secrètes.
La place du marché aux Herbes le merc. matin.

Plan p. 16, B3
Gard

• *Olivier et Karine Punti*
Hameau de Gattigues – 30700 Aigaliers
Tél. 04 66 03 10 04 – bookingsardines@gmail.com
www.les-sardines.com

• *Chambre « Rose » : 110 €.*
Chambres « Verte » et « Bleue » : 115 €.
Appartement : 850 € la sem.
« Maisonnette » : 800 € la sem.
Possibilité de louer toute la maison pour 15 pers., sur demande. Piscine. Patio ombragé.

–> Ouvert toute l'année sur résa.

Les Sardines aux Yeux Bleus

Les sardines et les cigales...

Et pourquoi ce nom ? Et pourquoi pas ? La réponse ayant pu clouer le bec à Monsieur de La Fontaine *himself*. Je me suis contentée d'explorer cette ancienne ferme du XIIIe siècle remodelée à la façon d'Olivier, de Karine et de leurs enfants, Niels et Clémentine. Et je me suis dit que si ces « sardines »-là avaient les yeux bleus, c'était de bleu gustavien qu'il s'agissait... Normal, Karine est d'origine suédoise. De gustavien, elles en avaient l'atmosphère où prédominaient aussi le rose du genre « boutons de roses à peine écloses », pivoine et même groseille... à maquereaux (c'était trop tentant !) sur les anges du paravent d'une chambre où « l'Amour et l'Innocence » – illustration soigneusement arrachée d'un livre broché – se pavanaient pour faire pendant au trumeau de la cheminée en marbre gris. J'ai aimé la poésie de campagne sudiste qui s'exprimait là avec des bleus plus pervenche que lavande, des envolées de gazes aux fenêtres. Dans la salle des petits déjeuners, c'était bric, broc, tonalités de dragées et vaisselle dépareillée. Sol rouge en pavés paysans vernissés et tons de vieux rose pour une autre alcôve, de vert amande au soubassement couleur de poivron, sous les poutres à vif de sa voisine. Un escalier vertigineux desservait un appartement au style de bergère gardoise, salle d'eau en béton lissé et rigole de galets. Les « cigales », ayant économisé quelques sous pour s'offrir ce havre de paix au cœur de l'été, stridulaient sous la tonnelle de vigne, entre les treilles de roses et de jasmin...

Coup de cœur :
« Chabichic », comme disent les anglais... Bohème et super sympa.

Bonnes idées :
Explorer le jardin de la garrigue autour du pont du Gard. Le musée du Bonbon.

Plan p. 16, B3
Gard

• *Isa et Philippe Lichtenthurn*
6, rue des Barris – 30126 Saint-Laurent-des-Arbres
Tél. 04 66 39 99 84
maison.felisa@gmail.com
www.maison-felisa.com

• *5 chambres : 125-165 € selon le standing.*
Table d'hôtes (ven. et sam.) : 32 €, hors boissons.
Piscine. Massages : 70 et 80 €.

–> Ouvert toute l'année.

La Maison Felisa

Épure et bien-être sous les ciels de Provence…

Originaires de Suisse, Philippe et Isa, passionnés d'aromathérapie, après avoir beaucoup voyagé en Asie, ont posé leurs valises dans une maison de village appuyée sur les remparts de l'ancienne cité médiévale. Entre les grands murs épais qui maintiennent naturellement la fraîcheur en été et engrangent la chaleur en hiver, ils ont installé un univers atypique. Chez eux, l'idée de chambres d'hôtes est venue se greffer sur celle du bien-être, et non l'inverse. Pour preuve, cette libre circulation dans le vaste volume de l'ancien cuvier, dont ils ont conservé les structures métalliques et qu'ils ont transformé en cuisine et en salon contemporain. Y trône toujours l'ancienne poulie à moudre le raisin. L'espace massages est dissimulé par de grandes tentures blanches. Cette harmonie entre matériaux bruts et sérénité débouche sur le jardin, ses îlots de pierre et de verdure aménagés pour la sieste. À l'étage, un long couloir au sol en béton ivoire et aux murs aux tonalités provençales dessert de vastes chambres contemporaines, dont deux ouvertes en terrasses. De superbes photos contemporaines animent les murs. Partout des draps en lin et, pour les plus courageux, yoga le matin… à 8 h 30.

Coup de cœur :
Une cohabitation insolite entre matériaux bruts et sérénité.

Bonnes idées :
L'église et le donjon du village, celui de Saint-Victor-la-Coste, dominé par les ruines du château de Castella, et son église fortifiée au milieu du vignoble.

La Maison

Plan p. 16, B3

Gard

• Christian Vaurie
Place de l'Église – 30700 Blauzac
Tél. 04 66 81 25 15
lamaisondeblauzac@wanadoo.fr
www.chambres-provence.com

• 4 chambres : 120-205 €.
Lit suppl. : 15 €.
Piscine.

–> Fermé 15 nov.-15 mars.

Accrochée à un grand jardin qui regarde vibrer l'été au-dessus du vignoble du duché d'Uzès...

... cette maison de village du XVIIIe siècle a conquis les rêves conjugués d'une vie plus au sud de ces deux Tourangeaux. La Maison mélange les influences campagnardes, exotiques, baroques, médiévales et gothiques. Les salles de bains sont aussi vastes et belles que les chambres. Pour elles, les propriétaires ont osé des alliances audacieuses entre draps brodés rapiécés et tissus soyeux, patchworks de rideaux ficelle-coquelicot ou jaune poussin et boutis prune, groseille ou cyprès. Des fontaines à eau suspendues, en tôle laquée turquoise ou rose bonbon, courtisent de somptueuses terres cuites. Des bancs d'étable conversent avec des meubles importés de Java et de Sumatra. On y découvre aussi des plafonds au ton très spécial de rose corset. Dans la bibliothèque, les petits déjeuners sont servis sur une longue table éclairée de lanternes suspendues à un ancien égouttoir à vaisselle...

Coup de cœur :

Des luminaires confectionnés à partir de moules à gâteaux et d'assiettes de brocante.

Bonnes idées :

Le pont du Gard, Nîmes, la vallée de la Cèze.

Plan p. 16, B3
Gard

• Florence Leclerc
Chemin des Écoliers – 30350 Mauressargues
Tél. 04 66 83 47 50
lecoingdesvignes@orange.fr
www.lecoingdesvignes.com

• 3 chambres : 95 € BS, 110 € HS. Lit suppl. : 25 €.
Table d'hôtes : 28 €.
Piscine.

–> Ouvert toute l'année.

Le Coing des Vignes

Un ancienne maison de vignerons du XVIIIe s...

Dont l'opulence devait être certaine si l'on en juge par l'énorme foudre, réaménagé en bar, qui trône au salon, et par le timon de charrette qui couronne la grande baie vitrée de l'ancienne grange. La salle à manger a été installée dans un cadre de pierres à vif. Géométrie variable pour ses grandes tables – trapèze et triangle – en verre feuilleté, entourées de chaises haut perchées, réalisées par un artisan d'origine marocaine, installé à Montpellier. Sièges architecturés à l'assise rouge groseille en harmonie avec les verres et les accessoires de la table d'hôtes. À l'étage, la mezzanine qui précède les chambres fait à l'occasion fonction de pièce à vivre, idéale pour les petites réunions de famille. Comme des porte-bonheurs assuré, les fers à cheval retrouvés dans la propriété ponctuent chacune des chambres hébergées dans les anciens greniers. Un fer pour la « Framboise » aux couleurs des petits fruits de l'été. Deux fers pour « l'Ardoise » aux belles dalles noires et brutes de la salle de bains. Trois fers pour « Vanille » qui, immanquablement, s'est associé au chocolat pour créer un décor en harmonie. Quant à ce « coing »-là, c'est tout simplement un jeu de mot entre le coin du village où se trouve la maison et les coings du verger. Naturellement, il y a souvent tajine aux coings à la table d'hôtes. Et, vous ne couperez pas à la gelée de coings au petit déjeuner !

Coup de cœur :

La chambre « Ardoise », imaginée à partir de la couleur des pierres des murs décroûtés et du jeté de lit rehaussé de coussins turquoise.

Bonnes idées :

La bambouseraie d'Anduze, le pont du Gard, Sommières, le parc aquatique de la Bouscarasse avec les enfants.

Plan p. 16, B3

Gard

• *Lætitia et Philippe Rissetto*
36, rue du Castelas – 30260 Liouc
Tél. 04 66 77 43 12
uncoeurtresnature@wanadoo.fr
www.uncoeurtresnature.com

• *Chambre : 75 € la nuitée (50 € à partir de la 2e nuit).*
2 suites : 150 € (110 € à partir de la 2e nuit).
Minibar. Terrasse. Parking.

–> Ouvert toute l'année.

Un Cœur Très Nature

Pour un cœur en Provence...

Comment ne pas évoquer la Provence au berceau de ce village, l'un des plus anciens du Gard, noyé dans la garrigue qui s'invite jusque dans l'ancienne bergerie-magnanerie. Six années de travaux ont été nécessaires à Lætitia, enfant du pays, et à son mari pour composer un univers plein de poésie et de légèreté, comme un autrefois rêvé, où l'expression « c'était mieux avant » pourrait prendre tout son sens ! Car c'est à l'éloge du passé que nous convie cette demeure en jouant sur le registre de la modestie très étudiée... Ça commence avec le choix des matériaux, carrément sublimes, telles ces tommettes de récupération, ces portes neuves qui semblent centenaires ! Ça se poursuit avec ces vieilles cages à grives, ces volières emmêlées de lierre. La fantaisie s'en mêle avec les bougeoirs en forme de cœurs, les lustres et les armoires couronnées de buis. Lætitia excelle dans l'art des patines qui impriment à son décor des couleurs sourdes en harmonie avec celles du lin, du zinc, du fer rouillé. Ajoutez-y des tonalités olive et violine et des alliances heureuses, comme ce boutis au ton de mûres déjà confiturées, associé à un boutis fleuri. À vous d'y apporter votre atout... Cœur !

Coups de cœur :

Tout, et surtout l'amusante composition en forme de gouttes de miel et d'abeilles récupérée dans un décor d'une boutique de l'Occitane.

Bonnes idées :

Le village de Sauve, sa fabrique de fourches en micocoulier, cet arbre de Provence. Et la mer de Rochers.

La Mazade

Plan p. 16, B3
Gard

• *Éliette Couston*
12, rue de la Mazade – 30730 Saint-Mamert-du-Gard
Tél. 04 66 81 17 56
couston.eliette@yahoo.fr
www.lamazade.fr

• *3 chambres : 65-70 €.*
Lit suppl. : 20 €.
Table d'hôtes : 25 €.
Grand jardin avec expositions de sculptures. Parking.

–> Ouvert toute l'année.

Derrière la simplicité de cette maison de village…

… et derrière sa façade, la Mazade abrite des trésors d'imagination et d'artisanat contemporain. Le mobilier d'un designer, connu mais timide, cohabite avec de drôles d'objets industriels réinterprétés, tel cet escalier en tôle vieilli qui s'est trouvé un avenir, ou ce vestiaire d'usine des années 50 à la patine verdâtre, volontairement laissé dans la réalité de son histoire. Des rideaux en laine, des matériaux cévenols, un peu d'art nègre, un peu de récup', des sculptures d'artistes, tout trouve sa place dans cette demeure où les volumes ont été reconsidérés afin de faire pénétrer la lumière à profusion. Un petit gîte, art brut et campagne, héberge au fond du parc une salle de bains balinaise où les papyrus poussent devant la douche, offerte au regard d'une auge en pierre couleur amande. Ajoutez à cet ensemble insolite les talents culinaires d'Éliette, passionnée de cuisine aux herbes et aux épices.

Coup de cœur :
Les objets et le mobilier industriel détourné.

Bonnes idées :
Nîmes et la Maison carrée, la ville médiévale de Sommières, Anduze…

Plan p. 16, B3
Hérault

• Emmanuelle et Frédéric Passet
3105, chemin Les Mougères – 34160 Galargues
Tél. 04 67 92 41 44 et 06 80 84 19 80
contact@bergeriedefontbonne.com
www.bergeriedefontbonne.com

• 3 chambres : 135 € en BS, 150 € en HS.
Petit déjeuner : 15 €. Repas assuré par
La Rose Blanche (Boisseron) : 40 €.
Piscine. Massage aux pierres chaudes. Cours de yoga.

–> Ouvert toute l'année.

La Bergerie de Fontbonne

La bergerie de Marie-Antoinette réinventée…

Couleurs Ladurée et utopies rousseauistes. C'est à un rêve éveillé que vous convient Emmanuelle et Frédéric entre les murs de leur bergerie du XVIIe ouverte sur la garrigue et les vignes. Dans ces immenses volumes au sol de terre battue où jadis étaient hébergés plus de 700 moutons, on découvre une enfilade de salons établis sur les excavations du terrain. *Exit* le rustique, bienvenue au mobilier de style, aux bergères, aux cabriolets et aux glaces dorées. L'esprit des lieux a été respecté puisque, d'emblée, on a envie d'actionner la machine à remonter le temps pour voir arriver la reine Marie-Antoinette en villégiature, qui aurait migré de la bergerie de Versailles à celle de Fontbonne. Le berger d'hier aurait, lui, par contre, beaucoup de mal à retrouver ses moutons avant de s'endormir entre banquette et sièges à capitons sous des boutis moelleux et fleuris. Aujourd'hui, la reine comme le berger regarderaient la télé sur écran plat, s'émerveilleraient des placards si bien aménagés entre des murs veloutés à la chaux. Ils se laveraient dans des baignoires à l'ancienne extrêmement raffinées, se laisseraient aller à la douceur d'un peignoir douillet comme une toison de mouton, savoureraient chocolats et calissons proposés à discrétion. Et puis ils refermeraient les lourds rideaux aux soieries généreuses sur des atmosphères délicieuses. Ne resterait plus qu'à compter… les moutons.

Coups de cœur :
Le décor, raffiné à l'extrême, en immersion totale dans les vignes et la garrigue. L'accueil.

Bonnes idées :
Le chemin des Verriers, la toute nouvelle halle du Verre à Claret.

Plan p. 16, B3

Hérault

• 5, rue Canabasserie – 34120 Pézenas
Tél. 04 67 01 56 09 et 06 07 23 05 37
le5pezenas@gmail.com
http://sites.google.com/site/le5gallerypezenas

• 1 chambre : 120 €. Lit suppl. : 30 €.
Restaurant-lounge sur place : 10-20 € pour un plat.

–> Restaurant ouvert 1er mars-31 oct. ; chambre ouverte toute l'année.

Le 5

La mémoire des pierres…

Carlos et Anja se sont installés au cœur de la cité historique dans une maison fortifiée, face à la butte du château. Après avoir ouvert, dans les caves voûtées de la demeure, un café-resto-lounge bar et une galerie d'art qui fait appel aux cinq sens, ils ont créé une suite d'hôtes dans les étages. Des mois de travail ont été nécessaires pour remettre la pierre dans sa médiévalité. Les poutres, les meneaux intérieurs qui dessinent de jolies perspectives ont été remis à nu, les vieilles barres des sols, décapées. La chambre a pu s'installer à l'aise dans ses fondus d'ivoire et de vert platane. Un fauteuil Knoll en cuir cigare cohabite avec un lampadaire au duo de chapeaux inspirés de ceux des rizières vietnamiennes. Des toiles de jute pendent aux fenêtres, des lazures dorées, argentées, d'aspect chromé, font leur petit effet. Trois ou quatre fleurs d'ail dans un vase effilé, et le tour est joué ! À la nuit tombée, quand s'allume le clocher de Saint-Jean, on est au septième ciel !

Coups de cœur :
La beauté nue des lieux. Ce côté épuré qui sied à la médiévalité. L'accueil.

Bonnes idées :
Visite des beaux hôtels particuliers de Pézenas. Hanter les boutiques des brocanteurs et des antiquaires dans ce qui est en passe de devenir le pendant languedocien de L'Isle-sur-la-Sorgue.

Plan p. 16, B3
Hérault

• Francis et Claudine Barbut
135, chemin de Cambelliers – 34140 Bouzigues
Tél. 04 67 51 34 27 et 06 70 38 43 63
francisbarbut@orange.fr
www.myspace.com/chambresdhotesbouzigues34

• 2 chambres : 90 €.
Bassin de natation. Massages relaxants : 40 €/h.

–> Ouvert toute l'année.

My Home

Loft sur pilotis very arty !

Francis, originaire des Cévennes, et Claudine, de Toulouse, ont longtemps vécu à Bordeaux. Ils sont arrivés à Bouzigues pour se rapprocher de leurs enfants et petits-enfants. Mais comme ce sont des grands-parents résolument dans le vent, tous deux peintres, férus d'art contemporain, de design et d'architecture, ils ont très vite caressé le rêve d'une maison atypique. Le fils d'un de leurs amis, architecte, qui avait fait ses preuves à New-York, les a aidés à concrétiser leur projet. Et voilà, désormais, ce grand loft de 240 m^2, tout acier, noir, blanc et argent, du sol au plafond, du mobilier aux accessoires, qui se dresse fièrement face au parc à huîtres de la lagune de Thau. Autant le dire franchement, ni la route d'accès, ni les parpaings à nu des maisons environnantes ne sont emballants, mais surtout, ne rebroussez pas chemin, car une fois entré dans My Home, c'est carrément canon ! Cette vue qui efface toutes les imperfections des alentours, cette longue terrasse et ce bassin de natation allongé sur un deck suspendu, ces portes galvanisées qui s'ouvrent sur les intimités colorées de deux chambres – avec vue ! L'une, noir, zinc et argent, avec des tableaux qui reprennent l'un des codes couleur du lieu : l'orange. L'autre : ivoire et chocolat. Les coussins brillent, les énormes bouquets de lys répandent leur effluve sucrée dans toute cette maison-galerie d'hôtes ouverte aux autres. La nuit, c'est encore plus beau quand les lumières s'allument sur la lagune et le Mont Saint-Clair.

Coup de cœur :

Une maison qui va dérouter les traditionalistes et emballer les autres. Bravo !

Bonnes idées :

Aller pêcher sur l'étang de Thau, mecque des coquillages. Le cimetière marin sur le Mont Saint-Clair, où repose Paul Valéry. Le cimetière Le Py où repose Brassens aux côtés de « Püppen » à qui il eut « l'honneur de ne pas demander la main »...

Plan p. 16, B3
Hérault

• Bruno Saurel
Route de Pézenas – 34500 Béziers
Tél. 04 67 39 31 81
contact@leclosdemaussanne.com
www.leclosdemaussanne.com

• 4 chambres : 125 €. Suite : 160 €.
Le restaurant gastronomique est ouvert à tous (capacité max. : 30 pers.).
Menus : 28 et 45 €.
Piscine.

–> Ouvert toute l'année.

Le Clos de Maussanne

Un ancien couvent du XVIIIe siècle...

Après la cave à vins, Bruno Saurel récidive. Si, en son entrepôt de Villeneuve-les-Béziers, il cultivait l'art de recevoir dans un esprit sudiste, frotté de soleil et de tonalités épicées, voici que « son entrée » au couvent semble avoir assagi cet homme toujours en mouvement. Au moins côté couleurs, car pour ce qui est des volumes, ils sont diamétralement opposés à ceux du caveau où il avait dû grignoter les espaces pour installer ses alcôves. Ici, tout est vaste, presque démesuré, épuré. Depuis les chambres aux tons sobres de blanc, d'ivoire, de châtaigne et d'orangé jusqu'à la phénoménale suite en mezzanine où les hôtes pourront s'offrir des repas en amoureux dans l'immense salon ou sur la terrasse avec vue sur les vignes et le potager du domaine. Volumes et lumières sont le leitmotiv de cette nouvelle propriété, démantelée à la Révolution et qui appartenait jusqu'alors à un domaine viticole. Mes coups de cœur sont allés autant à la cuisine élégante et raffinée du jeune chef Éric Carpentier, qu'aux tableaux, tantôt orientalistes, tantôt néoréalistes d'Élisabeth Baysset, une artiste à découvrir absolument. Bravo à tous les deux, à Bruno et à son équipe pour cet enchantement de tous les sens, autant côté jardin que côté cour, lorsque les lueurs du soir dorent le vignoble qui s'envole vers les silhouettes de la montagne Noire découpant l'horizon.

Coups de cœur :

L'accueil de Bruno, la table d'Éric Carpentier, les tableaux d'Élisabeth.

Bonnes idées :

Une excursion à Pézenas dans les pas de Molière, une autre en roue libre dans le vignoble.
Et puis, la plage qui n'est pas bien loin.

Plan p. 16, A3
Aude

• *Pascal et Myriam Chauvin*
28, rue du Canal – Écluse d'Herminis
11090 Carcassonne
Tél. 06 16 46 28 67 – info@mirage-hotes.fr
www.mirage-hotes.fr

• *3 chambres : 106 €.*
Nombreuses formules. Hors saison, formule pour les vététistes (sur demande) incluant un repas avec cassoulet sur la péniche (30 €).
Possibilité de croisière en pension complète pour 2 nuits : 490 €/pers. (pour 4 pers.).
Repas dans le restaurant de la maison éclusière voisine.

–> Ouvert 1er avr.-30 oct.

La Péniche Mirage

Clin d'œil à l'eau, clin d'œil à l'air…

Pascal, pilote de Mirage 2000 dans l'Armée de l'air, avait envie de se… poser ! Jeune retraité, il a atterri sur les berges du canal du Midi par hasard. L'idée lui était venue d'aménager une péniche en chambre d'hôtes après être tombé un jour nez à nez avec la Soleïado ancrée aux portes de Toulouse. Deux années de recherche plus tard, une belle céréalière l'attendait sur le canal de Bourgogne. D'un canal à l'autre, il la rapatrie dans l'Aude, où elle avait fait ses premières brasses, exploitée huit ans durant par des mariniers. Trois ans de restauration ont été nécessaires à Pascal et Myriam pour que la vieille dame se refasse une beauté et ouvre son large espace – salon, cuisine, salle à manger – à des hôtes de passage. Élégante avec ça, elle a poussé la coquetterie jusqu'à aménager trois chambres d'hôtes dans un esprit « désert ». Très chic et bois, « Touareg » a installé son grand lit au boutis sable, coussins turquoise et chèche assorti, face à un tableau de mirage. Une spacieuse salle d'eau s'est posée sur un parquet en merbeau. Tons de dunes plus abricot, pour « Sahara » au jeté de lit ébène et coussins couleur café, aux tableaux de villages africains du lac de Djibouti, photographiés d'en haut par les escadrons de chasse. Dans ses tons de parme, « Oasis », l'ancienne cabine du matelot, est nettement plus douillette qu'à son époque. Avec baignoire, s'il vous plaît !

Coup de cœur :
Élégante et racée.

Bonnes idées :
Canoë sur le bief de 1,3 km à l'affût des ragondins et des visons américains qui se disputent leurs proies avec quelque renard. La formule « Comète » incluant un survol des châteaux cathares en avion biplan.

Plan p. 16, A3
Aude

• *Gayle et Frédéric Morvan*
12 bis, avenue du Cabardès – 11610 Ventenac-Cabardès
Tél. 04 68 79 19 73
info@relais-de-ventenac.com
www.relais-de-ventenac.com

• *5 chambres : 80-100 € en BS, 100-120 € en HS.*
Dégustation de vins.
Piscine, jeux pour enfants. Écrans plats, lecteurs DVD.

–> Ouvert toute l'année.

Le Relais de Ventenac

Espace, épure et élégance…

La lumière tombe en nuées sur le bouquet de branches et de marguerites orange. L'immense verrière du toit, gagnée sur l'espace de la charpente, rehausse la blancheur laiteuse des murs décroûtés, les dallages des sols en pierres reconstituées. Élégance à l'italienne et grands espaces au chic contemporain, à la déco venue de Hollande. L'ancienne cave coopérative du village, abandonnée depuis 25 ans, a retrouvé un second souffle sous l'impulsion de ce jeune couple franco-anglais qui a réaménagé sa vie dans la campagne audoise pour voir grandir ses enfants. En hommage au passé, ils ont donné à leurs chambres le nom de cépages emblématiques du terroir français. « Merlot » et « Cabernet », qui se font pendant, se sont parées de tons de terre et de lin, rehaussés de plaids orange et sable. Commode ventrue noire pour l'une, coussins à sequins et tapis laineux, couleur mouton, pour sa voisine. Il y a une vraie unité, du rez-de-chaussée à l'étage que l'on gagne par un magnifique escalier à la rampe en acier brossé. Là encore, les chambres sont établies sur de grandes dalles blanches. Malle sellier et tissus grenat pour « Grenache ». « Syrah » joue sur un registre romantique en turquoise et fleurs chocolat, escortée d'une méridienne au plaid myrtille posé sur un tapis méché. Superbes atours vert anis appuyés sur une tête de lit vert sapin qui sépare la chambre de la salle de bains ouverte pour « Muscat » aux lustres aériens vert cèdre et aux vasques en verre vert.

Coups de cœur :

On respire, dans ces espaces lumineux. L'élégance du décor, du mobilier, des tissus, des accessoires.

Bonnes idées :

Les ruines de Lastours, le plus proche des châteaux cathares. Montolieu, village du livre.

Plan p. 16, A3
Aude

• Monique et Paul-André Glorieux
8, allée du Parc – 11170 Moussoulens
Tél. 04 68 24 46 30 et 06 61 94 69 99
info@larougeanne.com
www.larougeanne.com

• 5 chambres : 80-100 € selon le standing.
Lit suppl. : 30 €.
Piscine.

–> Ouvert toute l'année.

La Rougeanne

Entre « Jasmin » et « Acanthe », mon cœur balance.

À l'aube d'une nouvelle vie, un couple de Parisiens rêvait de soleil et d'accueil. Ils cherchaient une grande maison pour y loger leur famille. La Rougeanne, abandonnée depuis une cinquantaine d'années, les attendait. Tout était à revoir. Heureusement, la maison n'avait pas subi de mauvaises transformations. Seule la façade avait été modifiée dans les années 30 au profit de bow-windows qui faisaient pénétrer la lumière. Le magnifique éventail des carreaux de ciment d'époque a pu être préservé. Les grandes terrasses ouvertes sur le paysage de vignes existaient. Monique et Paul-André en ont créé une autre, orientée plein sur les toits, pour voir les Pyrénées. C'est tout bénéfice pour les hôtes de la chambre « Olivier » au décor romantique. Trois chambres familiales disposent d'une mezzanine pour accueillir couples et enfants. « Tommette » qui a joliment revisité son mobilier de famille et posé de beaux livres brochés au ton de vert cèdre sur fond de murs vanille, « Verveine », plus traditionnelle. Mes préférées se nomment « Acanthe » et « Jasmin ». « Acanthe » : ton de gris zinc, auréolée d'un ravissant tableau de roses épanouies. « Jasmin » : bouquet de parfums en son salon de bains, dissimulé au regard par un paravent de roses cassis, assorti à la tête de lit. Délicieuse avec son petit canapé cadré de boules de buis. Elles se partagent l'intimité d'un jardin blanc où bruisse une fontaine moussue.

Coups de cœur :

Les chambres « Jasmin » et « Acanthe », la possibilité d'un petit déjeuner au salon bleuté, inondé de lumière, en terrasse ou dans le cadre d'une orangerie laissée dans le jus de son âge.

Bonnes idées :

L'abbaye de Saint-Papoul au pied de la Montagne noire. Les châteaux de Lastours.

Plan p. 16, A3
Aude

• *Gérald et Nathalie Garcia*
Hostellerie du Château de la Pomarède
11400 La Pomarède
Tél. 04 68 60 49 69
hostellerie-lapomarede@wanadoo.fr
www.hostellerie-lapomarede.fr

• *14 chambres : 110-250 € selon la saison.*
Petit déjeuner : 18 €.
Menus gastronomiques à l'Hostellerie du Château de la Pomarède : à partir de 24 € à midi, sinon à partir de 43 € ; carte.
Piscine panoramique.

–> Ouvert toute l'année.

Le Presbytère de la Pomarède

À l'écart de tous les a priori...

Si Gérald Garcia – 1 étoile au Michelin – a été nourri au lait de la gastronomie auprès de son papa, restaurateur à Toulouse, auquel il dédie sa carte, on peut affirmer que côté déco, le personnage a bien du talent également... Avec son épouse Nathalie, ces deux-là constituent une équipe choc et charme. Leur dernière acquisition : l'ancien presbytère, au pied des remparts du château cathare, ouvre sur une cour que picore une poulaille en métal, plus vraie que nature ! Quatorze chambres aux atmosphères insolites ont trouvé leurs aises sous les combles et dans les communs ouverts en rez-de-jardin. Si la première, posée sur une dalle en béton, est relativement sobre entre ses bougeoirs en bois sculptés et ses éclairages distribués par Habitat, la seconde – ma préférée – également accessible aux handicapés, est la plus décalée des « bergeries » avec cette photo numérique de Paulo Garat appliquée sur une bâche épousant tout le pan de mur en tête de lit. Un lampadaire industriel y éclaire un présentoir à journaux rouillé en guise de table de chevet. La chambre « Retour du Temps » cultive le style années 30 réactualisé. Vous y serez accueilli par un bouledogue faisant du scooter. Un triptyque de glaces, façon Orient-Express, démultiplie l'espace. Une baignoire à l'ancienne ultra-contemporaine brouille les repères.

« Ibiza » est plus sereine dans sa blancheur virginale, proposée sur deux étages desservis par un escalier aux marches de ciment brut blanchies. Lit blanc sur béton blanc. Le couloir de l'ancien presbytère est garni de bougeoirs mercurisés. À l'étage « Don Camillo » s'est invitée dans un décor au violet épiscopal, ponctué d'ostensoirs soleil. Le vitrail d'origine qui éclaire la sacristie, toujours en fonction, a été pieusement conservé. Lui fait pendant la chambre « Résurrection », ornée d'une grande croix anachronique et disposant d'une longue terrasse de 35 m² d'où les esprits s'envolent sur la campagne environnante. Reste « Sainte Nitouche », aux faux airs de France Gall quand elle chantait *Les Sucettes à l'Anis*...

Coups de cœur :

La fantaisie, l'audace des décors.

Ma chambre préférée : « Bergerie ».

Bonnes idées :

Visite du musée de l'Abbaye de Sorèze, dans le Tarn voisin, ancienne école militaire où furent accueillis nombre de noms célèbres du show-bizz et de la politique, où le père Lacordaire révolutionna l'enseignement. Le moulin de Cugarel, seul survivant des moulins de Castelnaudary.

Plan p. 16, B4

Pyrénées-Orientales

• Martine et Bernard Carbonnell
66700 Argelès-sur-Mer
Tél. 04 68 81 25 70
contact@chateau-valmy.com
www.chateau-valmy.com

• 5 chambres : 160-320 € en BS, 190-370 € en HS. Piscine. Jacuzzi. Caves. Parc, vignoble.

–> Fermé déc.-mars.

Le Château Valmy

Au pied des Albères, les vignes coulent à la mer…

… Surgit de la végétation méditerranéenne la silhouette inattendue d'un château blanc qui contemple ses domaines. Une folie, direz-vous ? Elle fut édifiée par un architecte danois à la fin du XIXe siècle. Suivront d'autres folies : celle d'un homme du XXIe siècle plantant ses pieds dans les traces de son grand-père. Trois quarts de siècle plus tôt, celui-ci avait sauvé une propriété qui s'étiolait. Aujourd'hui, Valmy revit : sa vigne, ses vins et son château. Tellement haut et tellement vaste que la famille s'est partagé les étages, aménageant le rez-de-jardin en spacieux salons de réception où le mobilier design cohabite avec les carreaux de ciment, les cheminées en marbre, les vitraux et les grands tableaux d'origine. Cinq chambres se sont offert le troisième étage où l'architecte Alain Marty a astucieusement aménagé les immenses volumes. Résine, bois de chêne et jeux de lumières. Les chambres jouent la magie des couleurs : blanche ou multicolore, bleu électrique ou violet profond, orange intense ou vert rhubarbe. Toutes avec des échappées belles sur la mer et les Albères, bénéficiant du gigantisme ostentatoire d'une époque où l'espace n'était pas compté !

Coup de cœur :

Le long couloir de natation de 25 m en granit qui joue avec les lumières du jour.

Bonnes idées :

Dégustation des vins du domaine. Les plages de la Côte vermeille, le parcours des Fauves à Collioure.

Plan p. 16, B4

Pyrénées-Orientales

• Route de Collioure
La Corniche – 66700 Argelès-sur-Mer
Tél. 04 68 81 14 73
hotel.dugolfe@wanadoo.fr
www.hoteldugolfe-argeles.com

• 36 chambres : 75-140 € selon le standing et la saison.
Lit suppl. : 15 € (enfant), 30 € (adulte).
Petit déjeuner : 10-12 €.
Petite restauration sur place.
Piscine.

–> Fermé du 1er nov. aux vacances de Pâques.

Grand Hôtel du Golfe

Bienvenue chez la femme TGV...

Artiste, catalane, vigneronne, et désormais hôtelière, elle a réhabilité et recadré en quatre mois de travaux intensifs le vieil hôtel années 70 qui gisait face à la mer sur la corniche d'Argelès. Marie, c'est un peu la « femme TGV »... D'ailleurs une ligne de chemin de fer – peu fréquentée – sépare son établissement de la mer. L'auteur de « Mouvements » et des « Variations Dogmatiques » a de l'énergie à revendre, manageant dans le même temps son hôtel, ses vendanges, servant un verre au bar d'une main, donnant la clé de sa chambre à un client pressé d'une autre, parlant à la journaliste – moi, en l'occurrence – qui déboule sans crier gare en plein « coup de feu » ! Le portable sonne. Demain, c'est la rentrée des classes. Artiste, chef d'entreprise et maman à plein temps, c'est du boulot à... triple temps ! Mais, la belle a le sourire chevillé aux lèvres et les yeux qui pétillent lorsqu'elle vous fait visiter sa dernière « œuvre » : 36 chambres vue mer, moquette anthracite, lits blancs, rideaux gris, plaids turquoise, fuschia, orange, avec partout des coussins anis, sa marque de fabrique. Luminaires design, lignes épurées, écrans plats : du zen pour mieux faire chanter les couleurs !

Coups de cœur :

Un hôtel atypique à l'image de sa propriétaire. Le salon qui, d'entrée, donne le ton du design de l'établissement. Les couvertures de Paris-Match *années 70.*

Bonnes idées :

Plage du Racou et crique à deux pas.
Collioure, Banyuls, l'itinéraire Maillol.

Les Buis

Plan p. 16, A4
Pyrénées-Orientales

• *Patricia Querrien*
37, rue Carnot – 66130 Ille-sur-Têt
Tél. 04 68 84 27 67
mquerrien@wanadoo.fr
www.lesbuis.com

• *4 chambres : 75-95 €.*
Lit suppl. : 25 €.
Piscine. Brocante intégrée et installée dans un ancien cabinet… d'aisance !

–> *Fermé 1er oct.-31 mars.*

La demeure ayant une ossature et une prestance magnifiques, ses nouveaux propriétaires décidèrent de lui conserver son âme et son style… osant même accentuer son exubérance à grands traits de velours cramoisi, de tonalités framboise, vert anis et vert pin qui lui vont si bien au teint. Et la belle de se mirer dans nombre de glaces dorées, dans la lumière des chandeliers… Patricia, qui adore chiner, s'est laissé charmer par les parures d'église, les vieux chromos, les beaux tableaux. Le carrelage en ciment, les cheminées en marbre ont été pieusement conservés, les fresques en stuc et les boiseries, rafraîchies.

La Tourette

Plan p. 16, A4
Aude

• *Corinne Perrier*
4, passage de la Vierge – 11350 Cucugnan
Tél. 04 68 45 07 39 et 06 09 64 60 47
coco@latourette.eu
www.latourette.eu

• *1 chambre : 100 €. 2 suites : 120-160 €.*
Patio. Jacuzzi.

–> *Ouvert toute l'année.*

Si le « curé de Cucugnan » ressuscitait, il prendrait ses vacances au passage de la Vierge… Un patio discret donne le ton de la maison où Corinne, après une longue carrière dans l'humanitaire, a posé ses valises. D'une enfance africaine, de ses allers-retours en Inde, d'un périple en bateau qui la mena jusqu'en Amérique latine, elle a gardé un goût prononcé pour les tonalités parme ou violette, le mobilier sculpté, les kilims et les saris, les coussins à miroirs, et jusqu'aux paréos pour voiler une baignoire.

Hôtel de la Tour

Plan p. 16, B1
Ain

• Madame Rassion
Place de la République
01400 Châtillon-sur-Chalaronne
Tél. 04 74 55 05 12 – info@hotel-latour.com
www.hotel-latour.com

• 19 chambres : 115-170 €. Petit déjeuner : 8 €.
Demi-pension : 145 €/j./pers.,
boissons comprises.
Piscine. Formule de soins corporels « Clos des Sens », relaxante et dynamisante, et formule golfique incluant 2 parcours.

–> Fermé la sem. précédant Noël.

La même famille depuis trois génération. Cette imposante bâtisse de briques rouges et colombages domine la halle du ravissant village médiéval. Sans rien renier de la tradition d'hospitalité de la famille, la nouvelle génération a épuré les espaces, créé un esprit boutique-hôtel à la maison où les entreprises de déco de la région font leur show. Les dégradés de gris exaltent les patines du mobilier en branches taillées à vif ou cérusées. Les boutis, plaids matelassés, voiles de lin et baignoires anciennes dans les salles de bains. C'est sûr, le petit hôtel familial a magistralement négocié le virage du contemporain. Dans les lueurs parme des bougies et des lustres antiques, assis sur des sièges zèbre, savourez la cuisine créative du chef, aux saveurs de la Bresse et de la Dombes.

Le Clos de la Tour

Plan p. 16, B1
Ain

• Mêmes coordonnées que ci-dessus.

• 15 chambres : 115-160 €. Petit déjeuner : 8 €.
Piscine, parc fleuri, rivière, tennis à proximité.
Formule de soins corporels « Clos des Sens », relaxante et dynamisante, et formule golfique incluant 2 parcours.

–> Fermé la sem. précédant Noël.

Parce qu'il manquait à leur établissement une piscine, un jardin et un espace de relaxation, les propriétaires de l'Hôtel de la Tour ont acquis cette belle demeure cachée au fond d'une rue discrète. Elle s'accorde à merveille à cette dominante rouille qu'on retrouve dans le mobilier d'un jardin où s'éternise l'heure du thé. Rouillure, toujours, et lampions de verre. Grilles d'église, couleur de crypte, bénitiers en bronze : c'est le nouveau gothique qui revisite les espaces. D'antiques escaliers en pierre ne se formalisent pas du voisinage du béton velouté et des parquets qui craquent exprès. Petites attentions exquises : les macarons offerts à l'arrivée, la tarte bressane à l'heure du thé... À croquer, je vous dis !

Plan p. 16, B1
Rhône

• Pascale Deboos et François Haller
1, place du Vieux-Bourg – 69210 Saint-Pierre-la-Palud
Tél. 06 80 35 26 72
pdeboos.lanoue@wanadoo.fr
www.bedandbreakfast-lanoue.com

• 5 chambres : 89-99 €, dégressif dès la 2e nuit. Lit suppl. : 34 €. Table d'hôtes sur résa. : 37 €/pers., boissons comprises. Spa, massages thaï, coréen, ayurvéda ou suédois, réflexologie plantaire sur résa. Stages d'œnologie ouverts aux gens de l'extérieur, une fois par mois. Dégustation de vin. Cours de cuisine.

–> Ouvert toute l'année.

La Noue

Comme ça, on dirait pas...

Et pourtant... Derrière sa façade aux volets bleus mangée de vigne vierge, c'est un cocktail détonnant qui vous attend sous la « noue » – l'intersection de deux toitures – de cette ancienne mairie de village reliée à une bergerie dont la surface initiale a été doublée. Originaire de Lyon, la maîtresse de maison a conservé de ses années en Afrique un goût prononcé pour l'exotisme, ses végétaux et ses lumières. Les chambres « Myrtille » et « Fruit de la Passion » peuvent s'accorder en suite, sous leurs lueurs orientales et argentées. Leurs couleurs sensuelles avivent l'éclat d'un petit meuble en manguier brut, d'un baldaquin colonial posé sur un parquet laqué. Pour agrandir son logis et y développer son activité de bien-être, Pascale a dessiné une passerelle contemporaine permettant d'accéder aux nouvelles chambres et au spa, immergé dans un jardin à l'exubérance tropicale. Les chambres « Vanille », « Safran » et « Chocolat », où une danseuse en tutu de bananes joue les sosies de Joséphine Baker, sont en accès direct avec le Jacuzzi. Et comme pour Pascale, il n'est pas d'art de vivre sans initiation à l'œnologie, elle a prévu des stages sous les voûtes d'une très belle cuisine.

Coups de cœur :

Le dynamisme de Pascale, jamais à court d'idées ! Et la chambre « Chocolat », la plus zen.

Bonne idée :

Laissez-vous gagner par l'activité, puis par la relaxation au spa, de cette demeure atypique.

Plan p. 16, B1
Rhône

• Mont-Cindre – 69450 Saint-Cyr-Au-Mont d'Or
Tél. 04 72 19 69 69
contact@ermitage-college-hotel.com
www.ermitage-college-hotel.com

• 27 chambres : 135-185 € selon le standing.
1 appartement pour 4 pers. : 225 €.
Petit déjeuner : 12 €.
« Cuisine-à-manger » sur résa. (tél. 04 72 19 69 69). Formules : 24 € (lun.-ven. midi) et 30 € (lun.-sam., midi et soir), 35 € (dim. midi), 18,50 € (dim. soir). Piscine dehors-dedans. Salle de séminaire insolite. Espace de réunion ou espace privatif pour repas sur thème brésilien.

–> Ouvert toute l'année.

L'Ermitage

Apesanteur...

Le regard embrasse, depuis le mont Cindre, tout le grand Lyon et ses banlieues chic à l'habitat disséminé dans le secret de ses bosquets. On aperçoit Notre-Dame-de-Fourvière, la presqu'île et le « Crayon ». On suit de là-haut les méandres paresseux de la Saône, qui trace son sillon au long du vieux Lyon avant de sceller ses épousailles avec le Rhône. Autant dire que la terrasse, son restaurant panoramique et ses chambres aux bow-windows savamment distribués au long de ce bâtiment à l'architecture audacieuse, délivrent des vues exceptionnelles. L'Ermitage fait les beaux jours des Lyonnais branchés, adeptes de toutes les nouveautés, qui peuvent dépasser les classiques de l'hôtellerie urbaine. L'établissement doit son nom aux différents ermites qui se succédèrent sur son mont, et son look très atypique à Jean-Luc Mathias et à son équipe qui réalisèrent le Collège Hôtel, au cœur du Vieux Lyon. C'est ainsi qu'à la réception, on retrouve le mobilier cheval d'arçon qui fit le succès du Collège. Il y a aussi les sièges de dentiste, le zinc qui a de la bouteille, les fauteuils années 50 en moleskine émeraude, orange, tomate, la cartographie d'époque et tous les registres clichés des arts ménagers, sans oublier les réfrigérateurs ventrus, années 60, anis ou citron dans les couloirs, les bureaux et les plumiers d'écoliers dans les chambres quasi-monacales, grises et blanches. Béton brut, chevets en parpaing et lampes industrielles... l'Ermitage tient davantage du gymnase que du collège et invite à « prendre le temps », « un certain temps », « dans l'air du temps »...

Coups de cœur :

La vue, la salle de séminaire aux longues tables de bijoutier biseautées, la piscine dehors-dedans en surplomb du Grand Lyon.

Bonnes idées :

Randos et, à deux pas, l'Ermitage du mont Cindre, fondé au XIVe s. et revu entre 1878 et 1910 par son dernier ermite, qui édifia un jardin de rocailles à la manière du Facteur Cheval.

Plan p. 16, B2
Ardèche

• *5 rue Claude-Expilly – 07600 Vals-les-Bains*
Tél. 04 75 94 65 85 – courriel@hotel-helvie.com
www.hotel-helvie.com

• *24 chambres : 69-135 €.*
3 suites pour 2 pers. : 125-160 €.
Tarifs selon le standing et la saison.
Lit suppl. : 21 €.
Petit déjeuner-buffet : 11 €. En chambre : 13 €.
Enfant : 6 €.
Restauration sur place. Demi-pension (à partir de 2 nuits) : 159 € pour 2 pers. en BS, 185 € en HS.
Piscine. Bar. Terrasses ombragées.

–> Fermé 1er mars-21 mars.

Hôtel Helvie

Coups de cœur :

Les suites des enfants dans les chambres familiales, les tonalités du 1er étage.

Bonne idée :

Y résider durant le festival du Jeu pour enfants.

La Belle-Époque réinventée...

C'est l'ancien Vivarais, une institution au pays ardéchois ! Dressé entre un parc aux arbres centenaires et la Volane fougueuse, rebaptisé Helvie, du nom de la province gauloise occupée par les Romains dont Alba fut la capitale avant qu'elle ne soit détrônée par Viviers, l'hôtel s'est offert une nouvelle jeunesse sous la houlette de Mathieu Poli, également propriétaire du casino mitoyen. Lors de ma visite, l'établissement, édifié dans les années 30, à l'âge d'or de Vals-les-Bains, possédait encore devant sa porte d'entrée Art déco, l'ancien barnum qui a fait son temps. Il devait être remplacé, récemment, par une jolie véranda pour abriter les tables gourmandes concoctées par un jeune chef – Stéphane Polly –, amoureux des saveurs. À l'intérieur, c'est l'effet années 30 revisitées qui préside au décor de chacun des trois étages. Dominante pistache au premier, écru au second, brique au troisième sur fond de rayures Empire et de mobilier déniché chez Blanc d'Ivoire. Têtes de lit à capitons bis, rose dragée, marron glacé. Un style intemporel qui se marie à merveille aux petits canapés taupe ou ardoise, aux boutis beige ou zinc qui habillent ces chambres spacieuses, escortées de salles de bains en travertin. À chaque étage, une suite familiale permet aux enfants de faire l'apprentissage du luxe, à prix très sage, avec leur propre suite disposant d'un salon et d'une salle de bains... Chiquissime !

Plan p. 16, B2

Ardèche

• Marie-Antoinette et Éric Chabot
La Châtaigneraie – 07600 Vals-les-Bains
Tél. 04 75 87 40 13 et 06 72 75 03 36
contact@chateauclement.com
www.chateauclement.com
www.leloftduchateauclement.com

• 4 chambres : 160-200 €. 1 suite : 250-270 €. Lit suppl. : 50 €. Gîte 8 pers. : 2 500-3 800 €/sem. Appart. 4 pers. : 400 €/nuit, 2 000-2 600 €/sem. Table d'hôtes sur résa. : 65-70 €, boissons comprises. Piscine extérieure chauffée. Spa (sur résa. 20 €/pers.). Hammam. Salon de jeu. Bibliothèque. Stages de pâtisserie à partir de 4 pers. (80 €/pers.).

–> Fermé janv. -mars.

Le Château Clément

Divinement belle…

Est la nouvelle suite installée en rez de jardin et en balcon sur Vals dans les soubassements du château, sorte de folie ostentatoire imaginée par Auguste Clément , président des Eaux Minérales de Vals à leur apogée. C'était la maison de réception d'un érudit, fasciné par l'architecture de Baden-Baden, trempant aussi bien dans le commerce des eaux que dans le négoce du vin. Bref, un homme de pouvoir qui se délectait vraisemblablement d'importance si l'on en croit le décor intérieur conçu d'abord comme la vitrine de la réussite d'un homme ! Y règnent tous les styles en vogue au XIXe. Magnifiques boiseries, superbes panoramiques de Domer, un artiste lyonnais. Pour ce qui est des chambres, Marie-Antoinette et Éric, les nouveaux propriétaires, ont un peu calmé le jeu… Et même si la « Rouge » s'empourpre sous l'effet de ses velours amarante, elle compense, comme la « Blanche » par le classicisme de son mobilier. La Suite « Amarante » s'enorgueillit encore de son plafond à caissons quand la « Bleue » joue la carte du tendre. Mais la plus belle, c'est la dernière née, aménagée dans l'ancien garage à calèches. Avec ses coussins sérigraphiés, couleur citron où se profilent les mirages d'un désert rêvé par Geneviève Lery et posés sur un lit XXL à la couette immaculée, réchauffée par un plaid couleur verveine. Une tonalité rafraîchissante qui enchante également les chauffeuses disposées à ses pieds. La grande Suite joue des couleurs et des transparences d'une vaste salle d'eau high tech et jeux de lumières fluo caressant la blancheur de tous les éléments d'un bain, absolument… divin !

Coups de cœur :
La cage d'escalier et la chambre « Bleue ».

Bonne idée :
Le parcours-aventure dans les arbres, aux portes de la propriété.

Plan p. 16, B2

Ardèche

• Catherine Gohier
La Croix – 07260 Vernon
Tél. 04 75 39 68 69 et 06 80 05 89 75
la.cigalle@wanadoo.fr
www.lemasdelacigale.com

• 4 chambres : 90 €. 1 suite pour 4 pers. : 140 €.
Lit suppl. : 22 €.
2 gîtes pour 4 pers. : 160 €/2 j., 195 €/3 j., 350-695 €/sem. selon la saison. Draps et ménage en sus.
Table d'hôtes : 30 €, boissons comprises.
Piscine.

–> Ouvert toute l'année, sauf pendant les 2 sem. des fêtes de fin d'année.

Le Mas de la Cigale

Catherine rêvait d'une maison d'hôtes…

Elle a trouvé son bonheur dans une maison de Vernon, berceau du Chatus, un cépage longtemps oublié, qu'une poignée de vignerons s'acharnent à faire renaître. Sur le linteau de sa porte, une date : 1852. Les fondations sont plus anciennes, comme en témoigne cette pièce voûtée, autrefois épicerie-boulangerie du village, dont le plafond a conservé les traces de fumée du four à pain. La demeure, qui a préservé ses ouvertures d'origine et son antique escalier aux dalles usées, ouvre ses pièces, côté jardin, sur un panorama exceptionnel. Depuis la piscine, surveillée par les rosiers et les oliviers, posée sur une immense terrasse, la vue est époustouflante sur les monts de l'Ardèche et sur le rocher du Sampzou qui pointe du doigt l'orée des gorges, la forêt et les vignobles en restanques. Quatre chambres aux murs pigmentés d'ocre, de vanille, de zinc, de rose thé ou de jaune citron s'épanouissent dans les étages, leurs lits endormis sous des boutis blanc gris, bouton d'or ou rouge. Mobilier patiné, armoires de famille pour les unes ; diadème en drap de lin, fauteuils violine pour les autres. Avec les salles de bains qui viennent de se refaire une beauté... Un pur bonheur !

Coups de cœur :

La vue depuis la terrasse, l'accueil. Ma chambre préférée : la « Mastic ».

Bonnes idées :

Le musée de la Châtaigneraie à Joyeuse, l'univers fantasmagorique du bois de Païolive près des Vans. Banne et Thines, des villages hors du temps.

Plan p. 16, B2
Ardèche

• Geneviève, Géry et Alban Guillemin
07110 Largentière
Tél. 04 75 39 23 18
masdelamadeleine@wanadoo.fr
www.masdelamadeleine.com

• 2 chambres : 95 €. 2 suites : 95-125€/2 pers., 125€/3 pers., 155 €/4 pers.
Menus à la ferme-auberge : 24 ou 29 € (apéritif maison offert).
Piscine.

–> Ouvert fin mars-nov.

Le Mas de la Madeleine

« On a trouvé une magnanerie qui pleurait dedans »...

C'est ainsi que Géry et Geneviève racontent leur coup de cœur il y a 25 ans, pour une ancienne ferme aux allures d'usine désaffectée. Depuis, le décor a bien changé ! C'est une glycine qui « pleurait » de bonheur qui m'a accueilli sous l'auvent un matin de printemps... J'ai d'abord était conquise par le jardin aux perspectives fuyantes, où tout pousse, alimenté par plusieurs sources. Originaires du village depuis près d'une dizaine de générations, le jardin, l'élevage de chèvres, d'agneaux, de poulets, de canards, ça les connaît ! Alors, l'idée de la ferme-auberge s'est vite imposée. Depuis quelques saisons, ils ont cédé les fourneaux à leur fils Alban, qui a fait ses classes chez les grands. Désormais, Papa s'adonne au plaisir du potager. Maman reçoit les hôtes au salon dans le jus de son petit mobilier d'antan avec son canapé en cuir couleur maïs, réchauffé d'un châle châtaigne. Les chambres cultivent la nostalgie d'un décor un tantinet rétro. Harmonie de rose et de violette pour la chambre « Églantine » où parade une belle armoire années 50 aux côtés d'une coiffeuse Art nouveau. La porte s'ouvre sur une terrasse qui domine le village. « Capucine » se fait plus douce dans des nuances de gris et de blanc neige. La suite « Amandine » est idéale pour les familles. « Santoline » lui rend la pareille, nouvellement aménagée dans les caves voûtées qui conservent la fraîcheur en été et donnent aux enfants un accès direct au jardin.

Coups de cœur :

Le jardin, le décor un tantinet rétro, l'accueil et puis l'envie de goûter au jardin, les soirs d'été, la cuisine d'Alban.

Bonne idée :

Balazuc, village médiéval au-dessus des gorges de l'Ardèche. Le musée de la Châtaigneraie à Joyeuse.

Plan p. 16, B2
Ardèche

• Muriel et Éric Chevalier
07110 Uzer
Tél. 04 75 36 89 21
chateau-uzer@wanadoo.fr
www.chateau-uzer.com

• 3 chambres : 110-135 €. 2 suites : 180 €.
Gîtes en roulotte : 110 €.
Table d'hôtes : 32 €, boissons comprises.
Piscine. Grand parc.

–> Fermé 15 déc.-fin janvier.

Le Château d'Uzer

On ne connaît que peu de choses de son passé…

… mais l'austérité majestueuse de son donjon, de sa salle des gardes du XVIIIe siècle, de sa volée d'escalier XVe et de son aile XIXe force d'emblée le respect. Et que dire des fresques fanées, volontairement laissées dans l'altération des lumières qui pénètrent par la grande verrière du jardin d'hiver ? Juste que leur charme opère instantanément, comme celui de la salle de télévision remake de *Cinema Paradiso* avec ses sièges en velours carmin récupérés d'un théâtre lyonnais. Muriel et Éric Chevalier – dont je suis depuis près de 10 ans maintenant le parcours exemplaire dans le domaine des chambres d'hôtes – ne cessent d'améliorer, de soigner leur cadre de vie pour un art de vivre qui frôle la perfection ! Les trois muses de la maison, que j'avais connues petites filles, proposant aux hôtes de passage leur menues pousses de végétation astucieusement mises en pots, leurs cailloux peints en guise de porte-couteaux, sont devenues de belles jeunes filles qui, les unes après les autres, prennent leur envol hors du nid familial pour mieux revenir s'y faire dorloter le week-end. Les hôtes sont comme elles, fidèles au château et à ses propriétaires… S'émerveillant des prouesses d'Éric

pour aménager, année après année, de nouveaux bâtiments, de la fantaisie et de la poésie de Muriel qui n'a pas son pareil pour composer, décomposer, recomposer ses chambres dans des ambiances, chaque saison de plus en plus adaptées à l'air du temps. En ce moment, c'est la végétation du parc qui l'inspire. Dans le décor de ses chambres se déclinent tous les verts de la nature : anis, verveine, pistache, tilleul, vert cèdre de l'Ardèche cévenole, vert sombre des feuilles de la châtaigneraie, vert-jaune des éclats de soleil qui se faufilent sous les grands arbres. Une pointe de rouge ici, de framboise là, pour rehausser le ton. Chocolat pour la « Monacale » qui, côté cour, affiche une ambiance zen sous les voûtes des anciennes écuries. Muriel affectionne les grands métrages de lin brut qu'elle chine sur les marchés, les mariages de styles entre mobilier contemporain et banquettes recostumisées, les détournements d'objets, le parfum des roses fraîchement cueillies dans la roseraie et celui du chèvrefeuille qui enchante ses tables d'été. Quand tombe le soir, les fenêtres des chambres s'ouvrent sur la nuit avec le regard complice d'un grand sage asiatique et de salamandres moulées sur des potiches. Le balcon contemple la sérénité des frondaisons du parc, au fond duquel coule une rivière qui chantonne en cascade.

Coups de cœur :

Que dire ? Tout. L'accueil, le cadre, un art de vivre incomparable. Bref, une adresse fidèle qui embellit année après année. C'est suffisamment rare pour mieux le souligner...

Bonnes idées :

Demander à Muriel ses adresses : producteurs d'huile d'olive, de marrons glacés, sa roseraie préférée, son petit bistrot secret sur les marches de l'église d'un village oublié... Et puis aussi Vinezac, Balazuc ou Joyeuse, un repaire d'artisans...

Plan p. 16, B2

Ardèche

• Guillemette Tourre
70, rue des Pères
07120 Saint-Alban-Auriolles
Tél. 04 75 39 37 78 et 06 73 50 50 92
contact@villastpatrice.com
www.villastpatrice.com

• 3 chambres : 95 et 105 €. 1 suite : 140 €.
Lit suppl. : 15 €.
Piscine. Terrasse. Parking.

–> Ouvert toute l'année.

La Villa Saint-Patrice

Une extraordinaire piscine dans l'éboulis des rochers…

C'était le souhait de Guillemette. C'est une réalité. Il faut dire que ce beau plan d'eau, qui épouse la déclinaison de la falaise avec son immense plage sur la pierre et son grand lit de repos plein de charme pour les siestes vespérales, a fière allure. Et puis, il y a la belle bâtisse aux ailes reliées par une loggia. Jadis, elle abrita le repos d'une confrérie basilienne, ce qui explique la présence d'une chapelle au rez-de-chaussée, faisant face aujourd'hui à… une salle de musculation ! L'escalier fin XVIIIe déroule sa magnifique ferronnerie. Les chambres, installées sur les tommettes des anciens dortoirs, jouent de leur charme pour vous retenir dans leurs tonalités de miel, de vanille, de coquille d'œuf et de bleu pastel. Jarres de branches et robes de baptême inscrivent leur poésie au fil des espaces. Grands drapés de lin aux embrasses pastillées d'argent, boutis Blanc d'Ivoire et linge très raffiné de la Vivaraise. Dans la suite, la maîtresse de maison a conservé l'immense placard de la lingerie des religieux. On s'attarde à l'heure du petit déjeuner sous la loggia en contemplant les vignes des voisins et les toits du village en contrebas. Le soir, on rêve au bord de la piscine en imaginant, au cœur de la ruine qui la surplombe, un concert sous les étoiles…

Coups de cœur :

La piscine, et le linge de la Vivaraise, une entreprise régionale.

Bonnes idées :

La Magnanerie, dans la maison de la grand-mère d'Alphonse Daudet. Le Centre de recherches sur la préhistoire avec ateliers pour les enfants en été. Et six sentiers pédestres autour du village.

Plan p. 16, B2
Ardèche

• Muriel et Éric Chevalier
Gramaize – 07230 Payzac
Tél. 04 75 36 89 21
château-uzer@wanadoo.fr
www.les-blanches-de-payzac.fr

• Maison (4 chambres, 4 sdbs, séjour immense et terrasse pour 8 à 10 pers.) : 3 300 €/sem. juil.-août ; 2 700 €/sem. juin et sept. ; 2 200 €/sem. en BS.

–> Ouvert toute l'année.

Les Blanches de Payzac

Muriel et Éric ont écrit une autre histoire... Magique !

Après le médiéval, le gipsy, puis les *seventies*, les Chevalier explorent une autre planète... futuriste ! C'est à une vingtaine de minutes d'Uzer que nos « entrepreneurs » ont décidé d'innover en inventant les gîtes de demain. Ils ont imaginé une vie dans un cadre tout verre, bois et béton, où tout pivoterait pour un décor dehors-dedans en communication permanente avec le paysage alentour, constitué de chênes, de pins et d'oliviers. Ombres portées sur les terrasses extérieures en banches, piscine en restanque où les bains de soleil sont au zénith sur des matelas et des coussins en gazon synthétique. À l'intérieur de la maison, les peaux de vache ont la *green* attitude ! Chaque chambre a sa baie vitrée ouverte sur la campagne qui se fond à l'horizon des montagnes de l'Ardèche cévenole. « Bamako Dream » en tissus directement importés des marchés du Mali pour l'une, couverture de l'armée suisse pour l'autre, jeté de lit au petit point chiné dans le souk de Marrakech pour une troisième, et la bouille de marin de Pia, la petite dernière de la famille, qui prend la pose dans une autre alcôve. Urnes en pierre de galets, bacs en ciment lissé, farandoles de savons de Marseille participent au décor des salles de bains. La nature se découpe en tableaux. Même les « wawas » sont rigolos. Audacieux, direz-vous ? Non, simplement beau et plus que parfait !

Coups de cœur :

Un concept tellement novateur et l'enthousiasme inoxydable d'Éric et de Muriel ! Une idée géniale parmi toutes les autres : ces bâches de camouflage utilisées par les chars de l'armée suisse sous la neige, qui dessinent des ombres chinoises sur les terrasses.

Bonnes idées :

Les Vans, le village perché de Thines, Naves, Bannes, le bois de Païolive. Acheter votre huile d'olive au Moulin de Dominique Vincent à Payzac et goûter aux saveurs de la table du Moulin, concoctées par sa fille.

Plan p. 16, B2
Ardèche

• Catherine Deleuze
07150 Bessas
Tél. 04 75 38 65 76
lemasdelablanche@orange.fr
www.lemasdelablanche.com

• 2 suites : 120 € la 1re nuit, 110 € à partir de 2 nuits.
Table d'hôtes une fois par sem. : 30 €.
Piscine. Terrasses-solarium. Wifi.

–> Ouvert toute l'année.

Le Mas de la Blanche

Une magnanerie cévenole métamorphosée...

Catherine l'a d'abord aménagée pour sa famille, pour que chacun de ses grands enfants soient indépendants. Puis, un jour, elle a décidé de l'ouvrir aux hôtes, à l'image de sa cuisine voûtée, dehors-dedans, et de son bar d'été qui surplombe la piscine à débordement. Deux hérons de fer picorent les galets, les transats patientent dans l'ombre du figuier. Côté cour, c'est une succession de paliers de pierres ponctués de jarres et de feuillages. « Côté Cour », c'est aussi une suite précédée par une verrière au panneaux zingués. Le petit salon est frais et cosy à la fois. Tonalités châtaigne pour le tapis quadrillé, sur lequel repose une confortable méridienne coordonnée. Deux marches délimitent la chambre drapée de tissus nattés multicolores, signés La Vivaraise, en harmonie avec le linge de bain. Une ancienne porte en bois et en arc de cercle, posée sur le couloir d'accès donne d'emblée du tempérament à la suite « Côté Jardin ». J'ai adoré son salon chiné chez Hanjel, couleur mimosa sur fond de pan de mur myrtille, qui réveille les vieilles pierres de l'ancienne magnanerie. Un buffet et une échelle en bambou d'Asiatide s'accordent à une chaise de bébé chinois, bien patinée, qui a trouvé sa place dans ce décor cévenol très épuré.

Coups de cœur :

La chambre « Côté Jardin », l'accueil, la vie dehors-dedans.

Bonnes idées :

Explorer les secrets du monde souterrain à l'aven d'Orgnac (www.orgnac.com). Visiter le village médiéval de Labeaume, déjeuner en terrasse au Bec Figue (tél. 04 75 35 13 32). À Ruoms : la Fontaine des pommiers, éden de rosacées et de rosiers anciens.

Plan p. 16, B2
Drôme

*• Patrick Compigny, Éric Moulin
et Jean-Jacques Raymond
26400 La Répara-Auriples
Tél. 04 75 25 03 46 – leprieuredessources@wanadoo.fr
www.prieuredessources.com*

*• 5 chambres : 115-210 € selon le standing et la saison.
Lit suppl. : 35 €. Petit déjeuner : 13,50 €.
Table d'hôtes : 44 €.
Piscine.*

–> Ouvert toute l'année.

Le Prieuré des Sources

Là où la Drôme se cherche une identité, entre Provence, Diois et Vercors...

Cet ancien prieuré des XVIIe et XVIIIe siècles s'est installé là où le hussard de Giono chevauchait des paysages à grand spectacle. Patrick, un Lyonnais qui avait ses habitudes en Thaïlande, ne soupçonnait pas que son bonheur se trouvait à portée de main jusqu'à ce qu'il découvre ce prieuré abandonné en ferme. Respectant la majesté des lieux, les nouveaux propriétaires ont magnifié ses espaces épurés, veillés par des bouddhas qui vous ouvrent les bras. Des sièges en tôle pèlerinent sous la croisée d'ogives de la salle à manger éclairée par les bouches de lumière des crèches des anciennes bergeries, toujours alimentées en foin frais ! Jean-Jacques, en cuisine, vous préparera des mets délicieux. À la première génération de chambres, aux volumes immenses inspirées de l'Asie du Sud-Est, parées de tissus méticuleusement sélectionnés par Patrick qui fit carrière dans la couture, a succédé une nouvelle génération de chambres plus high-tech et chromothérapie, *seventies* et tendance *junkies*. Mais la plus saisissante est dédiée à l'Afrique. Ouvrez la porte de la chambre « Albâtre » et vous aurez le souffle coupé. Soleil rouge sur les dunes de Namibie. La brise du soir retient son souffle sur les hautes herbes de la savane. Les grands fauves rôdent et la gazelle se fait docile. Les bois secs sont pétrifiés. Roulement des tam-tams venus du fond des âges pour célébrer les nuits d'Afrique, sensuelles et sacrées... Comme si vous y étiez ! Avant de vous laissez transporter, une autre fois, dans une nuit câline, nuit de Chine, de la chambre voisine...

Coups de cœur :

Les tissus inattendus, la chambre « Albâtre » inspirée des lodges de Namibie, mise en scène autour de troncs et de branches desséchées et d'un très érotique tableau africain.

Bonnes idées :

La forêt de Saoû et les routes touristiques du Diois et du Vercors.

Plan p. 16, B2
Drôme
• Anne et Jean-Pierre Ferry
Route du Val des Nymphes
26700 La Garde-Adhémar
Tél. 04 75 49 04 16 ou 06 09 26 27 19
info@lesesplanes.fr – www.lesesplanes.fr

• 5 chambres : 85-130 € selon la saison.
Lit suppl. adulte : 40 €, moins de 12 ans : 20 €.
Table d'hôtes : 28 €.
Piscine. W.-e. « truffes ». W.-e. « golf ».
–> Ouvert toute l'année.

Les Esplanes

Coups de cœur :

Le mélange d'éléments de grands designers avec du mobilier de grands diffuseurs. La piscine noire et... la vue !

Bonnes idées :

Séjours thématiques autour de la truffe entre mi-novembre et mars : marché de Richerenches, visite chez Sylvain Gauthier, trufficulteur à Saint-Restitut. La chapelle du Val-des-Nymphes et La Garde-Adhémar.

Design et vue...

Les montagnes de l'Ardèche barrent l'horizon et, depuis la piscine aux eaux noires étalée au pré, la vue est magique sur La Garde-Adhémar, l'un des Plus Beaux Villages de France. Un pot de fleur géant ponctue l'entrée d'un domaine qui n'a plus grand chose à voir avec l'ancienne ferme d'origine. « Côté cour » donne le ton de la maison. Dans le halo d'une lampe américaine années 50, un téléviseur jaune pastis – de la même époque –, signé Starck, sourit dans un angle. En vis-à-vis, un fauteuil du même designer et, au milieu, un lit au drap quadrillé d'Ikéa, une penderie Fly. Au mur, un triptyque aux ours de Christophe Meyer. Et il en sera de même dans les autres chambres, auxquelles on accède par des passerelles industrielles. Après une première vie dans le design à Strasbourg, Jean-Pierre et Anne se sont lancés dans l'aventure de la chambre d'hôtes design en Drôme provençale. Toujours une penderie Fly qui donne sa couleur aux chambres, pour le reste intégralement blanches. Et puis, un siège de designer... inspiré de Le Corbusier sous un tableau de Dalí, dans la chambre « Verte ». Une chaise René Herbst, créée en 1925, en tendeurs de vélo pour la chambre « Art déco », face à un jazzman à l'aérographe. Un siège en acier poinçonné de Kuramata dans la chambre « Rouge ». Fauteuil orange de Werner Panton sous une lampe boule très années 70 chez sa voisine. Table de Jasper Morrison pour la salle à manger installée dans l'ancienne étable. Zen attitude, du sol au plafond, du jardin à la maison...

Plan p. 16, B2
Drôme

• Marie-Do et Alain Benmayor
26110 Montaulieu
Tél. 04 75 27 42 91 et 06 86 66 33 81
alain.benmayor@numeo.fr
www.lesterrasses-montaulieu.fr

• 4 chambres et suites : 170 €. Lit suppl. : 15 €.
Table d'hôtes : 40 €, boissons comprises.
Déjeuner : 25 €. Panier pique-nique : 15 €.
Piscine.

–> Ouvert 15 avr.-15 nov.

Les Terrasses

Jungle provençale...

On dirait les jardins de Capri ! Ici, on descend 120 marches pour se rendre à la piscine ! Une vraie promenade de santé agrémentée par des pauses sur les terrasses en espaliers, dans les enclos de jardins secrets où les amoureux se cachent entre les haies de buis taillés, entre bouquets d'iris et de fleurs de sauge, bosquets de roses et tombées de figuiers. Il faut presque passer un pont de singe au milieu des cerisiers et des tilleuls, dévaler une longue allée engazonnée entre cyprès, oliviers et abricotiers pour atteindre cette baignade suspendue. C'est un travail de titan auquel s'est adonné, non sans plaisir, Alain pour défricher ce flanc des Préalpes et révéler la majesté de ce village qui ne vit pas revenir ses enfants à l'issue de la guerre de 1914, après le coup de grâce donné par la mécanisation, quand les paysans sont définitivement descendus dans la vallée et ont détoituré leurs maisons pour ne pas payer d'impôt. Alors, Alain est parti à l'assaut de ces ruines qu'il a acquises il y a quatre décennies pour une bouchée de pain. À la retraite depuis une poignée d'années, cet ancien du prêt-à-porter parisien et son épouse accueillent désormais leurs hôtes dans une maison de village. Entre murs et draps blancs, mobilier d'antan et tables d'artisans, les visiteurs se régalent des bons petits plats du patron et de la vue sur les monts Angel et Autuche, sur tout l'univers incomparable des vieilles Baronnies...

Coups de cœur :

Les terrasses, les jardins, la vue, les pavés paysans laqués de bleu tendre de la chambre en rez-de-terrasse.

Bonnes idées :

Le circuit des Baronnies, Saint-Jalle, le cimetière de Saint-May, le col de Valouse au temps des lavandes.

La Maison du Moulin

Plan p. 16, B2
Drôme

• Bénédicte et Philippe Appels
Le Moulin – 26230 Grignan
Tél. 04 75 46 56 94 – info@maisondumoulin.com
www.maisondumoulin.com

• 4 chambres (dont 2 suites) : 80-150 € selon la saison. 1 suite pour 4 pers. : 200 €. Location : 1 appartement pour 6 pers. : 1 000-2 000 €/sem. 1 maison pour 4 pers. : 160-210 € selon la saison. Table d'hôtes : 30 €, hors boissons. Piscine, salle de relaxation, sauna, vélos à dispo.

–> Ouvert toute l'année.

Au bord de la Berre, un petit ruisseau qui coule au Rhône, un ancien moulin et ses dépendances...

Chaque été, les hôtes de ces lieux descendaient de Belgique pour des vacances en Provence. C'est au pays de la truffe, des lavandes et de la marquise de Sévigné que leurs rêves d'hospitalité ont pris corps dans un ancien moulin. En quelques années, celui-ci s'est modifié, transformé pour toujours plus de confort et d'harmonie. Les treilles de vignes se sont étoffées, une roseraie est née, une petite suite s'est installée dans un cabanon au décor très contemporain avec salle de bains ouverte. Des persiennes décapées en têtes de lit, des boutis, des tons plus doux, une cheminée pleine de bûches, une grande table d'hiver, une table d'été sous l'auvent où l'on se régale de petits déjeuners gourmands. Bénédicte, amoureuse des brocantes, adore varier ses décors, adore confectionner de bons petits plats et, dès le matin, propose œufs au lard, pain perdu ou riz au lait à ses invités. En surplomb de la maison, l'« Oliveraie » entraîne les hôtes dans l'intimité d'une alcôve propice à la littérature. On accède par une friche à celle du « Bassin », d'où part un chemin qui va se perdre dans une campagne un tantinet maquisarde.

Coup de cœur :
La piscine panoramique en pleine nature, au temps des lavandes.

Bonne idée :
Cuisiner la truffe avec Bénédicte de novembre à mars, ou la lavande en saison.

K-za

Plan p. 16, B3
Drôme

• Anne-Élisabeth Carcano
Route du Moulin – 26790 Tulette
Tél. 04 75 98 34 88
k-za@wanadoo.fr
www.maison-hotes-k-za.com

• 3 chambres : 140 €. 1 suite : 160 €/2 pers., 280 €/4 pers. Lit suppl. : 35 €.
Table d'hôtes : 35 €, hors boissons.
W.-e. truffe 15 nov.-15 mars : 330 €/pers.
Piscine. Yoga. Relaxation ayurvédique sur résa.
–> Ouvert toute l'année.

L'alliance des contraires...

Il est designer-graphiste. Elle est cuisinière aux belles références. Il est lorrain, influencé par l'Allemagne, l'Autriche, Le Corbusier et le Bauhaus. Elle est italienne... Un peu mamma, très « miam-miam » qui régale ses hôtes de mets inventifs et de truffes en saison. Il est un peu metteur en scène à ses heures... Imaginez sous les amandiers, citronniers, oliviers du jardin, une piscine noire qui vire au bleu dans le couchant, quand le soleil éclabousse les vignes alentour. C'était pas évident, comme ça au premier abord mais, finalement, ces deux-là étaient faits pour se rencontrer. Forcément, un escalier Renaissance dans le cadre d'une maison d'évêque datant de 1618, une cheminée jumelle de celle du château de Suze-la-Rousse, ça ne pouvait que la faire craquer ! À quatre mains, ils ont imaginé un décor ultra-contemporain dans une demeure vieille de quatre siècles, marié les ruines et le design, l'usure des pierres et la fluidité du béton, des pièces uniques et de la récup', le noir au blanc, le gris et juste une pointe de couleur – orange, Zan, anis, turquoise, rouge – pour réveiller les chambres où des rideaux en lin et en jute filtrent la lumière, tandis que les lits de Catherine Memmi assurent le repos. Tout est géométrique, jusqu'aux cubes de savon dans les salles de bains. Et puis ils se sont amusés à donner des noms à leurs chambres : « 4711 » du nom de la première eau de Cologne, « 1909 » parce que c'est la véritable hauteur du mont Ventoux... Et au fait, pourquoi K-za ? Parce que Anne-Élisabeth, c'est un peu trop guindé...

Coups de cœur :
La magie, la fantaisie, la gourmandise, la générosité : autant de qualités qui font l'âme de la maison.

Bonnes idées :
Anne-Élisabeth possède les adresses du nec plus ultra des fournisseurs locaux. Essayez de l'amadouer... Accompagnez-la en saison au marché à la truffe de Richerenches. Visitez Vaison-la-Romaine. En été, la région fourmille de festivals.

Plan p. 16, B3
Drôme

- *Maryline et Pascal Broussard*
Moulin de Champdurand – 26790 Suze-la-Rousse.
Tél. 04 75 98 87 59
crodis@free.fr
www.moulindechampdurand.com
- *5 chambres : 70 € en BS, 75 € en juil.-août et j. fériés.*
Piscine. Parc de 5 ha.

–> Ouvert fin mars-fin oct.

Le Moulin de Champdurand

De l'eau au moulin sur la route des vins…

Depuis cinq générations dans la famille de Pascal, il est établi au milieu d'un parc de cinq hectares peuplé d'arbres fruitiers arrosés par le Lez qui borne la propriété. D'emblée, une atmosphère de Provence intemporelle dans le grand salon où des canapés en duo, garnis de coussins aux toiles chinées dans les armoires de famille ou les brocantes, font la ronde devant la cheminée… Une atmosphère qui se prolonge au fil des cinq chambres. La plus en adéquation avec les lieux se nomme « Clara », le prénom de la petite-fille de la maison. Blanc laiteux depuis les sols en pierre de Saint-Restitut jusqu'aux tissus. Tout est en harmonie. Le petit plus : ces cartes de vœux début XXe siècle, authentiques et charmantes, envoyées à la famille, pieusement conservées, puis agrafées au mur par Maryline. Sur le palier, c'est une collection incomparable de clichés de noces d'antan qui épouse tout un pan de mur blanc. Les autres chambres cultivent cet esprit « Provence » entre drapé de lin et linge ancien, petit meuble de toilette rétro, rideaux pivoine ou coquelicot. En projet : rendre visible toute la machinerie du moulin grâce à un sol vitré découpé dans le vénérable plancher du séjour…

Coups de cœur :
L'atmosphère intemporelle, le jardin et ses tonnelles, les clichés des noces d'antan.

Bonnes idées :
L'université du Vin à Suze-la-Rousse, la visite guidée, en provençal et en costume, de la forteresse de Mornas. Le parcours troglodyte entre Bollène et Saint-Restitut.

Le Clair de la Plume

Plan p. 16, B2 – Drôme

• Jean-Luc Valadeau
Place du Mail – 26230 Grignan
Tél. 04 75 91 81 30 – plume2@wanadoo.fr
www.clairplume.com

• 10 chambres : 99-179 € selon le standing.
Lit suppl. : 36 €.
Petit déjeuner : 14,50 €. Salon de thé : 13 €.

–> Ouvert toute l'année.

Grignan est devenu un must de la Provence...

Le Clair de la Plume y distille ses atmosphères douces, à la fois contemporaines et surannées, tempérées de langueur orientale et de soleils asiatiques. La vieille cuisine voûtée, typiquement provençale, témoigne du temps où cette demeure à la façade rose, érigée par le gendre de Mme de Sévigné, était un couvent. Désormais, c'est un bel hôtel, où l'on savoure d'emblée la promesse d'un petit déjeuner au jardin sous une treille de vigne, et la tiédeur d'un soir de juillet dans les parfums emmêlés des roses et des chèvrefeuilles.

La Treille Muscate

Plan p. 16, B2 – Drôme

• Katy Delaître
Le Village – 26270 Cliousclat
Tél. 04 75 63 13 10 – latreillemuscate@wanadoo.fr
www.latreillemuscate.com

• 12 chambres : 65-150 € selon le standing et la saison.
Lit suppl. : 18 €. Petit déjeuner : 11 €.
Demi-pension : + 40 €/j./pers.
Restaurant : menu 15-29 €.

–> Fermé déc.-fév.

C'est une belle intemporelle qui contemple... le temps d'un dîner aux chandelles, en terrasse, face aux vignes, les collines ondulantes s'envolant vers les Préalpes. Dans votre assiette, la cuisine hésite entre ravioles de Romans et saveurs orientales. Les chambres provençales conservent leur fraîcheur dans l'abri des murs épais de cet adorable village de potiers.

Plan p. 17, C2
Isère

• 38250 Corrençon-en-Vercors
Tél. 04 76 95 81 81
contact@lesclarines.com
www.lesclarines.com

• 16 chambres : 75-150 €. Lit suppl. : 25 €.
Petit déjeuner : 13 € (enfants - 6 ans 8 €).
Restaurants : menus à partir de 22 €.
Possibilité demi-pension et pension complète.
Spa. Hammam. Piscine. Massages. Fitness. UV.

–> Ouvert 15 déc.-1er avr. et 1er mai-1er nov.

Hôtel Les Clarines

Un hôtel de famille métamorphosé...

Au départ, ce fut un relais pour les chevaux qui travaillaient à l'exploitation forestière, puis les arrière-grands-parents de Jean-Jacques et de sa sœur, Liliane, ont ouvert un Café du Commerce, puis créé un hôtel. Des 27 chambres de l'hôtel des parents, il n'en reste que 16 aujourd'hui. Du balai ! Pour la bonne cause... Des cloisons abattues pour que les murs respirent, des volumes différents, mais toujours le même esprit de convivialité. Planches de bois à vif, lambris thermochauffé : c'est la dernière génération de la technique et de la déco qui s'est invitée entre leurs murs grisés. Installé sur des coussins en duvetine à découpes de pliages enfantins, vous savourerez la fantaisie d'un mobilier exécuté par un menuisier de la région, les tons de coquelicot, les velours couleur de jute, les plaids en fausse fourrure de l'hiver, les écharpes de lit de l'été, les luminaires d'Alinéa ou de Maison du Monde, les appliques insolites de Pescator, leurs salles de bains en grès cérame façon lauzes, leurs balcons qui embrassent le Vercors. Vous profiterez du spa sous les neiges de janvier : bois, pierres d'ardoise empilées et jeux de lumières, des massages et même des UV pour patienter jusqu'en juillet. Et puis, sous ses halos orangés, vous savourerez le charme de la petite brasserie de montagne, ouverte à tous, côté village. Ne reste plus que la façade à relooker et ce sera parfait... Il paraît que c'est déjà fait ?...

Coups de cœur :
L'accueil, le dynamisme d'un hôtel qui a réussi sa petite révolution déco !

Bonnes idées :
Le Golf à 800 m qui a fêté ses 20 ans en 2009 et dont la marraine est Carole Montillet, l'enfant du pays. Y être lors de la prochaine édition de la Traversée du Vercors, en mars. Les enfants au Village de Ribambel et les parents au paradis du ski nordique. Ski joëring avec les Écuries du Caribou.

Plan p. 17, C1
Haute-Savoie

• Catherine Coulais
La Voagère – 74430 La Baume (en pleine montagne)
Tél. 04 50 72 19 88 et 06 07 29 73 44
www.lafermeauxours.com

• 4 chambres : 98-110 €.
Table d'hôtes (uniquement en hiver) : 28 €, boissons comprises.
Maison non-fumeur. Sauna (10 €), douche multijet.
–> Fermé en nov.

La Ferme aux Ours

Avec l'hiver reviennent ces souvenirs d'enfance où se mêlent bonshommes de neige et tartines de miel, bonnets de laine et duvets douillets…

Postée à 800 mètres d'altitude en vallée d'Aulps, la Ferme aux Ours est l'endroit qu'il vous faut. Cette ancienne ferme savoyarde a été dénichée puis restaurée par Catherine qui, après avoir tenu des boutiques de déco à Avoriaz et à Thonon, cherchait une façon d'allier plaisir du travail et qualité de vie… Si la Ferme a désormais plus de trois ours à son logis, Catherine a pour eux les yeux de Boucle d'Or, soignant sa maison avec un tel bonheur qu'il est palpable absolument partout : des chambres à la cuisine cocooning, en passant par la lingerie. Le premier étage est dévolu aux hôtes dans un décor de poutres à l'ancienne, de vieilles portes décapées et de vaisselier de brocante, avec cuisine à disposition. Les chambres sont habillées de couettes et de jupons blancs, de draps brodés de rouge, de patchworks en fondus de torchons et d'édredons à carreaux framboise, réchauffées de plaids laineux. Avec des cœurs pour la tendresse et des couronnes de pommes de pin pour les lauriers. La vallée de Morzine, qui pénètre dans la plupart des chambres par de grandes baies vitrées, nous invite à revenir aux beaux jours pour goûter le bonheur au verger sous les grands parasols blancs de l'été.

Coups de cœur :
La déco soignée de ce chalet où les ours se comptent par dizaines, et puis… la vue !

Bonnes idées :
En hiver, raquettes autour du mont Chéry, en été, les gorges du Pont-du-Diable.

Plan p. 17, C1

Haute-Savoie

• Caroline Marullaz
74110 Morzine (à 2 min. des remontées mécaniques)
Tél. 04 50 79 13 69
info@hotel-bergerie.com
www.hotel-bergerie.com

• 22 chambres (avec kitchenette) : 140-210 €.
5 suites : 180-330 €. Forfaits sem.
Petit déjeuner : 12 €, enfants : 8 €.
Table d'hôtes pour les enfants : 12 €.
Piscine extérieure chauffée. Spa. Salon de thé.
Grand jardin. Wifi.

–> Fermé 25 avr.-25 juin et 15 sept.-15 déc.

Hôtel La Bergerie

Sous les combles, les moutons ont laissé la place aux oursons...

D'adorables ours polaires reniflent la banquise sur de grands tableaux aux couleurs des glaciers. D'accord, la Bergerie est avant tout un amour d'hôtel à la neige, où Caroline n'a de cesse d'embellir année après année sa « maison ». Aidée par la décoratrice d'intérieur Catherine Navarro, Caroline, qui aime l'art de vivre et la douceur des choses, a rénové les étages de son hôtel de charme. Toujours du bois... mais plus clair. Toujours du confort... mais davantage d'espace. Encore du douillet... mais travaillé dans des matières nouvelles et des couleurs plus sourdes : couettes blanches, plaids en flanelle coquelicot pour les chambres. Rideaux et coussins en tweed à l'effigie des cristaux de neige, boutis blanc et plaids polaires zinc et chocolat, tabourets en bois flotté chapeautés de fausses fourrures autour d'une table en verre pour l'une des suites. Toutes sont dotées de salles de bains ouvertes dans une carapace de bois, équipées de baignoires Starck. Avec même une cabane pour les enfants dans la suite « Pleyney » et un miroir pivotant qui permet de regarder la télé, bien câlé dans la baignoire de la chambre « Zore ». Du design, des lignes épurées et les petits moutons qui se font de nouveaux copains. Bref, c'est la révolution dans la Bergerie ! Pour le plus grand bonheur des hôtes...

Coups de cœur :

Une atmosphère incomparable, et puis les nouvelles suites, leurs tissus, leur design jusqu'à celui des fours à micro-ondes qui ressemblent à des écrans de télé.

Bonnes idées :

Le domaine des Portes du Soleil. Une visite à L'Ardoisière, qui retrace l'histoire de « l'or gris » de Morzine.

Plan p. 17, C1
Haute-Savoie

• Véronique et André Charvolin
74340 Samoëns
Tél. 04 50 34 95 32
vallonsdenbas@gmail.com
www.vallonsdenbas.com

• 3 chambres : 79 €. Lit suppl. : 30€, enfant 20 €.
Table d'hôtes 4 j./sem. : 22 €, vin et café compris ; enfant 12 €.
Jacuzzi au jardin. Wifi.

–> Ouvert toute l'année.

La Ferme d'En Bas

C'était un soir de janvier...

Samoëns étirait son drap de neige jusqu'au pied du Criou, égrainant ses hameaux au décor typique... Les lumières d'un vieux grenier réveillaient le passé d'une lueur très actuelle. J'ai demandé l'hospitalité. La maison, datée de 1833, avait son vécu. Depuis 13 ans, Véronique et André lui assuraient un avenir souriant. Le logis d'origine était devenu celui de leur famille. Restait le « haut », la grange magnifiquement rebardée de bois et sa charpente intacte, et puis les greniers où le couple recevait des hôtes depuis l'été. On m'offrit le verre de l'amitié devant la solide cheminée, exécutée jadis par un tailleur de pierre. Un cœur d'immortelles rouges couronnait sa hotte. Le feu ronronnait. Le bonheur couvait... En suspension, des cristaux, des nounours à foison. L'odeur d'un gâteau de Savoie, promesse d'un petit déjeuner gourmand, s'échappait des fourneaux. Ne restait plus, après avoir partagé un repas délicieux, qu'à gagner l'une des chambres où le talent bricolo d'André s'est exprimé autour du lit clos, d'une niche en balcon. Une petite fille avait étalé ses Barbies dans le dortoir des enfants, aménagé exprès à leur mesure, à la façon d'un refuge...

Coup de cœur :

Le talent créatif de Véronique qui laisse libre cours à des patchworks taillés dans un fond de tissus anciens chinés, à des édredons en panne de velours, à des silhouettes en feutrine.

Bonnes idées :

À deux pas du cirque glaciaire du Fer à Cheval, le domaine skiable du Grand Massif. Initiation au speed riding *(parapente, skis aux pieds) ou visite du jardin alpin de la Jaÿsinia, qui doit son nom à Marie-Louise Jaÿ, épouse d'Ernest Cognacq, avec qui elle lança La Samaritaine en 1871.*

Plan p. 17, C1
Haute-Savoie

• *Christine et Jean-François Charbonnier*
Vallée du Bouchet – 74450 Le Grand-Bornand
Tél. 04 50 02 28 50
contact@chaletdestroncs.com
www.chaletdestroncs.com

• *4 chambres : à partir de 166 €.*
Petit déjeuner : 15 €.
Demi-pension : à partir de 128 €/j./pers.
Piscine intérieure avec vue panoramique.
Spa. Hammam. Wifi.

–> Ouvert toute l'année.

Le Chalet des Troncs

Vieux outils et cloches sous l'auvent…

…rappellent la vocation initiale de cet ancien chalet d'alpage du XVIIIe siècle. On s'y arrêtait à l'improviste au retour d'une randonnée pour goûter une tarte maison. On y revenait pour dîner sous ses plafonds bas, dans la rondeur de ses cloisons de bois éclairées de vichys jaune tilleul. Et, comme les visiteurs n'avaient de cesse de s'y attarder, saison après saison, les propriétaires, de restaurateurs sont devenus hôteliers… Ils ont d'abord ouvert deux adorables chambres d'hôtes au mobilier centenaire. Ces dernières années, Christine et Jean-François ont ouvert « le Grenier ». C'était jadis le mazot qui faisait office de coffre-fort pour les habits du dimanche et les semences. Et dans le dénivellé de la pente, ils ont installé un lit pour enfant qui regarde en cave la neige tomber sur le sentier. Les smocks qui frangent les boutis et les polochons sur les lits, c'est la dernière trouvaille de la maîtresse de maison, dénichée chez Villaret, pour décorer ses deux autres nouvelles chambres. Derrière les solarets, les salles de bains intégrées ont pris leurs aises et posé leurs vasques en marbre noir entre leurs colombages. Draps de laine de Rubelli pour les penderies. Carreaux rouges et bleus, façon tartan, pour « la Grange », madras rose-parme pour « la Nova ». Quant au rez-de-chaussée de ce chalet blotti sous son manteau de neige, il abrite un hammam émeraude en pâte de verre Murano, une piscine baignée de lumière, ouverte par sa grande baie vitrée, en terrasse, les pieds dans les neiges de l'hiver ou dans les alpages pastillés de fleurs de l'été…

Coups de cœur :
Les chambres et les salles de bains, entre rusticité à vif et décor contemporain.

Bonnes idées :
Les randonnées en ski de fond ou en raquettes, une excursion au lac du Bouchet et, en été, le festival Au Bonheur des Mômes.

Plan p. 17, C1
Haute-Savoie

• 145, avenue de l'Aiguille-du-Midi
74400 Chamonix Mont-Blanc
Tel. 04 50 53 57 15
reservation@hotelmorganechamonix.com
www.morgane-hotel-chamonix.com

• 40 chambres : 140-350 € selon la saison.
« Junior Suite » 260-520 €. Petit déjeuner : 15 €,
petit déjeuner enfant : 10 €. Restaurant, env. 30 €.
Menu gastronomique : 80 €.
Vrai spa intégré sur fond de murs coquelicot.
Cabines de massage. Piscine. Sauna. Hammam.
Prêt de vélos à la belle saison.

–> Ouvert toute l'année.

Hôtel Le Morgane

Chic, sport, contemporain et engagé sur le terrain du développement durable...

L'agence Écart a relevé le défi en rénovant de pied en cape Le Morgane, petit bijou d'esthétisme et d'élégance au cœur de Chamonix. Le premier hôtel à avoir imaginé dans ses chambres, au design tendance et à l'épure parfaite, des minipoubelles pour le tri sélectif, des lampes basse tension, des panneaux solaires. Le chauffage se coupe automatiquement lorsqu'on ouvre une fenêtre, des pompes récupèrent la chaleur emmagasinée au spa pour réchauffer l'eau, le nettoyage bio est prédosé, etc. Le tout dans un univers radieux, minéral et chaleureux qui twiste les tendances sur fond de murs de pierres et de sols en lauzes, où des sièges en coques de bois et des billots carrés, des tapis en laine bouclette et des fauteuils en draps de laine animent le décor. Citterio, Eames, Wegner, Urquiola, Starck ont mis leur patte sur les luminaires et le mobilier. Monica Dalmasso, une artiste de la station, signe les photos non conventionnelles qui enchantent les espaces. Dans les chambres, les lits sont recouverts de couettes blanches et de plaids ficelle. Des peaux de vache et des tapis ivoire font un clin d'œil aux alpages. Pleine vue sur Chamonix et sur le mont Blanc depuis les terrasses des suites du dernier étage. N'oubliez pas d'aller saluer, derrière ses cubes de glace, Mickey Bourdillat, l'enfant de Chamonix devenu chef étoilé, qui vous invitera à déguster ses créations lors d'un pique-nique déco-design ou d'un dîner gastronomique...

Coups de cœur :

Le parti pris du développement durable.
La superbe bibliothèque aux boiseries contemporaines et aux livres brochés exclusivement rouges, consacrés à la montagne et édités par la maison Guérin, un éditeur local.

Bonne idée :

Le spa aux produits naturels Senteurs de Fée, une ligne novatrice en exclusivité à Chamonix.

Plan p. 17, C1
Haute-Savoie

• Stella et Alain Blanc-Pâque
340, chemin des Arberons
Argentière – 74400 Chamonix
Tél. 04 50 54 06 66
info@hotel-grands-montets.com
www.hotel-grands-montets.com

• 15 chambres et 3 suites : 88 €-200 € l'été ; 100 €-260 € l'hiver.
Piscine. Sauna. Hammam. Salle de musculation.
Billard. Bar. Massages sur demande.
Jacuzzi extérieur.
À 50 m du téléphérique des Grands-Montets.

–> Ouvert fin juin-fin août et de mi-déc. à début mai.

Les Grands Montets

« Cerné par le vert des forêts et le blanc des glaciers »...

Les Grands-Montets : c'est un nom qui a fait vibrer des générations de fervents aventuriers des sommets ! Un nom qui a fait que deux enfants de Villars-de-Lans ont abandonné leur Vercors natal pour la vue plein cadre sur le mont Blanc. Voilà des années qu'ils caressaient l'espoir de partager leur rêve avec des hôtes. L'opportunité s'est présentée au pied des pistes du Grand Montet. Style chalet en extérieur, mais années 80 en intérieur... Ils ont cassé tout le rez-de-chaussée, construit la piscine aux carreaux Lustucru, réinventé la salle des petits déjeuners à la façon d'une grande écurie contemporaine où la mangeoire fait office de desserte, pleine vue sur les champs de neige. Un salon chaleureux inscrit sa nostalgie autour d'un lit clos drapé de torchons à carreaux, sa modernité au creux de clubs en cuir rouge qui se pavanent devant la cheminée. 18 chambres dont 3 suites sur les 48 existantes ont été refaites dans un esprit alpage et cocooning. Édredons joufflus, plaids chocolat, patchworks et boutis aux fruits des bois, carreaux vichy aux couleurs de la carapace de bois qui habille ces nouveaux espaces, installent une atmosphère chaleureuse à souhait.

Coups de cœur :

Le côté chaleureux d'un grand chalet d'alpage au goût d'aujourd'hui dans un environnement exceptionnel. En ce qui concerne les chambres à moindre coût, mes préférences vont à la 209, en vichy noir et blanc et plaid en laine tricotée, à la 214, couleur marron glacé et chocolat blanc avec sa mezzanine pour les enfants.

Bonnes idées :

Randos balisées au départ de l'hôtel, excursions à la mer de Glace avec le train du Montenvers. Stages à l'école de glace. Déjeuner façon refuge à la Crémerie.

Plan p. 17, C1

Haute-Savoie

• Mado et Philippe Motta
1132, route de la Côte – 74410 Saint-Jorioz
Tél. 04 50 77 07 74
http://lamaisondespins.free.fr

• 2 chambres et 1 suite : 90-180 € selon le standing et la saison.

–> Ouvert toute l'année.

La Maison des Pins

Déco créative et pleine de sensibilité, pleine vue sur le lac d'Annecy…

Mado est originaire d'Annecy, alors, forcément, le lac, elle n'a pas pu lui échapper… Mais, plutôt que d'en admirer un seul morceau, elle a préféré l'embrasser d'un seul regard en grimpant sur la colline, en investissant cette fière demeure 1930. Elle fut édifiée au milieu d'un vaste parc, pour les vacances d'un avocat lyonnais et de sa famille. Les terrasses et les balcons s'ouvrent sur le lac, les fenêtres, juste voilées par des rideaux aériens, n'en perdent pas une miette. Ici, tout – ou presque – est fabrication maison. Philippe, son mari, s'est occupé du dur; Mado, du tendre… Les parquets en mélèze, les salles de bains sur fond de travertin, les auges déposées, les persiennes décapées, les baldaquins en chêne massif, les tables de bistrot reconverties en tables de toilette en ardoises oxydées, c'est lui. Les draps anciens chinés, les coussins brodés au point de croix, les embrasses de voilages en organza, c'est elle. Des plumes légères, des plaids moelleux, un feu qui ronronne dans la cheminée : nul besoin d'effort pour se laisser gagner par la félicité…

Coup de cœur :

Les guirlandes en silhouettes d'edelweiss découpées dans la feutrine.

Bonne idée :

Le manège du Pâquier à Annecy, qui a fêté son centenaire en 2006 et où des générations se sont succédé sur les chevaux et les cochons roses.

Plan p. 17, C1
Savoie

• Les Glières – 73590 Flumet
Tél. 04 79 31 38 84
contact@chalet-marie.com
www.chalet-marie.com

• 2 chambres : 65-73 €.
2 suites : 73 €/2 pers. ; 95-108 €/3 pers. ; 115-128€/4 pers. ; 125-138 €/5 pers.
Table d'hôtes : 24 €, boissons comprises.

–> Fermé en mai.

Le Cœur de Marie

Un vrai bonheur de brocanteur !

Mais, rien n'est à vendre ! Car, pour Marie qui a donné son prénom à sa maison de famille, la brocante est une passion qu'elle assouvit depuis des années au cœur de cette ferme, postée depuis 1810 sur la route des Grandes Alpes. L'ancien grenier à foin a été transformé en cuisine et grande pièce à vivre. Barbotines, brocs à eau et cafetières émaillées, boîtes à épices garnissent toutes les étagères en bois. Des nounours sages patientent dans une bassine en zinc. Ça mijote dans la marmite posée sur un vieux poêle en fonte où sèchent les torchons. Marie change son décor en fonction de ses humeurs et des saisons grâce à son gros fonds de collections qui sommeille au grenier... Deux chambres romantiques accueillent les amoureux dans des tonalités de rose et de pivoine, couronnées d'immortelles, de bourgeons et de pommes de pin. Deux suites enchantent les familles. Installée dans l'ancienne étable, couleur de bois et de ficelle, la plus spacieuse expose les généreuses soupières d'antan. Cœur de sapin, fleurie de roses rouges épanouies pour la seconde au ton de vert, depuis les tissus jusqu'au fauteuil en cuir. On se réveille le nez au ras de la baie vitrée veillée par un nounours en paille qui semble guetter la météo du jour. Ce matin-là, la neige scintillait au jardin. On a pris nos skis, et c'était parti pour une belle journée sur les pistes des Aravis...

Coups de cœur :

La brocante, les farandoles de nounours et de fagots, les chambres bien adaptées aux familles.

Bonnes idées :

Au carrefour du massif des Aravis, Flumet et l'Espace Diamant jusqu'aux Saisies. Au départ de La Giettaz, les pistes de Combloux-Megève avec l'Évasion Mont-Blanc. À 20 min. : La Clusaz.

Plan p. 17, C1
Savoie

• Kathia Excoffon
7, chemin des Galibouds – 73200 Albertville
Tél. 04 79 31 38 75 et 06 21 09 14 39
kathia.excoffon@free.fr
http://leschambresdepauline.free.fr

• 2 chambres : 55-65 €. 1 suite : 65-95 €.
Lit suppl. : 15 €.
Wifi.

–> Ouvert toute l'année.

Les Chambres de Pauline

Craquantes… autant que l'hospitalité de la maîtresse de maison !

Kathia, c'est un peu la version brune de Cécile de France dans *Fauteuils d'Orchestre*… La fraîcheur, la spontanéité, l'enthousiasme, la joie de vivre et puis, cette part d'enfance qui ne semble jamais quitter cette jeune femme qui a aménagé sa vie et sa maison sans oublier ceux qui ont vécu avant… Pour preuve, ses chambres baptisées du nom des mamies de la famille, cette osmose entre la jolie demeure XIXe et son décor très *Campagne Déco* qui, sans dénaturer les objets du passé, leur redonne un avenir de toute beauté. Des couronnes de branches et de lumières sur les portes qui s'entrouvrent… La chambre « d'Hélène » est rouge chiffon, de ses jupons aux fleurs de l'édredon. Kathia a une passion pour le linge ancien et les tôles émaillées. La chambre « d'Ida », plus spacieuse, joue sur un registre Art déco. De l'azur, du Zan : ce sont les couleurs « d'Amélie », une suite familiale où la chambre d'enfant est adorable avec sa voiture bricolée avec des cagettes à pommes et des boîtes de conserve. Kathia cuisine pour ses hôtes dans le même esprit. Une volière bleue pour la poésie, un petit gâteau tout chaud pour le bonheur d'un instant partagé…

Coups de cœur :

La superbe salle des petits déjeuners avec son lit d'enfant reconverti en canapé, garni de coussins en chutes de draps de lin. La collection de réveils Jazz, le volet décapé qui recueille les CD.

Bonnes idées :

Albertville est la plaque tournante des stations savoyardes. Vous n'aurez que l'embarras du choix !

Plan p. 17, C2
Savoie

*• Carole et Robert Martini
Le Chapitre – 73220 Argentine
Tél. 04 79 69 97 65 et 06 19 18 59 03
resa@tartine-polochon.com
www.tartine-polochon.com*

*• 3 chambres : 80 €.
Lit suppl. : 20 €.
Les chambres, qui portent le nom des jeunes filles de la maison, ont accueilli « Chloé », installée dans l'ancien séchoir à tabac.
Table d'hôtes sur résa. Piscine.*

–> Ouvert toute l'année.

Tartine et Polochon

« Tu devrais te lever avec moins d'idées, ça me reposerait » a dit Robert à Carole…

Robert et Carole sont venus vivre ici par amour de la Savoie qu'ils ont adoptée. Les enfants devenus grands, Carole a caressé le rêve d'une maison d'hôtes et embarqué son mari dans « sa folie ». Lorsqu'elle visita cette demeure, son coup de cœur fut total. 7 000 m² de terrain : c'était une décharge… Tous leurs copains les ont pris pour des « allumés » ! Robert a débroussaillé le terrain au coupe-coupe, décrépi la façade, travaillé pendant six mois jour et nuit, à « en devenir transparent » !… Pendant que Robert en « bavait », Carole chinait. Entre ses idées et ce qui était possible, elle a revu ses idées à la baisse… N'empêche, le résultat est juste… magnifique ! Aujourd'hui, la chambre « Mathilde » est resplendissante entre ses bouts d'arbres en sculptures, ses vieilles fenêtres en appliques, sa porte de grange en tête de lit, ses housses de couettes signées Sylvie Thierry. La chambre « Pauline » est couleur ficelle, lin et châtaigne, habitée par un vrai vieux nounours. Des bouillottes recouvertes de fausse fourrure pour le fun, une lampe en fagot de branches chapeautée de laine bouillie, des supports de bois d'avalanche pour le côté nature, des chemises de nuit d'enfants, des sous-vêtements d'un autre temps pour le côté rétro. Robert et Carole ont l'art et la manière de détourner moult objets, depuis les luminaires confectionnés à partir de ressorts de lits jusqu'aux glaces taillées dans d'anciennes persiennes.

Coup de cœur :

Au milieu de nulle part, une demeure à nulle autre pareille. Beaucoup de caractère et un réservoir d'idées inépuisable…

Bonnes idées :

Randos à cheval ou en poney, même dans la neige, au Petit Texas à Montgilbert. Baignade au lac de Saint-Pierre de Belleville, pêche dans celui d'Aiguebelle. Ski à une demi-heure à Saint-François-Longchamp, à 40 min. aux Sybelles.

La Bouitte

Plan p. 17, C2
Savoie

• René Meilleur
Hameau de Saint-Marcel
73440 Saint-Martin-de-Belleville
Tél. 04 79 08 96 77
info@la-bouitte.com
www.la-bouitte.com

• 4 chambres : 248-278 €. 4 suites : 381-450 €.
Lit suppl. : 65 €. Petit déjeuner : 22 €.
Restaurant gastronomique : 59-165 €.
Sauna, Jacuzzi. Massages. Bain vapeur ou lait-miel.

–> Fermé mai-juin et sept.-nov.

« Je suis un homme heureux, je ne m'occupe que de gens heureux... ». Il y a quelques lunes déjà que René Meilleur, bientôt rejoint par son fiston tout aussi talentueux, a gagné ses galons hôteliers aux cimes de la gastronomie savoyarde. C'est en voulant combler les « gens heureux » que sont nées – avec la complicité de sa fille – les « bouittes » : bouittes « d'Émilie », « d'Anaïs », « de Léa », « d'Angeline », aménagées dans l'ancien appartement familial ou fabriquées à partir de planches reponcées, relavées et recirées. Et depuis une poignée de saisons s'y est adjoint le plus insolite des spas dans une cabane de berger qui rappelle à René sa jeunesse... Ça embaume le foin. On y prend un bain de lait au miel et ensuite, c'est... dodo sur un lit d'herbes, musique douce dans les oreilles et vue sur l'extraordinaire cave à vins ! Il y a de quoi rêver...

Les Nouvelles Suites de la Bouitte

Après les chambres de la Bouitte, deux nouvelles suites ont été ouvertes au village de Saint-Martin. « Mélanie » est très cosy avec sa mezzanine suspendue. « Delphine », ma préférée, affiche une vraie personnalité, très fashion avec sa salle de bains ouverte, ses lavabos à peine dissimulés derrière les colombages et sa baignoire à débordement sur un tapis de galets, mise en scène au milieu de la pièce.

Plan p. 17, C2
Hautes-Alpes

• Raymond Rolland
05560 Vars-les-Claux
Tél. 04 92 46 50 72
hotel.ecureuil@wanadoo.fr
www.hotelecureuil.com

• 21 chambres : 105-200 € selon le confort et la saison.
Lit suppl. : 35-40 €.
Sauna. Minisnack. Wifi.

—> Fermé sept.-10 déc. et mai-juin.

L'Écureuil

Coups de cœur :
La salle des petits déjeuners, et puis l'accueil, l'accueil et encore l'accueil...

Bonnes idées :
En hiver, une épreuve de kilomètre lancé sur la piste de Chabrières, celle de tous les records ! Randonnées accompagnées à la découverte du patrimoine, de la flore et de la faune en été (rens. OT : tél. 04 92 46 51 31).

Ah, l'accueil de Raymond !

Il est douillet à souhait ce joli chalet de Vars-les-Claux qui scintille dans la neige, sous une pluie de lumières et de couronnes de givre, les soirs d'hiver. On y va pour être au pied des pistes. On y revient pour l'accueil exemplaire de Raymond et de son équipe, pour les petits matins dehors-dedans quand le soleil et la neige s'invitent au petit déjeuner à travers les grandes baies vitrées. Des Bambi en pelouse, des écharpes de neige qui enlacent les poutres et des banquettes pour attiser la convivialité et regarder les matchs de rugby, de foot ou de basket, entre hommes, tandis que les femmes vont faire une virée entre copines à l'Après-Ski. Raymond a entrepris une petite politique de rénovation de ses chambres, qui pour être confortables n'étaient plus vraiment... tendance. Si l'on en croit les suites qui ont déjà opéré leur révolution tranquille dans un esprit montagne totalement réactualisé, l'avenir présage de très beaux jours, ou plutôt de très belles nuits dans le repaire de l'Écureuil...

Plan p. 17, C2
Hautes-Alpes

• Marie-Pierre Risoul
Sainte-Marie – 05560 Vars
Tél. 04 92 46 50 52 – info@hotel-alpage.com
www.hotel-alpage.com

• 17 chambres : 52-83 € en été, 98-142€ en hiver. Demandez en priorité l'étage « Framboise ».
Demi-pension : 50-67 €/pers. en été, 66-88 € en hiver.
Restaurant : 20-26 €.
Billard. Sauna. Wifi.

–> Fermé d'oct. à mi-déc. et de mi-avr. à mi-juin.

L'Alpage

Dans la même famille depuis... le XVIIe siècle !

Les pierres de l'ancien moulin, fichées dans les murs, dénouent les fils d'une histoire qui se perd aux confins de l'an 1693. Et ce ne sont pas les magnifiques piliers de l'étable voûtée, transformée en salle de restaurant, qui démentiront. Marie-Pierre a repris en 1997 l'hôtel que ses parents avaient créé. Construit jadis au-dessus de la Chagne, aujourd'hui protégé par une digue, l'établissement est l'exemple type de ces petits hôtels de famille qui ont parfaitement réussi la passation des générations et leur rénovation. Sans ostentation, l'Alpage a su se remettre dans la compétition, humer l'air du temps autour de bois blond et de tissus à carreaux, de lustres de créateurs et d'écrans plats. Les vastes chambres, installées sur des moquettes couleur bleu métallique, vert sapin ou framboise écrasée, sont enjolivées de lampes en silhouettes découpées, d'appliques en forme de torches, de cœurs d'immortelles rouge cassis. Elles sont escortées de salles de bains spacieuses aux dalles couleur d'ardoise au reflet rouillé. Gagné sur l'espace du garage d'autrefois, un beau volume vitré sous une haute charpente, que le soleil inonde, rassemble les clients autour du bar et du coin cheminée, très cocooning.

Coups de cœur :

Les lustres de créateurs et la bonne humeur !

Bonnes idées :

Après une journée sur les pistes ensoleillées de la Forêt blanche, redescendez à Sainte-Marie par l'Olympique. Et puis la découverte des vieux villages de Vars (notamment cette demeure médiévale de Sainte-Marie avec son système de poulie pour monter le foin).

Plan p. 17, C3

Alpes-de-Haute-Provence

• *Annick et Charles Speth*
04510 Aiglun
Tél. 04 92 34 67 00
info@vieil-aiglun.com
www.vieil-aiglun.com

• *Gîte pour 8 pers. : 2 000-2 600 €/sem. (linge compris, ménage en sus : 85 €). Tarifs progressifs selon le nombre de pers. qui occupent le gîte. Salle à manger voutée.*

–> Ouvert toute l'année.

Le Vieil Aiglun

La route déroule ses lacets très serrés avant de déboucher sur un hameau avec vue... à couper le souffle !

D'un côté, les vallons qui s'envolent vers le plateau de Valensole. De l'autre, les Alpes qui griffent un ciel d'azur... La tête de l'Estrop marque l'entrée du Verdon, on distingue la Vallée Blanche et le Cousson qui est à Digne ce que le Cervin est à la Suisse... Venus des Flandres, Annick et Charles ont eu un coup de cœur pour cette Provence qu'ils ne connaissaient pas. Eux qui pensaient ouvrir un hôtel dans les Ardennes belges se sont d'abord retrouvés à la tête de cinq chambres d'hôtes et de deux gîtes dans un hameau perché à 775 m d'altitude ! Et parce qu'ils aiment leurs regards croisés sur les montagnes, ils savourent le privilège de les contempler sans être complètement dedans. Pour leurs hôtes, ils avaient aménagé des chambres dans les dépendances d'une ferme avec ses décrochements de paliers et d'escaliers. Aux dernières nouvelles, l'accueil se fait maintenant exclusivement en gîte. La piscine est panoramique. Un hamac invite au farniente entre deux sapins pour rêver à la croisée des chemins...

Coups de cœur :

La vue depuis les jardins et les chambres de cet authentique hameau d'une Provence haut perchée !

Bonne idée :

Mettre ses pas et son regard dans le cadre de ces montagnes qui enchantèrent en son temps la célèbre exploratrice Alexandra David-Néel.

Plan p. 17, C3
Alpes-de-Haute-Provence

• Cathie et Pierre Laroche
04600 Montfort
Tél. 04 88 16 60 27, 06 25 58 42 78 et 06 27 18 61 94
vieuxmurs@yahoo.fr
www.vieuxmurs.com

• 1 chambre : 85-105 €.
1 suite avec bassin-piscine privé : 120-145 €.

–> Ouvert toute l'année.

Les Vieux Murs

Chaque année, Cathy et Pierre qui randonnaient en Savoie, redescendaient vers le sud par la route Napoléon...

Ils ouvraient leurs volets le matin, voyaient les villages perchés, ils se sont enthousiasmés ! Alors, ils ont frappé à la porte d'une agence immobilière qui leur présenta cette petite maison. Immédiatement, ils ont vu les possibilités qu'ils pourraient en tirer... Après sept années de travaux intenses pour Pierre – qui ne s'appelle pas Laroche pour rien –, ce couple d'ex-enseignants m'a fait les honneurs de leur maison faite de leurs mains, eux qui n'y connaissaient rien ! Un petit bijou... avec ses courettes, ses terrasses dans les feuillages. Les escaliers de la maison se confondent avec la ruelle du village. On grimpe l'étroit escalier fondu dans des murs qui semblent moulés à la main pour déboucher sur une vaste chambre qui contemple la vallée, les champs d'oliviers et les cimes du Mercantour qui barrent l'horizon. La lumière se fait douce pour caresser la longue table couleur de lin, pour se reposer sur le dessus-de-lit vert bronze, effleurer les rondeurs d'une commode à la peinture coulée, s'assoupir au creux de gros fauteuils au velours rouge désir pour, finalement, se poser sur une gerbe de roses fanées, pieusement conservée. On pousse la porte d'une petite cour en contrebas du logis pour découvrir un bassin-piscine privatif, où l'on bronze avec, pour point de mire, les cheminées de fées de la falaise des Mées, illuminées les soirs d'été. Puis, on s'endort entre les murs beurrés d'une ancienne bergerie. Même ton de blanc cassé, de vanille, de lin de la salle de bains chaulée à la chambre, où le lit se fait velours sous ses gros oreillers couleur de paille d'été...

Coups de cœur :
Une atmosphère de Provence, où tout voyage en concordance. Les brassées d'eucalyptus, les coupes de tilleul, les amoncellements de bougies.

Bonne idée :
Les Mées.

Plan p. 17, C3

Alpes-de-Haute-Provence

• Sylvie Jund
D112 – 04150 Banon (route de La Rochegiron)
Tél. 09 61 36 71 38 et 06 18 86 64 86
contact@fermefouentcrema.com
www.fermefouentcrema.com

• 2 chambres : 75 et 100 € selon la saison. 1 suite : 110-145 €. Petit déjeuner : 8 €. Restauration sur place, autour de 25-30 €. Cuisine d'été. TV, lecteur DVD. Jacuzzi au jardin, tai-chi sur résa. Prêt de vélos. Massages sur résa.

–> Ouvert toute l'année.

La Ferme Fouent Crema

Sylvie cherchait une petite maison dans la prairie...

Lorsqu'elle découvre Banon, puis cette ferme solitaire du XVIIIe qui fut construite sur les vestiges d'un oppidum romain, elle a été conquise ! Vu la dimension de la propriété, son rêve est devenu « la grande demeure sur les terres à lavandes ». Transportée par les lieux, Sylvie avait imaginé s'y reposer... Raté ! Le gros œuvre, les jardins, c'est elle. Et, quand Sophie l'a rejointe, elle s'est lancée dans le projet de chambres d'hôtes et de gîte. D'une maman lyonnaise, cuisinière hors pair, Sophie a hérité un penchant pour les fourneaux et un talent certain pour cuisiner l'agneau de Banon ou pour concocter une anchoïade incomparable, dont elle garde le secret. Tous les parfums de Provence pénètrent dans sa cuisine et embaument la petite cour de la ferme, transformée en auberge au beau milieu des terres à blé et à lavandes. On déjeune sous la tonnelle. On dîne sous les ciels étoilés des soirs d'été. Dans les étables, écuries, bergeries, transformées en salles de réception, nos deux « fermières » ont conservé les râteliers d'origine et, dans la cour, ce long abreuvoir reconverti en couloir de natation. Dans les étages, les chambres cultivent ce style de murs décroûtés, de bergeries dépouillées, si particulier au pays de Forcalquier, avec leurs tommettes rouge tomate et leurs terres cuites d'origine. Deux artistes de Banon accrochent régulièrement leurs toiles sur les murs. Mais le plus beau demeure ce tilleul fantastique, qui affiche gaillardement ses 500 printemps et règne du haut de ses 33 m sur son domaine...

Coup de cœur :

Toute la magie d'une ferme-auberge au milieu des lavandes.

Bonne idée :

Les balades en poney shetland, les randonnées organisées. Le marché à Banon le mardi et le samedi, la Foire aux fromages de Banon le 3e dim. de mai. La galerie du P'tit Vélo.

Plan p. 17, C3
Alpes-de-Haute-Provence

• *Ketty et Laurent Baussan*
Campagne La Fare
Pierrerue – 04300 Forcalquier
Tél. 06 73 87 40 95 et 04 92 75 86 85
info@lafare1789.com
www.lafare1789.com

• *3 chambres : 110 € en BS, 135 € en HS.*
1 suite : 135 €/4 pers. en BS, 175 € en HS.
Buffet d'hôtes sur demande : 35 €.
Piscine. TV. Jacuzzi.

–> Ouverture : renseignements sur demande.

La Fare 1789

La « fare », c'est la colline. 1789 : une drôle de date pour sa construction…

Un olivier centenaire trône dans la cour en calade, qui dessine comme un scourtin de pierres aux pieds de cette ancienne ferme de belle allure qui dut être relais de poste. Laurent Baussan, dont le père fut le fondateur de l'Occitane, et Ketty, sa compagne, ont repris l'ancienne demeure de famille et l'ont transformée en maison d'hôtes dans un style de Provence intemporelle. Ainsi, cette salle des petits déjeuners avec sa cheminée typique, qui collectionne les vieux flacons à jus de parfum. Les chambres et les suites, aux murs épais qui conservent la fraîcheur en été, sont sobres, parées de grandes affiches d'art brut. Couleurs sourdes de bleu-gris ou de gris-vert dans les chambres, tandis que les salles de bains revendiquent les tonalités flashy des carreaux de Salernes, années 80. Un escalier, disposé à la manière d'un amphithéâtre, permet d'accéder à la chambre de l'« Olivier » aux portes en ferronnerie agencées à la façon d'une orangerie, et puis à celle du « Figuier », très nature. Près de la piscine, le pool house met une cuisine d'été à disposition des hôtes. Barbecue, plancha, four à pizza : rien ne manque pour séduire les familles. Il faut dire que, côté ribambelle d'enfants, Laurent et Ketty en connaissent un rayon !

Coups de cœur :

Une vraie maison de famille. Les produits locaux proposés au salon d'accueil et joliment disposés entre une collection de tians vernissés et une brassée de lavande.

Bonne idée :

Un nouveau restaurant à Forcalquier : Le 9, au pied de la citadelle, avec terrasse. Prudent de réserver (tél. 04 92 75 03 29).

Plan p. 17, C3
Alpes-de-Haute-Provence

• Monsieur Sanchez
Route de Banon – 04300 Forcalquier
Tél. 04 92 75 72 80
bastidesaintgeorges@wanadoo.fr
www.bastidesaintgeorges.com

• 21 chambres : 90-230 € selon le standing.
1 appartement : 160 € en BS, 250 € en HS.
Lit suppl. : 25 €. Petit déjeuner : 16 €.
Restauration à proximité.
En été, service snack le midi.
Piscine chauffée. Location de VTT et VTC. Spa.

–> Fermé de mi-nov. à mi-fév.

La Bastide Saint-Georges

Et si le bonheur en Provence avait aussi les traits d'un hôtel à l'aise dans son époque...

En marge des hôtels où l'on vit entre ombres et lumières, à l'abri de murs séculaires, la Bastide Saint-Georges joue sur un registre plus contemporain, née il y a une petite dizaine d'années de l'imagination d'un jeune couple pour lequel l'hôtellerie est une tradition familiale. Les bâtiments, couverts de tuiles canal, bien dans le style régional, sont désormais fondus dans une végétation – quasiment luxuriante – délimitant des terrasses de verdure, où se sont posés spa et grande piscine. On se plaît à lézarder de longues heures sous les parasols, lorsque le soleil de Haute-Provence redouble d'ardeur. Les chambres, qui rivalisaient déjà d'élégance très actuelle entre leurs lampes en bois flotté et leurs tonalités de gris-bleu et de lin ficelle, se sont embourgeoisées, escortées désormais, pour certaines, de salles de bains en marbre italien. Des tons nouveaux ont gagné les boutis : argile ou noir intense. La tendance

est au papier peint, signé Farrow & Ball. Quatre chambres Prestige ont vu le jour... « Banon » et son baldaquin de bois clair, son lit réchauffé d'une pelisse, ses luminaires de Bleu Nature et sa salle de bains ouverte aux vasques noueuses comme des sarments. « Salagon », plus baroque en noir, gris et or. L'hôtel rend hommage aux filles du comte de Provence, devenues reines. « Éléonore », épouse du roi d'Angleterre, féminine et glamour, rayonne en turquoise. « Marguerite », reine de France, mariée au futur Saint Louis, plus douce en lin et or. À mariage heureux, cocon soyeux !

Coups de cœur :

Accueil délicieux pour ce petit hôtel, qui joue dans la cour des grands et invite aux vacances en Provence, en toute sérénité. La cuisine savoureuse d'un jeune chef talentueux aux Terrasses de la Bastide.

Bonnes idées :

L'Université des senteurs et des saveurs, l'Atelier du parfum au couvent des Cordeliers de Forcalquier (tél. 04 92 72 50 68).

Plan p. 17, C3

Alpes-de-Haute-Provence

• Chemin des Jeux de Maï
04300 Mane-en-Provence
Tél. 04 92 74 77 77
reservations@couventdesminimes-hotelspa.com
www.couventdesminimes-hotelspa.com

• 46 chambres et suites : 180-870 €.
Lit suppl. : 40 €.
Restaurant gastronomique et d'été.
Room service. Bar-lounge.
Bassin de relaxation et piscine extérieure chauffée.
Spa. Fitness. Potager.

–> Fermé janv., lun. de mai, juin et sept., lun. et mar. d'oct. à avr.

Le Couvent des Minimes

Adonnez-vous sans modération à quatre péchés capitaux. Renoncez définitivement aux trois autres...

C'est pour un ordre mendiant qu'un marquis fonda en 1613 le couvent des Minimes. La Révolution chasse les religieuses du couvent. Une congrégation enseignante s'y installera, suivie en 1910 par les sœurs franciscaines qui y installent un dispensaire et cultivent plantes aromatiques et médicinales au pays des lavandes. Aujourd'hui, la tradition se poursuit avec l'Occitane qui vient de restaurer de façon magistrale les bâtiments. Lavande, verveine, olive constituant les ingrédients de base de cette société née au pays de Forcalquier, il était donc naturel qu'un spa – avec sa marque dérivée « Couvent des Minimes » – y soit intégré. Les fantômes des sœurs me pardonneront... Je vous suggère d'interpréter à ma façon les commandements suivants... Laissez libre cours à l'Envie d'habiter l'une de ces chambres imaginées par l'architecte Bruno Legrand, où la décoration, s'inspirant des lieux, joue la simplicité et la pureté des lignes entre pierre blanche, dalles d'ardoise, mobilier en chêne clair et ton de miel. Pour ce qui est de la Paresse, laissez-vous tenter... Pour matines et angélus, le centre de ralliement, c'est le cloître. Et là, à l'heure divine, quand les ciels d'été prennent une couleur d'améthyste, que brille l'étoile du Berger, abandonnez-vous sans retenue au péché de Gourmandise. En ce qui concerne la Luxure, à vous de voir... Pour ce qui est de l'Orgueil d'avoir découvert une si belle adresse, faites comme moi, renoncez-y et partagez-la avec d'autres...

Coups de cœur :

Une belle « re-conversion » pour cet ancien couvent chargé d'histoire, où le bien-être a toujours été une règle. Un accueil très pro sans être obséquieux. Une leçon que devrait méditer nombre d'hôtels dits « luxueux » à travers le monde...

Bonnes idées :

Mane, Forcalquier et son marché du lundi matin, les champs de lavande et les sentes à moutons du pays. Ou encore lire la Chronique d'un château hanté, *livre de Pierre Magnan.*

Plan p. 17, C3

Alpes-de-Haute-Provence

• Michèle Auran
Campagne Pichovet – 04110 Vachères
Tél. 04 92 73 33 48
contact@hameau-de-pichovet.com
www.hameau-de-pichovet.com

• 2 chambres : 110 € BS, 125 € HS. 2 suites : 120-135 €. Chambres pour 2 nuits min., surplus de 20 € pour une seule nuit.
Lit suppl. : 30-35 €. Table d'hôtes : 35 €.
2 piscines dont une réservée aux enfants et l'autre au repos et au farniente.

–> Ouvert toute l'année.

Le Hameau de Pichovet

« Dans ce pays de fermes solitaires, de troupeaux de moutons, de mouchoirs de lavandes... »

Dans ce « pays, taillé sur cent mille patrons » comme disait Giono, il était un hameau abandonné qui attendait Michèle, un jour de janvier, entre chien et loup. Michèle a d'abord entendu le silence. Alors, elle a craqué... Ensuite, il a fallu le relever de ses ruines, redessiner les contours des bâtiments agricoles avec des persiennes en bois, articulées façon séchoir à tabac, monter des portes de grange lessivées sur des rails, investir les espaces en les adaptant à l'environnement d'aujourd'hui. Aidée par une amie, fan d'architecture intérieure, Michèle s'est lancée avec passion dans l'aménagement de quatre chambres. Les murs sont blancs, les cheminées ultra-contemporaines, le mobilier, italien. Dans « Romarin », couleur béton, les tissus sont bleu canard. « Lavande » s'épanouit en blanc. Sa voisine joue sur le registre du velours rouge. Ma préférée, c'est « Le Pigeonnier ». Salon au ton marron. Jeté de lit couleur artichaut et salle d'eau tête-de-nègre. Michèle s'est installée derrière les fourneaux. Courez à Pichovet savourer leur art de vivre et le silence d'une Provence préservée...

Coups de cœur :

Le silence et la vue. La chambre « du Pigeonnier ».

Bonnes idées :

Relire Provence *de Giono. Découvrir Simiane-la-Rotonde. Musarder au marché de Banon, déguster ses fameux fromages et hanter sa librairie Le Bleuet.*

Plan p. 17, C3

Alpes-de-Haute-Provence

• Françoise et Frédéric Arzano
Chemin de Saint-Véran
04500 Allemagne-en-Provence
Tél. 06 88 79 69 09
frederic.arzano@orange.fr
www.lamaisondescollines.com

• 4 chambres : 97-147 € selon la saison.
1 chambre familiale : 127-177 €/3 pers. Lit bébé : 15 €.
Table d'hôtes occasionnellement : 27-35 € hors boissons.

–> Ouvert toute l'année.

La Maison des Collines

Françoise est née au village où ses grands-parents étaient boulangers. Son mari vient du bourg voisin...

Alors, ils ont trouvé un terrain d'entente pile-poil à mi-chemin ! C'est là qu'ils ont solidement planté leur belle demeure de Provence sur une colline en restanques avec, comme objectif, d'y accueillir des hôtes. Sept années de construction pour Frédéric qui s'est occupé de tout le second œuvre quand Françoise tirait des plans déco. Résultat : un long séjour de 19 mètres, architecturé comme pour une résidence hôtelière, très épuré et ultra-tendance. Au sol, de grandes dalles en marbre de l'Atlas, sur lesquelles se sont installés canapés, fauteuils et tabourets en rotin de Java. De grands rideaux en lin tamisent l'ardeur du soleil, un lampadaire noir et des chandeliers à pampilles qui se reflètent dans des glaces dorées allument la salle à manger et les tables de l'été, dressées sous la charpente à l'ancienne du vaste auvent. Épis de blé et teck brossé, depuis le bar, la longue table et jusqu'au mobilier des quatre chambres dont les chiffres sont ceux des mois de naissance des membres de la famille. Une méridienne en lin se repose entre les murs Evening Grey de Ressources dans la « 4 ». Les vasques en pierres plates de la salle d'eau ont été chinées chez un carreleur de Manosque. Des poufs lampes en rotin éclairent jusqu'au jardin qui se dissipe sur la colline embaumée de romarin. La « 2 » est à l'identique, en accès direct avec la garrigue. La « 8 » est adaptée aux familles. La « 5 » est plus traditionnelle.

Coups de cœur :

La chambre « 4 », l'épure et l'atmosphère apaisante qui se dégage du décor.

Bonne idée :

Le plateau de Valensole et les gorges du Verdon.

Plan p. 16, B3
Vaucluse

• Géraldine et Jérôme Thuillier
Route de Saint-Véran – 84190 Beaumes-de-Venise
Tél. 04 90 37 35 20
contact@leclossaintsaourde.com
www.leclossaintsaourde.com

• 1 chambre : 170-240 € selon la saison.
2 suites : 210-290 € selon la saison.
1 cabane avec terrasse et spa privé : 350-430 €.
Lit suppl. : 40 €.
Table d'hôtes (1 fois/sem., ven. soir, 4 hôtes min. sur résa.) : 40 €, tout compris.
Piscine. Séjours à thème : œnologie, massages, randonnées avec guide de montagne.

–> Ouvert toute l'année.

Le Clos Saint-Saourde

Une maison entre vignes et rochers dans l'un des plus beaux sites de Provence...

L'idée de chambres d'hôtes au soleil trottait dans l'esprit de Jérôme et de Géraldine. L'arrivée de Camille, la quatrième petite fille de la famille, a décidé ce couple de Parisiens à franchir le pas. Le jour, la nuit, Jérôme faisait des plans... Le défi ne lui faisait pas peur ! C'est dans un décor féerique, entre Ventoux et Dentelles de Montmirail, qu'il a fixé son rêve et sa tribu, dans une ferme du XVIIIe siècle abandonnée, construite sur les Beaumes, qu'il a revu tous ses plans. Épaulé par un oncle maçon, il s'est attelé à un chantier colossal et 400 m² de toiture. L'ancienne porcherie et les écuries ont été transformées en chambres au caractère bien trempé. Lueurs orientales pour « Zellige », taillée dans le roc. Derrière ses portes indiennes massives, elle abrite une salle de bains dotée d'une baignoire-piscine sous cave voûtée. Entièrement blanche, depuis ses rochers passés au lait de chaux jusqu'à ses tissus, « Beaulieu », qui tire son nom d'une carrière dont les pierres ont servi à son sol, possède une douche tapissée de galets. Quant à « Castillon », elle revisite le style gothique chic sous couvert de belles ferronneries et de rocher excavé !

Coup de cœur :

Du caractère, de la passion. Le décor s'y prêtait, Géraldine et Jérôme n'avaient pas droit à l'erreur : bravo !

Bonnes idées :

Jogging sur les sentiers des vignes. Montée un peu raide... La récompense, c'est la vue qui embrasse le Ventoux et les Dentelles de Montmirail.
Ne manquez pas le vignoble de Beaumes-de-Venise.

Plan p. 16, B3
Vaucluse

• *Marie et François Pillet*
450, chemin du Patifiage – 84330 Le Barroux
Tél. 04 90 62 66 91 – contact@aube-safran.com
www.aube-safran.com

• *3 chambres : 110 €/1 pers., 145 €/2 pers.*
1 suite junior : 155 €/2 pers.
1 suite (3 ou 4 pers.) : 185-220 €.
Table d'hôtes sur résa. (min. 6 pers.) : 45 €, dégustation de vins bio.
Piscine. Jacuzzi.

–> Fermé de nov. à Pâques.

L'Aube Safran

Venus de l'architecture et de la décoration parisienne, ils avaient le désir de changer de vie...

Ils se sont intéressés aux cultures oubliées. À commencer par cette petite plante cultivée pendant quatre siècles dans le Comtat Venaissin : le safran dont ils sont devenus producteurs. François et Marie vous apprendront tout sur cette plante fragile qui entre délicatement dans la composition de nombreux plats servis à leur table d'hôtes. Car, après l'aventure du savoir est venue celle du partage. En partant d'un cabanon planté dans la garrigue face au vignoble de Beaumes de Venise, François a imaginé la maison, lui construisant des volumes dans un esprit adapté à la Provence d'aujourd'hui. Avec ses murs épais qui conservent la fraîcheur en été, avec son triple rang de génoises chapeautés de tuiles romaines, elle s'intègre parfaitement dans ce paysage découpé par le mistral. François et Marie ont composé une maison qui leur ressemble. Douce et vespérale. Pour des siestes de soleil dehors-dedans... Sous l'auvent de la petite cour où murmure une fontaine en forme de lavoir design, sous la gloriette où le souffle du vent balaie les voiles blancs, au bord de la piscine sous la pinède et puis, dans l'intimité de chambres qui déclinent toute la palette du mastic et du blanc. Epure et architecture... Lignes pures et feuilletage de pierres tranchées à vif. Magie de la chaux qui se fond avec les tableaux de Jean-Claude Hutin, pastels volatiles qui s'envolent des alcôves au salon. Une robe blanche danse sur un mur. Une pintade picore une table. Un funambule comme un Pierrot de lune... Le blanc, c'est la couleur préférée de Marie, des couettes aux tapis, des sièges XVIIIème réhabillés de draps chiffrés aux luminaires plein de fantaisie. Au fil du jour, cette maison douce se fait tour à tour velours, laine et lin. Au soir couchant, le regard s'envole sur les terres ocres du Trias et la vigne. Le soleil irradie d'un dernier rayon les Dentelles de Montmirail qui barrent l'horizon. Au petit matin, la maison ouvre ses volets sur une aube safran coulant vers les vallons.

Coups de cœur :
Une vraie maison d'été et de Provence, pleine de poésie, où la non-couleur devient du grand art.

Bonnes idées :
Un dîner en terrasse, ou dans le décor magique et très contemporain du restaurant des Vignerons de la Cave de Beaumes de Venise, où officie avec discrétion un jeune chef plein de talent..

Plan p. 16, B3
Vaucluse

• Frédérique Calamel
Route de Hautes-Ribes – 84260 Sarrians
Tél. 04 90 65 53 41 et 06 82 37 35 03
lafermedessablons@hotmail.fr
www.lafermedessablons.fr

• 3 chambres : 70 €-80 € selon la saison.
Lit suppl. : 20 €.
Piscine. Wifi.

–> Ouvert toute l'année.

La Ferme des Sablons

Un grand cœur placardé sur la façade affiche la couleur et la bonne humeur…

Des cages à oiseaux picorent un pan de mur, une vache en tôle, bricolée à partir de boîtes de conserve, vous souhaite la bienvenue. Cette ancienne ferme maraîchère a été achetée il y a une dizaine d'années par Frédérique qui a grandi au village d'à côté. Un cœur encore qui s'envole d'un grand tableau en tête de lit de la chambre « Anis » au boutis couleur d'absinthe. Il a des vues sur un siège en jute, façon sac à patates, posé sur un sol en béton lissé bleu pastel. Un rideau en fils blancs, soutenu par un bâton de bambou, voile une salle d'eau à la frise de galets. Un coup d'œil en passant sur un tableau de collages, sur un tableau aux mesures des enfants, pieusement conservé dans la salle de jeux… Et puis, hisse et haut la fantaisie ! On se retrouve dans la chambre « Bleuet » : un tapis turquoise en plastique africain feutre les pas. Dégradés de gris-bleu et de bleus intenses, boutis froissé pour cette chambre qui a pris ses aises dans l'ancien grenier. Dehors, les plumets des cyprès oscillent sous la brise tiède, les insectes bourdonnent sous la treille. La vigne vierge courtise une glycine et la douche, dans son enclos de bambous, n'attend plus que vous pour vous rafraîchir au plus fort de l'été.

Coup de cœur :
La fantaisie des lieux noyés sous les feuilles.

Bonnes idées :
La vieille ville de Carpentras, le marché du vendredi matin et une halte chez Bono pour ses fruits confits artisanaux.

Plan p. 16, B3

Vaucluse

• Sylvie et Gilles Reiter
1272, chemin d'Aubignan – Mazan
Hameau de Serres – 84200 Carpentras
Tél. 04 90 60 73 97 et 06 07 18 42 49
lemasdutemps@orange.fr
www.lemasdutemps.com

• 3 chambres : 160-180 €, 1 suite : 190-210 €.
Lit suppl. : 30 €.
Piscine. Tennis. Aire de boules.

–> Ouvert toute l'année.

Le Mas du Temps

Le temps de vivre...

Ce couple de Luxembourgeois a ratissé large, des Alpilles à la Drôme provençale, du Lubéron au Comtat Venaissin pour dénicher la demeure de leur rêve, pleine vue sur le Ventoux et les Dentelles de Montmirail. Sous ses tuiles canal et sa triple gênoise, l'ancienne ferme qui affichait gaillardement ses 250 ans, leur a plu immédiatement. Alors, ils ont pris le temps de vivre entre les prés en espaliers, ponctués d'oliviers, et le bassin épanoui dans l'ombre d'un vieux kaki... Le temps de rêver sous une tonnelle de glycines blanches, courtisée par des farandoles de roses... Le temps de redistribuer la maison pour y accueillir des hôtes entre des murs cyclamen ou vert de gris, bouton d'or ou vert amande... Le temps de chiner à L'Isle-sur-la-Sorgue et dans les brocantes environnantes ce joli paravent XVIIIe, ces toiles peintes et ce mobilier de Provence recomposée à l'air de notre temps... Le temps de distribuer urnes de pierre et tables rouillées, savamment patinées au fil des espaces... Le temps de poser des tringles forgées pour que dégringolent drapés de lin et voilages aériens, de déposer des lavabos rétro et des baignoires à l'ancienne sur des tommettes paysannes... Puis ils ont convié leurs hôtes à prendre le temps de humer les parfums de l'été, de savourer le temps qui passe... Le temps de vivre et puis le temps d'aimer...

Coups de cœur :

Le cachet de l'ancienne ferme, ses terrasses et ses prés en espaliers, la chambre bleue.

Bonne idée :

Une escapade à vélo à travers les itinéraires de Gilles, un passionné qui courait tous les villages secrets.

Plan p. 16, B3

Vaucluse

• Jeanie et Frédéric Bussot
1358, chemin de la Banastière,
Route du Golf-du-Grand-Avignon – 84270 Vedène
Tél. 04 90 01 35 25
contact@labanastiere.com
www.labanastiere.com

• 4 chambres : 155 € en BS, 175 € en HS.
1 suite : 175 € en BS, 195 € en HS.
Lit suppl. : 30 €.
Table d'hôtes : 40-60 €.
Piscine. Salle de gym. Golf à proximité.

–> Ouvert avr.-début oct.

La Banastière

Afin de voir leur fille grandir…

… Jeanie et Frédéric ont acheté, il y a cinq ans, cette bâtisse XVIIIe ayant appartenu à des fabricants de paniers en osier. Dehors, seul le bassin à poissons existait. Autour, ils ont dessiné des jardins secrets, des chemins de verdure entre cyprès et oliviers, installé des fontaines, une piscine romaine et planté des lavandes à foison le long des parterres en calade. L'ancienne grange à foin a été transformée en maison d'hôtes à l'italienne. Un art de vivre qui se prolonge dans des chambres douillettes, aux tons de perle ou de caramel, étoffées de couettes en lin et d'édredons bien gonflés, ponctuées de rideaux bayadères, style torchon. Avec sa cheminée et son potager, ses boiseries XVIIIe, la « Campagnarde », comme la « Jouy », en camaïeux bleutés, évoquent une Provence intemporelle, tandis que la « Rouge » invite l'Asie à rejoindre l'Italie autour de bouddhas protecteurs, d'une armoire chinoise et de rideaux en soie thaïe. Quant à la chambre des « Mariés », elle déploie ses superpositions d'oreillers moelleux sous un lustre de David Emery en velours givré et fils de fer libellules. Aux amoureux de choisir entre un petit dîner à deux ou un repas romantique à la belle étoile sous le kiosque d'un salon de jardin !

Coups de cœur :
Le jardin à l'italienne et les tissus douillets.

Bonnes idées :
Le golf du Grand Avignon à 500 m.
ou encore les berges du Rhône : le cimetière Saint-Véran, Sorgues…

La Maison sur la Sorgue

Plan p. 16, B3
Vaucluse

• *Marie-Claude et Frédéric Dol*
6, rue Rose-Goudard – 84800 L'Isle-sur-la-Sorgue
Tél. 04 90 20 74 86
lamaisonsurlasorgue@wanadoo.fr
www.lamaisonsurlasorgue.com

• *2 chambres : 200-280 € selon la saison.*
2 suites : 240-310 € selon la saison.
Lit suppl. : 55 €.
Piscine escamotable dans la cour intérieure.

–> Ouvert toute l'année.

Un hôtel particulier métamorphosé au cœur de la cité...

Marie-Claude est née au village. Ça tombait bien : les descendants de l'ancienne épicière qui habitait jadis la demeure ne voulaient vendre qu'à un enfant du pays. La famille noble qui y vivait au XVIIIe siècle avait créé moult coursives et couloirs afin que les serviteurs passent sans les voir... Marie-Claude et Frédéric ont tout cassé, ouvert de larges espaces. Un travail titanesque ! Entre ces murs épais : une surprise derrière chaque porte... Des sièges de repos courent le long de la loggia aux chambres rouge opéra. La suite « des Greniers », en dégradés de pigments gris, a conservé des fragments de papiers peints d'autrefois, illuminés par des lustres en pierres de verre et fer forgé. Par un trou dans la porte burinée de la chambre « avec Vue » se dévoile une Vierge, côté rue. Rideaux moirés marron glacé, guépard affalé en tapis, boutis violet à surplis rouge pompéien : le ton est donné ! Qui se poursuit avec la suite « des Ombres » où, entre parme et lilas, au travers de petites encoches dans les volets, les maisons de la place se reflètent en couleur sur les murs de la chambre suivant le principe de... la lanterne magique !

Coups de cœur :

La suite « des Ombres », la terrasse solarium dans les toits.

Bonnes idées :

Vous n'aurez pas assez d'un week-end pour écumer les boutiques d'antiquaires et les brocantes ou pour hanter les petits bistrots sur la Sorgue !

Plan p. 16, B3
Vaucluse

• *Geneviève et Gérard Langenstein*
Les Gros – 84220 Gordes
Tél. 04 90 72 11 69
contact@le-moulin-des-sources.com
www.le-moulin-des-sources.com

• *4 chambres : 95-145 € selon la saison.*
1 suite : 145-180 € selon la saison.
Lit suppl. : 30 €. Table d'hôtes (1-2/sem.) : 35 €.
Piscine.

–> Ouvert toute l'année.

Le Moulin des Sources

Ici, les sources chantent au tempo des cigales…

Les pierres sèches sont blanchies par le soleil et les jardins embaument la lavande et le romarin. Des Lyonnais émigrés dans le Luberon ont redonné vie à cet ancien moulin à huile du XVIIe siècle. Plein de coins et de recoins, il cache des courettes ombragées de cyprès, une cuisine voûtée de toute beauté où l'on découvre une source en cave… Comme un trésor au pays de *Manon des Sources*. Le grand salon blanc ouvre ses portes sur un espace émaillé de grands tableaux contemporains et d'œuvres d'art. Les chambres cultivent une épure qui sied aux belles demeures provençales. « Ocre » et « Sienne » sont parées de tissus ethniques. Un meuble argenté de Cyclo-Pousse enchante la chambre « Ardoise » qui emprunte son nom aux murs de sa salle de bains. On pénètre par l'ancien four à pain du village pour découvrir « Céladon », lumineuse à souhait entre la blancheur de ses matériaux et la transparence de sa salle d'eau en blocs de verre sablés. Ma préférée, c'est « Garance » en noir et blanc, habitée par un mobilier couleur argent et des luminaires d'Objets du Désir… Tout un programme !

Coups de cœur :
La quiétude et l'élégance des lieux, la gentillesse de l'accueil.

Bonnes idées :
Le hameau des Gros. Hors saison, une escapade aux Ocres de Roussillon, et puis l'abbaye de Sénanque.

Plan p. 16, B3

Vaucluse

• Rachel et Stéphane Bertola
Quartier Sénancole – 84220 Gordes
Tél. 04 90 76 90 79
laregalade@hotmail.com
www.masregalade-luberon.com

• 4 chambres : 85-120 € en BS, 110-150 € en HS et w.-e. fériés.
Cuisine d'été à dispo. Piscine. Vélos.

–> Fermé de mi-nov. à Pâques.

Le Mas de la Régalade

Vous allez vous y régaler...

... de l'été qui s'attarde sur les vergers, du beau jardin nourri d'herbes et de lavandes, de cette ferme du XVIIe siècle qui dut être autrefois une magnanerie. Murs chaulés, plafonds à la provençale, authenticité décalée à tous les niveaux... Originaire de la Côte d'Azur, Stéphane, qui travaillait dans l'hôtellerie de luxe monégasque et courait le monde pour ses photos, a le sens de l'accueil et des perspectives, qu'il cultive désormais dans un esprit plus charme et plus décontracté. Stéphane est très brocante et très Provence, draps de lin, tommettes paysannes et bouquets de branches. Il aime l'équitation et la déco. Chez lui, on trouve une chambre à l'atmosphère de ferme équestre, une autre très Art déco, des sièges en cuir noir XXL cohabitant avec des escaliers en fonte brossés à la limaille de fer, des plaids tricotés et du linge de maison griffés Ralph Lauren ou Calvin Klein. On s'amuse des panneaux industriels chinés à l'Isle-sur-la-Sorgue, des pupitres à champagne positionnés en têtes de lits et des cageots à fruits en chevets. Aujourd'hui, Stéphane et Rachel se régalent des petits déjeuners partagés sous les pergolas, des siestes de soleil sous le filtre des tamis de bruyères et des enfants de leurs « nouveaux » copains qui courent dans les fleurs.

Coups de cœur :
L'atmosphère décontractée, la déco débridée et l'authenticité des lieux.

Bonne idée :
Le village des Bories.

Plan p. 16, B3
Vaucluse

• *Jocelyne et Jean-Louis Sibuet*
Sibuet Hôtel & Spa
Route de Bonnieux – 84560 Ménerbes
Tél. 04 90 72 30 20
contact@labastidedemarie.com
www.labastidedemarie.com

• *8 chambres : 540-570 € en demi-pension.*
6 suites : 645-760 € en demi-pension.
Roulotte pour 2 pers. : 260-300 €.
2 piscines, spa.

–> Fermé début nov.-début avr.

La Bastide de Marie

Un amour de Provence...

C'est au « Luberon des départs aux aurores d'été, par la pierre, les combes, les monts et les crêtes » que les Sibuet, connus pour leurs prestigieux hôtels de Megève, ont décidé d'ancrer ce rêve d'hospitalité provençale. Dans le sillage des mots d'Henri Bosco, tracés sur la nudité des murs, dans l'ombre tutélaire de cyprès centenaires et du roc érodé du vieux Ménerbes, leur songe de maison idéale a pris corps dans une demeure qui avait déjà son passé. Par la porte entrouverte, le soleil vient lécher le sol de pierres blanches, les murs de pierres crues, s'attarde sur les livres anciens parsemés d'herbes de la garrigue, s'interroge sur le passé d'une vaste cheminée de cuisine de château, réinstallée au salon, avant de s'immiscer au long des suites et des chambres aux murs cloutés de cigales, repeints aux couleurs de la pinède. Dehors, un bassin s'est niché dans le dénivelé d'une terrasse. Les bouteilles de rosé patientent au frais dans la fontaine et la table dressée sous les canisses contemple un jardin de plantes aromatiques cerné par les vignes.

Coups de cœur :
Le raffinement, le calme et l'atmosphère intemporelle des lieux.

Bonnes idées :
Le cœur du Luberon avec Oppède-le-Vieux, la forteresse de pierre naturelle de Ménerbes, le musée du Tire-bouchon.

Plan p. 16, B3
Vaucluse

• Place Napoléon – 84380 Mazan
Tél. 04 90 69 62 61
reservation@chateaudemazan.com
www.chateaudemazan.fr

• 28 chambres : 105-280 € selon la saison.
2 suites : 330-410 € selon la saison.
Petit déjeuner : 17 €. Taxe de séjour : 1 €/j./1 pers.
Lit suppl. : 30 €. Animaux : 15 €.
Menu « gourmand » : à partir de 35 € ; carte.
Piscine.

–> Fermé janv.-fév.

Hostellerie du Château de Mazan

Au château du marquis de Sade...

Il y organisa, en 1772, ce qui allait être le premier festival de théâtre en France ! Et même s'il passa l'essentiel de son temps à Paris et dans ses châteaux de Lacoste et de Saumane en alternance avec Mazan, le divin marquis a laissé son empreinte ici, et plus particulièrement au salon qui fut vraisemblablement sa salle de spectacle. Au fumoir, couleur champagne, un testament, établi par l'un de ses hommes d'affaires, trône au côté d'un distributeur de café début XXe, correspondant aux standards de l'hôtellerie de l'époque. Au fil de ses terrasses et de ses alcôves, le château raconte l'histoire des siècles qui passent sans que l'art de bien recevoir ne trépasse. Beaucoup d'inspiration XVIIe, de l'escalier aux chambres les plus romantiques. Ainsi la lumineuse « n°16 » aux floralies blanches, rehaussée de vert amande, la délicieuse « n°8 » et sa nature morte. Plus épurée est la « n°2 » en gris pâle et chocolat blanc, la « n°3 », couleur orchidée. Plus masculine, la « n°23 ». Tonalité corail pour la « n°104 », pourvue d'une baignoire à l'ancienne. Déclinaison de rose pour la « n°103 » accompagnée d'une superbe salle de bains, de parme et de lilas pour la « n°105 », tout en tendresse...

Coups de cœur :

La « n°1 » pour sa terrasse sous les feuillages, la « n°105 » pour ses tonalités actuelles, et l'atmosphère surannée qui flotte en ces lieux.

Bonnes idées :

Relire le marquis de Sade à l'ombre des mûriers, visiter les gorges de la Nesque ou celles du Toulourenc avec, en point d'orgue, le village tout en calades de Brantes.

Le Château La Roque

Plan p. 16, B3
Vaucluse

• Chantal et Jean Tomasino
263, chemin du Château
84210 La Roque-sur-Pernes
Tél. 04 90 61 68 77
chateaularoque@wanadoo.fr
www.chateaularoque.com

• 2 chambres : 150-190 € selon la saison.
3 suites : 280 € selon la saison.
Petit déjeuner : 20 €.
Table d'hôtes sur résa. : 44 €, hors boissons.
Piscine.

–> Ouvert toute l'année.

La route monte au ciel entre les pins et les rouvres… et délivre soudain, au détour du chemin, une vue sur un château d'un autre temps. Cette forteresse appartint successivement au Saint Empire romain germanique et aux comtes de Toulouse, avant d'être résidence du premier pape de Carpentras. Dans l'ombre des murailles, le printemps réveille des jardins en restanque au pied desquels s'allonge une piscine. Les murs des chambres, distribuées autour des marches d'un escalier laissé dans l'usure du temps, dévoilent des laits de chaux aux pigments de Roussillon. Mobilier chiné à L'Isle-sur-la-Sorgue ou aux puces de Saint-Ouen.

Au Bord du Temps

Plan p. 16, B3 – Vaucluse

• Marthe et Henry Deneits
65, chemin Maillet – 84660 Maubec
Tél. 04 90 76 48 44
auborddutemps@free.fr
http://auborddutemps.free.fr

• 2 chambres : 78-85 €.
Lit suppl. : 20 € ; enfant 17 €.
Piscine.

–> Fermé de nov. à mi-mars.

Allure de bergerie provençale et univers de broc de famille. Draps en lin, linge d'évier, couleurs zinc, ficelle et calisson… On s'installe sous l'auvent ou bien sur une banquette tapissée de toile à matelas à l'heure du petit déjeuner, au milieu de bouquets de fleurs des champs montés en graines.

L'Aulière

Plan p. 16, B2 – Vaucluse

• Monsieur et Madame Dodemont
Route de Monségur – 84600 Richerenches
Tél. 04 90 28 05 04 – kathleendod@aol.com
www.lauliere.com

• 4 chambres : 80-90 € selon la saison.
Lit suppl. : 20 €.
Table d'hôtes sur résa. : 30 €, vin compris.
Piscine. Tennis. Cuisine d'été.

–> Ouvert toute l'année.

Ce beau corps de bâtiment XVIIIe est installé sur les riches terres à truffes de l'Enclâve des Papes. Cuirasse de pierres à vif ou badigeons de pigments vert-de-gris, gris-bleu, maïs, lie-de-vin et blanc neige sur les murs. Cheminée en pierre et boiseries magnifiques.

Justin de Provence

Plan p. 16, B3 – Vaucluse

• Isabelle Berbudeau
Chemin Mercadier – 84100 Orange
Tél. 04 90 69 57 94
contact@justin-de-provence.com
www.justin-de-provence.com

• 5 chambres : 110-160 € en BS, 130-195 € en HS.
Lit suppl. : 20 €. Cuisine à disposition.
Piscines intérieure et extérieure. Jacuzzi.
Hammam. Salle de massage. Parc de 7 ha.

–> Ouvert toute l'année.

« Justin », « Augustine », « Achille », « Augusta » et « Léon ». Ces chambres ont emprunté leurs noms aux aïeux qui avaient établi leur vie sur ces terres de Provence. Mobilier doré et lazures grisées, vieux livres aux cuirs usés et canapé au velours rasé... Du linge brodé qu'on jurerait sorti des armoires de grands-mères assurent chaleur au foyer, tandis que les murs épais badigeonnés de pigments aux couleurs tendres sont gage de fraîcheur au plus fort de l'été.

Plan p. 16, B3

Bouches-du-Rhône

• *Albine et Maurice Roumanille*
Quartier Saint-Sixte – route d'Orgon
13810 Eygalières
Tél. 04 90 95 92 61
contact@masdupastre.com
www.masdupastre.com

• *14 chambres : 125-180 €.*
2 suites : 280 €/4 pers. Lit suppl. : 20 €.
Petit déjeuner : 15 €. Taxe de séjour : 1 €.
Piscine. Jacuzzi. Hammam.

–> Fermé de mi-nov. à mi-déc.

Hôtel Le Mas du Pastre

C'est une ancienne ferme de famille, au pays de Daudet.

Elle s'est transformée au fil du temps en un hôtel délicieux d'une douzaine de chambres. La sympathique famille, propriétaire du Mas et, au village, de l'annexe qui porte leur nom – Roumanille – n'en 409 pas de rejouer, pour le plaisir des visiteurs, les pastorales et le chant des cigales. Pigmentées de vert amande ou de vert pistache, de bleu ardoise, de vanille ou de zinc, les chambres jouent avec les tonalités d'une Provence charmeuse pour mieux vous ensorceler. Au jardin du Mas, où un petit manège de chevaux de bois anime la pelouse, trois authentiques roulottes de gitans, couleur pétard ou couleur bohème, réinventent l'esprit gipsy : vitraux, style nouille, pâtes de verre multicolore, dentelles aux fenêtres, fauteuils fleuris, plaids indiens et couvertures en velours râpé. D'esprit plus « maison d'hôtes », la maison de village noue le dialogue « avé l'assent » autour de la piscine, sous la gloriette transformée en salon d'été ou dans le bistrot croquignolet qui expose son atmosphère broc et ces nappes en torchon de lin qu'affectionne Mme Roumanille.

Coups de cœur :

Pour les chambres au décor intemporel et les roulottes au jardin.

Bonnes idées :

Le village d'Eygalières, la route de l'olivier et le moulin de Daudet à Fontvieille.

Plan p. 16, B3
Bouches-du-Rhône

• Impasse André-Vidau
13103 Saint-Etienne-du-Grès
Tél. 04 90 47 63 71
anraffy@wanadoo.fr
http://masvidau.free.fr

• 8 chambres climatisées: 50-96 €.
Petit-déjeuner : 8 € en BS, 9 € en HS.
Jardin. Piscine. Boutique de déco.

–> Fermé 2 sem. en janv.

Le Mas Vidau

Des sources de l'enfance à un hôtel tendance...

André, ancien de la grande distribution, n'a pas attendu l'âge de la retraite pour effectuer ce retour aux sources et à cette belle maison de famille du cœur des Alpilles qui appartenait déjà à ses grands-parents. Et pour qu'elle revive, il y a créé ce petit hôtel de huit chambres à la déco en parfaite adéquation avec ces territoires de Provence dans la tendance... Il l'a imaginé avec la complicité de Monique, architecte d'intérieur et artiste à ses heures, dont les jolies toiles métissées et les tableaux de collages, pleins de poésie, enchantent les espaces. On pénètre dans les anciennes écuries réhabilitées en salle des petits déjeuners par la grande porte d'origine, qui a pieusement conservé sa petite trappe pour les hirondelles. André est né dans la chambre « Tamaris ». Il a grandi ici, usé ses fonds de culottes sur la rampe de l'escalier qui grimpe aux chambres. Il était donc naturel que, dans chacune, le passé ressurgisse sous forme d'une poutre burinée, d'une armoire, d'un vieux poêle ou d'une machine à coudre reconvertis en table de chevets. Sur fond de murs de pierre, les chambres sont toutes marquées au sceau d'une Provence très actuelle : « Olive » en camaïeux de verts, olivier et cyprès, « Figue » au violet intense, « Pastis » en jaunes vivifiants, « Gitane » où dansent les Arlésiennes, « Dune », mutine et coquine, aux couleurs du sable et des bois flottés.

Coups de cœur :
Les chambres « Dune » et « Olive », le jardin et son mobilier en ferronnerie, la piscine blanche, l'accueil et les prix extrêmement doux pour la région et pour cet établissement dans l'air du temps.

Bonnes idées :
Tarascon et la maison de Tartarin,
le musée Solaïdo, emblématique des étoffes provençales avec ses dizaines de milliers de planches à imprimer.

Le Mas Sainte-Cécile

Plan p. 16, B3
Bouches-du-Rhône

• Corinne et Michel Mégias
13200 Arles
Tél. 04 90 97 08 92 et 06 25 03 46 12
infos@domainesaintececile.com
www.domainesaintececile.com

• 1 chambre : 90 €. 4 suites : 110-135 €.
Gîtes à louer (2 à 6 pers.) : 580-1 050 €/sem.
Piscine.

–> Ouvert toute l'année.

La Camargue authentique aux portes d'Arles...

La propriété ne date pas d'hier, puisqu'on y trouve une chapelle du XIIe siècle, ancienne étape sur la route de Saint-Jacques-de-Compostelle. Le domaine appartient à une famille d'agriculteurs qui partage son habitat avec des hôtes de passage. Les chambres et suites les accueillent dans un environnement épuré, où les murs de pierre à vif font écho à la modernité du décor. Un carrelage années 50 étale ses tons de gris-beige et de rouge dans la suite « Épi de Blé ». Coussins et scourtins superposés au « Pigeonnier ». Lit au chevet d'une cheminée d'angle pour « Les Oliviers ». Galets et lit rond au « Cabanon ». Et puis le « Loft », superbe, installé au-dessus des anciennes cuves à vin. Tout paille et paille de riz avec des fauteuils boule posés sur un tapis végétal, un lit en estrade sur trois tatamis, des stores paillés et relevés qui dévoilent une vue imprenable sur la campagne et les rizières aux portes d'Arles. Des canapés couleur de lait collectionnent des petits coussins mohair tricotés, couleur tilleul. Salle de bains design frangée, de galets blancs. Ajoutez au décor un macroformat d'une tour Eiffel inattendue ici, qui casse les codes du pays. L'accueil est aussi sympathique que l'est le cadre... Entre son jardin, planté de bosquets de fleurs et d'oliviers, et sa piscine allongée sous le soleil de Provence.

Coups de cœur :

L'authenticité d'une belle propriété de Camargue qui a su conjuguer le passé avec l'air du temps. Petit détail exquis : le linge de toilette présenté dans d'anciens cageots à légumes.

Bonne idée :

La réserve naturelle de l'étang du Vaccarès, peuplée de milliers d'oiseaux et de flamants roses.

Plan p. 16, B3
Bouches-du-Rhône

• Hôtel L'Auberge Cavalière – Route d'Arles D570
13460 Les Saintes-Maries-de-la-Mer
Tél. 04 90 97 88 88
auberge.cavaliere@wanadoo.fr
www.aubergecavaliere.fr

• 42 chambres ou suites : 140-195 €.
Demi-pension : 256-311 €/2 pers.
Petit déjeuner : 16 €.
Menus : 32-42 €.
Tennis en accès libre. Piscine au ras des marais. Spa et Jacuzzi. Centre équestre.

–> Fermé en déc., tél. pour plus de renseignements.

L'Auberge Cavalière

Au cœur du Far-West français !

C'est une institution en Camargue ! Qui s'est refait une beauté, les pieds dans les marais. D'abord, il y a les cabanes de gardians, coiffées de roseaux, réservées aux puristes. Leur forme en abside ? C'est pour mieux se protéger du mistral. Leur croix sur le toit n'a rien de religieux : c'est pour mieux éloigner les foudres du ciel et amarrer la cabane par temps de grand vent. Elles sont habitées par un mobilier colonial. Autour, un monde de sauvagines : sarcelles et canards sauvages, aigrettes et hérons cendrés, crins gris et oiseaux blancs... Investissez les chambres nouvellement recomposées avec leurs terrasses sur les sagnes et les grands espaces, leurs sols aux lauzes rouillées en harmonie avec le tadelakt des murs, couleurs brun, rouille, miel. Des blocs de béton noir soutiennent des mezzanines, des valets forgés par un artisan des Baux prennent la pose. Les bureaux sont en planches, les salles de bains ouvertes. Depuis la baignoire, on admire le couchant se poser sur les roselières. Pour peu que passe un vol de flamants roses, le ciel devient irréel ! Les fenêtres sont soulignées par des découpes façon étriers. Et quand on tire les rideaux, on continue à rêver d'oiseaux, de chevaux et de taureaux...

Coup de cœur :
L'immersion en pleine nature.

Bonnes idées :
L'église fortifiée des Saintes-Maries et le pèlerinage des gitans autour du 25 mai. Festival du Cheval autour du 14 juillet.

Les Arnelles

Plan p. 16, B3
Bouches-du-Rhône

• Michelle et Gérald Duguet
Route d'Arles – 13460 Les Saintes-Maries-de-la-Mer
Tél. 04 90 97 61 59 – reservation@lesarnelles.com
www.lesarnelles.com

• 16 chambres : 114 € en BS, 159 € en HS.
1 appartement 4 à 5 pers. : 228 € en BS, 318 € en HS.
Lit suppl. (moins de 10 ans) : 20 €.
Petit déjeuner : 18 €.
Dîner d'hôtes obligatoire entre 10 juil.-10 août, les sam. et j. fériés : 42 € + tarifs spéciaux.
Piscine. Location de vélos. Promenades à cheval.

–> Fermé de mi-nov. à mi-fév. sf sem. du Jour de l'an.

Le marais palpite… La Camargue est à vos pieds…

Les emblèmes de la Camargue essaiment depuis le bar jusqu'aux portes des chambres établies au long des terrasses amarrées sur les marais à la façon de boxes pour les chevaux. Ce petit hôtel les pieds dans l'eau a été récemment repris par un couple de Tourangeaux, pourvu d'une solide expérience dans l'hôtellerie et qui souhaitait vivre plus près de la Méditerranée. Gérald et Michelle aimaient les Arnelles, où ils avaient déjà séjourné. Alors, ils ont à peine touché au concept développé par leurs prédécesseurs. Ils ont conservé les sigles de toutes les manades et puis le petit peuple des marais peints sur les planches et les murs lessivés. Ils ont juste redonné un coup d'éclat là où c'était nécessaire, apporté plus de confort au mobilier extérieur, aménagé un espace « dîner » uniquement réservé aux hôtes de l'hôtel. Ils ont laissé les nids d'hirondelles – porte-bonheur – qui saison après saison se plaisent à revenir sous les tuiles des cabanons. Le carnet rose des Arnelles annonce chaque année la naissance d'une cinquantaine d'oisillons.

Coups de cœur :
La brise qui ondule les sagnes, l'hôtel sur les marais. Les chambres « Cheval » et « Taureau ».

Bonne idée :
Une promenade équestre proposée à partir de la propriété.

Plan p. 17, C3
Bouches-du-Rhône

• Herbert Hufnagel
18, avenue de l'Amiral Ganteaume – 13260 Cassis
Tél. 04 42 72 06 39 et 06 22 31 63 57
www.lasuitecassis.com

• 3 suites avec terrasses privatives : 180-260 €.
Petit déjeuner compris selon la saison.
Piscine en terrasse sur la mer.

–> Ouvert toute l'année.

La Suite Cassis

Blanc Cassis...

Après un galop d'essai, il y a une dizaine d'années, dans une maison d'hôtes qui tournait résolument le dos à la mer pour mieux contempler la vigne, l'homme venu du Nord s'est dit, qu'après tout, s'il avait succombé aux sirènes du Sud, c'était tout de même pas mal non plus d'avoir la vue sur la Méditerranée. À partir d'une banale maison qui était pourtant l'une des plus anciennes du port, il a composé une demeure ultra-contemporaine à la blancheur typiquement méditerranéenne. Là, au-dessus de la plage du Bestouan, Herbert a, enfin, trouvé son havre, pleine vue sur le bleu calanque de la mer et sur le cap Canaille. Le décorateur munichois adore casser les codes... Twister les métissages africains avec une longue table en résine articulée, les vertigineuses racines de lianes indonésiennes et les urnes en tronc de palmier, avec la géométrie des lignes et les espaces épurés. Le mobilier est estampillé Wilmotte ou de Gueltz, Bertoia ou Charles Eames, les luminaires sont vintage, les photographies d'art sont surdimensionnées. Le parti-pris du blanc

amplifie les volumes, démultiplie les terrasses, magnifie les perspectives. Dans les chambres, les rêves se dissipent sous les couvertures jaune maïs ou vert pomme d'Honoré, qui s'accordent avec les têtes de lits en miroir années 40, en toile peinte, couleur de rocher mouillé de Voune. Les tables en bois brut se font fleurs, les tabourets se déhanchent, les fauteuils afro dansent. En vous accueillant, Herbert a l'œil qui frise. C'est évident : Herbert est un homme heureux. Pensez : avec la Méditerranée à ses pieds !

Coups de cœur :

Une adresse rare, une parfaite maîtrise de la déco et une vue magnifique.

Bonnes idées :

Les calanques et le farniente. À la Suite Cassis, le point de vue est remarquable, on a juste envie de se poser et de se re-poser...

Le Cap Cassis

Plan p. 17, C3

Bouches-du-Rhône

• Anne-Marie et Joseph Giacalone
24, montée de la Chapelle – 13260 Cassis
Tél. 04 42 03 33 01 ou 06 15 42 23 31
info@lecapcassis.com
www.lecapcassis.com

• 2 chambres : 100-160 € selon la saison. 2 suites : 130-185 € selon la saison. Location : 2 studios : 660-1 110 €/sem. selon la capacité et la saison. Cuisine à disposition.
Piscine.

–> Ouvert toute l'année.

Chambres avec vue !

À la fois sur la couronne de Charlemagne et le cap Canaille, tous deux emblématiques de Cassis, et puis sur le vignoble qui coule à la Méditerranée... Avec le privilège d'un grand parc en restanques, ombragé par les cyprès et les palmiers, c'est ce que vous réserve à l'heure des petits déjeuners la terrasse de cette maison d'hôtes. Cet ancien hôtelier et son épouse, originaires du village, ont désormais choisi de privilégier l'accueil, le confort et l'art de vivre pour eux-mêmes et une poignée de privilégiés, amoureux des grands espaces et des décors contemporains. On les doit au décorateur Herbert Hufnagel qui, il y a quelques années, avait composé avec fantaisie le décor inoubliable de la Maison N° 9. Il récidive ici avec ces espaces épurés aux sols en béton ciré, ces lits drapés dans des couvertures en laine de chèvre blanche, délicatement soyeuse, ces luminaires marocains qui posent leurs lueurs d'ambre sur les bois ciselés d'une porte indienne, sur le brillant et le brossé d'une réserve à riz chinoise, d'un fauteuil en fibre de bananier. Deux chambres en rez-de-jardin sont réveillées aux premiers soleils par le jaune ardent des mimosas, éclairées en été par celui des citronniers. Deux autres, disposant d'une kitchenette intégrée et d'un balcon, peuvent être louées en minigîtes pour une famille. Barbecue à disposition des hôtes et piscine, naturellement !

Coups de cœur :

La vue et l'aspect bergerie tendance des chambres.

Bonnes idées :

Les calanques et les vignobles de Cassis.

Les Ateliers de l'Image

Plan p. 16, B3
Bouches-du-Rhône

• *Francine et Alain Godard*
36, boulevard Victor-Hugo
13210 Saint-Rémy-de-Provence
Tél. 04 90 92 51 50 – info@hotelphoto.com
www.hotelphoto.com

• *32 chambres : 175-380 € selon le standing et la saison. Suites : 300-600 €, selon la saison. Petit déjeuner : 19 €. Resto'Bar, Sushi Bar et restaurant de Provence. Demi-pension : à partir de 67 €/j./1 pers., hors boissons. Piscines extérieures. Massages. Billard.*

–> Fermé 1er nov.-1er mars.

À l'origine, il y eut un cinéma, puis un hôtel inattendu, orchestré par un photographe habitué des Rencontres d'Arles. Galerie, collection privée, espace de projection... Les chambres ouvrent en terrasse au regard minéral des Alpilles. Le parti pris est résolument design, un peu écolo, très « photo ». Les plus branchés s'offriront le luxe d'une suite en mezzanine et d'un salon-cabane installé dans un platane.

Hôtel Gounod

Plan p. 16, B3
Bouches-du-Rhône

• *Igor Maurin*
13210 Saint-Rémy-de-Provence
Tél. 04 90 92 06 14 – contact@hotel-gounod.com
www.hotel-gounod.com

• *30 chambres et suites : 145-230 €. Parking. Piscine.*

–> Fermé de nov. à mi-mars.

Le plus vieil hôtel de Saint-Rémy rend hommage au compositeur de l'*Ave Maria* et de la *Messe de sainte Cécile*, qui y résida et y composa *Mireille*. Le provençal est revisité par le baroque. Il marie le béton lissé avec des candélabres allumés, des mannequins aux collages saint-sulpiciens, avec des statues de la Vierge et des saints, des sièges kitsch, des moulures rococo, des glacis mauves, des rideaux moirés.

Plan p. 17, C3
Var

• Catherine Debray
Les Moures – 83340 Le Thoronet
Tél. 04 94 60 13 36 – infos@bastidedesmoures.com
www.bastidedesmoures.com

• 4 chambres : 80-170 € selon le standing et la saison.
20 € suppl. pour 1 seule nuitée.
Lit suppl. : 20 € (lit bébé : 10 €).
2 gîtes : 350-990 €/sem. selon la saison (ménage : 20 €, linge inclus).
Table d'hôtes : 27-35 €.
Piscine.

–> Ouvert toute l'année.

La Bastide des Hautes-Moures

Cœur de Provence
et déjà de l'Italie dans l'air...

Catherine était tombée amoureuse de la jolie bastide édifiée à la fin du XVIIIe siècle au milieu d'une pinède de 15 hectares. Ce qui frappe en pénétrant dans la propriété, c'est l'espace et l'élégance, que l'on soit sous la pergola, avec ses canapés en ferronnerie, sous l'auvent de la grande piscine où sont alignées les banquettes en teck, ou que l'on pénètre dans la succession de salons aux cuirs réveillés de boutis framboise. Framboise, c'est justement la couleur de prédilection des Hautes-Moures. Elle rayonne, version cramoisie, dans la chambre « Arlequin ». Élégance plus classique pour le « Lavandin » aux camaïeux de bouton-d'or et de jaune poussin. « Oasis » est plus typée mauresque.Mais ma préférée, c'est la chambre « des Moures » auréolée de toiles peintes. Un charmant lit d'enfant à la tapisserie imprimée de fleurs fanées et muni d'une tirette de chevet, déniché à la brocante de Barjols, inscrit sa poésie dans le cadre d'une chambre qu'on jurerait emprunté au décor de *Manon des Sources*...

Coups de cœur :
Les chambres « Moures » et « Arlequin ».

Bonnes idées :
Le village perché du Luc, sans oublier l'abbaye cistercienne du Thoronet.

La Maison Rouge

Plan p. 17, C3

Var

• *Sylvie Coulomb*
Route de Nans – 83640 Plan-d'Aups – Sainte-Baume
Tél. 06 72 74 70 47
contact@mamaisonrouge.com
www.mamaisonrouge.com

• *5 chambres : 72-108 € selon la saison et la capacité.*

–> Ouvert toute l'année.

Comme un signe...

Depuis l'autoroute qui filait vers la Méditerranée, j'avais traversé des champs de coquelicots, des forêts de chênes et puis, sur la route en ruban qui s'enroulait autour du massif de la Sainte-Baume, un chevreuil a traversé juste devant ma voiture... Face aux maisons des moines qui, des siècles auparavant, ont toujours eu le chic pour s'installer dans des lieux sublimement sauvages, une halte s'imposait. C'est une maison rouge, plutôt « framboise écrasée » d'ailleurs, qui m'a interpellée. J'ai frappé. Sylvie m'a accueillie comme elle reçoit ses hôtes épris de nature et de grand calme. Des chênes à perte de vue... Sylvie a donc pris le parti pris du bois avec cette grande terrasse en mélèze arrimée à la forêt, cet intérieur entièrement en bardages de peuplier, ces piliers en cèdre, ces murs en pin blanc du nord, ces portes en tilleul et ces penderies en copeaux de bois agglomérés. Le tout dans une architecture ultra-contemporaine où la seule touche de couleur est rouge passion. J'allais oublier de vous décrire aussi cette jachère fleurie sur laquelle flotte des cheveux d'ange... La félicité est volatile... Profitez-en !

Coups de cœur :

Le parti pris du bois, le décor contemporain et la nature environnante.

Bonnes idées :

Le réseau de randonnées et les grottes autour du massif de la Sainte-Baume.

Plan p. 17, C3

Var

• Christine Putz
Le mont des Oiseaux
36, avenue des Colibris – 83400 Hyères
Tél. 04 94 38 30 98
la-buanderie@wanadoo.fr
www.la-buanderie.com

• 2 chambres : 110-120 €.
1 suite : 165-185 €/4 pers. selon la saison.
Piscine. Tennis.

–> Ouvert toute l'année.

La Buanderie

Ici, à la fin du XIXe siècle, on lavait le linge des officiers militaires.

D'où son nom. Rien à voir aujourd'hui avec l'élégante silhouette de cette villa posée sur les hauteurs d'Hyères, dans la pinède qui domine la mer, Porquerolles et les îles. Les chambres, réparties dans les beaux espaces de la demeure, voyagent des rivages du Maroc aux rives du Bosphore. Derrière les hublots d'une salle de bains aux allures de hammam, le « Bateau » accoste sur les planches d'un vieux parquet de récupération. Des maquettes ornent ses murs. La suite « Romantique » a enduit ses murs d'une chaux ferrée couleur taupe. On y rêve d'ailleurs sous un baldaquin en toile à beurre, on s'y balance dans un rocking-chair en bambou, entouré de tonalités africaines. Dans la chambre « Marocaine », des masques africains admirent un suzani stambouliote, fabriqué en Europe centrale. Et quand le matin se lève sur le mont des Oiseaux, on prend un petit déjeuner de soleil avant de piquer une tête dans l'immense piscine qui regarde les voiliers s'agiter sur la Méditerranée.

Coups de cœur :

La vue et la suite « Romantique ».

Bonnes idées :

Outre les villas mauresques de la station d'Hyères, l'île de Porquerolles et Port-Cros, terre de prédilection des oiseaux migrateurs.

Plan p. 17, C3

Var

• Constance Ladouceur
Hameau du Datier – 83240 Cavalaire-sur-Mer
Tél. 04 94 00 45 90, 06 77 81 89 63 ou 06 36 76 33 44
chateaudesable83@wanadoo.fr
www.chateaudesable.net

• 1 chambre et 1 suite : 130-350 € selon le standing et la saison.
Appartement : 200 €.
Petit déjeuner : 18 €.
TV. Piscine.

–> Ouvert toute l'année.

La Maison de Constance

C'est un secret… Même les gens d'ici connaissent à peine l'existence de ce petit hameau de pêcheurs en balcon sur les îles d'Or…

On se faufile au long d'un chemin escarpé entre les pins maritimes et les figuiers de Barbarie. La récompense au bout du chemin… En face de l'île du Levant, Port-Cros en arrière-plan et Porquerolles dans le lointain. La demeure a été réhabilitée dans un esprit Provence par Constance. Précédée par une grande terrasse aux colonnes de bois brut, la baie vitrée s'ouvre sur une cuisine superbe, imaginée par Mathilde Labrouche autour d'une table qui expose d'anciennes planches illustrées de poissons, langoustes et crustacés sous un plateau de verre mercurisé. Encadrée de Tolix anciens, avec en toile de fond des portes XVIIIe à glaces, la pièce à vivre ne manque pas de caractère. Des draps de coton blanc s'envolent aux fenêtres… Des portes en bois lessivées s'ouvrent à l'ancienne sur des planchers brûlés, des petits meubles de buanderie cérusés, des drapés de toiles à sac, de jetés de lit en chanvre. Des imposts et des plans d'architecte des XVIIe et XVIIIe siècles rehaussent la magie d'un décor que prolonge une piscine au cœur d'un jardin d'agrumes naissant. Sous les tonnelles emmêlées de jasmin et de bougainvillées, on regarde les voiliers filer sur la Méditerranée. À la maison de Constance, on attend la fin de l'été sans impatience…

Coups de cœur :

La vue, la sérénité d'un lieu préservé, la garrigue à vos pieds qui coule à la Méditerranée. La fantaisie d'un décor composé uniquement de matériaux de récup'.

Bonne idée :

Descendre à la crique par le sentier sauvage de la garrigue et jouer les Robinson au cœur de la presqu'île de Saint-Tropez.

Plan p. 17, C3

Var

• Madame Ladouceur
Avenue des Anthémis – 83240 Cavalaire-sur-Mer
Tél. 04 94 00 45 90, 06 77 81 89 63 ou
06 36 76 33 44
chateaudesable83@wanadoo.fr
www.chateaudesable.net

• Chambres : 160-250 €.
Petit déjeuner : 17 €.
Table d'hôtes sur résa. (produits régionaux, poissons frais du pêcheur).
Repas servis sur la plage sur demande.
Accès direct à la plage, serviettes fournies.

–> Ouvert toute l'année.

Le Château de Sable

Les vagues de la Méditerranée trottinent en rangs serrés vers la plage...

Et le Château de Sable s'inscrit autant dans la nostalgie que dans 422 d'un décor résolument contemporain. La maison à été métamorphosée grâce aux fantaisies concertées d'une mère et de sa fille. Un ami architecte les a aidées à concrétiser leur rêve : insuffler l'esprit « cabanon » à un espace suffisamment spacieux pour y héberger des hôtes en congé des mondanités de la Côte. Des meubles en bois flotté, des placards grillagés, des filets de pêche, des volières à lumière, des tissus en lin, des tonalités sauge, lilas, myosotis, un lit gargantuesque en cuir vieilli... L'ensemble a nécessité de nombreuses heures de chine dans toutes les brocantes de Provence, auprès de designers, d'artistes-artisans au top des modes. C'est comme une grande maison de famille qui prolonge la sérénité au bord de la mer, des étés dans l'insouciance, des jeux de plage et des... châteaux de sable !

Coup de cœur :

La fantaisie du mobilier.

Bonnes idées :

Tennis derrière la maison, planche à voile, ski nautique... sur la plage. Location de bateaux pour caboter vers les îles de Porquerolles et Port-Cros.

Plan p. 17, C3
Var

• Pauline et John Larkin
61, avenue du Général-Leclerc – 83990 Saint-Tropez
Tél. 04 98 12 56 50
reception@pastis-st-tropez.com
www.pastis-st-tropez.com

• 9 chambres : 175-650 € selon la saison.
Lit suppl. : 100 €, moins de 14 ans : 50 €.
Petit déjeuner : 12 ou 20 €.
Bar. Piscine.

–> Fermé 29 nov.-27 déc.

Hôtel Pastis

Un pastis à Saint-Tropez...

Personne n'y avait pensé... Pour Pauline et John, un couple de designers anglais, familiers de la côte varoise, ce clin d'œil conjugué à la Provence et à leur ami, Peter Mayle, résonnait comme une évidence. Dans ce petit hôtel en retrait de l'effervescence du port, les hôtes trinquent à tous les bonheurs de l'été et de l'art de vivre. Ça commence dans la bonne humeur, dès la porte franchie, face à toutes les chopines emblématiques des grandes marques qui assurèrent la réputation du pastis. Ça se poursuit avec l'accueil exemplaire d'une équipe dirigée par Delphine. Les lieux s'articulent autour d'une piscine allongée dans un écrin de buis taillés. Les palmiers qui se penchent sur ses eaux, en révérence, lui ont donné leur couleur. Autour de ce patio central, l'hôtel a déployé ses ailes où se sont installées des chambres aux belles proportions. Deux d'entre elles bénéficient d'une vue transversale sur la mer et le jardin. Toutes possèdent un tableau, un bibelot, une pièce de mobilier provenant de la collection personnelle d'art contemporain des propriétaires. Une touche de design mais sans excès, un brin de nostalgie réactualisé dans les salles de bains, un regard sur la Méditerranée pour le rêve et la félicité.

Coups de cœur :

La sérénité des lieux, les sièges élancés en forme de feuilles de bananier, les totems à balayettes trop rigolos !

Bonne idée :

Tourner le dos aux yachts du port, prendre le pouls du terroir en allant dîner au milieu des vignes à la Ferme Ladouceur, sur la route de Ramatuelle (résa. 3 j. à l'avance au 04 94 79 24 95).

Hôtel B. Lodge

Plan p. 17, C3

Var

• 23, rue de l'Aïoli – 83990 Saint-Tropez
Tél. 04 94 97 06 57
contact@hotel-b-lodge.com
www.hotel-b-lodge.com

• 15 chambres : 80-340 € selon le standing et la saison.
Lit suppl. : 40 €. Petit déjeuner : 10 €.
Bar (avr.-oct.).

–> Fermé de mi-nov. à mi-déc.

Moleskine et tambourins... Accordez votre tempo à celui de cet hôtel amarré au pied de la citadelle. Petites chambres en total look béton, noir et blanc, animées de photos cadrées dans les mêmes tonalités. Un ventilo ranime l'esprit safari, un mur de pierre décroûté arrime sa mémoire à celle d'un village qui n'est pas qu'une escale jet-set. Si parfois l'espace est compté, l'avantage, c'est que les prix se font plus petits au fur et à mesure qu'on grimpe les étages.

Les 3 Îles

Plan p. 17, C3

Var

• Caroline et Jean-Pierre Brun
Route de Gigaro – 83420 La Croix-Valmer
Tél. 04 94 49 03 73 et 06 82 27 34 01
contact@3iles.com – www.3iles.com

• 2 chambres : 150-255 € selon le standing et la saison.
3 suites : 200-430 € selon le standing et la saison.
Piscine à débordement. Jardins.

–> Fermé nov.-mars.

Ils ont tout créé : le jardin et la maison posée sur 750 m² de gazon. Ils ont apporté plus d'un millier de plantes, mis du vert dans le bleu. Un esprit « villa Côte d'Azur » s'engouffre dans la « Grecque », fait une pause dans la suite « Marine », s'affirme autour des rééditions italiennes qui peuplent la maison, du marbre vieilli aux carreaux de Salernes vernis. Il flirte avec la Provence dans la chambre de « Barbara », vire au vert dans la suite « Végétale ». Quant à la suite « Romaine » aux lampes de chevet et boiseries sérigraphiées, elle réunit tous les styles en un seul espace.

Plan p. 17, C3
Var

• *3, allée Émile-Gérard*
83400 Hyères-Plage
Tél : 04 94 58 02 73
contact@hotel-bor.com
www.hotel-bor.com

• *20 chambres : 100-170 €. Lit suppl. : 20 €.*
Petit déjeuner : 15-20 €.
Restaurant (le midi) : env. 30 € à la carte.
Bar. Plage privée (20 €).

–> Fermé 21 déc.-8 mars.

Hôtel Bor

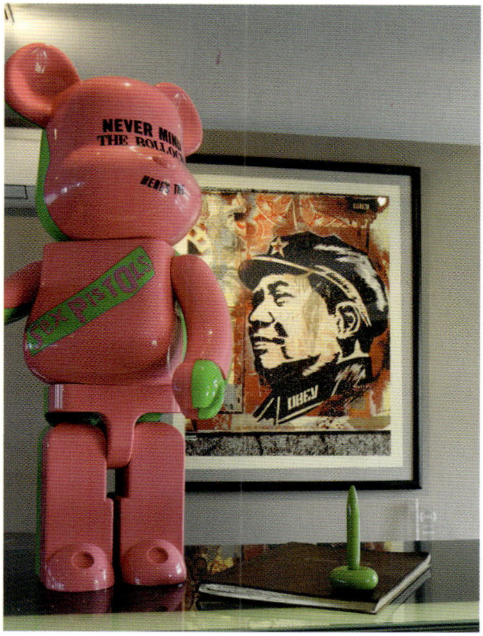

La Méditerranée à vos pieds...

Trois marches et, plouf, on est dans l'eau ! On ose à peine y croire et pourtant, c'est vrai. C'est aux Palmiers. À Hyères, où un petit hôtel de 20 chambres déroule sa plage de cailloux noirs face aux îles. Pleine vue sur Porquerolles, Port-Cros et le Levant depuis la terrasse du restaurant où sièges et tables en plastique tressé gris anthracite de Some se sont mis au diapason du littoral. On prend l'ombre sous des parasols en toile, couleur de vieux gréements. Les verres multicolores jettent leurs taches de soleil sur les tables. On s'attable. On lézarde, les doigts de pied en éventail, avec la Méditerranée pour seule ligne d'horizon. De l'ancienne « Rose des Mers » au crépi rose bonbon, moquette sur les murs et look à l'unisson, Martine Forté et son associé, Jean-Luc Husson, ont fait un hôtel trendy : iroko, chêne massif et béton lisse. Des portraits stylisés de Mao, des sièges rouge brique, des troncs bruts de bois exotique, des piquets de parcs à moules bien lessivés impriment leurs touches de fantaisie du hall de réception à l'escalier. Dans les chambres – toutes avec balcon, côté mer –, les voilages gris filtrent les ardeurs du soleil, associés au béton gris des murs. Et le blanc devient couleur... Depuis les draps jusqu'au carrelage des salles de bains au ton de pierre de neige.

Coups de cœur :

La situation, la déco épurée et, dans les couloirs, les détails de photos agrandies, qui grossissent le grain des clichés.

Bonne idée :

La Villa Noailles où se déroule le festival du Design et de la Mode début juil.

Les Rosées

Plan p. 17, C3

Alpes-Maritimes

• Jennifer et Kilperick Lhobet
238, chemin de Font-Neuve – 06250 Mougins
Tél. 04 92 92 29 64 – lesrosees@yahoo.com
www.lesrosees.com

• 4 suites : 180-310 € selon la saison.
Lit suppl. : 40 €.
Roulotte : 180-220 €.
Piscine. Salle de massage.

–> Ouvert toute l'année.

Lorsque j'ai pénétré dans ce jardin, une odeur de feuilles après la pluie montait de la terre...

La végétation méditerranéenne exhalait tous ses parfums. Noyée sous les feuillages, la maison aux murs couleur de suif possédait le charme fou des demeures sans âge. 400 étés lui étaient pourtant comptés... À l'origine, ce devait être une ancienne ferme, plus frappée du sceau de la Provence que de la Côte d'Azur. Pendant deux ans, son nouveau propriétaire a mobilisé une équipe d'une quinzaine d'artisans pour lui donner un second souffle. Sous la voûte du salon qui s'arrondit à la façon des anciennes chapelles, de vieux cuirs conversent avec des canapés en citronnier. Les pigments naturels, couleur anis, zinc, paille, passés à l'essuyé en quatre ou six couches successives, donnent de la respiration et de la patine aux murs. Les précieuses tentures fleuries ou moirées ont été réalisées avec passion par l'atelier de tapisserie de la maman du propriétaire. Et la magie se poursuit de cuisine en cellier jusqu'aux suites des hôtes, dédiées à cet art de vivre en clair-obscur qui est l'apanage des demeures ancrées au sud. *Pianissimo*, elles jouent dans le détail et le subtil avec des mouvements de corniches et des vagues de voûtes qui accompagnent la montée des marches de l'escalier, des radiateurs en fonte, des interrupteurs à l'ancienne et des tableaux à l'italienne, volontairement non restaurés. Aux Rosées, il y a l'or des églises qui s'allie aux couleurs baveuses de Pompéi, les tonalités de savon noir au gris tourterelle, de lilas au vert anis, au corail, à l'abricot. Il y a le marbre blanc d'Espagne qui se marie au marbre italien de Botricello, les cocons de soie de Jim Thomson doublés de lin autrichien. Il y a surtout ces mélanges de doux et de rugueux, de lourd et de léger qui font de cette demeure une magistrale leçon d'équilibre et de raffinement.

Coup de cœur :

Tout : l'atmosphère, la demeure et son jardin.

Bonnes idées :

Le vieux village de Mougins, le musée de la Photographie et la chapelle Notre-Dame-de-Vie.

Plan p. 17, C3

Alpes-Maritimes

• Sonia et Joël Benita
91, avenue du Général-de-Gaulle – 06250 Mougins
Tél. 04 93 75 77 46 ou 06 20 46 05 79
info@lemasdemougins.com
www.lemasdemougins.com

• 4 chambres : 130 € en BS, 145 € en HS. 1 suite : 200-250 €. Lit suppl. : 30 € 3-10 ans, 50 € dès 11 ans. Piscine.

–> Ouvert mars-oct., période de Noël, Jour de l'an.

Le Mas de Mougins

C'est le mas des jasmins...

C'était d'ailleurs la vocation de la demeure où, jadis, on séchait les jasmins utilisés par les parfumeurs de Grasse. Les anciens séchoirs sont devenus aujourd'hui la résidence des propriétaires. À cette époque, on logeait les ouvriers. Et c'est dans leurs maisons que Joël et Sonia ont installé leurs chambres d'hôtes. À l'aube de la retraite, le ras-le-bol du stress et du business d'une vie parisienne a conduit ce couple, amoureux de Cannes, de son climat et de la French Riviera sur la Côte d'Azur. On leur proposa cette propriété « bien trop grande pour eux ». Ils se sont dit qu'ils étaient beaucoup trop jeunes pour vivre sans activité. La création de chambres d'hôtes leur a permis de tout concilier. Sous les chênes vénérables et classés, les oliviers et les cyprès du parc, leur quatre chambres et leur suite s'ouvrent sur des univers épurés aux douces tonalités de sable, d'argile, de craie et de terre de Sienne. Sols en marbre vieilli et réminiscence XVIIIe autour d'un cadre, d'une tête de lit, d'une console, d'une belle odalisque rêveuse ou d'une diva au bain. Quatre petits macarons ou câlissons offerts sur un plateau... Une petite terrasse privative pour chaque chambre, un préau de repos et une piscine dans un patio et puis, des effluves de jasmin qui flottent dans l'air... On est bien.

Coups de cœur :
Le parfum des jasmins, la chambre blanche.

Bonnes idées :
Mougins, superbe village médiéval. 2 golfs 18 trous sur la propriété. Notre-Dame-de-Vie, dernière résidence de Picasso et de Jacqueline Roque.

Plan p. 17, C3

Alpes-Maritimes

• Anne d'Hauterives
44, rue Yves-Klein
06480 La-Colle-sur-Loup
Tél. 04 93 89 73 34 et 06 82 82 84 45
anne.dhauterives@newatoo.net
www.laforgedhauterives.com

• 4 chambres : 85-140 € en BS, 95-160 € en HS.
1 suite : 210-240 € selon la saison.
Table d'hôtes (événements gastronomiques sur résa.) : 40-70 €/pers., boissons comprises.

–> Ouvert toute l'année.

La Forge d'Hauterives

Une colombe m'a saluée, une bignone m'a souri...

Un rare ficus grimpant enlacé par une guirlande de lumières a achevé de me conquérir en pénétrant dans cette ancienne forge de village, reconvertie en demeure pleine de charme, de mystères et d'atmosphères. Comment ne pas succomber à la fraîcheur des murs épais, où l'on vit entre ombre et soleil, au charme intemporel de cette salle à manger, couleur nougat ? Dans une belle envolée, ses voilages s'en vont courtiser un rideau de feuilles au jardin, couronné par un joli bassin. Une branche de lierre dans un verre, une écritoire du XIXe siècle... La maison raconte les siècles passés et l'art de vivre d'aujourd'hui, du jardin au salon, couleur zinc et béton, peuplé de sièges XVIIIe réhabillés de lin aux tons naturels. Une porte indienne sablée, reconvertie en table basse pour une touche de spiritualité, une cheminée contemporaine, pour un zeste d'actualité. Entre toiles et tonnelles, on trottine sur des tommettes usées et cassées, depuis la salle à manger jusqu'aux chambres disséminées sur différents paliers. On se glisse dans la fraîcheur d'un drap de lin dans des alcôves aux tonalités pervenche ou lilas, coquille d'œuf ou anis, ou blanches aux rideaux champagne, escortées de salle d'eau au style d'orangerie forestière ou bien avec vue sur Saint-Paul-de-Vence. Un ange sur un fagot de bois, un autre en offrande sur une porte. C'est sûr, l'esprit des anges habite cette demeure...

Coup de cœur :

Le charme à l'état pur, la Provence intemporelle et d'aujourd'hui.

Bonnes idées :

Musarder dans les rues de la ville aux demeures Renaissance et découvrir l'église Saint-Jacques ; et puis Vence et Saint-Paul-de-Vence à proximité.

Plan p. 17, C3

Alpes-Maritimes

• Monsieur et Madame Leroy
826, chemin de la Pounchounière
06570 Saint-Paul-de-Vence
Tél. 04 93 32 74 21
info@toileblanche.com
www.toileblanche.com

• 5 chambres : 165-350 € selon la saison.
Lit suppl. : 40 €, lit bébé 10 €.
Taxe de séjour : 1,50 €/j./pers.
Petit déjeuner : 15 €/pers.
Restaurant d'été (capacité de 25 couverts) à menu unique : 55 €.
Piscine chauffée. Jardin. Terrasse. Parking privé.

–> Ouvert toute l'année.

La Toile Blanche

Famille d'artistes...

Un père prof d'arts plastiques, trois fils artistes... Le maître de maison, qui n'avait pas, jusqu'alors, épousé la passion familiale, s'est rattrapé... En compagnie de son épouse, Dany, il a choisi, il y a une dizaine d'années, de quitter la Belgique pour s'installer sur la Côte d'Azur par amour du soleil. Et les gènes de l'esthète, qui roupillaient sous l'homme d'entreprise, se sont réveillés... Adeptes du Brand Art, les fils de la maison ont essaimé leurs toiles... On dirait du Andy Warhol, version années 2000. Les trois chambres du corps de logis principal préfiguraient déjà le décor des nouvelles avec leurs couleurs de terre et de champagne, leur raffinement associé à l'épure, leurs superbes lavabos-bassins en zinc dans des salles de bains aux marbres veinés. Sols en béton lissé, placards rouillés, sièges en fibre de bananier, en notes de musique ou bien aux tonalités des lagons polynésiens. Chacune imprime sa personnalité face aux jardins peuplés d'avocatiers, de néfliers et de palmiers où, les soirs d'été, une vingtaine de couverts sont disposés, accessibles aussi aux gens de l'extérieur. On s'y régale de la cuisine des fils qui possèdent aussi cette corde à leurs talents...

Coup de cœur :
Le mobilier rouillé, strié de filaments dorés, réalisé par des artisans de Marrakech.

Bonnes idées :
La fondation Maeght. Le chemin de ronde et sa vue sur la campagne azuréenne.

La Maison du Frêne

Plan p. 17, C3

Alpes-Maritimes

• Thierry Marchisio
1, place du Frêne – 06140 Vence
Tél. 06 88 90 49 69 et 04 93 24 37 83
lamaisondufrene@wanadoo.fr
www.lamaisondufrene.com

• 4 suites, dont 1 pour 3 pers. : à partir de 150 € selon la saison.
Galerie d'art.

–> Ouvert toute l'année.

La demeure d'un collectionneur d'art, immortalisée sur la toile par Soutine...

« J'aime pas les piscines, ni les jardins. J'aime les livres, l'art, les pierres, les vieux villages... Je voulais une maison d'hiver, pas d'été. » Alors, c'est tout naturellement que Thierry a choisi le cœur de Vence, où il est né. Il a élu domicile dans la maison ombragée par le célèbre frêne peint par Soutine en 1929. Les œuvres de Brett, un artiste anglais, côtoient la miniature du *Petit Chien rouge*, désormais installé sur le Grand Canal à Venise... Son mobilier est signé Knoll, Hoffman, Charles Eames, Bertoïa. Thierry affectionne le mélange des genres et toutes les nuances du rouge – orangé, pivoine, coquelicot, fuchsia, pourpre, bordeaux, grenat – qui enflamment ses espaces. Le matin, il reçoit en toute simplicité sous le grand lustre à pampilles multicolores de la cuisine. Tableaux sublimes et livres d'art à profusion... Embourgeoisées de fantaisie, les suites sont distribuées au fil d'un escalier typique avec ses tommettes vernissées, couleur tomate : une suite années 40, très « Côte d'Azur » ; une suite provençale, couleur corail ; une salle de bains au bleu de Sidi Bou Saïd avec un espadon plaqué au plafond. Mais la plus glamour de toutes, c'est la chambre de « Marilyn », aux couleurs d'Andy Warhol, démultipliée façon pop art.

Coup de cœur :

La chambre « Marilyn ».

Bonnes idées :

Et puisqu'elle s'invite par les fenêtres, visiter la chapelle de Matisse. Mais aussi la maison-musée de Nall, un artiste d'origine américaine, ancien élève de Dalí, orientaliste contemporain, à l'origine de cette association qui permet à des artistes de travailler dans les ateliers disséminés sur sa propriété (232, bd de Lattre à Vence).

Plan p. 17, C3

Alpes-Maritimes

• Isabella Sallusti
670, chemin des Collets – 06640 Saint-Jeannet
Tél. 06 85 08 15 64 – graine.ficelle@me.com
www.graine-ficelle.com

• 1 chambre : 130 €. 2 écolodges : 150 €.
Lit suppl. : 35 €. Petit déjeuner : 11 €.
Table d'hôtes le dim. : 35 €, hors boissons ; enfants : 19 €.
Cours de cuisine le sam. matin.

–> Ouvert toute l'année.

Graine et Ficelle

« J'ai une ferme en Provence »...

Charme, chic et bio : à cent lieues de l'image traditionnelle véhiculée par la Côte d'Azur. On se faufile au milieu des herbes folles et des fleurs des champs, sous les tonnelles de roses ou de jasmin, on grimpe et on descend les taillis à la jachère fleurie que butinent les abeilles. Un petit mobilier d'extérieur, volontairement défraîchi, inscrit sa poésie au milieu du jardin. Adossée au logis, au bord d'un bassin où il fait bon se baigner, puis flâner, une chambre d'hôtes a pris pied. Linge ancien, lit en fer forgé et cocon douillet. Les codes de décoration d'Isabella font partie de son style de vie. Les matériaux utilisés, les tonalités de la maison qui varient du blanc à ce gris bleuté omniprésent sont sa signature. Elle a imaginé une ferme découverte où elle propose des repas bio aux familles, des activités pour les petits autour de la cuisine ou du potager. En surplomb de l'enclos aux animaux, un lodge a vu le jour à flanc de colline. Monté sur pilotis, entre planches brutes et zingueries, c'est bric et broc et fantaisie.

Coups de cœur :
Broc, herbes folles et fleurs des champs que butinent de vraies abeilles et tout un peuple de libellules et papillons de nuit... solaires !

Bonnes idées :
Dominé par le Baou, une montagne à sommet plat, le village qui a accueilli de nombreux artistes comme Kosma, l'auteur des Feuilles Mortes, *peut être le prélude à de jolies randonnées... avec vue !*

Plan p. 17, C3

Alpes-Maritimes

• Sandrine Otto
Chemin du Moulin-à-Farine
06140 Tourrettes-sur-Loup
Tél. 04 93 58 96 49
histoiresdebastide@wanadoo.fr
www.histoiresdebastide.com

• 4 chambres : 150-210 € selon la saison.
Lit suppl. : 30 €.
Petit déjeuner gourmand (différent chaque matin !) : 15 €.
Piscine dans l'oliveraie. Hammam. Massages (Espace bien-être).

–> Ouvert toute l'année.

Histoires de Bastide

L'éloge de la Provence...

Deux ans de travaux ont été nécessaires pour recomposer l'univers de cet ancien relais de chasse planté au milieu d'un vaste jardin. Histoires de Bastide, c'est l'éloge de la Provence, de la douceur des matières et de la déclinaison des blancs... Chaux blanche, couette blanche, linge blanc déposé sur la pierre et souligné d'une branche d'olivier pour « Manon des Sources », à peine rehaussée d'une chaise paillée au ton de pêche poudré. Blanc sur blanc encore, du mobilier aux toiles de lin, au « Temps des Secrets » avec sa terrasse privative ombragée par une treille de roses... blanches ! Le « Temps des Amours » se pique, évidemment, d'une pointe de rouge avec un tapis mendiant en forme de cœur et une salle de bains au travertin rouge rosé. Histoires de Bastide, c'est aussi celle d'une véritable demeure qui a conservé ses plafonds à l'ancienne, parsemé ses espaces épurés de branches et de fagots de lavande. La fantaisie de la maîtresse de maison s'inscrit autour de lampes aux mannequins de fils de fer qui éclairent la chambre du « Château de ma Mère » avec, depuis le lit : vue panoramique sur le jardin et clin d'œil sur un « balai de la sorcière » qui, ici, s'est transformé en fée...

Coups de cœur :
Le côté Provence chic de la demeure et sa douceur.

Bonnes idées :
Les gorges du Loup et le village médiéval de Tourrettes, encore très authentique.

La Suite du Village

Plan p. 17, C3

Alpes-Maritimes

• Sylviane et Frédéric Mathieu
La Bastide aux Camélias
23 C, route de l'Adret – 06360 Èze
Tél. 04 93 41 13 68 – sylviane.mathieu@libertysurf.fr
www.bastideauxcamelias.com

• 4 chambres : 110-150 € selon le standing et la saison.
1 suite : 200 € en BS, 240 € en HS.
Bibliothèque. Accès aux piscine, Jacuzzi, hammam et sauna à la Bastide aux Camélias (à 2 km).
Massages réalisés par Fred, diplomé de réflexologie (forfait bien-être 2 nuits).

–> Ouvert toute l'année.

Unique... Sur les toits d'un des Plus Beaux Villages de France. Au cœur de murs épais du XVIIIe cette suite en étages se fait charmeuse. Sous la voûte blanchie au lait de chaux, un feu de cheminée accueille les hôtes aux saisons fraîches. La mezzanine, suffisamment spacieuse héberge un lit au patchwork de soieries raffinées, intègre une salle de bains avec baignoire en résine et urne-lavabo en marbre noir. Ne reste plus qu'à se hisser en haut de l'échelle pour accéder au paradis... Vue à 360° avec, au couchant, les silhouettes bleutées des collines au reflet de Méditerranée.

Le Mas Samarcande

Plan p. 17, C3

Alpes-Maritimes

• Mireille et Pierre Diot
138, boulevard de Super-Cannes
06220 Golfe-Juan-Vallauris
Tél. 04 93 63 97 73 – mireille.diot@wanadoo.fr
www.mas-samarcande.com

• 5 chambres : 120-135 €.
Lit suppl. : 35 €, enfants : 20 €.

–> Ouvert toute l'année.

Son métier de photographe lui a donné le goût des belles choses et de l'art de vivre en Provence. Pierre Diot a ouvert cinq chambres dans un mas accroché sur une colline jardinée d'essences méditerranéennes. Sous son baldaquin importé d'Asie, la chambre « Samarcande », a donné son nom à la maison, « Lérins » et « Porquerolles » prennent le large en bleu dragée et brique. « Manosque » se partage au gré des soleils entre ses chambres jumelles communicantes.

Plan p. 17, D3

Haute-Corse

• Carole Leccia et Antoine Tejero
Route de Saint-Florent – 20232 Oletta
Tél. 04 95 35 22 51
info@ladimora.fr
www.ladimora.fr

• 15 chambres : 140-340 €.
2 suites-appartements : 290-440 €.
1 villa avec piscine privée (max. 6 pers.) : 2 300-4 500 €.
Lit suppl. : 65 €. Petit déjeuner : 18 €.
Piscine. Hammam. Jacuzzi. Terrain de pétanque.

–> Fermé nov.-mars.

Hôtel La Dimora

Une nouvelle génération d'hôteliers est née…

… qui invente un nouvel équilibre entre air du temps et juste prix, en cette île de Beauté où la mégalomanie peut parfois l'emporter sur la sagesse du rapport qualité-prix. Quel bonheur de découvrir ce bel hôtel composé par Carole, une enfant du village qui, après un détour vers d'autres horizons, a reconverti sa carrière d'hôtesse de l'air en hôtesse tout court. Son domaine, aménagé avec son compagnon, Antoine, s'offre dans la magie d'un cadre de ruines à ciel ouvert où s'immiscent patios et potager, de murs remontés, d'enduits décroûtés, d'un ancien pressoir voûté reconverti en salle des petits déjeuners. Disposé à la façon d'un hameau, l'hôtel déploie ses espaces entre « chambres campagnardes » et « chambres raffinées », même s'il est parfois difficile de différencier les deux catégories, tant est séduisante cette alliance de matériaux bruts de décoffrage et ces luminaires contemporains signés Artémide ou Bleu Nature, ces rideaux en lin de Russie et ces voilages aériens. Au fil des chambres visitées, j'ai été séduite par des détails aussi différents que ces poutres en noyer ciré et ces prie-Dieu de toute beauté, cette tête de lit en bambou, ce travertin de second choix dans une salle de bains. Jusqu'à ces pneus recyclés en jarres au bord de la piscine.

Coups de cœur :

Mille et un petits détails fantaisistes, comme cette lampe en boules de verre soufflé importée d'Égypte, cette rampe de lumières de neige argentée, ces chevets en bacs à fleurs retournés…

Bonne idée :

L'église San-Michele dans le massif du Nebbio : solitaire sur son escarpement à 1 km de Murato, elle ne passe pas inaperçue avec son damier de pierres vertes et blanches.

Plan p. 17, D3
Haute-Corse
• Anne Reydet-Baccelli
Route du Haut-Village – 20218 Lama
Tél. 04 95 46 84 11 ou 06 22 37 14 16
info@caselatine.com
www.caselatine.com

• 7 suites : 200-290 € selon la saison.
Lit suppl. : 60 €.
Petit déjeuner : 16 €, servi en terrasse.
Restaurant : 30-40 €. Menu demi-pension : 28 €.
2 piscines.

–> Fermé oct.-avr.

Case Latine

Terre de pierres et vue éblouissante …

Dans ce village haut perché dominant toute la vallée de l'Ostriconi, on rêve d'être un oiseau… pour survoler le maquis qui coule, loin là-bas, à la mer, pour admirer d'en haut ces nobles demeures sur lesquelles on sent planer l'opulence des siècles passés, quand l'oliveraie nourrissait toute la vallée. Anne a grandi ici. Ses parents tiennent sur la colline un charmant restaurant où les soirs d'été s'éternisent sous la treille. Ceux de l'hiver s'assoupissent sous les voûtes autour d'une belle flambée. Anne vient d'y bâtir, dans la lignée des paillers d'autrefois, de superbes cabanes en pierres à la géométrie précise. Un ensemble de logis rectangulaires que prolongent des terrasses dont les lignes épousent le chaos des rochers avec, pour point d'orgue, une piscine à débordement. Ces suites parfumées aux essences d'Estéban sont résolument contemporaines. Maîtrise parfaite de l'épure et des couleurs d'ivoire ou de camel autour de murs peints à la chaux et de jetés de lit en draps de hammam, ton sur ton. De-ci, de-là, quelques touches très déco comme ces lampes de chevet en cuir brûlé et puis les sublimes ferronneries de François Martelli de Santa-Reparata !

Coups de cœur :

La porte en rubans de fer rouillé de François Martelli. Et puis la vue !

Bonnes idées :

Randos équestres dans le maquis et en été, au village, le festival « Toiles ouvertes » autour du cinéma méditerranéen.

Plan p. 17, D3

Haute-Corse

• *Viviane et Dominique Franceschini*
20220 Pigna
Tél. 04 95 47 32 78 et 06 10 86 22 45
palazzupigna@wanadoo.fr
www.hotel-corse-palazzu.com

• *2 chambres à partir de 139 €.*
1 chambre à partir de 215 €.
2 suites à partir de 240 €.
Petit déjeuner : 20 €.
Restaurant gastronomique (atmosphère décontractée dans le cadre d'un ancien pressoir voûté ouvert sur le jardin). Menu : 55 € (formule midi : 25 €).
Aux fourneaux, l'ancien chef de La Villa à Calvi.

–> Fermé nov.-mars.

Hôtel U Palazzu

L'art de vivre intemporel…

Il y a de la majesté dans l'air lorsqu'on grimpe les marches et les pavés de galets qui montent à l'assaut de cette ancienne demeure de notables qui a conservé son magnifique escalier et sa charpente aux bois mélangés : chêne, genévrier, oléastre et châtaignier. Laissez vos pieds nus glisser sur la fraîcheur des sols aux beaux pavés d'autrefois. Laissez-vous gagner par cette atmosphère indicible et pourtant tellement évidente, qui est l'apanage de ces demeures nobiliaires au riche passé, propices à la méditation autant qu'à la littérature. Leur luxe aujourd'hui, c'est le calme qui y règne, leur aisance à marier le beau mobilier de famille XVIIIe et les glaces dorées aux tissus contemporains, à réinterpréter un scriban, une fresque retrouvée sur les murs décroûtés, redessinée en touches légères autour des portes et des fenêtres. Fermez les persiennes pour préserver aux chambres leur fraîcheur naturelle, investissez terrasses, jardin et solarium pour jouir de la plus belle vue qui soit sur la Méditerranée et puis, ouvrez grands les volets au soir couchant pour humer les parfums conjugués de la mer et de la garrigue, qui gagnent par bouffées ce village parmi les plus beaux de Corse.

Coups de cœur :
L'atmosphère et la vue.

Bonnes idées :
La découverte du village artisanal de Pigna, le village de Corbara et le monastère Saint-Dominique.

Plan p. 17, D3
Haute-Corse

• *Magali et Étienne Ambrosini*
Ruelle Casalta
Hameau de Cassano – 20214 Montegrosso
Tél. 04 95 21 25 33 et 06 87 61 31 94
etienne.ambrosini@wanadoo.fr
www.chambresdhotesdemagali.fr

• *5 chambres : 85 €.*

–> Ouvert 10 janv.-fin nov.

Les Chambres d'Hôtes de Magali

Magali a découvert la Corse et rencontré l'Amour...

Et pourtant, au départ, c'était pas gagné pour cette aixoise, heureuse de vivre en Provence qui, suite à une mutation pas franchement désirée, s'est retrouvée insulaire du jour au lendemain. C'était sans compter sur le coup de pouce du destin... Magali a rencontré Étienne, qui lui a transmis l'amour de son île et ouvert son cœur. S'en est suivi l'achat d'une ruine centenaire au cœur d'un vieux village de Balagne, accroché à ses montagnes. La vue est extraordinaire depuis une première chambre sur le Montegrosso qui culmine à 1 950 m. Tissus So Home ou Monoprix, tonalités framboise, coquelicot, vert acide, rose tendre, noir et blanc, chocolat, nougat et turquoise... À l'intérieur, tout est en harmonie, depuis la fraîcheur des pochoirs qui courent jusque sur les murs blancs des salles d'eau, en passant par les branches des appliques en barbotine. Ah, les barbotines ! Ce sont, avec les opalines, la passion de Magali. Trio de luminaires en suspension dans le couloir, opalines jaspées en verre de Clichy, lustre façon Daimler, un autre signé Muller. Et puis, des barbotines encore : sous forme d'un lion noir ou d'un presse-papier vert pré, version opalescente aux mouettes couleur de sardine. Et puis, il y a ces branches rouge carmin auxquelles sont suspendues des appliques en perles. On dirait des lampions asiatiques ! Nuits corses, version chine...toc !

Coups de cœur :

Une maison d'hôtes aussi jolie et à petits prix, c'est extrêmement rare en Corse. L'harmonie et la fantaisie du décor sans le diktat des tendances. La plus petite chambre, dans l'abri de ses vieux murs épais, est aussi la plus jolie côté déco. La « Framboise » pour la vue.

Bonnes idées :

Plage la plus proche : la Pinède à Calvi à 15 min.
Balade sur les crêtes, entre forêt de Tartagine et vue sur le désert des Agriates.
L'Île Rousse et la campagne du Régino.

Les Maisons de Murtoli

Plan p. 17, D4

Corse-du-Sud

• Paul Canarelli
Murtoli – 20100 Sartène
Tél. 04 95 71 69 24 – villas@murtoli.com
et www.murtoli.com

• Bergeries pour 2 pers. : 220-500 €/j. oct.-mai ; 1250-4900 €/sem. selon le mois.
Bergeries pour 8 pers. : 600-880 €/j. oct.-mai ; 3100-16100 €/sem. selon le mois.
Bergeries pour 12 pers. : 1350-2200 €/j. oct.-mai ; 8100-28200 €/sem. selon le mois.
2 restaurants sur place : menus à partir de 80 €.
Livraison des courses incluse. Les plus grandes bergeries disposent d'un hammam privé, la plupart d'une piscine privée.

–> Fermé en mars.

Robinson Crusoé pour jouer les stars incognito sur fond de bergeries corses !

Imaginez... un lagon naturel, une crique, un arc de rochers dentelés. On dirait un morceau détaché des Lavezzi ! Imaginez un cours d'eau qui a donné son nom à la vallée en même temps qu'à cet incroyable domaine de 2000 hectares dans lequel une dizaine d'anciennes demeures de fermiers fortifiées et de bergeries héritées du XVIe siècle, tapies dans le maquis, attendent d'être investies par des hôtes privilégiés. Des bergeries comme des cachettes pour s'isoler du monde et du bruit, avoir pour voisins une famille sanglier qui part en randonnée au soleil couchant, sous les lentisques et les arbousiers... Ce domaine, on le doit à Paul Canarelli : un homme d'entreprise, mais d'abord un paysan... Des paysans, il a le respect de la parole donnée et la ténacité qui lui ont permis d'aller jusqu'au bout de ses rêves. Par fidélité à un grand-père maquignon qui avait acheté petit à petit ces parcelles au-dessus de la mer – jadis, elles ne valaient pas grand-chose –, il en a fait un domaine exceptionnel. Car l'histoire du Domaine de l'Ortolo, au-delà de ces bergeries d'exception avec piscine et parfois hammam privé, c'est aussi l'histoire de la transmission. Paul Canarelli a inventé le paradis dans sa Corse natale.

Coup de cœur :

Le luxe ici, c'est de jouer les Robinson Crusoé, dans un univers de toute beauté.

Bonne idée :

Les prestations qui justifient le prix à la hauteur du rêve ! Au Domaine de l'Ortolo, il n'y a plus qu'à rêver et à se laisser vivre...

Plan p. 17, D4
Corse-du-Sud

• Élisabeth et Dominique Herzet
20142 Campo
Tél. 04 95 53 74 18
contact@chatelet-de-campo.com
www.chatelet-de-campo.com

• 3 chambres : 95-110 € en BS, 105-120 € en HS.
1 suite : 130-150 € selon la saison. Lit suppl. : 30 €.
Piscine. Grande terrasse-solarium avec vue sur un écrin de montagnes.

–> Ouvert toute l'année.

Le Châtelet de Campo

« Une maison d'Américains »...

Entendez par là « de ceux qui ont réussi ». D'ordinaire, on trouve davantage ce type de demeures dans le cap Corse d'où partirent quelques aventuriers faire fortune aux Amériques. Une fois revenus sur la terre natale, ils édifièrent ces maisons au style ostentatoire, gages de leur réussite. Ici, c'est le canal de Panama qui fit la fortune d'un enfant du Sartenais. « Châtelet » est la contraction des mots « château » et « chalet ». Tout simplement parce que les gens qui descendaient de la montagne, en l'apercevant, avaient une vision de château à cause de sa terrasse et de ses créneaux, alors que ceux qui montaient de la mer discernaient, eux, un chalet. Élisabeth et Dominique, venus de Belgique, sont tombés amoureux de l'île, puis de la bâtisse. Dans son nid de verdure, la demeure, qui n'avait connu jusqu'alors qu'une existence de résidence secondaire, semble, autant que ses nouveaux propriétaires, ravie de revivre aujourd'hui et d'être habitée en permanence... Ravie d'exhiber le savoir-faire des tailleurs de pierre italiens qui ont contribué à son édification, de dévoiler les beaux carreaux de ciment couleur de paille et de glaise de son vestibule, son noble escalier de granit aux marches enchâssées dans les murs. Il dessert des chambres aux fraîches tonalités de vanille ou de crème de lait, de vert amande ou de biscuit, habitées par un mobilier en pin, drapées de voilages aériens, auréolées de quelques touches de feuillages au pochoir et d'un divin pastel au bain dans la suite « Elogia ».

Coups de cœur :
La majesté de la demeure, la vue depuis la terrasse, l'accueil.

Bonnes idées :
Randos avec road-book *fourni par les propriétaires dans le maquis entre Campo, Quasquara et Frassetto. Site préhistorique de Filitosa et gorges de Prunelli à 45 min. Plages de Porticcio à 35 min.*

Index alphabétique

3 Îles (Les), **Var**, p. 424
4 Étoiles (Les), **Montpellier**, p. 41
5 (Le), **Hérault**, p. 344
6, Mandel, **Paris**, p. 48
21 (Le), **Somme**, p. 164
33 (Le), **Oise**, p. 171

A

À l'École Buissonnière, **Calvados**, p. 66
À l'Hostellerie de Levernois, **Côte-d'Or**, p. 217
À l'Orée du Bois, **Côtes-d'Armor**, p. 99
Albiousse (L'), **Gard**, p. 334
Alpage (L'), **Hautes-Alpes**, p. 387
Alta Terra, **Cantal**, p. 326
Appartements d'hôtes (Les), **Somme**, p. 169
Arbre Voyageur (L'), **Morbihan**, p. 129
Arguibel, **Pyrénées-Atlantiques**, p. 300
Arima, **Pyrénées-Atlantiques**, p. 298
Arnelles (Les), **Bouches-du-Rhône**, p. 413
Ateliers de l'Image (Les), **Bouches-du-Rhône**, p. 417
Atempo-Loft, **Lille**, p. 36
Au Bord du Temps, **Vaucluse**, p. 407
Au Vélocipède, **Somme**, p. 165
Aube Safran (L'), **Vaucluse**, p. 398
Auberge Basque (L'), **Pyrénées-Atlantiques**, p. 303
Auberge Cavalière (L'), **Bouches-du-Rhône**, p. 412
Auberge de la Grenouillère (L'), **Pas-de-Calais**, p. 179
Auberge de la Source, **Calvados**, p. 70
Auberge des Montagnes (L'), **Cantal**, p. 321
Auberge du Paradis (L'), **Saône-et-Loire**, p. 227
Aulière (L'), **Vaucluse**, p. 408

B

B. Espace Suites, **Haut-Rhin**, p. 206
Bambou Lodge, **Calvados**, p. 69
Banasterie (La), **Avignon**, p. 25
Banastière (La), **Vaucluse**, p. 401
Barrême (Le), **Arles**, p. 24
Bastide de Marie (La), **Vaucluse**, p. 405
Bastide des Hautes-Moures (La), **Var**, p. 418
Bastide Saint-Georges (La), **Alpes-de-Haute-Provence**, p. 392
Bergerie de Fontbonne (La), **Hérault**, p. 343
Blanches de Payzac (Les), **Ardèche**, p. 365
Bleu Pêchoir (Le), **Vendée**, p. 134
Boila Laslie (Le), **Pyrénées-Atlantiques**, p. 308
Bouitte (La), **Savoie**, p. 385
Bruit de l'Eau (Le), **Somme**, p. 163
Buanderie (La), **Var**, p. 420
Buis (Les), **Pyrénées-Orientales**, p. 354

C

Cabane de Pomme de Pin (La), **Gironde**, p. 284
Caminade (La), **Lot**, p. 260
Cap Cassis (Le), **Bouches-du-Rhône**, p. 416
Casa Honoré, **Marseille**, p. 40
Case Latine, **Haute-Corse**, p. 435
Castel Beau Site (Le), **Côtes-d'Armor**, p. 100
Celtic Hotel (Le), **Morbihan**, p. 121
Cernailles (Les), **Aisne**, p. 176
Chalet des Troncs (Le), **Haute-Savoie**, p. 378
Chambres d'Aumont (Les), **Somme**, p. 161
Chambres d'Hôtes de Magali (Les), **Haute-Corse**, p. 437
Chambres d'Hôtes de Nivinen (Les), **Finistère**, p. 110
Chambres de Pauline (Les), **Savoie**, p. 383

Chapellenie (La), **Cantal**, p. 322
Charm'Attitude, **Côte-d'Or**, p. 219
Charme Merry (Le), **Yonne**, p. 229
Château Clément (Le), **Ardèche**, p. 359
Château d'Uzer (Le), **Ardèche**, p. 362
Château de Bessonies (Le), **Lot**, p. 260
Château de Boissimon (Le), **Maine-et-Loire**, p.142
Château de Bordeneo (Le), **Morbihan**, p. 115
Château de Failloux (Le), **Vosges**, p. 196
Château de La Rabatelière (Le), **Vendée**, p. 136
Château de la Sébinière (Le), **Loire-Atlantique**, p. 132
Château de la Verrerie (Le), **Loir-et-Cher**, p. 154
Château de Lissac (Le), **Corrèze**, p. 248
Château de Manoncourt (Le), **Meurthe-et-Moselle**, p. 193
Château de Maumont (Le), **Charente**, p. 239
Château de Mont-Dol (Le), **Ille-et-Vilaine**, p. 94
Château de Montaigu (Le), **Puy-de-Dôme**, p. 316
Château de Sable (Le), **Var**, p. 422
Château de Saint-Paterne (Le), **Sarthe**, p. 145
Château de Villaine (Le), **Yonne**, p. 231
Château des Tesnières (Le), **Ille-et-Vilaine**, p. 91
Château du Pin (Le), **Ille-et-Vilaine**, p. 90
Château du Rayet (Le), **Lot-et-Garonne**, p. 280
Château La Roque (Le), **Vaucluse**, p. 407
Château Valmy (Le), **Pyrénées-Orientales**, p. 352
Châtelet de Campo (Le), **Corse-du-Sud**, p. 439
Chez les Colin, **Doubs**, p. 211
Chez Odette, **Ardennes**, p. 188
Cimentelle (La), **Yonne**, p. 230
Cinq Sens du Château Mayne Lalande (Les), **Gironde**, p. 282
Clair de la Plume (Le), **Drôme**, p. 373
Clairière (La), **Bas-Rhin**, p. 205
Clos Bourdet (Le), **Calvados**, p. 67
Clos Chedeville (Le), **Chartres**, p. 34
Clos d'Estelle (Le), **Jura**, p. 216
Clos de l'Herminier (Le), **Montpellier**, p. 43
Clos de la Tour (Le), **Ain**, p. 355
Clos de Maussanne (Le), **Hérault**, p. 346
Clos de Mondétour (Le), **Eure**, p. 63
Clos des Évocelles (Le), **Morbihan**, p. 120
Clos des Pommiers (Le), **Manche**, p. 81
Clos des Potiers (Le), **Toulouse**, p. 53
Clos du Gusquel (Le), **Morbihan**, p. 124
Clos du Léthé (Le), **Gard**, p. 332
Clos Goëlle (Le), **Puy-de-Dôme**, p. 315
Clos Jouvenet (Le), **Rouen**, p. 51
Clos Pasquier (Le), **Blois**, p. 27
Clos Postel (Le), **Manche**, p. 82
Clos Saint-Laurent (Le), **Eure-et-Loir**, p. 150
Clos Saint-Martin (Le), **Caen**, p. 28
Clos Saint-Saourde (Le), **Alpes-de-Haute-Provence**, p. 397
Closerie de la Hérissière (La), **Maine-et-Loire**, p. 143
Closerie des Millets (La), **Calvados**, p. 71
Closerie Les Capucines (La), **Jura**, p. 214
Co(o)rniche (La), **Gironde**, p. 287
Cœur de Marie (Le), **Savoie**, p. 382
Cœur Très Nature (Un), **Gard**, p. 341
Coing des Vignes (Le), **Gard**, p. 340
Colline d'Orance (La), **Dordogne**, p. 278
Comptoir des Sables (Le), **Landes**, p. 289
Costans (Les), **Côtes-d'Armor**, p. 101
Côte & Dune, **Landes**, p. 290
Côté Parc, **Orne**, p. 85
Côté Remparts, **Gers**, p. 274
Cottage (Le), **Calvados**, p. 65
Cottages de La Croix l'Abbé (Les), **Somme**, p. 167
Cour de Rémi (La), **Pas-de-Calais**, p. 182
Cour du Corbeau (La), **Strasbourg**, p. 52
Couvent des Minimes (Le), **Alpes-de-Haute-Provence**, p. 394
Crapaudine (La), **Indre**, p. 157
Crêt l'Agneau (Le), **Doubs**, p. 210
Croix du Bournissard (La), **Lot**, p. 254

D

Demeure d'Harsancourt (La), **Eure**, p. 62
Demeure de l'Île (La), **Mayenne**, p. 130
Demeure de la Vendemière (La), **Côtes-d'Armor**, p. 96

Demeure de la Ville Blanche (La), **Côtes-d'Armor**, p. 98
Demeure Saint-Louis (La), **Carcassonne**, p. 29
Demoiselles (Les), **Côte-d'Or**, p. 223
Désirade (La), **Morbihan**, p. 129
Domaine d'En Naudet (Le), **Tarn**, p. 266
Domaine de Brandois (Le), **Vendée**, p. 135
Domaine de Carrière (Le), **Lozère**, p. 329
Domaine de Jarrige (Le), **Corrèze**, p. 252
Domaine de Kerbarh (Le), **Morbihan**, p. 113
Domaine de la Blonnerie (Le), **Loir-et-Cher**, p. 152
Domaine de la Corgette (Le), **Côte-d'Or**, p. 218
Domaine de la Creuse (Le), **Aube**, p. 189
Domaine de la Louveterie (Le), **Orne**, p. 84
Domaine de la Piale (Le), **Lot**, p. 256
Domaine de Marseillens, **Carcassonne**, p. 29
Domaine de Montvianeix (Le), **Puy-de-Dôme**, p. 314
Domaine de Quittignan-Brillette (Le), **Gironde**, p. 283
Domaine de Terrac (Le), **Ariège**, p. 269
Domaine des Gauliers (Le), **Maine-et-Loire**, p. 140
Domaine des Peupliers (Le), **Eure-et-Loir**, p. 151
Dormeur du Val (Le), **Charleville-Mézières**, p. 32
Du Coq à l'Âne, **Moselle**, p. 192
Duplex 22 (Le), **Angoulême**, p. 22

EF

Écureuil (L'), **Hautes-Alpes**, p. 386
Épicerie (L'), **Aix en Provence**, p. 20
Épicerie de Venat (L'), **Charente**, p. 234
Épicerie du Pape (L)', **Eure**, p. 89
Ermitage (L'), **Rhône**, p. 357
Esplanes (Les), **Drôme**, p. 368
Eydieux (Les), **Puy-de-Dôme**, p. 313
Fare 1789 (La), **Alpes-de-Haute-Provence**, p. 391
Ferme aux Ours (La), **Haute-Savoie**, p. 375
Ferme Blanche (La), **Indre-et-Loire**, p. 156
Ferme d'En Bas (La), **Haute-Savoie**, p. 377
Ferme de Bouchemont (La), **Eure-et-Loir**, p. 149
Ferme de Bourran (La), **Aveyron**, p. 264
Ferme de Feillay (La), **Eure-et-Loir**, p. 146
Ferme de Marie-Eugénie (La), **Saône-et-Loire**, p. 226
Ferme de Moulhac (La), **Aveyron**, p. 263
Ferme des Sablons (La), **Vaucluse**, p. 399
Ferme Fouent Crema (La), **Alpes-de-Haute-Provence**, p. 390
Ferme Saint-Vennec (La), **Finistère**, p. 108
Fontaine de Grégoire (La), **Cantal**, p. 325
Forestière (La), **Bas-Rhin**, p. 203
Forge d'Hauterives (La), **Alpes-Maritimes**, p. 428
Fougères (Les), **Vosges**, p. 197
Four, **Lot**, p. 259
Frédéric Carrion Cuisine-Hôtel et Spa, **Saône-et-Loire**, p. 225
Frênaie (La), **Nord**, p. 185

G

Galet (Le), **Morbihan**, p. 118
Gentilhommière (La), **Dordogne**, p. 280
Gîtes de l'Étang des Noues (Les), **Maine-et-Loire**, p. 138
Glycines (Les), **Morbihan**, p. 127
Graine et Ficelle, **Alpes-Maritimes**, p. 431
Grand Balcon (Le), **Toulouse**, p. 54
Grand Duc (Le), **Valenciennes**, p. 57
Grand Hôtel, **Vosges**, p. 194
Grand Hôtel du Golfe, **Pyrénées-Orientales**, p. 353
Grande Baie (La), **Pas-de-Calais**, p. 181
Grands Montets (Les), **Haute-Savoie**, p. 380
Grange à Nicolas (La), **Jura**, p. 215
Grange de Coatelan (La), **Finistère**, p. 112
Grange de Saint-Hilaire (La), **Nord**, p. 186
Grange du Haou (La), **Pyrénées-Atlantiques**, p. 307
Grée des Landes (La), **Morbihan**, p. 126
Grenier des Saveurs (Le), **Charente**, p. 238
Guérandière (La), **Loire-Atlantique**, p. 132

H

Hameau de Pichovet (Le), **Alpes-de-Haute-Provence**, p. 395

Hautes Bruyères (Les), **Lyon**, p. 37
Histoires de Bastide, **Alpes-Maritimes**, p. 432
Hostellerie du Château de Mazan, **Vaucluse**, p. 406
Hostellerie Le Vert, **Lot**, p. 261
Hôtel à la Ferme, **Bas-Rhin**, p. 205
Hôtel Arraya, **Pyrénées-Atlantiques**, p. 305
Hôtel Aubade, **Saint-Malo**, p. 52
Hôtel B. Lodge, **Var**, p. 424
Hôtel Bor, **Var**, p. 425
Hôtel Côté Sable, **Gironde**, p. 288
Hôtel de l'Erguillère, **Manche**, p. 76
Hôtel de la Chapelle, **Yvelines**, p. 60
Hôtel de la Marine, **Manche**, p. 80
Hôtel de la Plage, **Morbihan**, p. 128
Hôtel de la Tour, **Ain**, p. 355
Hôtel des Corderies, **Somme**, p. 166
Hôtel des Francs Garçons, **Charente-Maritime**, p. 240
Hôtel des Isles, **Manche**, p. 79
Hôtel des Ormes, **Manche**, p. 78
Hôtel des Tailles, **Orne**, p. 86
Hôtel Design Sorbonne, **Paris**, p. 49
Hôtel du Bac, **Finistère**, p. 107
Hôtel du Centre, **Finistère**, p. 104
Hôtel du Château, **Carcassonne**, p. 31
Hôtel du Fronton, **Pyrénées-Atlantiques**, p. 309
Hôtel Gounod, **Bouches-du-Rhône**, p. 417
Hôtel Helvie, **Ardèche**, p. 358
Hôtel K, **Moselle**, p. 191
Hôtel L'Agapa, **Côtes-d'Armor**, p. 102
Hôtel L'Aunette Cottage, **Oise**, p. 174
Hôtel l'Avant-Scène, **Bordeaux**, p. 28
Hôtel La Belle Vue, **Bas-Rhin**, p. 202
Hôtel La Bergerie, **Haute-Savoie**, p. 376
Hôtel La Dimora, **Haute-Corse**, p. 434
Hôtel La Licorne, **Eure**, p. 61
Hôtel La Maison Douce, **Charente-Maritime**, p. 244
Hôtel Le Baillage, **Cantal**, p. 318
Hôtel Le Central, **Deux-Sèvres**, p. 246
Hôtel Le Chaufourg, **Dordogne**, p. 275
Hôtel Le Clos des Gentianes, **Cantal**, p. 326
Hôtel Le Mas du Pastre, **Bouches-du-Rhône**, p. 409
Hôtel Le Morgane, **Haute-Savoie**, p. 379
Hôtel Le Moulin, **Bas-Rhin**, p. 200
Hôtel Le Pré Bossu, **Haute-Loire**, p. 327
Hôtel Le Ryad, **Marseille**, p. 38
Hôtel Le Sénéchal, **Charente-Maritime**, p. 243
Hôtel Les Bois Flottais, **Charente-Maritime**, p. 242
Hôtel Les Clarines, **Isère**, p. 374
Hôtel Maison Flore, **Deux-Sèvres**, p. 247
Hôtel Palazzu U Domu, **Ajaccio**, p. 20
Hôtel Parc Beaumont, **Pau**, p. 50
Hôtel Particulier Baudon de Mauny, **Montpellier**, p. 42
Hôtel Pastis, **Var**, p. 423
Hôtel Saluces, **Cantal**, p. 317
Hôtel Ti Jan Ar C'Hafé, **Finistère**, p. 112
Hôtel Ty-Mad, **Finistère**, p. 106
Hôtel U Palazzu, **Haute-Corse**, p. 436
Hôtel Up, **Lille**, p. 35
Hôtel Vertigo Centre, **Marseille**, p. 39
Hôtel Via Môkis, **Côte-d'Or**, p. 221
Hôtel Villa Cahuzac, **Gers**, p. 272
Hôtel Villa Fol Avril, **Orne**, p. 83
Hôtel Villa Goxoa, **Pyrénées-Atlantiques**, p. 299
Hôtel Villa Joséphine, **Calvados**, p. 64
Hôtel Ville d'Hiver, **Gironde**, p. 286
Hôtel Villa Louise, **Côte-d'Or**, p. 220

IJKL

Instants d'Absolu Écolodge et Spa au Lac du Pêcher, **Cantal**, p. 319
Jardin d'Hiver (Le), **Lyon**, p. 36
Jardin des Thévenets (Le), **Allier**, p. 312
Jardin en Ville (Un), **Rouen**, p. 51
Jardins d'Aliénor (Les), **Charente-Maritime**, p. 245
Jardins de la Villa (Les), **Paris**, p. 46
Jardins de Sophie (Les), **Vosges**, p. 195
Jardins Secrets, **Nîmes**, p. 44
Justin de Provence, **Vaucluse**, p. 408
K-za, **Drôme**, p. 371
Lieu Unique (Un), **Annecy**, p. 22
Lille à Part, **Lille**, p. 34
Limas (Le), **Avignon**, p. 26
Lodge Kerisper (Le), **Morbihan**, p. 119
Lô d'Ici, **Lozère**, p. 328
Loft (Le), **Somme**, p. 170
Lofts des Froggy's (Les), **Pas-de-Calais**, p. 180
Loges de Saint-Sernin (Les),

Toulouse, p. 54
Logis de la Ferme aux Grives (Le), **Landes**, p. 296
Logis de Puygaty (Le), **Charente**, p. 236
Logis du Stang (Le), **Quimper**, p. 50
Lou Repaou, **Lot**, p. 258

MN

Macassar (Le), **Somme**, p. 160
Maison (La), **Gard**, p. 339
Maison Ardure (La), **Gers**, p. 273
Maison d'À Côté (La), **Doubs**, p. 212
Maison d'hôte de Myon (La), **Nancy**, p. 43
Maison d'Olivier Leflaive (La), **Côte-d'Or**, p. 224
Maison de Constance (La), **Var**, p. 421
Maison de Flore (La), **Morbihan**, p. 117
Maison de la Bourgade (La), **Gard**, p. 336
Maison de la Cathédrale (La), **Chartres**, p. 34
Maison de la Prade (La), **Landes**, p. 293
Maison de Luna (La), **Aveyron**, p. 262
Maison de Marine (La), **Vendée**, p. 133
Maison de Mézos (La), **Landes**, p. 292
Maison de la Pra (La), **Valence**, p. 56
Maison de Verre (La), **Besançon**, p. 26
Maison des Collines (La), **Alpes-de-Haute-Provence**, p. 396
Maison des Lamour par le Char à Bancs (La), **Côtes-d'Armor**, p. 97
Maison des Pins (La), **Haute-Savoie**, p. 381
Maison du Bailli (La), **Calvados**, p. 72
Maison du Bos (La), **Landes**, p. 297
Maison du Frêne (La), **Alpes-Maritimes**, p. 430
Maison du Moulin (La), **Drôme**, p. 370
Maison du Tonnelier (La), **Bas-Rhin**, p. 201
Maison en Toscane (Une), **Carcassonne**, p. 30
Maison d'Euphrasie (La), **Amiens**, p. 21
Maison Felisa (La), **Gard**, p. 338
Maison Forte (La), **Meuse**, p. 199
Maison Hippolyte (La), **Paris**, p. 48
Maison Lespoune (La), **Pyrénées-Atlantiques**, p. 306
Maison Rouge (La), **Var**, p. 419
Maison Solveig (La), **Loire-Atlantique**, p. 131
Maison sur la Sorgue (La), **Vaucluse**, p. 402
Maison Verte (La), **Creuse**, p. 253
Maison Vieille (La), **Carcassonne**, p. 32
Maisons de Léa (Les), **Calvados**, p. 89
Maisons de Murtoli (Les), **Corse-du-Sud**, p. 438
Manoir (Le), **Vosges**, p. 198
Manoir de Kerlédan (Le), **Finistère**, p. 105
Manoir de l'Isle (Le), **Côtes-d'Armor**, p. 103
Manoir de la Brunie (Le), **Corrèze**, p. 251
Manoir de la Févrerie (Le), **Manche**, p. 74
Manoir de la Fieffe (Le), **Manche**, p. 75
Manoir de la Ville Gueury (Le), **Côtes-d'Armor**, p. 95
Manoir de Lormarin (Le), **Orne**, p. 87
Manoir de Malagorse (Le), **Lot**, p. 255
Manoir de Savigny (Le), **Manche**, p. 77
Manoir de Thionville (Le), **Calvados**, p. 73
Manoir des Charmes (Le), **Marne**, p. 190
Manoir Les Arums (Le), **Somme**, p. 162
Manoir Saint-Charles (Le), **Oise**, p. 173
Marchand de Sable (Le), **Morbihan**, p. 125
Marienne (La), **Vendée**, p. 137
Mas (Le), **Landes**, p. 295
Mas de la Blanche (Le), **Ardèche**, p. 366
Mas de la Cigale (Le), **Ardèche**, p. 360
Mas de la Filoselle (Le), **Gard**, p. 331
Mas de la Madeleine (Le), **Ardèche**, p. 361
Mas de la Régalade (Le), **Vaucluse**, p. 404
Mas de Mougins (Le), **Alpes-Maritimes**, p. 427
Mas du Temps (Le), **Vaucluse**, p. 400
Mas Nouveau, **Gard**, p. 330
Mas Sainte-Cécile (Le), **Bouches-du-Rhône**, p. 411
Mas Samarcande (Le), **Alpes-Maritimes**, p. 433
Mas Vidau (Le), **Bouches-du-Rhône**, p. 410
Masquière (La), **Haute-Garonne**, p. 268
Mâtine (La), **Finistère**, p. 111
Mazade (La), **Gard**, p. 342
Mesnil des Bois (Le), **Ille-et-Vilaine**, p. 93
Meyrandiers (Les), **Corrèze**, p. 250
Moulin Bregeon (Le), **Maine-et-Loire**, p. 141
Moulin de Champdurand (Le), **Drôme**, p. 372
Moulin de la Ronce (Le), **Eure-et-Loir**, p. 147
Moulin de Leymonie du Maupas (Le), **Dordogne**, p. 276
Moulin de Lonceux (Le), **Eure-et-Loir**, p. 148
Moulin de Peychenval (Le), **Dordogne**, p. 277
Moulin des Sources (Le), **Vaucluse**, p. 403
Mousseau (Le), **Loir-et-Cher**, p. 153
My Home, **Hérault**, p. 345
My Tailor is Rich, **Arles**, p. 24

New Hôtel, **Marseille**, p. 39
New Hôtel du Midi (Le), **Montpellier**, p. 42
Noue (La), **Rhône**, p. 356
Nouvelles Suites de la Bouitte (Les), **Savoie**, p. 385

OP

Olhabidea, **Pyrénées-Atlantiques**, p. 304
Paradis de Marie (Le), **Saône-et-Loire**, p. 228
Péniche Mirage (La), **Aude**, p. 347
Petite Couronne (La), **Landes**, p. 294
Petite Folie (La), **Calvados**, p. 68
Peyraguey Maison Rouge, **Gironde**, p. 285
Planchottes (Les), **Côte-d'Or**, p. 222
Planquettes (Les), **Tarn**, p. 265
Pradasse (La), **Haute-Garonne**, p. 267
Prairière (La), **Pas-de-Calais**, p. 178
Pré Oudot (Le), **Doubs**, p. 208
Presbytère (Le), **Orne**, p. 88
Presbytère de la Pomarède (Le), **Aude**, p. 350
Prieuré de la Fayolle (Le), **Charente-Maritime**, p. 241
Prieuré des Sources (Le), **Drôme**, p. 367
Puits d'Angle (Le), **Oise**, p. 172

RS

Relais de Roquefereau (Le), **Lot-et-Garonne**, p. 281
Relais de Ventenac (Le), **Aude**, p. 348
Relais Saint-Germain (Le), **Paris**, p. 47
Renaissance (La), **Morbihan**, p. 114
Restaurant Serge Vieira et ses Trois Chambres, **Cantal**, p. 324
Rex Hôtel (Le), **Tarbes**, p.53
Roche d'Esteil (La), **Dordogne**, p. 279
Rosées (Les), **Alpes-Maritimes**, p. 426
Rougeanne (La), **Aude**, p. 349
Roussière (La), **Cantal,** p. 320
Sables Blancs (Les), **Finistère**, p. 109
Santeuil (Le), **Nantes**, p. 44
Sardines aux Yeux Bleus (Les), **Gard**, p. 337
Soir d'Été (Un), **Bas-Rhin**, p. 204
Square Seven, **Somme**, p. 168
Suite Cassis (La), **Bouches-du-Rhône**, p. 414
Suite du Village (La), **Alpes-Maritimes**, p. 433

TVZ

Tartine et Polochon, **Savoie**, p. 384
Terrasses (Les), **Drôme**, p. 369
The Five, **Paris**, p. 49
Toile Blanche (La), **Alpes-Maritimes**, p. 429
Toits de Lyon (Les), **Lyon**, p. 38
Touche Aubrée (La), **Ille-et-Vilaine**, p. 92
Tour du Coq Doré (La), **Doubs**, p. 207
Tour Sainte-Cécile (La), **Albi**, p. 21
Tourette (La), **Aude**, p. 354
Treille Muscate (La), **Drôme**, p. 373
Val de Brangon (Le), **Morbihan**, p. 122
Val Joli (Le), **Vosges**, p. 198
Valandière (La), **Pas-de-Calais**, p. 183
Vayssade (La), **Lot**, p. 261
Vendangeoir d'Orgeval (Le), **Aisne**, p. 175
Verdière (La), **Nord**, p. 184
Vieil Aiglun (Le), **Alpes-de-Haute-Provence**, p. 388
Vieux Murs (Les), **Alpes-de-Haute-Provence**, p. 389
Villa des Arts (La), **Sarthe**, p. 144
Villa des Lys All Seasons (La), **Maine-et-Loire**, p. 139
Villa Kerasy (La), **Vannes**, p. 57
Villa Mane Lann (La), **Morbihan**, p. 116
Villa Rose (La), **Hautes-Pyrénées**, p. 270
Villa Saint-Patrice (La), **Ardèche**, p. 364
Villa Vauréal (La), **Pyrénées-Atlantiques**, p. 309
Vinois (Le), **Lot**, p. 257
Volets Bleus (Les), **Pyrénées-Atlantiques**, p. 301
Zazpi (Le), **Pyrénées-Atlantiques**, p. 302

Index par prix

Sauf mention contraire, les tarifs correspondent à une nuitée en chambre double en basse saison.

Moins de 70 €

Clos Goëlle (Le), **Puy-de-Dôme**, p. 315 — 49 €
Appartements d'hôtes (Les), **Somme**, p. 169 — 50 €
Mas Vidau (Le), **Bouches-du-Rhône**, p. 410 — 50 €
Alpage (L'), **Hautes-Alpes**, p. 387 — 52 €
Boila Laslie (Le), **Pyrénées-Atlantiques**, p. 308 — 54 €
Auberge des Montagnes (L'), **Cantal**, p. 321 — 54 €
Domaine des Gauliers (Le), **Maine-et-Loire**, p. 140 — 55 €
Grange de Saint-Hilaire (La), **Nord**, p. 186 — 55 €
Hôtel Le Sénéchal, **Charente-Maritime**, p. 243 — 55 €
Maison du Bos (La), **Landes**, p. 297 — 55 €
Chambres de Pauline (Les), **Savoie**, p. 383 — 55 €
Hôtel Le Central, **Deux-Sèvres**, p. 246 — 58 €
Hôtel du Centre, **Finistère**, p. 104 — 59 €
Celtic Hotel (Le), **Morbihan**, p. 121 — 59 €
Manoir de la Ville Gueury (Le), **Côtes-d'Armor**, p. 95 — 60 €
Grange de Coatelan (La), **Finistère**, p. 112 — 60 €
Marchand de Sable (Le), **Morbihan**, p. 125 — 60 €
Grenier des Saveurs (Le), **Charente**, p. 238 — 60 €
Guérandière (La), **Loire-Atlantique**, p. 132 — 61 €
Demeure d'Harsancourt (La), **Eure**, p. 62 — 62 €
Renaissance (La), **Morbihan**, p. 114 — 62 €
Closerie de la Hérissière (La), **Maine-et-Loire**, p. 143 — 62 €
Marienne (La), **Vendée**, p. 137 — 65 €
Du Coq à l'Âne, **Moselle**, p. 192 — 65 €
Roche d'Esteil (La), **Dordogne**, p. 279 — 65 €
Arima, **Pyrénées-Atlantiques**, p. 298 — 65 €
Alta Terra, **Cantal**, p. 326 — 65 €
Lô d'Ici, **Lozère**, p. 328 — 65 €
Mas Nouveau, **Gard**, p.330 — 65 €
Mazade (La), **Gard**, p. 342 — 65 €
Treille Muscate (La), **Drôme**, p. 373 — 65 €
Cœur de Marie (Le), **Savoie**, p. 382 — 65 €
Hôtel Vertigo Centre, **Marseille**, p. 39 — 65 €
Demeure de la Ville Blanche (La), **Côtes-d'Armor**, p. 98 — 66 €
Tour du Coq Doré (La), **Doubs**, p. 207 — 66 €
Hôtel Maison Flore, **Deux-Sèvres**, p. 247 — 67 €
Hôtel Ti Jan Ar C'Hafé, **Finistère**, p. 112 — 68 €
Maison des Lamour par le Char à Bancs (La), **Côtes-d'Armor**, p. 97 — 69 €
Frênaie (La), **Nord**, p. 185 — 69 €
Hôtel Saluces, **Cantal**, p. 317 — 69 €
Hôtel Helvie, **Ardèche**, p. 358 — 69 €

Entre 70 et 80 €

Manoir de la Févrerie (Le), **Manche**, p. 74 — 70 €
Hôtel Villa Fol Avril, **Orne**, p. 83 — 70 €
Touche Aubrée (La), **Ille-et-Vilaine**, p. 92 — 70 €
Hôtel Ty-Mad, **Finistère**, p. 106 — 70 €
Domaine des Peupliers (Le), **Eure-et-Loir**, p. 151 — 70 €
Château de Failloux (Le), **Vosges**, p. 196 — 70 €
Clos d'Estelle (Le), **Jura**, p. 216 — 70 €
Domaine de Jarrige (Le), **Corrèze**, p. 252 — 70 €
Maison de Luna (La), **Aveyron**, p. 262 — 70 €
Planquettes (Les), **Tarn**, p. 265 — 70 €
Moulin de Leymonie du Maupas (Le), **Dordogne**, p. 276 — 70 €
Mas (Le), **Landes**, p. 295 — 70 €
Maison Lespoune (La), **Pyrénées-Atlantiques**, p. 306 — 70 €
Hôtel Le Baillage, **Cantal**, p. 318 — 70 €
Moulin de Champdurand (Le), **Drôme**, p. 372 — 70 €
Ferme des Sablons (La), **Vaucluse**, p. 399 — 70 €
Clos Chedeville (Le), **Chartres**, p. 34 — 70 €
Logis du Stang (Le), **Quimper**, p. 50 — 70 €

Jardin en Ville (Un), **Rouen**, p. 51 — 70 €
Villa Mane Lann (La), **Morbihan**, p. 116 — 72 €
Manoir Les Arums (Le), **Somme**, p. 162 — 72 €
Peyraguey Maison Rouge, **Gironde**, p. 285 — 72 €
Côte & Dune, **Landes**, p. 290 — 72 €
Maison Rouge (La), **Var**, p. 419 — 72 €
Maison de Mézos (La), **Landes**, p. 292 — 73 €
Hôtel Le Clos des Gentianes, **Cantal**, p. 326 — 73 €
Hôtel de l'Erguillère, **Manche**, p. 76 — 75 €
Épicerie du Pape (L'), **Eure**, p. 89 — 75 €
Moulin de Lonceux (Le), **Eure-et-Loir**, p. 148 — 75 €
Vendangeoir d'Orgeval (Le), **Aisne**, p. 175 — 75 €
Maison Forte (La), **Meuse**, p. 199 — 75 €
Ferme de Moulhac (La), **Aveyron**, p. 263 — 75 €
Comptoir des Sables (Le), **Landes**, p. 289 — 75 €
Olhabidea, **Pyrénées-Atlantiques**, p. 304 — 75 €
Grange du Haou (La), **Pyrénées-Atlantiques**, p. 307 — 75 €
Roussière (La), **Cantal**, p. 320 — 75 €
Cœur Très Nature (Un), **Gard**, p. 341 — 75 €
Grand Hôtel du Golfe, **Pyrénées-Orientales**, p. 353 — 75 €
Buis (Les), **Pyrénées-Orientales**, p. 354 — 75 €
Hôtel Les Clarines, **Isère**, p. 374 — 75 €
Ferme Fouent Crema (La), **Alpes-de-Haute-Provence**, p. 390 — 75 €
Cottages de La Croix l'Abbé (Les), **Somme**, p. 167 — 76 €
Prieuré de la Fayolle (Le), **Charente-Maritime**, p. 241 — 76 €
Cimentelle (La), **Yonne**, p. 230 — 77 €
Hôtel de la Plage, **Morbihan**, p. 128 — 78 €
Côté Remparts, **Gers**, p. 274 — 78 €
Au Bord du Temps, **Vaucluse**, p. 407 — 78 €
Clos Saint-Laurent (Le), **Eure-et-Loir**, p. 150 — 79 €
Grand Hôtel, **Vosges**, p. 194 — 79 €
Ferme d'En Bas (La), **Haute-Savoie**, p. 377 — 79 €
Bastide des Hautes-Moures (La), **Var**, p. 418 — 80 €
Clos de Mondétour (Le), **Eure**, p. 63 — 80 €
Manoir de Savigny (Le), **Manche**, p. 77 — 80 €
Hôtel des Tailles, **Orne**, p. 86 — 80 €
Demeure de la Vendemière (La), **Côtes-d'Armor**, p. 96 — 80 €
À l'Orée du Bois, **Côtes-d'Armor**, p. 99 — 80 €
Chambres d'hôtes de Nivinen (Les), **Finistère**, p. 110 — 80 €
Mâtine (La), **Finistère**, p. 111 — 80 €
Crapaudine (La), **Indre**, p. 157 — 80 €
Chambres d'Aumont (Les), **Somme**, p. 161 — 80 €
Cour de Rémi (La), **Pas-de-Calais**, p. 182 — 80 €
Soir d'Été (Un), **Bas-Rhin**, p. 204 — 80 €
Maison d'À Côté (La), **Doubs**, p. 212 — 80 €
Domaine de la Corgette (Le), **Côte-d'Or**, p. 218 — 80 €
Château de Villaine (Le), **Yonne**, p. 231 — 80 €
Domaine de la Piale (Le), **Lot**, p. 256 — 80 €
Vayssade (La), **Lot**, p. 261 — 80 €
Maison Ardure (La), **Gers**, p. 273 — 80 €
Colline d'Orance (La), **Dordogne**, p. 278 — 80 €
Hôtel Villa Goxoa, **Pyrénées-Atlantiques**, p. 299 — 80 €
Hôtel du Fronton, **Pyrénées-Atlantiques**, p. 309 — 80 €
Relais de Ventenac (Le), **Aude**, p. 348 — 80 €
Rougeanne (La), **Aude**, p. 349 — 80 €
Maison du Moulin (La), **Drôme**, p. 370 — 80 €
Tartine et Polochon, **Savoie**, p. 384 — 80 €
Aulière (L'), **Vaucluse**, p. 408 — 80 €
Hôtel B. Lodge, **Var**, p. 424 — 80 €
Maison de Verre (La), **Besançon**, p. 26 — 80 €

Entre 80 et 100 €

Hôtel Les Bois Flottais, **Charente-Maritime**, p. 242 — 81 €
Val Joli (Le), **Vosges**, p. 198 — 82 €
Petite Couronne (La), **Landes**, p. 294 — 82 €
Hôtel à la Ferme, **Bas-Rhin**, p. 205 — 84 €
Hôtel de la Chapelle, **Yvelines**, p. 60 — 85 €
Clos Postel (Le), **Manche**, p. 82 — 85 €
Château du Pin (Le), **Ille-et-Vilaine**, p. 90 — 85 €
Château de Mont-Dol (Le), **Ille-et-Vilaine**, p. 94 — 85 €
Hôtel du Bac, **Finistère**, p. 107 — 85 €
Ferme Saint-Vennec (La), **Finistère**, p. 108 — 85 €
Ferme de Feillay (La), **Eure-et-Loir**, p. 146 — 85 €
21 (Le), **Somme**, p. 164 — 85 €
Cernailles (Les), **Aisne**, p. 176 — 85 €
Chez les Colin, **Doubs**, p. 211 — 85 €
Paradis de Marie (Le), **Saône-et-Loire**, p. 228 — 85 €
Hostellerie Le Vert, **Lot**, p. 261 — 85 €
Domaine de Terrac (Le), **Ariège**, p. 269 — 85 €
Gentilhommière (La), **Dordogne**, p. 280 — 85 €
Domaine de Montvianeix (Le),

Puy-de-Dôme, p. 314 85 €
Instants d'Absolu Écolodge et Spa au Lac du Pêcher, **Cantal**, p. 319 85 €
Mas de la Filoselle (Le), **Gard**, p. 331 85 €
Esplanes (Les), **Drôme**, p. 368 85 €
Vieux Murs (Les), **Alpes-de-Haute-Provence**, p. 389 85 €
Mas de la Régalade (Le), **Vaucluse**, p. 404 85 €
Forge d'Hauterives (La), **Alpes-Maritimes**, p. 428 85 €
Chambres d'Hôtes de Magali (Les), **Haute-Corse**, p. 437 85 €
Domaine de Marseillens, **Carcassonne**, p. 29 85 €
Maison en Toscane (Une), **Carcassonne**, p. 30 85 €
Maison Vieille (La), **Carcassonne**, p. 32 85 €
Jardins d'Aliénor (Les), **Charente-Maritime**, p. 245 87 €
Maison Solveig (La), **Loire-Atlantique**, p. 131 88 €
Hôtel des Francs Garçons, **Charente-Maritime**, p. 240 88 €
Caminade (La), **Lot**, p. 260 88 €
Grands Montets (Les), **Haute-Savoie**, p. 380 88 €
Costans (Les), **Côtes-d'Armor**, p. 101 89 €
Maison de Flore (La), **Morbihan**, p. 117 89 €
Épicerie de Venat (L'), **Charente**, p. 234 89 €
Vinois (Le), **Lot**, p. 257 89 €
Masquière (La), **Haute-Garonne**, p. 268 89 €
Noue (La), **Rhône**, p. 356 89 €
Hôtel Aubade, **Saint-Malo**, p. 52 89 €
Maison du Bailli (La), **Calvados**, p. 72 90 €
Manoir de Thionville (Le), **Calvados**, p. 73 90 €
Hôtel de la Marine, **Manche**, p. 80 90 €
Manoir de Kerlédan (Le), **Finistère**, p. 105 90 €
Galet (Le), **Morbihan**, p. 118 90 €
Lodge Kerisper (Le), **Morbihan**, p. 119 90 €
Clos des Évocelles (Le), **Morbihan**, p. 120 90 €
Clos du Gusquel (Le), **Morbihan**, p. 124 90 €
Villa des Lys All Seasons (La), **Maine-et-Loire**, p. 139 90 €
Square Seven, **Somme**, p. 168 90 €
33 (Le), **Oise**, p. 171 90 €
Puits d'Angle (Le), **Oise**, p. 172 90 €
Fougères (Les), **Vosges**, p. 197 90 €
Hôtel Le Moulin, **Bas-Rhin**, p. 200 90 €
Pré Oudot (Le), **Doubs**, p. 208 90 €
Meyrandiers (Les), **Corrèze**, p. 250 90 €
Manoir de la Brunie (Le), **Corrèze**, p. 251 90 €
Maison Verte (La), **Creuse**, p. 253 90 €
Croix du Bournissard (La), **Lot**, p. 254 90 €
Domaine de Quittignan-Brillette (Le), **Gironde**, p. 283 90 €
Maison de la Prade (La), **Landes**, p. 293 90 €
Auberge Basque (L'), **Pyrénées-Atlantiques**, p. 303 90 €
Jardin des Thévenets (Le), **Allier**, p. 312 90 €
Maison de la Bourgade (La), **Gard**, p. 336 90 €
My Home, **Hérault**, p. 345 90 €
Mas de la Cigale (Le), **Ardèche**, p. 360 90 €
Maison des Pins (La), **Haute-Savoie**, p. 381 90 €
Bastide Saint-Georges (La), **Alpes-de-Haute-Provence**, p. 392 90 €
Mas Sainte-Cécile (Le), **Bouches-du-Rhône**, p. 411 90 €
Maison d'Euphrasie (La), **Amiens**, p. 21 90 €
Demeure Saint-Louis (La), **Carcassonne**, p. 29 90 €
Clos de l'Herminier (Le), **Montpellier**, p. 43 90 €
Maison Hippolyte (La), **Paris**, p. 48 90 €
Clos Jouvenet (Le), **Rouen**, p. 51 90 €
Maison de la Pra (La), **Valence**, p. 56 90 €
Arbre Voyageur (L'), **Morbihan**, p. 129 91 €
Glycines (Les), **Morbihan**, p. 127 92 €
Hôtel La Belle Vue, **Bas-Rhin**, p. 202 92 €
Domaine d'En Naudet (Le), **Tarn**, p. 266 92 €
Hôtel Arraya, **Pyrénées-Atlantiques**, p. 305 94 €
4 Étoiles (Les), **Montpellier**, p. 41 94 €
Domaine de la Louveterie (Le), **Orne**, p. 84 95 €
Mesnil des Bois (Le), **Ille-et-Vilaine**, p. 93 95 €
Sables Blancs (Les), **Finistère**, p. 109 95 €
Demeure de l'Île (La), **Mayenne**, p. 130 95 €
Château de la Sébinière (Le), **Loire-Atlantique**, p. 132 95 €
Domaine de Brandois (Le), **Vendée**, p. 135 95 €
Au Vélocipède, **Somme**, p. 165 95 €
Valandière (La), **Pas-de-Calais**, p. 183 95 €
Manoir (Le), **Vosges**, p. 198 95 €
Grange à Nicolas (La), **Jura**, p. 215 95 €
Ferme de Marie-Eugénie (La), **Saône-et-Loire**, p. 226 95 €
Château de Maumont (Le), **Charente**, p. 239 95 €
Pradasse (La), **Haute-Garonne**, p. 267 95 €
Coing des Vignes (Le), **Gard**, p. 340 95 €
Mas de la Madeleine (Le), **Ardèche**, p. 361 95 €
Villa Saint-Patrice (La), **Ardèche**, p. 364 95 €
Moulin des Sources (Le), **Vaucluse**, p. 403 95 €
Châtelet de Campo (Le),

Corse-du-Sud, p. 439 95 €
Toits de Lyon (Les), **Lyon**, p .38 95 €
Hôtel le Ryad, **Marseille**, p. 38 95 €
Grand Duc (Le), **Valenciennes**, p. 57 96 €
Bambou Lodge, **Calvados**, p. 69 97 €
Forestière (La), **Bas-Rhin**, p. 203 97 €
Maison des Collines (La), **Alpes-de-Haute-Provence**, p. 396 97 €
Hôtel des Isles, **Manche**, p. 79 98 €
Hôtel Villa Louise, **Côte-d'Or**, p. 220 98 €
Demoiselles (Les), **Côte-d'Or**, p. 223 98 €
Hôtel Villa Cahuzac, **Gers**, p. 272 98 €
Ferme aux Ours (La), **Haute-Savoie**, p. 375 98 €
Lou Repaou, **Lot**, p. 258 99 €
Clair de la Plume (Le), **Drôme**, p. 373 99 €
Hôtel l'Avant-Scène, **Bordeaux**, p. 28 99 €

Entre 100 et 150 €

À l'École Buissonnière, **Calvados**, p. 66 100 €
Domaine de Kerbarh (Le), **Morbihan**, p. 113 100 €
Moulin Bregeon (Le), **Maine-et-Loire**, p. 141 100 €
Ferme de Bouchemont (La), **Eure-et-Loir**, p. 149 100 €
Prairière (La), **Pas-de-Calais**, p. 178 100 €
Grande Baie (La), **Pas-de-Calais**, p. 181 100 €
Planchottes (Les), **Côte-d'Or**, p. 222 100 €
Maison d'Olivier Leflaive (La), **Côte-d'Or**, p. 224 100 €
Domaine de Carrière (Le), **Lozère**, p. 329 100 €
Tourette (La), **Aude**, p. 354 100 €
Cap Cassis (Le), **Bouches-du-Rhône**, p. 416 100 €
Hôtel Bor, **Var**, p. 425 100 €
Épicerie (L'), **Aix-en-Provence**, p. 20 100 €
Hôtel Design Sorbonne, **Paris**, p. 49 100 €
Clos des Potiers (Le), **Toulouse**, p. 53 100 €
Cinq Sens du Château Mayne Lalande (Les), **Gironde**, p. 282 102 €
Clairière (La), **Bas-Rhin**, p. 205 103 €
Château de Manoncourt (Le), **Meurthe-et-Moselle**, p. 193 105 €
Eydieux (Les), **Puy-de-Dôme**, p. 313 105 €
Hôtel Le Pré Bossu, **Haute-Loire**, p. 327 105 €
Écureuil (L'), **Hautes-Alpes**, p. 386 105 €
Hostellerie du Château de Mazan, **Vaucluse**, p. 406 105 €
Clos Saint-Martin (Le), **Caen**, p. 28 105 €
Villa Kerasy (La), **Vannes**, p. 57 105 €
Péniche Mirage (La), **Aude**, p. 347 106 €
Manoir de l'Isle (Le), **Côtes-d'Armor**, p. 103 108 €
Crêt l'Agneau (Le), **Doubs**, p. 210 108 €
Volets Bleus (Les), **Pyrénées-Atlantiques**, p. 301 108 €
Verdière (La), **Nord**, p. 184 110 €
Domaine de la Creuse (Le), **Aube**, p. 189 110 €
Manoir de Malagorse (Le), **Lot**, p. 255 110 €
Moulin de Peychenval (Le), **Dordogne**, p. 277 110 €
Relais de Roquefereau (Le), **Lot-et-Garonne**, p. 281 110 €
Arguibel, **Pyrénées-Atlantiques**, p. 300 110 €
Villa Vauréal (La), **Pyrénées-Atlantiques**, p. 309 110 €
Sardines aux Yeux Bleus (Les), **Gard**, p. 337 110 €
Presbytère de la Pomarède (Le), **Aude**, p. 350 110 €
Château d'Uzer (Le), **Ardèche**, p. 362 110 €
Fare 1789 (La), **Alpes-de-Haute-Provence**, p. 391 110 €
Hameau de Pichovet (Le), **Alpes-de-Haute-Provence**, p. 395 110 €
Aube Safran (L'), **Vaucluse**, p. 398 110 €
Justin de Provence, **Vaucluse**, p. 408 110 €
Suite du Village (La), **Alpes-Maritimes**, p. 433 110 €
Banasterie (La), **Avignon**, p. 25 110 €
Clos Pasquier (Le), **Blois**, p. 27 110 €
Loges de Saint-Sernin (Les), **Toulouse**, p. 54 110 €
Arnelles (Les), **Bouches-du-Rhône**, p. 413 114 €
Maison de Marine (La), **Vendée**, p. 133 115 €
Domaine de la Blonnerie (Le), **Loir-et-Cher**, p. 152 115 €
Closerie Les Capucines (La), **Jura**, p. 214 115 €
Hôtel de la Tour, **Ain**, p. 355 115 €
Clos de la Tour (Le), **Ain**, p. 355 115 €
Prieuré des Sources (Le), **Drôme**, p. 367 115 €
Hôtel Up, **Lille**, p. 35 115 €
Hôtel L'Aunette Cottage, **Oise**, p. 174 117 €
Dormeur du Val (Le), **Charleville-Mézières**, p. 32 118 €
Manoir de la Fieffe (Le), **Manche**, p. 75 120 €
Presbytère (Le), **Orne**, p. 88 120 €
Maisons de Léa (Les), **Calvados**, p. 89 120 €
Château des Tesnières (Le), **Ille-et-Vilaine**, p. 91 120 €
Castel Beau Site (Le), **Côtes-d'Armor**, p. 100 120 €

Auberge de la Grenouillère (L'), **Pas-de-Calais**, p. 179 120 €
Manoir des Charmes (Le), **Marne**, p. 190 120 €
Charm'Attitude, **Côte-d'Or**, p. 219 120 €
Hôtel La Maison Douce, **Charente-Maritime**, p. 244 120 €
Château de Lissac (Le), **Corrèze**, p. 248 120 €
Four, **Lot**, p. 259 120 €
Ferme de Bourran (La), **Aveyron**, p. 264 120 €
Maison (La), **Gard**, p. 339 120 €
5 (Le), **Hérault**, p. 344 120 €
Mas de la Blanche (Le), **Ardèche**, p. 366 120 €
Mas Samarcande (Le), **Alpes-Maritimes**, p. 433 120 €
Maison de la Cathédrale (La), **Chartres**, p. 34 120 €
Hôtel La Licorne, **Eure**, p. 61 125 €
Hôtel des Ormes, **Manche**, p. 78 125 €
Manoir Saint-Charles (Le), **Oise**, p. 173 125 €
Lofts des Froggy's (Les), **Pas-de-Calais**, p. 180 125 €
Auberge du Paradis (L'), **Saône-et-Loire**, p. 227 125 €
Château du Rayet (Le), **Lot-et-Garonne**, p. 280 125 €
Hôtel Ville d'Hiver, **Gironde**, p. 286 125 €
Albiousse (L'), **Gard**, p. 334 125 €
Maison Felisa (La), **Gard**, p. 338 125 €
Clos de Maussanne (Le), **Hérault**, p. 346 125 €
Hôtel Le Mas du Pastre, **Bouches-du-Rhône**, p. 409 125 €
Lieu Unique (Un), **Annecy**, p. 22 125 €
Barrême (Le), **Arles**, p. 24 125 €
Bruit de l'Eau (Le), **Somme**, p. 163 129 €
Closerie des Millets (La), **Calvados**, p. 71 130 €
Clos des Pommiers (Le), **Manche**, p. 81 130 €
Manoir de Lormarin (Le), **Orne**, p. 87 130 €
Grée des Landes (La), **Morbihan**, p. 126 130 €
Château de La Rabatelière (Le), **Vendée**, p. 136 130 €
Château de Boissimon (Le), **Maine-et-Loire**, p. 142 130 €
Moulin de la Ronce (Le), **Eure-et-Loir**, p. 147 130 €
Ferme Blanche (La), **Indre-et-Loire**, p. 156 130 €
Frédéric Carrion Cuisine-Hôtel et Spa, **Saône-et-Loire**, p. 225 130 €
Maison de Constance (La), **Var**, p. 421 130 €
Mas de Mougins (Le), **Alpes-Maritimes**, p. 427 130 €
Graine et Ficelle, **Alpes-Maritimes**, p. 431 130 €
Hôtel Palazzu U Domu, **Ajaccio**, p. 20 130 €
Limas (Le), **Avignon**, p. 26 130 €
Jardin d'Hiver (Le), **Lyon**, p. 36 130 €
Maison d'hôte de Myon (La), **Nancy**, p. 43 130 €
Auberge de la Source, **Calvados**, p. 70 135 €
Château de Saint-Paterne (Le), **Sarthe**, p. 145 135 €
À l'Hostellerie de Levernois, **Côte-d'Or**, p. 217 135 €
Charme Merry (Le), **Yonne**, p. 229 135 €
Logis de Puygaty (Le), **Charente**, p. 236 135 €
Villa Rose (La), **Hautes-Pyrénées**, p. 270 135 €
Château de Montaigu (Le), **Puy-de-Dôme**, p. 316 135 €
Bergerie de Fontbonne (La), **Hérault**, p. 343 135 €
Ermitage (L'), **Rhône**, p. 357 135 €
New Hôtel du Midi (Le), **Montpellier**, p. 42 135 €
Hôtel Villa Joséphine, **Calvados**, p. 64 138 €
Château de Bessonies (Le), **Lot**, p. 260 139 €
Hôtel U Palazzu, **Haute-Corse**, p. 436 139 €
Désirade (La), **Morbihan**, p. 129 140 €
Château de la Verrerie (Le), **Loir-et-Cher**, p. 154 140 €
K-za, **Drôme**, p. 371 140 €
Hôtel La Bergerie, **Haute-Savoie**, p. 376 140 €
Hôtel Le Morgane, **Haute-Savoie**, p. 379 140 €
Auberge Cavalière (L'), **Bouches-du-Rhône**, p. 412 140 €
Hôtel La Dimora, **Haute-Corse**, p. 434 140 €
Hôtel du Château, **Carcassonne**, p. 31 140 €
Clos Bourdet (Le), **Calvados**, p. 67 145 €
Petite Folie (La), **Calvados**, p. 68 145 €
Hôtel Via Môkis, **Côte-d'Or**, p. 221 145 €
Hôtel Gounod, **Bouches-du-Rhône**, p. 417 145 €

Entre 150 et 200 €

Cottage (Le), **Calvados**, p. 65 150 €
Côté Parc, **Orne**, p. 85 150 €
Hôtel des Corderies, **Somme**, p. 166 150 €
Jardins de Sophie (Les), **Vosges**, p. 195 150 €
B. Espace Suites, **Haut-Rhin**, p. 206 150 €
Zazpi (Le), **Pyrénées-Atlantiques**, p. 302 150 €
Chapellenie (La), **Cantal**, p. 322 150 €
Fontaine de Grégoire (La), **Cantal**, p. 325 150 €
Château La Roque (Le), **Vaucluse**, p. 407 150 €
3 Îles (Les), **Var**, p. 424 150 €
Maison du Frêne (La), **Alpes-Maritimes**, p. 430 150 €

Histoires de Bastide,
Alpes-Maritimes, p. 432 150 €
Hautes Bruyères (Les), **Lyon**, p. 37 150 €
Casa Honoré, **Marseille**, p. 40 150 €
Rex Hôtel (Le), **Tarbes**, p. 53 150 €
Château de Bordeneo (Le),
Morbihan, p. 115 154 €
Bleu Pêchoir (Le), **Vendée**, p. 134 155 €
Banastière (La), **Vaucluse**, p. 401 155 €
Grand Balcon (Le), **Toulouse**, p. 54 155 €
Hôtel L'Agapa, **Côtes-d'Armor**, p. 102 160 €
Val de Brangon (Le), **Morbihan**, p. 122 160 €
Restaurant Serge Vieira et ses Trois Chambres,
Cantal, p. 324 160 €
Château Valmy (Le),
Pyrénées-Orientales, p. 352 160 €
Château Clément (Le), **Ardèche**, p. 359 160 €
Mas du Temps (Le), **Vaucluse**, p. 400 160 €
Château de Sable (Le), **Var**, p. 422 160 €
Hôtel Particulier Baudon de Mauny,
Montpellier, p. 42 160 €
Villa des Arts (La), **Sarthe**, p. 144 165 €
Buanderie (La), **Var**, p. 420 165 €
Toile Blanche (La),
Alpes-Maritimes, p. 429 165 €
Chalet des Troncs (Le),
Haute-Savoie, p. 378 166 €
Maison du Tonnelier (La),
Bas-Rhin, p. 201 170 €
Hôtel Côté Sable, **Gironde**, p. 288 170 €
Terrasses (Les), **Drôme**, p. 369 170 €
Clos Saint-Saourde (Le),
Alpes-de-Haute-Provence, p. 397 170 €
The Five, **Paris**, p. 49 170 €
Macassar (Le), **Somme**, p. 160 175 €
Chez Odette, **Ardennes**, p. 188 175 €
Hôtel Le Chaufourg, **Dordogne**, p. 275 175 €
Ateliers de l'Image (Les),
Bouches-du-Rhône, p. 417 175 €
Hôtel Pastis, **Var**, p. 423 175 €
Couvent des Minimes (Le),
Alpes-de-Haute-Provence, p. 394 180 €
Suite Cassis (La),
Bouches-du-Rhône, p. 414 180 €
Rosées (Les), **Alpes-Maritimes**, p. 426 180 €
Tour Sainte-Cécile (La), **Albi**, p. 21 180 €
Santeuil (Le), **Nantes**, p. 44 180 €
6, Mandel, **Paris**, p. 48 180 €
Mousseau (Le), **Loir-et-Cher**, p. 153 190 €
Co(o)rniche (La), **Gironde**, p. 287 190 €
Jardins Secrets, **Nîmes**, p. 44 195 €

Plus de 200 €

Cabane de Pomme de Pin (La),
Gironde, p. 284 200 €
Clos du Léthé (Le), **Gard**, p. 332 200 €
Maison sur la Sorgue (La), **Vaucluse**, p. 402 200 €
Case Latine, **Haute-Corse**, p. 435 200 €
New Hôtel, **Marseille**, p. 39 215 €
Maisons de Murtoli (Les),
Corse-du-Sud, p. 438 220 €
Hôtel Parc Beaumont, **Pau**, p. 50 220 €
Hôtel K, **Moselle**, p. 191 230 €
Bouitte (La), **Savoie**, p. 385 248 €
My Tailor is Rich, **Arles**, p. 24 250 €
Cour du Corbeau (La), **Strasbourg**, p. 52 265 €
Relais Saint-Germain (Le), **Paris**, p. 47 285 €
Jardins de la Villa (Les), **Paris**, p. 46 290 €
Logis de la Ferme aux Grives (Le),
Landes, p. 296 350 €
Nouvelles Suites de la Bouitte (Les),
Savoie, p. 385 381 €
Bastide de Marie (La),
Vaucluse, p. 405 540 € (demi-pension)

Tarifs des gites

Atempo-Loft, **Lille**, p. 36 750 €/sem.
Bastide des Hautes-Moures (La), **Var**, p. 418
350-990 €/sem.
Blanches de Payzac (Les), **Ardèche**, p. 365
pour 8/10 pers. 2 200-3 300 €/sem.
Duplex 22 (Le), **Angoulême**, p. 22
1 000 €/sem. pour 2 pers.
Gîtes de l'Étang des Noues (Les), **Maine-et-Loire**,
p. 138, pour 6 pers. 75-125 €/nuit ; pour 10 pers.
90-155 €/nuit
Lille à Part, **Lille**, p. 34 720 €/sem.
Maisons de Murtoli (Les), **Corse-du-Sud**, p. 438
pour 8 pers. 3 100-16 100 €/sem. ; pour
12 pers. 8 100-28 200 €/sem.
Manoir de l'Isle, **Côtes-d'Armor**, p 103
pour 2 pers. 630-750 €/sem.
Vieil Aiglun (Le), **Alpes-de-Haute-Provence**,
p. 388, pour 8 pers. 2 000-2 600 €/sem.
Ferme de Saint-Vennec, **Finistère**, p 108, pour
4 pers. 740-1 650 € ; pour 12 pers. 1 900-3 720 €
Loft (Le), **Somme**, p. 170, pour 3-4 pers. 143 €/nuit
Logis de Puygaty (Le), **Charente**, p. 236
pour 2 pers. 260 €/nuit
Grenier des saveurs (Le), **Charente**, p. 238
pour 12 pers. 990 €/sem.

Vos commentaires nous intéressent, ils nous aident à améliorer le guide.

Merci de renvoyer ce questionnaire à l'adresse suivante :

HACHETTE TOURISME
Questionnaire chambres d'hôtes
43, quai de Grenelle – 75905 Paris Cedex 15

ou guideschambresdhotes@hachette-livre.fr

1. À quelle occasion logez-vous en chambres d' hôtes ?

❏ En week-end ❏ En Vacances ❏ Autres
Combien de fois par an :....................

2. Quelle source d'information utilisez-vous quand vous recherchez une chambre d' hôtes ?

❏ Des guides d'hébergement
lesquels ?..................................
....

❏ Les guides de voyage
lesquels ?..................................
....

❏ La presse
quels magazines ?.........................
....

❏ Les sites internet
lesquels ? ....
....

3. Pourquoi avez-vous acheté ce guide ?

❏ Le titre vous a attiré
❏ La couverture vous a plu
❏ Le guide est agréable à consulter
❏ Vous connaissez le premier guide *Chambres d'hôtes secrètes* de Marie-Dominique Perrin
❏ Vous en avez entendu parler dans la presse

4. Connaissez-vous l'émission de Marie-Dominique Perrin ?

❏ Oui ❏ Non

5. Connaissez-vous les autres guides Chambres d'hôtes *de Marie-Dominique Perrin ?*

❏ Oui ❏ Non

6. Si oui, les avez-vous achetés ?

❏ Oui ❏ Non

7. Notez votre guide sur 20 :

....

8. Avez-vous apprécié ?

• Le choix des adresses sélectionnées
❏ pas du tout ❏ peu ❏ beaucoup ❏ énormément

• La quantité d'adresses proposées
❏ pas du tout ❏ peu ❏ beaucoup ❏ énormément

• La présentation du guide (les photos, la maquette)
❏ pas du tout ❏ peu ❏ beaucoup ❏ énormément

• Les textes descriptifs des adresses
❏ pas du tout ❏ peu ❏ beaucoup ❏ énormément

• Le détail des infos pratiques
❏ pas du tout ❏ peu ❏ beaucoup ❏ énormément

9. Vos commentaires, vos suggestions...

....

Vous êtes :
❏ Homme ❏ Femme
Âge ....
Profession ....
Nom ....
Prénom ....
Adresse ....
....

Vos suggestions, vos bonnes adresses

Nom de l'adresse :. . . . .

Adresse : . . . .
. . . .
. . . .

Descriptif :. . . . .
. . . .
. . . .
. . . .
. . . .
. . . .
. . . .

Prix des chambres :. . . . .
. . . .
. . . .

Nom de l'adresse :. . . . .

Adresse : . . . .
. . . .
. . . .

Descriptif :. . . . .
. . . .
. . . .
. . . .
. . . .
. . . .
. . . .

Prix des chambres :. . . . .
. . . .
. . . .

Vos suggestions, vos bonnes adresses

Nom de l'adresse :...

Adresse : ....
....
....

Descriptif :...
....
....
....
....
....
....

Prix des chambres :...
....
....

Nom de l'adresse :...

Adresse : ....
....
....

Descriptif :...
....
....
....
....
....
....

Prix des chambres :...
....
....

Vos suggestions, vos bonnes adresses

Nom de l'adresse : ....

Adresse : ....
....
....

Descriptif : ....
....
....
....
....
....
....

Prix des chambres : ....
....
....

Nom de l'adresse : ....

Adresse : ....
....
....

Descriptif : ....
....
....
....
....
....
....

Prix des chambres : ....
....
....

Vos suggestions, vos bonnes adresses

Nom de l'adresse :. . . . .

Adresse : . . . .
. . . .
. . . .

Descriptif :. . . . .
. . . .
. . . .
. . . .
. . . .
. . . .
. . . .

Prix des chambres :. . . . .
. . . .
. . . .

Nom de l'adresse :. . . . .

Adresse : . . . .
. . . .
. . . .

Descriptif :. . . . .
. . . .
. . . .
. . . .
. . . .
. . . .
. . . .

Prix des chambres :. . . . .
. . . .
. . . .

Vos suggestions, vos bonnes adresses

Nom de l'adresse :...

Adresse : ....
....
....

Descriptif :...
....
....
....
....
....
....

Prix des chambres :..
....
....

Nom de l'adresse :...

Adresse : ....
....
....

Descriptif :...
....
....
....
....
....
....

Prix des chambres :..
....
....

Vos suggestions, vos bonnes adresses

Nom de l'adresse :...

Adresse : ....
....
....

Descriptif :...
....
....
....
....
....
....

Prix des chambres :...
....
....

Nom de l'adresse :...

Adresse : ....
....
....

Descriptif :...
....
....
....
....
....
....

Prix des chambres :...
....
....

Vos suggestions, vos bonnes adresses

Nom de l'adresse :. . . . .

Adresse : . . . .
. . . .
. . . .

Descriptif :. . . . .
. . . .
. . . .
. . . .
. . . .
. . . .
. . . .

Prix des chambres :. . . . .
. . . .
. . . .

Nom de l'adresse :. . . . .

Adresse : . . . .
. . . .
. . . .

Descriptif :. . . . .
. . . .
. . . .
. . . .
. . . .
. . . .
. . . .

Prix des chambres :. . . . .
. . . .
. . . .

Vos suggestions, vos bonnes adresses

Nom de l'adresse :...

Adresse : ....
....
....

Descriptif :...
....
....
....
....
....
....

Prix des chambres :...
....
....

Nom de l'adresse :...

Adresse : ....
....
....

Descriptif :...
....
....
....
....
....
....

Prix des chambres :...
....
....

Vos suggestions, vos bonnes adresses

Nom de l'adresse :...

Adresse : ....
....
....

Descriptif :...
....
....
....
....
....
....

Prix des chambres :..
....
....

Nom de l'adresse :...

Adresse : ....
....
....

Descriptif :...
....
....
....
....
....
....

Prix des chambres :..
....
....

Vos suggestions, vos bonnes adresses

Nom de l'adresse :...

Adresse : ....
....
....

Descriptif :...
....
....
....
....
....
....

Prix des chambres :...
....
....

Nom de l'adresse :...

Adresse : ....
....
....

Descriptif :...
....
....
....
....
....
....

Prix des chambres :...
....
....

Vos suggestions, vos bonnes adresses

Nom de l'adresse :...

Adresse : ....

....

....

Descriptif :...

....

....

....

....

....

....

Prix des chambres :...

....

....

Nom de l'adresse :...

Adresse : ....

....

....

Descriptif :...

....

....

....

....

....

....

Prix des chambres :...

....

....

Vos suggestions, vos bonnes adresses

Nom de l'adresse :...

Adresse : ....
....
....

Descriptif :...
....
....
....
....
....
....

Prix des chambres :..
....
....

Nom de l'adresse :...

Adresse : ....
....
....

Descriptif :...
....
....
....
....
....
....

Prix des chambres :..
....
....

Vos suggestions, vos bonnes adresses

Nom de l'adresse :...

Adresse : ....
....
....

Descriptif :...
....
....
....
....
....
....

Prix des chambres :...
....
....

Nom de l'adresse :...

Adresse : ....
....
....

Descriptif :...
....
....
....
....
....
....

Prix des chambres :...
....
....

Vos suggestions, vos bonnes adresses

Nom de l'adresse :...

Adresse : ....
....
....

Descriptif :...
....
....
....
....
....
....

Prix des chambres :...
....
....

Nom de l'adresse :...

Adresse : ....
....
....

Descriptif :...
....
....
....
....
....
....

Prix des chambres :...
....
....

Vos suggestions, vos bonnes adresses

Nom de l'adresse :...

Adresse : ....
....
....

Descriptif :...
....
....
....
....
....
....

Prix des chambres :...
....
....

Nom de l'adresse :...

Adresse : ....
....
....

Descriptif :...
....
....
....
....
....
....

Prix des chambres :...
....
....

Vos suggestions, vos bonnes adresses

Nom de l'adresse :..

Adresse : ....
....
....

Descriptif :..
....
....
....
....
....
....

Prix des chambres :..
....
....

Nom de l'adresse :..

Adresse : ....
....
....

Descriptif :..
....
....
....
....
....
....

Prix des chambres :..
....
....

Vos suggestions, vos bonnes adresses

Nom de l'adresse :..

Adresse : ....
....
....

Descriptif :..
....
....
....
....
....
....

Prix des chambres :..
....
....

Nom de l'adresse :..

Adresse : ....
....
....

Descriptif :..
....
....
....
....
....
....

Prix des chambres :..
....
....

Vos suggestions, vos bonnes adresses

Nom de l'adresse :...

Adresse : ....
....
....

Descriptif :...
....
....
....
....
....
....

Prix des chambres :...
....
....

Nom de l'adresse :...

Adresse : ....
....
....

Descriptif :...
....
....
....
....
....
....

Prix des chambres :...
....
....

Vos suggestions, vos bonnes adresses

Nom de l'adresse :...

Adresse : ....
....
....

Descriptif :...
....
....
....
....
....
....

Prix des chambres :..
....
....

Nom de l'adresse :...

Adresse : ....
....
....

Descriptif :...
....
....
....
....
....
....

Prix des chambres :..
....
....

Vos suggestions, vos bonnes adresses

Nom de l'adresse :...

Adresse : ....
....
....

Descriptif :..
....
....
....
....
....
....

Prix des chambres :...
....
....

Nom de l'adresse :...

Adresse : ....
....
....

Descriptif :..
....
....
....
....
....
....

Prix des chambres :...
....
....

Crédits photographiques

© Emmanuel Barbe : p. 48 (b.), 179, 180, 182.

© Éric Béracassat : p. 34 (b.), 60, 146, 148, 150, 217, 219, 224, 225, 226, 227 (h.), 230, 344, 434, 436, 438.

© Romain Boutillier : p. 22 (b.), 48 (g.), 250, 254, 255, 258, 262, 276, 277, 281, 310, 315, 316, 319, 322-323, 324, 334-335, 336, 337, 374, 376 (h.), 378, 379, 380, 382, 384.

© Agnès Boutteville : p. 50 (b.), 57 (b.), 87, 90, 104, 112 (b.), 189 (h.), 227 (b.), 228, 256, 260 (b.), 261, 266, 267, 297 (h.), 301, 312, 355 (b.).

© Marie-Hélène Carcanague : p. 29 (h.), 31, 50 (h.), 232, 268, 270-271, 298 306, 307, 308, 309 (h.), 353, 421, 427.

© Alain Escudier : p. 28 (b.), 34 (d.), 51, 52 (g.), 57 (h.), 62, 64, 67, 72, 73, 78 (g.), 79, 82, 83, 91, 92, 93, 94, 96, 98, 102, 103, 109, 110, 111, 115, 116, 117, 118, 124, 127, 129, 130, 132 (h.), 133, 135, 137, 141, 142, 149, 151, 156, 157, 160, 162, 171, 172, 175, 178, 183, 186-187, 190, 191, 192, 193, 194, 195, 196, 198 (b.), 199, 215, 216, 218, 221, 222, 229, 245, 247, 257, 259 (h.), 264, 269, 279, 280, 293, 302, 303, 309 (b.), 370, 381, 383, 385 (h.), 386, 387.

© Patrice Hauser : p. 18, 22 (c. d.), 23, 38 (h.), 43 (b.), 44 (g.), 52 (d.), 95, 97, 99, 100, 101, 107, 108, 120, 121, 122-123, 125, 126, 131, 136, 200, 201, 203, 205 (h.).

© Emma Luvisutti : p. 2 (h. g. et h. d.), 27, 39 (d.), 40, 58, 61, 63, 65, 66, 68 (h.), 69, 70, 71, 75, 76, 77, 80, 81, 88, 138, 139, 140, 143, 145, 147, 152, 154-155, 173, 174, 176-177.

© Gérard Méloni : p. 53 (d.), 54 (h.),132 (b.), 210 (h.), 231, 265, 272, 273, 274, 278, 292, 300, 328, 329.

© Yoann Stoeckel : 35, 36 (b.), 158, 181, 184, 185.

© Christophe Valentin : p. 2 (b. g. et b. d.), 20 (g.), 21 (b.), 24, 25, 26 (h.), 28 (g.), 29 (b.), 30, 32 (b.), 36 (h.), 37, 38 (b.), 39 (g.), 41, 42, 43 (h.), 44 (d.), 45, 56, 74, 84, 85, 86, 89, 105, 112 (h.), 113, 114, 119, 144, 161, 163, 164, 165, 166, 167, 168, 169, 170, 189 (b.), 197, 198 (h.), 202, 205 (b.), 208-209, 210 (b.), 211, 220, 223, 240, 241, 242, 243, 244, 246, 251, 252, 253, 260 (h.), 263 (h.), 275, 282, 283, 284,285, 286, 290-291, 294, 296, 297 (b.), 299, 304, 313, 317, 318, 321, 325, 326, 327, 330, 331, 332-333, 338, 339, 340, 341, 342 (b.), 343, 345, 346, 347, 348, 349, 350-351, 354, 355 (h.), 356, 359 (h.), 360 (h.), 361, 362-363, 365, 366, 367, 368, 369, 371, 372, 373, 375, 376 (b.), 377, 385 (b. d. et b. g.), 388, 389, 390, 391, 392-393, 394, 395, 396, 399, 401, 402, 403, 405, 406, 407, 408, 409, 410, 411, 412, 413, 416, 417 (b.), 418, 419, 420, 422, 423, 424, 425, 426, 428, 429, 430, 431, 432 (b.), 433, 437, 439.

© Jean Harixçalde p. 20 (b.d.) ; © Studio Tchiz p. 21 (h.) ; © Johanna Salomez p. 26 (b.) ; © Bruno Gouhoury p. 32 (h.) et p. 33 ; © Christophe Bielsa p. 46 ; © Yves Duronsoy p. 47 ; © Christophe Bielsa p. 49 (h.) ; © Jérôme d'Almeida p. 49 (d.) ; © Ralph Hutchings p. 53 (h.) ; © Éric Laignel p. 54 (b.) ; © Gilles Trillard p. 55 ; © La Petite Folie p. 68 (b.) ; © Christine Duteurtre p. 78 (h.) ; © Hotel Ty-Mad p. 106 ; © Eliophot p. 128 (h.) ; © Hôtel de la Plage p. 128 (b.) ; © Bleu pêchoir p. 134 ; © Roméo Balancourt pour le Mousseau p. 153 ; © Yuki Sugiura p. 188 ; © Frédéric Langel pour Un soir d'été p. 204 ; © B. Espace Suites p. 206 ; © Bénédicte Petite pour la Tour du Coq Doré p. 207 ; © Sophie Cousin p. 212-213 ; © Stéphane Spach pour la Cloiserie Les Capucines p. 214 ; © Monique Marchive p. 234-235 ; © Stephen Clement et Isabelle Chabeur p. 236-237 ; © Sylvie Abadie p. 238 ; © Eva Strauss p. 239 (h.) ; © Jean-Daniel Guillou p. 239 (b.) ; © Château de Lissac p. 248-249 ; © Jérôme Morel p. 259 (b.) ; © La Ferme de Moulhac p. 263 (b.) ; © Philippe Garcia p. 287 ; © Hôtel Côté Sable p. 288 ; © Studio Malaret p. 289 ; © Pascale Bertho p. 295 ; © David Mathieu p. 305 ; © Domaine de Montvianeix p. 314 ; © Pierre Soissons pour la Roussière p. 320 ; © Elliette Couston p. 342 (h.) ; © Sébastien Coindre p. 352 (h.) ; © Frédérique Kortegast p. 352 (b.) ; © Éric Saillet p. 357 ; © Hôtel Helvie – Restaurant Le Vivarais p. 358 ; © Château Clément p. 359 (b.) ; © Mas de la Cigale p. 360 (b.), © La Villa Saint-Patrice p. 364 ; © Vincent Bourdon p. 397 ; © Aube Safran p. 398 ; © Mas du temps p. 400 ; © Stéphane Bertola p. 404 ; © Daniel Wingate p.414-415 ; © Hervé Hôte, Agence Caméléon p. 417 (h.) ; © Éric Caligaris p. 432 (h.) ; © Case Latine p. 435.

Couverture :
Plat I : Marie-Hélène Carcanague. Plat IV et portrait en rabat : Christophe Valentin.